에듀윌과 함께 시작하면,
당신도 합격할 수 있습니다!

자소서와 면접, NCS와 직무적성검사의 차이점이 궁금한
취준을 처음 접하는 취린이

대학 졸업을 앞두고 취업을 위해 바쁜 시간을 쪼개며
채용시험을 준비하는 취준생

내가 하고 싶은 일을 다시 찾기 위해
회사생활과 병행하며 재취업을 준비하는 이직러

누구나 합격할 수 있습니다.
이루겠다는 '목표' 하나면 충분합니다.

마지막 페이지를 덮으면,

에듀윌과 함께
취업 합격이 시작됩니다.

누적 판매량 217만 부 돌파
베스트셀러 1위 2,420회 달성

공기업 NCS | 100% 찐기출 수록!

NCS 통합 기본서/봉투모의고사
피듈형 | 행과연형 | 휴노형 봉투모의고사
PSAT형 NCS 수문끝

매1N
매1N Ver.2

한국철도공사 | 부산교통공사
서울교통공사 | 국민건강보험공단
한국전력공사 | 한국가스공사

한국수력원자력+5대 발전회사
한국수자원공사 | 한국수력원자력
한국토지주택공사 | 한국도로공사

NCS 6대 출제사
공기업 NCS 기출 600제

대기업 인적성 | 온라인 시험도 완벽 대비!

20대기업 인적성 통합 기본서

GSAT 삼성직무적성검사
통합 기본서 | 실전모의고사 | 봉투모의고사

LG그룹 온라인 인적성검사

SKCT SK그룹 종합역량검사
포스코 | 현대자동차/기아

농협은행
지역농협

영역별 & 전공

이해황 독해력 강화의 기술
석치수/박준범/이나우 기본서

공기업 사무직 통합전공 800제
전기끝장 시리즈 ❶, ❷

취업상식 1위!

다통하는 일반상식

공기업기출 일반상식

기출 금융경제 상식

더 많은
에듀윌 취업 교재

취업 대세 에듀윌!
Why 에듀윌 취업 교재

기출맛집 에듀윌!
100% 찐기출복원 수록

주요 공·대기업 기출복원 문제 수록
과목별 최신 기출부터 기출변형 문제 연습으로 단기 취업 성공!

공·대기업 온라인모의고사
+ 성적분석 서비스

실제 온라인 시험과 동일한 환경 구성
대기업 교재 기준 전 회차 온라인 시험 제공으로 실전 완벽 대비

무료 강의 + 부가 자료

합격을 위한
부가 자료

교재 연계 무료 특강
+ 교재 맞춤형 부가학습자료 특별 제공!

취업 교육 1위
에듀윌 취업 무료 혜택

교재 연계 강의

시간단축 SKILL
무료특강

※ 2024년 1월 7일부터 순차적으로 오픈됩니다.
※ 무료 특강 이벤트는 예고 없이 변동 또는 종료될 수 있습니다.

교재 연계 강의
바로가기

1:1 학습관리
교재 연계 온라인스터디

참여 방법

STEP 1
신청서 작성

STEP 2
스터디 교재
구매 후 인증
(선택)

STEP 3
오픈채팅방
입장 및 스터디
학습 시작

※ 온라인스터디 진행 혜택은 교재 및 시기에 따라 다를 수 있습니다.
※ 오른쪽 QR 코드를 통해 신청하면 스터디 모집 시기에 안내 메시지를 받을 수 있습니다.

온라인스터디
신청

온라인모의고사
& 성적분석 무료

응시 방법

QR 코드 링크
접속 후 로그인

해당
온라인모의고사
[신청하기]
클릭

대상 교재 내
응시코드
입력 후
[응시하기]
클릭

※ '온라인모의고사&성적분석' 서비스는 교재마다 제공 여부가 다를 수 있으니, 교재 뒷면 구매자 특별혜택을 확인해 주시기 바랍니다.

온라인
모의고사
신청

모바일 OMR
자동채점 & 성적분석 서비스

실시간 성적분석 방법

STEP 1
QR 코드 스캔

STEP 2
모바일 OMR
입력

STEP 3
자동채점 &
성적분석표
확인

※ 혜택 대상 교재는 본문 내 QR 코드를 제공하고 있으며, 교재별 서비스 유무는 다를 수 있습니다.
※ 응시내역 통합조회
에듀윌 문풀훈련소 → 상단 '교재풀이' 클릭 → 메뉴에서 응시확인

처음에는 당신이 원하는 곳으로
갈 수는 없겠지만,
당신이 지금 있는 곳에서
출발할 수는 있을 것이다.

– 작자 미상

에듀윌 공기업 NCS, 59초의 기술

수리능력

NCS를 준비하는 여러분에게

　NCS 필기시험은 객관식입니다. 객관식 시험은 문제 출제의 원리가 있고, 문제로 나올 만한 내용과 그렇지 않은 기준들이 명확하게 갈립니다. 그래서 이런 출제 원리와 기준을 정확하게 알면, 반대로 그것을 파훼하는 풀이법 역시 Skill적으로 익힐 수 있습니다. 모든 문제에 다 Skill이 적용될 수는 없겠지만, Skill이 적용되는 문제는 Skill로 풀어서 문제 풀이 시간을 파격적으로 줄일 수 있습니다.

　지금 NCS 필기시험에 주어진 시간은 평균적으로 한 문제당 1분 정도 됩니다. 그래서 우리의 목표는 한 문제를 59초 안에 푸는 것으로 정해질 수밖에 없습니다. 하지만 현실적으로 주어진 시간 안에 문제를 다 푸는 것은 매우 어려운 일입니다. 그리고 어떤 문제는 얼핏 봐도 2분은 넘게 걸릴 듯이 보이는 것도 있습니다.

　그래서 우리는 평균 59초를 목표로 합니다. 어떤 문제는 Skill을 적용해서 20초 만에 풀고, 또 Skill이 적용되지 않는 문제들은 원론적으로 풀어 1분 40초를 씁니다. 그러면 평균 1분이 나옵니다.

　때로는 너무 어려운 문제나, 시간이 너무 많이 걸리는 문제들은 Skip하는 것이 나을 때도 있습니다. 어차피 100점 맞는 것이 목표인 시험이 아니라, 현실적으로 커트라인을 넘는 것만 해도 되는 시험이니까요. Skip을 효과적으로 하는 것도 시간을 단축하는 중요한 요령인데, 문제를 풀다가 Skip을 할 수는 없습니다. 그러면 시간을 낭비하게 되니까요. 그래서 Skip하는 문제 같은 경우도 일정 기준을 가지고 문제를 풀기 전에 빨리 판단해야 합니다.

이래저래 NCS 문제 풀이는 무척 기술적인 일입니다. 객관식 문제에서 일정 정도의 점수를 목표로 하는 것이니까요. 그래도 다행인 것은 분명한 성과들이 있다는 것입니다. 'NCS, 59초의 기술' 시리즈는 비교적 짧은 공부 시간에 필요한 점수를 받아드는 가장 좋은 방법으로 지난 몇 년 동안 자리매김해 왔습니다.

이번 에듀윌과 만난 'NCS, 59초의 기술' 시리즈를 통해 보다 더 많은 취준생들을 만나 뵙게 되기를 기대합니다.

이시한

연세대학교 학사 · 석사 졸, 박사 수료
성신여대 겸임교수
에듀윌 취업 NCS 대표강사

Why 59초?

NCS유형의 풀이방법과 솔루션 Skill을 알려 주는 책

'NCS 한 문제 평균 풀이시간 59초'라는 불가능해 보이는 미션을 실현시켜 주는 책

단계별 특징

유형 분석

❶ 각 영역의 문제를 유형별로 나누고 출제 비중에 따라 유형을 Main Type과 Sub Type으로 분류하여 구성 하였습니다.

❷ 각 Type의 대표적인 문제들을 샘플로 제시하여 Type 별 문제의 특징을 한눈에 파악할 수 있도록 하였습니다.

문제 해결방법

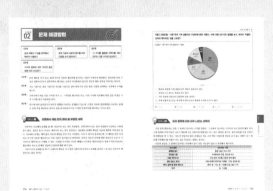

❶ 일반적인 풀이법을 단계별로 제시하여 문제를 풀어 가는 기본적인 과정을 정리하였습니다.

❷ 하나의 해결방법으로 다양한 문제 유형에 접근할 수 있도록 해결방법을 최대한 단순화하여 제시함으로써 문제 유형 및 접근방법을 보다 쉽게 파악할 수 있도록 하였습니다.

Skill

❶ 59초 풀이의 핵심인 유형별 풀이 Skill을 정리하였습니다.

❷ 원론적인 Skill에서 변칙적인 Skill까지 문제 풀이시간 단축에 필요한 모든 Skill을 제공하여 문제 풀이시간을 획기적으로 줄일 수 있도록 하였습니다.

Skill 연습

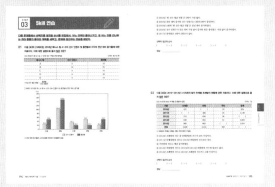

❶ Skill을 적용할 수 있도록 다양한 문제 상황을 제시하였습니다.

❷ 단계적인 훈련을 통해 Skill에 대한 이해도를 높이고 Skill을 문제에 적용하는 속도를 키울 수 있도록 하였습니다.

실전 문제

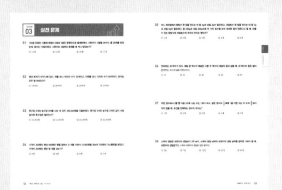

❶ 실전에 대비할 수 있도록 공기업 NCS 필기시험에 출제되었던 기출 유형의 문제로 구성하였습니다.

❷ 공기업 NCS 복원 및 PSAT 기출 변형문제 등 다양한 실전 문제들을 통해 실전 감각을 높이고 문제 풀이 능력을 향상시킬 수 있도록 하였습니다.

Contents

수리능력
in NCS

- All that NCS: NCS의 이론과 실제
- 수리능력의 유형 분석과 공부방법

PART

1

All that NCS
: NCS의 이론과 실제

STEP
01
원론적인 NCS

1 NCS(국가직무능력표준)란?

국가직무능력표준(NCS, National Competency Standards)은 산업현장에서 직무를 수행하기 위해 요구되는 능력(지식·기술·태도)을 국가가 산업부문별, 수준별로 체계화한 것으로, 산업현장의 직무를 성공적으로 수행하기 위해 필요한 능력(지식, 기술, 태도)을 국가적 차원에서 표준화한 것을 의미한다.

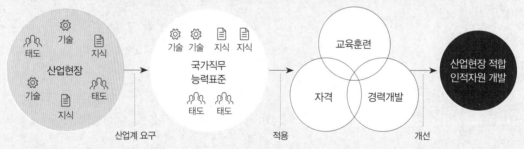

2 NCS 기반 채용의 개념

직무수행을 위해 필요한 능력(지식·기술·태도)을 산업부문별·수준별로 체계화한 NCS 기반 평가 도구를 활용한 인재채용 방식을 의미한다. NCS는 직업인의 공통 역량인 의사소통능력, 수리능력, 문제해결능력 등 직업기초능력과 해당 직무를 수행하기 위해 필요한 직무수행능력을 모두 제시한다.

- **채용유형별 적용**: 유형별로 NCS 직업기초능력, 직무수행능력을 조합한 채용도구 개발 → 대규모 공채, 직군별 공채, 경력 공채, 수시 채용 등 모든 채용유형에 적용 가능
- **채용단계별 적용**: 일반적 채용전형 단계인 '서류전형 → 필기전형 → 면접전형'과 일치하는 '능력 중심 입사지원서 → 능력 중심 필기전형 → 능력 중심 면접'으로 개발

3 NCS 기반 채용 도입을 한 이유

직무수행에 꼭 필요한 능력을 쉽고 체계적으로 평가, 선발에 활용함으로써 불필요한 스펙 쌓기에 몰입하는 잘못된 채용문화를 개선하고 능력 중심 사회 여건을 조성하기 위함이다. 구체적으로 분류하면 NCS를 기반으로 입사지원자의 직업능력을 객관적으로 평가할 수 있는 도구를 개발, 지원함으로써 다음과 같은 효용을 얻고자 한다.

❶ (기관) 적합한 인재(Right Person) 선발

기관에서 원하는 인재가 갖추어야 할 직무능력(KSA 등)을 체계적으로 평가할 수 있어 제대로 된 사람을 채용할 수 있다.

❷ (입사지원자) 불필요한 스펙이 아닌 적합한 능력 개발

본인이 원하는 기관의 수행직무를 사전에 숙지하고 입사함으로써, 직무에 대한 보람과 긍지, 몰입도를 높여 지속적인 자기계발 유도 → 개인 및 조직 경쟁력 제고

❸ (사회) "스펙 초월 능력 중심사회 구현" 및 주요 경쟁력 강화

NCS 기반 채용을 통해 "스펙 초월 능력 중심사회 구현"

직무 적합형 인재선발 → 직무 만족도 향상 → 조직 몰입도 향상 및 성과 창출 → 개인 및 조직역량 강화 → 국가경쟁력 강화라는 선순환 고리를 마련한다.

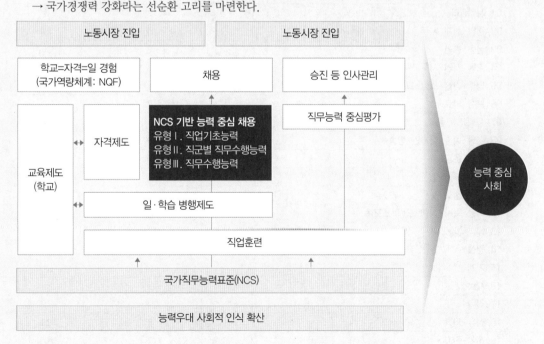

④ NCS 분류체계

　국가직무능력표준의 분류는 직무의 유형(Type)을 중심으로 국가직무능력표준의 단계적 구성을 나타내는 것으로, 국가직무능력표준 개발의 전체적인 로드맵을 제시한다. 직무유형을 중심으로 대분류에서 세분류까지 내려가는 구조로 직무를 세분화해서 제시해 놓았다. 다음은 NCS 분류체계도의 한 예시이다.

[정보통신−정보기술개발분야(분류 예시)]

　이렇게 여러 직무들이 분류되어 있다. 대분류에 속하는 직무들은 다음과 같이 나누어진다.

대분류	중분류	소분류	세분류
24개	80개	257개	1,022개
01. 사업관리	1	2	5
02. 경영 · 회계 · 사무	4	11	27
03. 금융 · 보험	2	9	36
04. 교육 · 자연 · 사회과학	2	3	8
05. 법률 · 경찰 · 소방 · 교도 · 국방	2	4	16
06. 보건 · 의료	1	2	11
07. 사회복지 · 종교	3	6	17
08. 문화 · 예술 · 디자인 · 방송	3	9	61
09. 운전 · 운송	4	8	31
10. 영업판매	3	8	18
11. 경비 · 청소	2	2	4
12. 이용 · 숙박 · 여행 · 오락 · 스포츠	4	12	46
13. 음식서비스	1	3	10
14. 건설	8	28	132
15. 기계	11	34	135
16. 재료	2	8	39
17. 화학	4	13	42
18. 섬유 · 의복	2	8	26
19. 전기 · 전자	3	33	108
20. 정보통신	3	15	95
21. 식품가공	2	4	21

22. 인쇄 · 목재 · 가구 · 공예	2	4	23
23. 환경 · 에너지 · 안전	6	18	57
24. 농림어업	4	13	54

5 10대 직업기초능력 영역과 하위능력

직무를 수행하는 데 기본적인 바탕으로 깔리는 것이 바로 10대 직업기초능력이다.

직업기초능력 영역	하위능력
의사소통능력	문서이해능력, 문서작성능력, 경청능력, 의사표현능력, 기초외국어능력
수리능력	기초연산능력, 기초통계능력, 도표분석능력, 도표작성능력
문제해결능력	사고력, 문제처리능력
자기개발능력	자아인식능력, 자기관리능력, 경력개발능력
자원관리능력	시간관리능력, 예산관리능력, 물적자원관리능력, 인적자원관리능력
대인관계능력	팀워크능력, 리더십능력, 갈등관리능력, 협상능력, 고객서비스능력
정보능력	컴퓨터활용능력, 정보처리능력
기술능력	기술이해능력, 기술선택능력, 기술적용능력
조직이해능력	국제감각, 조직체제이해능력, 경영이해능력, 업무이해능력
직업윤리	근로윤리, 공동체윤리

6 NCS 기반 능력 중심 채용의 효과

기업 · 공공기관은 일자리(직무)에 필요한 직무능력(NCS)을 채용공고를 통해 사전에 공개함으로써, 학생 및 취업준비생이 미리 준비할 수 있도록 하며, 채용기준을 공개한다. 이에 따라 다음과 같은 효과가 기대된다.

• **기업 · 공공기관**: 능력 중심 채용을 위한 평가도구를 활용, 서류 · 필기 · 면접 등 채용과정에서 직무능력평가를 통해 꼭 필요한 인재 확보, 기업 및 공공기관은 재교육 비용 등 채용과정의 비효율 감소(재교육 비용↓)

• **취업준비생**: 기업 및 공공기관의 채용공고를 사전에 올바르게 인지하여 무분별한 스펙쌓기를 지양할 수 있도록 유도, 취업준비생 본인이 원하는 직무에 꼭 필요한 능력 배양(불필요한 스펙쌓기에 따른 시간적, 금전적 비용↓)

1 지원자들과 산업인력공단, 개별 공기업의 NCS 동상삼몽

NCS를 만들고 보급하는 한국산업인력공단에서는 앞에서 소개한 바와 같이 '직무' 위주의 채용이라는 측면에서 NCS를 언급하지만, 문제는 신규채용에 지원하는 대부분의 지원자들은 직무를 했던 경력자들이 아니라, 그야말로 막 대학을 졸업한 신입들이라는 점이다. 우리나라 대학의 교육 체계가 실습이나, 인턴과 연계되는 실무형 학습 체계가 아니기 때문에 이제 막 대학을 졸업한 학생들이 직무적인 경력이나 경험이 있을 수가 없다. NCS는 직무적인 능력을 체크하고, 그에 따른 채용을 하는 채용방식이기 때문에 영·미권의 경력직 채용 트렌드에는 잘 맞는 방식이나, 신입 공채 위주의 한국 채용시장에서는 잘 맞지 않는다.

하지만 산업인력공단은 NCS라는 것이 국가 전체의 직업을 관통하는 키워드지, 채용 하나만 이야기하는 것은 아니라는 자세다. 채용에서의 혼란은 아랑곳하지 않고 외국에서 사람들을 초청해서 세미나 열고 NCS의 이론적 구축과 정당성 확보를 위해 열 올리기 바쁘다. 개별 공기업의 입장에서는 국가에서 추진하는 방향성은 알겠는데, 사실 이미 들어온 직원들을 NCS로 나눠 평가하고 그런 부분에서는 크게 영향받지 않는다. 다만 채용과정에서 NCS로 채용을 하라니, 이 부분이 문제다. 그래서 개별 공기업에서 NCS는 NCS 채용과정을 뜻하는 의미로 많이 인식된다.

개별 공기업 입장에서 NCS 채용의 문제는 그대로 하자니 경력은커녕 인턴 이력조차 없는 지원자들에게 직무적인 역량을 측정할 길이 없다. 하지만 블라인드 채용 때문에 학벌, 학점, 영어점수, 나이 등 비교적 수량화되어서 채점하기 편한 이력들은 아예 자료조차 받지 못한다.

그래서 개별 공기업들의 선택은 말 많은 서류단계에서 최대한 기회를 많이 주고, NCS 기반의 필기시험에서 지원자들을 최대한 솎아낸 후에 면접은 최소의 인원이 치르게 하자는 전략이다. 사실 기존의 채용비리 같은 경우도 대부분 서류나 면접에서 발생했고, 필기시험에서는 그런 일이 현저히 적었다. 그래서 객관적인 필기시험의 기능을 강화한 것이다. 이런 방식은 개별 공기업 입장에서는 채용비리라든가, 주관적 채용에 대한 의혹을 떨쳐낼 수 있는 방식이기 때문에 점점 더 확대되고 있기도 하다.

그러다 보니 일반 지원자들에게 공기업의 NCS 채용이라고 하면 그건 필기시험을 의미한다. 필기시험이 가장 중요하고, 여기서 많은 인원이 탈락하기 때문이다. 그래서 이 세 주체가 NCS에 대해 서로 다른 뜻을 생각하게 되니 그야말로 동상삼몽인 것이다.

2 실제적인 공기업 채용 방법에 대한 비교

지원자 입장에서는 NCS라고 하면 왜 그것이 필기시험을 의미하게 되었는지는 다음의 표를 보면 확실히 알 수 있다. 다음 표는 채용인원이 많은 상위 24개 공기업의 채용 방식을 한눈에 볼 수 있게 정리한 것이다.

공기업	서류 통과 배수	평가기준	면접
한국철도공사	적·부(24년부터 10배수)	–	2배수
한국전력공사	사무 70배수 배전·송변전 30배수 기타 20배수	외국어 100 자격증(사무 20, 기술 40)	사무·배전·송변전 2.5배수 기타 4배수
국민건강보험공단	일반·강원인재 10배수 장애·보훈 5배수	교육, 경력, 경험	3배수

서울교통공사	적·부	—	1.5배수
국민연금공단	10배수	자기소개서 20점 교육사항 20점 자격사항 50점 공인어학성적 10점	2배수
한국농어촌공사	25배수	공인어학성적 70점 자격증 30점 가산점 4점	2~5배수
IBK기업은행	적·부	—	7배수
근로복지공단	10배수	자기소개서 적·부 교육, 경력, 경험	3배수
LH한국토지주택공사	30배수	자기소개서 40점 어학 20점 자격증 20점	2~4배수
한국가스공사	적·부	토익 750점	2~5배수
LX한국국토정보공사	적·부	—	3배수
한국수자원공사	적·부	행정 어학 90점, 자격증 10점 기술 어학 80점, 자격증 20점	2~5배수
한국산업인력공단	적·부	—	5배수
한국지역난방공사	적·부	자기소개서 적·부 가점평가 40점	3배수
한국환경공단	10배수	공통자격/전문자격/ 어학사항/기타사항	2~3배수
한전KPS	10배수	자기소개서 적·부 가점 자격증, 영어우수자 우대	3배수 또는 5배수
한국수력원자력	적·부	자기소개서 적·부 외국어성적 100점	3배수
한국공항공사	30배수	어학, 자격증 등	3배수
장애인고용공단	5배수	경력 및 경험기술서 40점 자기소개서 60점	3배수
인천국제공항공사	20~50배수	영어, 자격증 자기소개서 적·부	3배수
중소벤처기업진흥공단	30배수	자기소개서 적·부 교육, 경력, 경험, 자격증	5배수
한국서부발전	30배수	외국어 60점 자격증 사무 10점, 기술 30점 입사지원서 10점	5배수
한국중부발전	30배수	외국어성적 100점＋자격증가 점(40점)	3배수
한국자산관리공사	적·부	한국사능력검정시험 2급 이상	3배수

(자세한 내용은 기업별 채용 홈페이지 참고)

공기업의 45% 정도는 학력, 나이, 학점, 심지어 영어점수 같은 것도 안 내고, 지원하면 서류는 대부분 통과해서 필기시험의 기회를 얻게 된다.

'적·부'라고 표시된 방법은 대부분 영어 점수에 지원 자격을 두고 있다. 토익 700점 정도만 넘으면 지원자격이 만족된 것이니 서류 통과가 된다는 의미다. 그래서 평가를 통한 '패스' 개념보다는 처음부터 그냥 지원 '자격' 자체로 인식하는 것이 맞는다.

그리고 서류 통과 배수가 있어서 서류 단계를 평가로 활용하는 나머지 45% 정도의 공기업도 대부분 배수가 많은 편이다. 50배수, 20~30배수 등이다. 대기업의 서류 통과 배수가 5배수에서 많아야 10배수 정도인 것과 비교될 수밖에 없다. (일부 20배수인 대기업도 있지만 정치적 이슈 때문에 순간적으로 늘린 것뿐 조금만 지나면

고무줄처럼 그 인원들은 다시 제자리로 돌아오곤 한다.)

공기업에서 10배수 이하인 곳은 대부분 복지쪽 공기업이다. 그래서 복지쪽 공기업을 지원하는 지원자들은 서류에 채워 넣을 스펙을 만들기 위해 고심하고 있다. 전체적으로 복지 공기업만 빼면 웬만한 공기업들은 스펙초월이나 적부가 아니더라도 일반 사기업보다는 지원자들에게 훨씬 더 많은 기회를 주고 있다는 것을 알 수 있다.

중요한 것은 면접 배수이다. 대부분이 2배수이고, 많아야 3~4배수 수준이다. 평균적으로 2.78배수를 면접전형까지 올린다. 엄청나게 많은 인원이 필기시험을 보게 되는데, 면접은 2~3배수다. 그러니 대부분이 필기시험에서 탈락하게 된다. '한국전력'의 사무직은 70배수를 뽑는데, 면접은 2.5배수다. 그러니 대부분이 NCS 필기시험에서 탈락하게 된다. 한국철도공사는 23년까지 무제한으로 왔다가, 면접은 2배수로 진행되었다. 2018년 상반기 채용 때 한국철도공사 채용에 69,000명이 지원한 적이 있었는데, 이때 면접에는 2,000명만 올라갔다. 67,000명이 NCS 필기시험에서 탈락한 것이다. 그래서 지원자들에게 공기업 채용은 NCS 필기시험에서 얼마나 유리한가에 달려있다는 인식이 퍼질 수밖에 없다.

③ 필기시험의 구성

채용비리의 결과로 담당자들이 실형까지 선고받는 일이 잇따르면서 인사담당자들의 입장에서는 의혹을 남길 일을 조금이라도 하고 싶어 하지 않게 되었다. 그래서 주관성이라든가 외부 입김이 들어갈 여지가 조금이라도 있는 서류나 면접 단계를 최대한 축소하고, 객관적이면서도, 외주사에서 처리할 수밖에 없는 (말하자면 문제가 생기면 외주사의 책임으로 돌려버릴 수 있다는 뜻이다.) 필기시험의 영향력을 강화하였다. 그래서 이런 경향성은 당분간 계속 갈 수밖에 없다.

필기시험은 NCS 10대 직업기초능력만 보는 공기업과 NCS 10대 직업기초능력과 전공을 같이 보는 공기업으로 갈린다. 채용인원이 많은 상위 24개 공기업의 자료로 비교해 보면 다음과 같다.

공기업	NCS	전공
한국철도공사	○	○
한국전력공사	○	○
국민건강보험공단	○	○(법률)
서울교통공사	○	○
국민연금공단	○	○
한국농어촌공사	○	○
IBK기업은행	○	○
근로복지공단	○	○
LH한국토지주택공사	○	○
한국가스공사	○	○
LX한국국토정보공사	○	○
한국수자원공사	○	○
한국산업인력공단	○	—
한국지역난방공사	○	○
한국환경공단	○	○
한전KPS	○	○
한국수력원자력	○	○
한국공항공사	○	○
한국장애인고용공단	○	○
인천국제공항공사	○	○

중소벤처기업진흥공단	○	○
한국서부발전	○	○
한국중부발전	○	○
한국자산관리공사	–	○

(자세한 내용은 기업별 채용 홈페이지 참고)

NCS 10대 직업기초능력만 출제하는 기업은 갈수록 줄어들고 있어 전공의 비중이 높아지는 추세다. 그리고 전공은 문과와 이과의 경우에 평가하는 과목이 다르다.

○ 이과의 경우

이과가 지원하는 기술직은 대부분 전공 시험이 지원한 분야의 전공이다. 공기업 지원할 때 이과의 경우, 기사 자격증 혹은 그에 준하는 자격 조건을 요구하다 보니 지원하는 직무에 대해 전공 공부는 되어 있는 셈이다. 그래서 기사 자격증을 딸 정도의 전공 지식이라면 이 전공 시험을 치르는 데에는 큰 무리가 없다. 공기업 채용계의 공공연한 비밀 중 하나는 공기업에서 직무수행평가라는 이름으로 치러지는 전공 시험들은 사실 기사 자격증 문제를 그대로 따 와서 내는 것이라는 이야기가 많다.

이는 시험 출제가 몇몇 외주사들에 의해서 이루어진다는 데에 그 원인이 있다. 원래 문제 출제 외주사들은 각 분야에 전문가들을 둔다든가, 대학 교수들과 협력 체제를 구축해서 문제를 출제해야 하는데, 실제 그렇게 하다 보면 비용적인 부분이나 시간적인 부분, 그리고 문제 유출에 대한 위험성 등에 문제가 생기니까 그냥 자체 출제를 하는 경우가 많다. 그러다 보니 문제의 퀄리티와 난이도가 그렇게 뛰어나지 못한 경우가 많이 생겨서 이 외주사들은 다른 시험의 기출에서 그대로 가져오는 식의 선택을 할 때가 있다.

특히 전공 시험의 경우는 그런 경향이 심해서 기사 자격증 시험에서 실제 그대로 나오는 경우가 비일비재하다. 2016년 서울시농수산식품공사 신입사원 공개채용 필기시험은 '채용비리가 의심된다'고 할 정도로 문제가 똑같이 나왔었다. 4명을 뽑는 기술직 전기분야 필기시험 문제 전체가 전기기사 한 회차 시험문제에서 출제됐는데, 25문항 전체가 2011년도 전기기사 일반검정 1회차 100문제 가운데에서 그대로 가져왔다는 것이다. 그런데 사실 이건 채용비리라기보다는 문제를 출제하는 외주사의 성의가 너무 없었던 것이다. 보통 다들 베끼기를 하지만 여러 연도의 문제들을 폭넓게 써서 여기서 한 문제, 저기서 한 문제 하는 식인데, 이건 한 회차에서 그냥 가져왔으니 지원자들에게 인지가 된 것이다.

이런 연유로 기술직 지원자들은 기사 자격증 공부하던 기억과 경험을 살려서 전공을 준비하면 대체로 큰 무리가 없는 셈이다. 산업에 따라 다르지만 보통은 전기, 기계, 토목, 건축, 전산 등이 많이 뽑는 전공들이고, 그 외 화공, 환경 등의 전공들이 있다.

○ 문과의 경우

문과의 경우는 이과 직무에서 전공이나 자신이 소지한 기사 자격증에 맞춰 지원하는 것과 달리, 특별한 자격증을 요구하지도 않고 한정된 전공으로 제한하지도 않는다.

따라서 전공 필기시험을 완전히 새로 공부해야 하는 경우도 종종 발생한다. 예를 들어 일문과 전공인 지원자가 공기업의 행정직을 지원하면 적어도 경영, 경제, 법학, 회계, 행정 중에 한 과목은 봐야 하는데, 학교 다닐 때는 전혀 배우지 않은 생소한 과목들인 것이다.

이 다섯 과목 중 하나를 선택해서 보는 경우도 있고, 두 개씩 묶는 경우도 있다. 그리고 심지어 통합전공이라고 해서 이 다섯 과목 전부를 보아야 하는 경우도 있지만, 이런 경우는 많지 않고 소수다. 대부분은 한 과목을 선택하는 경우가 많다.

그리고 과목을 선택한 후에 그 과목 안에서도 출제되는 세부 시험 범위는 각 기업마다 다를 수 있다. 보통 한 과목들은 다음과 같은 세부 영역으로 나뉜다.

과목	세부 영역들
경영	경영학원론, 재무관리, 마케팅, 조직 및 인적관리
경제	경제학원론, 미시경제학, 거시경제학
행정	행정학원론, 행정조직론, 인사행정, 행정법
법학	헌법, 민법, 행정법, 인사소송법, 상법
회계	재무관리, 재무회계, 원가회계, 세법개론

모든 공기업에서 이 세부 영역들이 나온다는 것이 아니라, 이 중에 일부가 선택되어서 나오니까 자신이 지원할 공기업이 결정되면 채용공고나 후기를 잘 살펴서 구체적으로 어떤 영역들이 출제 범위인지 확인해야 한다.

이런 전공을 하지 않은 지원자들의 경우 사실 전공 과목의 벽이 있는 셈이니, 공기업 지원을 결심했다면 자신이 지원하는 기업에 따라 전공에 대한 공부 계획을 잘 세워야 한다.

○ NCS 직업기초능력

NCS 직업기초능력은 전공이 있건 없건 간에 대부분의 공기업에서 실시하고 있다. 몇 명 단위로밖에 뽑지 않는 공기업의 경우 서류와 면접 전형만 존재하는 경우도 많았는데, 채용비리 사건 이후 이런 채용에 의문을 드러내는 사람이 많아지면서, 소수의 경우라도 객관식 필기시험을 도입하는 경향이 확산되었다.

전공 시험에 어려움을 겪는 사람들은 NCS 직업기초능력만 보는 공기업으로 눈을 돌리는 것도 방법이다. 그리고 사실 시험에 전공이 없는, 그러니까 NCS 직업기초능력만 보는 경우가 53%로 전공 시험을 치르는 경우보다 많다. 문제는 그런 사람이 많다 보니 NCS 직업기초능력 시험만 보는 공기업들의 경우, 경쟁률이 치열하다는 것이다. 아무래도 대기업 준비와 같이 병행할 수 있다는 장점도 있다 보니 많은 사람들이 이런 채용에 지원하고 있다.

STEP 03 NCS 10대 직업기초능력

▮ NCS 10대 직업기초능력의 원론적 구성

	직업기초능력 영역	하위능력
1	의사소통능력	문서이해능력, 문서작성능력, 경청능력, 의사표현능력, 기초외국어능력
2	수리능력	기초연산능력, 기초통계능력, 도표분석능력, 도표작성능력
3	문제해결능력	사고력, 문제처리능력
4	자기개발능력	자아인식능력, 자기관리능력, 경력개발능력
5	자원관리능력	시간관리능력, 예산관리능력, 물적자원관리능력, 인적자원관리능력
6	대인관계능력	팀워크능력, 리더십능력, 갈등관리능력, 협상능력, 고객서비스능력
7	정보능력	컴퓨터활용능력, 정보처리능력
8	기술능력	기술이해능력, 기술선택능력, 기술적용능력
9	조직이해능력	국제감각, 조직체제이해능력, 경영이해능력, 업무이해능력
10	직업윤리	근로윤리, 공동체윤리

○ 의사소통능력이란?

의사소통능력은 의사소통의 개념과 의사소통능력을 향상하는 방법에 대한 전반적인 내용을 다루는 것이다. 따라서 의사소통의 개념 및 중요성, 의사소통능력의 필요성, 의사소통의 종류, 의사소통능력 개발을 위한 방법을 교육내용으로 선정할 수 있다. 문서이해능력은 직장생활에서 필요한 문서를 확인하고, 읽고, 내용을 이해하여 업무 수행에 필요한 요점을 파악하는 능력을 기르는 것을 주요 교육내용으로 다루고 있으며, 문서이해 능력의 개념 및 중요성, 다양한 문서의 종류와 그에 따른 이해방법, 문서이해의 구체적인 절차와 원리, 문서이해를 통한 정보획득, 수집, 종합방법을 교육내용으로 선정할 수 있다.

문서작성능력은 목적과 상황에 적합한 정보를 전달할 수 있는 문서를 작성하는 것을 주요 교육내용으로 다루고 있으며, 문서작성의 개념 및 중요성, 문서작성의 종류 및 목적과 상황에 따른 예시, 문서작성의 절차와 과정, 문서작성 시 주의사항, 효과적인 문서작성 예시를 주요 교육내용으로 선정할 수 있다.

경청능력은 다른 사람의 말을 주의 깊게 들으며, 공감하고 반응하는 능력을 기르는 것을 주요 교육내용으로 다루고 있으며, 경청의 개념 및 중요성, 올바른 경청을 방해하는 요인, 경청의 바람직한 자세, 대상과 상황에 따른 경청법 및 훈련방법을 교육내용으로 선정할 수 있다.

의사표현능력은 목적과 상황에 맞는 말과 비언어적 행동을 통해 정보를 효과적으로 전달하는 능력을 기르는 것을 주요 교육내용으로 다루고 있으며, 의사표현의 개념 및 중요성, 의사표현의 방해요인과 제거방법, 원활한 의사소통을 위한 시침, 설득력 있는 의사표현의 기본요소 및 특성을 교육내용으로 선정할 수 있다.

기초외국어능력은 외국어로 된 간단한 자료를 이해하거나 간단한 외국인의 의사표현을 이해하는 능력을 기르는 것을 주요 교육내용으로 다루고 있으며, 기초외국어능력의 개념 및 중요성, 기초외국어능력이 필요한 상황과 종류, 비언어적 표현방법의 유형과 효과, 기초외국어능력 향상을 위한 교육방법을 교육내용으로 선정할 수 있다.

○ **수리능력이란?**

수리능력은 직장생활에서 필요한 기초적인 연산과 통계방법, 도표작성 및 분석의 중요성에 대한 전반적인 내용을 다루는 것이다. 따라서 수리능력의 중요성, 효과적인 연산수행 방법, 기본적인 통계방법, 도표작성의 중요성을 교육내용으로 선정할 수 있다.

기초통계능력은 업무를 수행할 때 효과적으로 연산을 수행하는 방법과 이를 활용하는 내용을 다루고 있으며, 논리적인 연산수행 방법, 효과적인 검산법을 교육내용으로 선정할 수 있다. 기초통계능력은 주요 통계방법에 대한 이해와 활용을 주요 교육내용으로 다루고 있으며, 통계의 의미, 통계방법의 종류, 통계자료 해석방법을 교육내용으로 선정할 수 있다.

도표분석능력은 도표의 종류를 이해하고 업무에 적합하게 활용하는 것을 주요 교육내용으로 다루고 있으며, 도표의 종류, 도표의 종류별 특징, 효과적인 도표분석 방법을 교육내용으로 선정할 수 있다. 도표작성능력은 도표를 작성하는 목적을 이해하고 절차에 따라 핵심기법을 사용하여 도표를 작성하는 것을 주요 교육내용으로 다루고 있으며, 도표작성의 절차, 도표작성 시 유의사항, 도표작성 실제를 교육내용으로 선정할 수 있다.

○ **문제해결능력이란?**

문제해결능력은 문제와 문제해결에 필요한 전반적인 것이다. 따라서 문제의 의미, 문제의 유형, 문제해결의 의미, 문제해결의 기본적 사고, 문제해결의 장애요소를 교육내용으로 선정할 수 있다. 사고력의 교육내용은 문제해결을 위해서 필요한 창의적 사고, 논리적 사고, 비판적 사고를 이해하고 배양할 수 있도록 창의적 사고의 의미, 개발방법, 논리적 사고의 의미, 개발방법, 비판적 사고의 의미, 개발방법을 교육내용으로 선정할 수 있다. 문제처리능력은 문제해결 절차에 따른 과정을 주요 내용으로 다루고 있으며, 문제 인식, 문제 도출, 원인 분석, 해결안 개발, 실행 및 평가 단계의 의미와 절차를 교육내용으로 선정할 수 있다.

○ **자원관리능력이란?**

자원관리능력은 자원관리능력, 시간관리능력, 예산관리능력, 물적자원관리능력, 인적자원관리능력에 관한 것이다. 자원관리능력의 교육내용은 시간관리능력, 예산관리능력, 물적자원관리능력, 인적자원 관리능력에 필요한 전반적인 내용을 다루는 것이다. 따라서 자원의 의미 및 중요성, 자원낭비요인, 효과적인 자원관리과정을 교육내용으로 선정할 수 있다.

시간관리능력의 교육내용은 시간자원 이해, 시간자원 확보 방법, 시간계획 수립 방법, 시간자원 할당 방법을 습득할 수 있도록 시간의 특성 및 의미, 시간관리방법, 시간낭비요인, 효과적인 시간계획을 교육내용으로 선정할 수 있다. 예산관리능력은 예산의 확인, 예산의 할당 방법을 습득할 수 있도록 예산관리의 필요성, 예산의 구성요소, 효과적인 예산수립, 예산집행 관리를 교육내용으로 선정할 수 있다.

물적자원관리능력은 물적자원 확인, 물적자원 할당 방법을 습득할 수 있도록 물적자원의 의미, 물적자원 활용의 방해요인, 효과적인 물적자원관리 과정, 물적자원관리 방법을 교육내용으로 선정할 수 있다. 인적자원관리능력은 인적자원 확인, 인적자원 할당 방법을 습득할 수 있도록 인적자원의 의미, 인적자원관리의 필요성, 인맥 관리, 팀원관리를 교육내용으로 선정할 수 있다.

○ 자기개발능력이란?

　자기개발능력의 교육내용은 자기개발능력, 자아인식능력, 자기관리능력, 경력개발능력에 관한 것이다. 자기개발능력의 교육내용은 자기개발과 관련된 자신을 이해하고, 관리하며, 경력을 개발하는 전반적 내용을 다루는 것이다. 따라서 자기개발의 의미와 중요성, 자기개발 과정, 방해요인, 자기개발 계획 수립, 자기 브랜드화 전략을 교육내용으로 선정할 수 있다.

　자아인식능력은 자신을 이해하기 위한 방법과 실제적인 자아발견을 주요 교육내용으로 다루고 있으며, 자아인식의 의미, 자아인식의 방법, 일과 관련된 자신의 특징 파악, 자신의 경험 반성을 교육내용으로 선정할 수 있다. 자기관리능력은 자기관리 단계별 계획을 수립하고 주요 자기관리 방법을 내용으로 다루고 있으며, 자기관리 단계별 계획수립, 자기 내면 관리, 업무수행 성과 관리, 합리적인 의사결정을 교육내용으로 선정할 수 있다.

　경력개발능력은 개인의 경력단계를 이해하고 이에 따른 경력개발 계획을 수립하는 것을 주요 내용으로 다루고 있으며, 경력개발의 의미와 중요성, 나의 경력단계 이해하기, 경력개발 계획 수립, 경력개발 최근 이슈를 교육내용으로 선정할 수 있다.

○ 대인관계능력이란?

　대인관계능력, 팀워크능력, 리더십능력, 갈등관리능력, 협상능력, 고객서비스능력에 관한 것이다. 대인관계능력의 교육내용은 대인관계능력 향상에 필요한 전반적인 내용을 다루는 것이다. 따라서 대인관계능력의 의미와 중요성, 대인관계 향상 방법을 교육내용으로 선정할 수 있다.

　팀워크능력은 팀워크의 의미, 효과적인 팀의 특성, 멤버십의 의미, 팀워크 촉진 방법을 교육내용으로 선정할 수 있다. 리더십능력은 리더십의 의미, 리더십 유형, 동기부여 방법, 코칭의 의미, 임파워먼트의 의미, 변화관리 방법을 교육내용으로 선정할 수 있다. 갈등관리능력은 갈등의 의미와 원인, 핵심적인 갈등 파악 방법, 갈등 해결 방법, 원-윈 갈등관리법의 의미, 조직의 갈등 줄이는 방법을 교육내용으로 선정할 수 있다.

　협상능력은 협상의 의미, 협상과정, 협상전략, 타인 설득 방법을 교육내용으로 선정할 수 있다. 고객서비스능력은 고객서비스의 의미, 고객의 불만 표현 유형 및 대응방안, 고객불만처리 과정, 고객만족조사를 교육내용으로 선정할 수 있다.

○ 정보능력이란?

　정보능력은 정보능력, 컴퓨터활용능력, 정보처리능력에 관한 것이다. 정보능력의 교육내용은 컴퓨터활용과 정보처리에 필요한 전반적인 내용을 다루는 것이다. 따라서 정보의 의미, 정보화사회의 특징, 컴퓨터 활용 분야, 정보처리 과정, 사이버 공간에서 지켜야 할 예절, 개인정보 보안의 중요성을 교육내용으로 선정할 수 있다.

　컴퓨터활용능력의 교육내용은 컴퓨터 관련 이론 이해, 인터넷 정보검색, 소프트웨어 활용 능력을 함양할 수 있도록 인터넷 서비스의 종류, 인터넷 정보검색 방법, 소프트웨어의 활용 방법, 데이터베이스 구축의 필요성을 교육내용으로 선정할 수 있다. 정보처리능력은 정보처리절차에 따른 과정을 주요 내용으로 다루고 있으며, 정보수집, 정보분석 및 가공, 정보관리, 정보활용 단계의 의미와 절차를 교육내용으로 선정할 수 있다.

○ **기술능력이란?**

　기술능력은 기술이해능력, 기술선택능력, 기술적용에 관한 것이다. 기술능력은 기술의 개념과 기술능력에 대한 전반적인 내용을 다루는 것이다. 따라서 기술의 의미와 중요성, 기술능력의 의미와 중요성, 기술능력 향상 방법, 미래의 유망한 기술, 지속가능한 기술, 산업재해 예방방법을 교육내용으로 선정할 수 있다.

　기술이해능력은 기본적인 직장생활에 필요한 기술의 원리 및 절차를 이해하는 것을 주요 교육내용으로 다루고 있으며, 기술발전방법, 기술혁신을 위한 방법, 실패한 기술의 영향 등을 교육내용으로 선정할 수 있다. 기술선택능력은 기본적인 직장생활에 필요한 기술을 선택하는 것을 주요 교육내용으로 다루고 있으며, 기술선택을 위한 의사결정, 벤치마킹을 통한 기술선택, 매뉴얼을 통한 기술활용을 교육내용으로 선정할 수 있다.

　기술적용능력은 기본적인 직장생활에 필요한 기술을 실제로 적용하고 결과를 확인하는 것을 주요 교육내용으로 다루고 있으며, 기술적용 시 주의사항, 기술경영자의 역할, 네트워크 혁명의 특징 등을 교육내용으로 선정할 수 있다.

○ **조직이해능력이란?**

　조직이해능력은 조직이해능력, 경영이해능력, 체제이해능력, 업무이해능력, 국제감각에 관한 것이다. 조직이해능력은 조직의 개념과 조직을 이해하는 방법에 대한 전반적인 내용을 다루는 것이다. 따라서 조직의 개념 및 조직이해의 필요성, 조직의 경영, 체제 및 업무이해, 국제감각, 환경변화에 따른 조직변화 계획 수립, 조직과 개인의 관계를 교육내용으로 선정할 수 있다.

　경영이해능력은 조직경영의 방법과 전략을 이해하는 것을 주요 교육내용으로 다루고 있으며, 조직경영의 방법, 조직의 의사결정 과정, 다양한 조직경영 전략, 근로자의 조직경영 참여방법을 교육내용으로 선정할 수 있다. 체제이해능력은 조직의 다양한 체제들을 이해하는 것을 주요 교육내용으로 다루고 있으며, 조직목표 개념, 조직구조의 결정요인 및 형태, 조직문화의 특징, 조직 내 집단의 기능과 유형을 교육내용으로 선정할 수 있다.

　업무이해능력은 업무의 특성을 이해하고 효과적인 업무수행 계획을 수립하는 것을 주요 교육내용으로 다루고 있으며, 업무특성의 개념 및 구분, 업무수행 계획수립, 업무수행 시 방해요인을 교육내용으로 선정할 수 있다. 국제감각은 세계화에 따라 다른 나라의 문화를 이해하고 국제적인 동향을 파악하는 것을 주요 교육내용으로 다루고 있으며, 세계화의 개념 및 국제감각의 필요성, 다른 나라 문화 이해방법, 국제동향 파악방법, 국제매너의 중요성 및 예시를 교육내용으로 선정할 수 있다.

○ **직업윤리란?**

　직업윤리는 직업윤리, 근로윤리, 공동체윤리에 관한 것이다. 직업윤리의 교육내용은 직업윤리 전반에 대한 내용을 다루는 것이다. 따라서 윤리의 의미, 직업의 의미, 직업윤리의 의미를 교육내용으로 선정할 수 있다. 근로윤리의 교육내용은 근면한 태도, 정직한 행동, 성실한 자세, 정직하지 못한 행위로 인한 사회적 손실을 교육내용으로 선정할 수 있다. 공동체윤리는 봉사(서비스), 책임, 준법, 예절, 성예절의 의미를 교육내용으로 선정할 수 있다.

2 객관식 필기시험으로서의 실제적인 NCS 영역 구성

10대 직업기초능력의 원론적 구성은 매우 타당하고 좋은 의미를 가지지만, 문제는 그것을 객관식으로 물어보게 되면 변별성 면에서 효과적인가 하는 의문이 생긴다. 사실 10대 직업기초능력 중 몇 가지는 태생부터 변별성이 필요한 객관식 문제로서의 기능이 결여되어 있기도 하다.

다음과 같은 문항을 보자.

> 상사가 이번에 들어온 신입사원을 훈련시키고 있다. 당신은 그렇게 도가 지나치다고 생각하지 않는데, 신입사원의 심지가 약해서인지 신입사원은 심각할 정도로 그런 부분에 대해 고민하고 있다. 옆에서 지켜보던 당신, 어떻게 하겠는가?
>
> ① 어차피 그 정도도 못 견디면 회사 생활하기 힘드니, 그냥 모른 척 한다.
> ② 사람마다 훈련의 방법은 달라야 하는 것이니, 상사에게 상황을 보고하고 조금 약하게 훈련시킬 것을 건의한다.
> ③ 상사의 방침에 대해 관여하지는 않지만, 신입사원과 술잔을 기울이며 고민을 들어준다.
> ④ 선배 때도 다 그만큼은 했다면서 신입사원을 다그친다.

이런 문항은 정답이 존재하지는 않는다. 다른 문항의 답변들과 같이 고려되어 지원자가 어떤 성향인지를 밝혀줄 뿐이다. 아마도 ①과 ④는 극단적이니, 조금 타협안이라고 할 수 있는 ②와 ③으로 응답하는 사람이 많을 것이다. 그러니 이런 문항들은 변별성을 가져다 줄 수가 없다.

자기개발능력, 대인관계능력, 직업윤리의 세 영역은 능력이라기보다는 태도에 대한 문제여서, 차라리 인성검사로 실시되는 것이지 변별성이 필요한 객관식 시험문제로서는 그리 적절하지 않다. 이들 영역을 필기시험으로 출제하는 공기업은 거의 없지만 만약 있다 하더라도 실제 문제들을 접해 보면 딱히 어렵다거나 풀이가 필요하다기보다는 가벼운 인성문제처럼 느껴질 것이다.

그래서 실제적으로는 다음과 같이 구분된다고 보면 된다.

적성(능력)	인성(태도)
의사소통능력	
수리능력	
문제해결능력	대인관계능력
자원관리능력	직업윤리
기술능력	자기개발능력
정보능력	
조직이해능력	

태도와 관계된 부분은 인성시험으로 따로 평가하게 되는 경향이 많고 대부분 NCS 시험이라고 할 때는 그래서 능력을 테스트하는 좌측의 7가지 영역이 주로 지칭되고 있다.

3 NCS 직업기초능력은 알고 보면 One Test다

많은 책들, 강의들이 NCS 직업기초능력을 왜 보는지 이해하지 못한 채, 그저 문제유형 정리로만 구성되어 있다 보니, 지원자들 역시 NCS 직업기초능력 시험을 어떻게 준비해야 하는지, 준비가 가능한 것인지 감조차 못 잡는 경우가 많다.

NCS 직업기초능력은 크게 보자면 '외부로부터 주어지는 정보를 이해하고 활용하는 능력이 있는가'를 체크하는 시험'이다. 이걸 무슨 암기과목 대하듯이 하나하나 잘라보며 영역별로 다른 시험으로 인식하면 근본적인 실력 향상에 이를 수 없다.

미래인재의 조건은 'what'이 아니라 'how'다. '무엇을 알고 있는가?' 같은 것은 암기과목으로 테스트하는 것이고, '어떻게 알 수 있는가?'가 NCS 직업기초능력을 통해 테스트하고자 하는 것이다.

유발 하라리가 〈사피엔스〉에서 언급했듯이 현대 사회는 과거 100년간 일어난 변화의 양이 1년 만에 일어나는 시대다. 그러니 아무리 많이 알고 있어봤자 1년만 지나면 알고 있는 것의 반은 '잘못된 지식'이 되는 현실이다. 그래서 미래인재의 조건은 계속적으로 발생하는 엄청난 양의 정보 중, 빠르게 정보들을 확인한 뒤에, 그중 중요한 정보를 이해하고 받아들여 자신의 것으로 적용할 수 있는 능력이다.

학력시험이 아닌 능력시험인 NCS 10대 직업기초능력 시험은 바로 그런 점을 체크하는 시험이다. 정보이해와 정보활용이라는 측면에서 영역을 구분하면, 자주 출제되는 7대 영역은 다음과 같이 구분된다.

정보이해 계열	정보활용 계열
의사소통능력 수리능력	문제해결능력 자원관리능력 기술능력 정보능력 조직이해능력

NCS 직업기초능력은 정보를 이해하는 능력과 그것을 활용하는 능력으로 구성되어 있다. 암기한 지식을 바탕으로 문제를 푸는 것이 아니라, 문제 안에 주어진 정보를 이해하고 그것을 바탕으로 적용하는 식으로 문제가 구성되는 것이다.

○ **정보이해 계열의 문제: 의사소통능력, 수리능력**

정보이해 계열은 Text 형태로 된 정보를 이해하는 영역과 표나 그래프처럼 수치적으로 주어진 정보를 이해하는 영역으로 나뉜다.

계열	해당영역	내용
정보이해	의사소통능력	Text 형태로 된 정보를 빨리 읽고 이해하기
	수리능력	수리나 표같이 수치적으로 주어진 정보를 빨리 읽고 이해하기

이 문제들은 수능 같은 시험에서도 종종 볼 수 있는 형태이기 때문에 아주 낯선 문제들은 아니다.

예를 들어 의사소통능력은 수능의 비문학과 가장 유사하다고 보면 된다. Text로 된 정보를 이해하고 자신의 이해도를 문제로 테스트받는 것이다.

다음 글에서 알 수 있는 것은?

구글의 디지털도서관은 출판된 모든 책을 디지털화하여 온라인을 통해 제공하는 프로젝트이다. 이는 전 세계 모든 정보를 취합하여 정리한다는 목표에 따라 진행되며, 이미 1,500만 권의 도서를 스캔하였다. 덕분에 셰익스피어 저작집 등 저작권 보호 기간이 지난 책들이 무료로 서비스되고 있다.

이에 대해 미국 출판업계가 소송을 제기하였고, 2008년에 구글이 1억 2,500만 달러를 출판업계에 지급하는 것으로 양자 간 합의안이 도출되었다. 그러나 연방법원은 이 합의안을 거부하였다. 디지털도서관은 많은 사람들에게 혜택을 줄 수 있지만, 이는 구글의 시장독점을 초래할 우려가 있으며, 저작권 침해의 소지도 있기에 저작권자도 소송에 참여하라고 주문하였다.

구글의 지식 통합 작업은 많은 이점을 가져오겠지만, 모든 지식을 한곳에 집중시키는 것이 옳은 방향인가에 대해서는 숙고가 필요하다. 문명사회를 지탱하고 있는 사회계약이란 시민과 국가 간의 책임과 권리에 관한 암묵적 동의이며, 집단과 구성원 간, 또는 개인 간의 계약을 의미한다. 이러한 계약을 위해서는 쌍방이 서로에 대해 비슷한 정도의 지식을 가지고 있어야 한다는 전제조건이 충족되어야 한다. 그런데 지식 통합 작업을 통한 지식의 독점은 한쪽 편이 상대방보다 훨씬 많은 지식을 가지는 지식의 비대칭성을 강화한다. 따라서 사회계약의 토대 자체가 무너질 수 있다. 또한 지식 통합 작업은 지식을 수집하여 독자들에게 제공하고자 하는 것이지만, 더 나아가면 지식의 수집뿐만 아니라 선별하고 배치하는 편집 권한까지 포함하게 된다. 이에 따라 사람들이 알아도 될 것과 그렇지 않은 것을 결정하는 막강한 권력을 구글이 갖게 되는 상황이 초래될 수 있다.

① 구글과 저작권자의 갈등은 소송을 통해 해결되었다.
② 구글의 지식 통합 작업은 사회계약의 전제조건을 더 공고하게 할 것이다.
③ 구글의 지식 통합 작업은 독자들과 구글 사이에 평등한 권력 관계를 확대할 것이다.
④ 구글의 디지털도서관은 지금까지 스캔한 1,500만 권의 책을 무료로 서비스하고 있다.
⑤ 구글의 지식 통합 작업은 지식의 수집에서 편집권을 포함하는 것까지 확대될 수 있다.

정답 | ⑤

해설 | "또한 지식 통합 작업은 지식을 수집하여 독자들에게 제공하고자 하는 것이지만, 더 나아가면 지식의 수집뿐만 아니라 선별하고 배치하는 편집 권한까지 포함하게 된다." → 지식의 수집뿐 아니라 편집권까지 나아갈 수 있다고 명시하고 있다.

① "이에 대해 미국 출판업계가 소송을 제기하였고, 2008년에 구글이 1억 2,500만 달러를 출판업계에 지급하는 것으로 양자 간 합의안이 도출되었다. 그러나 연방법원은 이 합의안을 거부하였다." → 합의안이 거부되었으므로 아직 해결된 것은 아니다.

② "따라서 사회계약의 토대 자체가 무너질 수 있다." → 구글의 지식 통합 작업으로 인하여 사회계약의 토대가 무너질 수 있다고 경고하고 있다.

③ "그런데 지식 통합 작업을 통한 지식의 독점은 한쪽 편이 상대방보다 훨씬 많은 지식을 가지는 지식의 비대칭성을 강화한다." → 평등관계가 깨지게 되고, 한쪽의 권력을 강화하게 될 것이다.

④ "이는 전 세계 모든 정보를 취합하여 정리한다는 목표에 따라 진행되며, 이미 1,500만 권의 도서를 스캔하였다. 덕분에 셰익스피어 저작집 등 저작권 보호 기간이 지난 책들이 무료로 서비스되고 있다." → 스캔한 것이 1,500만 권이고 실제로 서비스되는 것은 이 중 저작권 보호기간이 지난 것들이다.

수리능력은 응용계산과 자료해석 문제로 나누어지는데, 응용계산은 사실 20% 비중 정도고, 대부분은 자료해석 문제다. 그러니까 수리 문제가 20문제라고 치면 보통 응용계산은 4문제 이하로 나오거나 안 나올 때도 있다는 얘기다. 수리능력의 핵심은 자료해석인데, 정보의 형태가 Text가 아닌 자료, 그러니까 표나 그래프 같은 것으로 주어지고, 이 자료를 읽어내는 능력을 테스트하는 문제들이다. 이렇게 가장 기본이 되는 두 유형은 주어진 정보를 빠르고 정확하게 이해하는 능력을 체크하는 문제들이다.

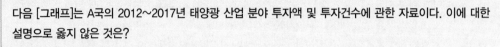

다음 [그래프]는 A국의 2012~2017년 태양광 산업 분야 투자액 및 투자건수에 관한 자료이다. 이에 대한 설명으로 옳지 않은 것은?

[그래프] 태양광 산업 분야 투자액 및 투자건수

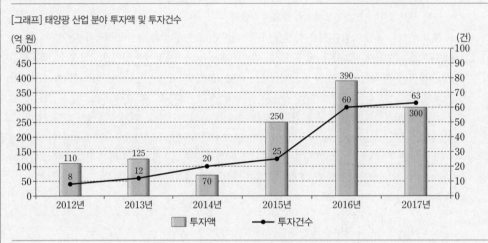

① 2013~2017년 동안 투자액의 전년 대비 증가율은 2016년이 가장 높다.
② 2013~2017년 동안 투자건수의 전년 대비 증가율은 2017년이 가장 낮다.
③ 2012년과 2015년 투자건수의 합은 2017년 투자건수보다 작다.
④ 투자액이 가장 큰 연도는 2016년이다.
⑤ 투자건수는 매년 증가하였다.

정답 | ①

해설 | 2016년의 투자액의 전년 대비 증가율은 $\frac{390-250}{250} \times 100 = 56(\%)$인 데 비해서, 2014년에서 2015년이 될 때에는

$\frac{250-70}{70} \times 100 ≒ 257(\%)$로 훨씬 높다.

② 2017년이 $\frac{63-60}{60} \times 100 = 5(\%)$로 가장 낮다.

③ 2012년과 2015년 투자건수의 합은 8 + 25 = 33(건)이고, 2017년 투자건수는 63건이다.

④ 투자액이 가장 큰 연도는 2016년으로 390억 원에 달한다.

⑤ 꺾은선그래프로 표현된 투자건수는 매년 늘어나고 있다.

○ **정보활용 계열의 문제: 문제해결(자원관리, 정보이해, 조직이해, 기술능력)**

　　정보를 활용하는 영역은 사실 문제해결이라는 영역으로 모두 표시가 된다. 문제해결의 일반적 과정은 주어진 문제를 이해하고 그것에 대한 대안을 설정하는 식으로 진행된다. 이 과정에서 상황을 판단하는 능력과 대안을 결정하는 능력들이 필요하다. 문제를 해결하는 과정을 프로세스로 보면 다음과 같다.

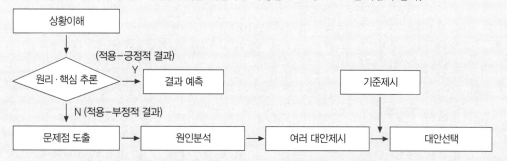

　　주어진 문제상황을 이해하고, 그 정보 안에서 핵심적인 내용이나 원리 등을 추출해 낸다. 그리고 그것들을 새로운 상황이나 앞으로의 상황에 적용해서 결과를 예측하는데, 그 결과가 긍정적이라면 이는 결과 예측으로 분류한다. 그런데 그 결과가 부정적이면 이는 문제점 도출이 된다. 말하자면 기존의 정보들을 바탕으로 새로운 상황에 대해 시뮬레이션을 해 보는 것이다.

　　여러 대안제시 상황에서 이렇게 하나의 대안을 선택하는 과정을 중분류로 '의사결정' 과정이라 명명하자.

　　문제해결능력이라는 이름의 영역은 사실상 정보를 이해하고, 활용하는 모든 능력을 다 지칭할 수 있다. 그래서 사실 문제해결이라고 하면 대부분의 유형을 다 낼 수 있다. 앞서 개별 공기업들의 문제출제 경향을 보았을 때 의외로 다양하지 않고, 의사소통, 수리, 문제해결의 세 영역으로 단순화되는 것은, 사실 이 문제해결 안에 모든 문제를 다 담을 수 있기 때문이다.

　　정보를 활용하는 계열의 영역을 정리하면 다음과 같다.

정보활용 계열		
문제해결능력	(상황판단)	기술능력/정보능력
	(의사결정)	자원관리능력/조직이해

○ **문제해결 中 상황판단(기술능력과 정보능력 포함)**

　　문제해결은 상황을 판단하고 의사를 결정하는 모든 유형을 포괄할 수 있다. 그런데 이것을 세부적으로 나누면 기술능력과 정보능력은 상황을 판단하는 능력이 주로 출제되게 된다. 기술적인 정보 같은 것을 준 다음에 그것의 원리를 파악하고 적용하는 형태의 문제들이다.

예를 들어 다음은 산업인력공단이 게시한 NCS 샘플 문제 중 정보능력에 해당하는 문제다.

아래는 창고에 있는 총 36개 건설 장비의 코드 목록이며 이 건설 장비들은 모두 한 회사에서 생산된 제품이다. 코드 부여 방식을 참고할 때, 다음 중 올바른 설명은?

BU-35-KRC-5C-1202	EX-70-KRA-4C-1505	DU-12-KRC-3A-1505
CR-23-KRB-2C-1302	DU-12-KRC-3A-1410	FO-10-KRC-5C-1302
BU-35-KRC-5C-1201	DU-11-KRC-4A-1207	CM-20-KRB-2C-1311
DU-12-KRA-4C-1401	EX-69-KRC-5C-1302	LO-62-KRC-4A-1403
BU-35-KRC-1A-1509	DU-12-KRA-4C-1504	RO-62-KRA-4C-1510
DU-12-KRA-4C-1503	CR-23-KRB-2C-1305	CU-44-KRB-2C-1309
CM-20-KRB-2C-1203	BU-35-KRC-1A-1403	LO-62-KRA-4C-1507
FO-10-KRA-4C-1405	BU-35-KRC-5C-1302	BU-35-KRC-5C-1302
DU-11-KRC-3A-1206	BU-35-KRC-5C-1009	DU-12-KRC-5A-1412
BU-35-KRC-1A-1304	BU-35-KRC-4A-1406	BU-35-KRC-5C-1307
CM-20-KRB-2C-1305	DU-12-KRA-4C-1502	CR-23-KRB-2C-1308
BU-35-KRC-2A-1212	DU-12-KRC-2A-1501	BU-35-KRC-1A-1109

[코드 부여 방식]
[장비 종류]-[모델 번호]-[생산 국가 도시]-[공장과 라인]-[제조연월]
[예시]
DU-12-KRA-4C-1503
2015년 3월에 한국 인천 4공장 C라인에서 생산된 덤프트럭 12번 모델

장비 종류 코드	장비 종류	생산 국가 도시 코드	생산 국가 도시
BU	불도저	CNA	중국 텐진
CM	콘크리트믹서트럭	CNB	중국 다롄
CR	기중기	CNC	중국 항저우
CU	쇄석기	KRA	한국 인천
DU	덤프트럭	KRB	한국 군산
EX	굴삭기	KRC	한국 창원
FO	지게차		
LO	로더		

① 창고에 있는 장비 중 굴삭기와 로더는 있지만 쇄석기는 없다.
② 창고에 있는 장비 중 2013년 이전에 생산된 것이 절반 이하이다.
③ 창고에 있는 불도저는 모두 한국의 한 도시에서 생산된 것들이다.
④ 창고에 있는 덤프트럭의 모델 종류는 최소 3가지 이상이 존재한다.
⑤ 2014년 2월 중국 텐진 5공장 C라인에서 생산된 지게차 12번 모델은 FO-12-CNB-5C-1402라고 코드를 표시해야 한다.

정답 | ③
해설 | 창고에 있는 불도저 BU의 생산 국가 도시 코드는 모두 KRC이므로 전부 한국 창원에서 생산된 것들이다.

이 문제를 보면 주어진 상황에서 코드를 만드는 방법을 파악한 후에 그것을 적용하는 문제라는 것을 알 수 있다. 이것이 암기가 필요한 학력 테스트 형태의 문제라면 코드를 파악하는 방법을 사전에 알고서 적용해야 하는 형태로 출제되었을 것이다. 하지만 능력 테스트이기 때문에 문제 푸는 데 필요한 모든 정보는 문제 안에 주어져 있다. 그것을 이해하고 적용하는 문제다.

○ **문제해결 中 의사결정(자원관리능력, 조직이해 포함)**

의사결정은 자원관리능력과 조직이해로 나뉜다. 의사결정은 기준제시와 합해져서 의미를 가진다고 설명했다. 예를 들어 다음은 산업인력공단이 게시한 NCS 샘플 문제 중 자원관리능력에 해당하는 문제다.

아래의 제시 상황을 보고 J가 선택할 교통편으로 가장 적절한 것을 고르면?

영화 제작사 홍보부 사원 J는 부산에서 열리는 영화제 개막식에 참가하고자 교통편을 알아보고 있다. J는 당일 부서회의에 참석해야 하며, 회의 종료 시각은 오후 2시이다.

◆ 부산영화제 개막식 안내
  - 일시 및 장소: 20××. 10. 02.(목) PM 14:00~20:00, 부산 센텀시티
  ※ 개막식 입장 가능 시간은 종료 2시간 전까지

◆ 회사에서 공항 및 기차역까지 소요시간

출발지	도착지	소요시간
회사	김포공항	130분
	서울역	60분

◆ 비행기 및 기차 이동 시간

구분	운행요일	출발지	출발시간	소요시간
비행기	화/목	김포공항	16:30	55분
KTX	매일	서울역	매시 정각	150분

◆ 센텀시티 오시는 길

출발지	도착지	소요시간
공항 리무진 버스	김해공항	55분
버스	김해공항	70분
	부산역	40분
택시	김해공항	50분
	부산역	30분
도시철도	공항역	53분
	부산역	38분

① KTX – 버스
② KTX – 택시
③ 비행기 – 택시
④ 비행기 – 공항 리무진 버스

정답 | ②

해설 | 주어진 여러 시간자원을 수집하여 실제 업무상황에서 시간자원을 어떻게 활용할 것인지 계획하고 할당하는 능력을 측정하는 문항이다. KTX를 타고 부산역으로 이동 후 택시를 타고 센텀시티로 이동하면 오후 6시에 도착하게 된다. 개막식 종료 2시간 전까지 도착하는 유일한 교통편이다. 따라서 정답은 ②이다.

① KTX를 타고 부산역으로 이동 후 버스를 타고 센텀시티로 이동하면 오후 6시 10분에 도착하게 되므로 적절하지 않다.

③ 비행기를 타고 김해공항으로 이동 후 택시를 타고 센텀시티로 이동하면 오후 6시 15분에 도착하게 되므로 적절하지 않다.

④ 비행기를 타고 김해공항으로 이동 후 공항 리무진 버스를 타고 센텀시티로 이동하면 오후 6시 20분에 도착하게 되므로 적절하지 않다.

이 문제를 보면 기준은 18시까지 도착해야 한다고 주어져 있다. 여러 안 중 이 기준에 부합하는 안은 하나밖에 없기 때문에 답을 찾을 수 있다.

조직이해 역시 주로 나오는 문제가 되는 영역은 의사결정 과정에서 어떤 의사결정을 할 것인가가 주가 된다. 결재규정을 주고 적용해서, 최종 결재안을 어떻게 가져갈 것인가 같은 문제들이나 SWOT 분석에서 최종안은 무엇인가 찾아내는 문제들이 이에 속한다.

4 시험장에서 만날 수 있는 아주 실제적인 NCS 직업기초능력의 영역은?

NCS 직업기초능력은 정보이해와 정보활용이라는 두 축을 바탕으로 7가지 영역이 배치된다는 것을 알았다. 하지만 실제로 나오는 문제들을 보면 7가지 영역이 아니라 3개 혹은 4개 영역의 시험인 경우가 많다.

실제 채용인원이 많은 상위 25개 기업의 NCS 직업기초능력의 출제영역을 보면 다음과 같다.

공기업	필기 출제 영역
한국전력공사	사무 NCS 50문항/70분(의사소통, 수리, 문제해결＋자원관리, 정보) 전기 55문항/70분(NCS 40문항－의사소통, 수리, 문제해결, 자원관리＋기술능력(전공) 15문항) 기타 55문항/70분(NCS 40문항－의사소통, 수리, 문제해결, 정보능력＋기술능력(전공) 15문항)
한국철도공사	50문항/60분(NCS 25문항－의사소통, 수리, 문제해결＋전공(직무수행능력평가 25문항))
국민건강보험공단	NCS 60문항/60분(의사소통, 수리, 문제해결)＋법률 20문항/20분
인천국제공항공사	사무·기술 NCS 60문항/65분(의사소통, 수리, 문제해결, 자원관리, 정보＋조직이해, 기술) ＋전공 50문항/60분(지원한 분야의 전공) 관제 NCS 60문항/65분(의사소통, 수리, 문제해결, 자원관리, 정보＋조직이해, 기술)
IBK기업은행	금융일반: NCS 25문항＋직무수행능력평가 45문항 디지털/금융전문: NCS 20문항＋직무수행능력평가 50문항
한국수력원자력	90문항/90분{NCS 70%(60문항)－의사소통, 수리, 문제해결, 자원관리＋조직이해, 직무수행능력(법학·행정학·경제학·경영학(회계학포함)(25문항), 직무수행능력평가(5문항)}
한국수자원공사	NCS 40문항/40분(의사소통, 수리, 문제해결, 자원관리)＋전공 40문항/50분
한국가스공사	NCS 50문항/60분(의사소통, 수리, 문제해결, 자원관리, 정보능력) 직무수행능력평가 50문항/50분
한국산업인력공단	80문항/80분(NCS 40문항＋한국사 20문항＋영어 20문항)
근로복지공단	100문항/100분 (NCS 70문항－의사소통, 수리, 문제해결, 자원관리＋전공 30문항)
주택도시보증공사	NCS 40문항/60분－전영역 전공필기(신입직－관리6급 대상)
서울교통공사	80문항/100분(NCS 40문항＋전공 40문항)
중소벤처기업진흥공단	NCS 50문항/60분＋전공 40문항/50분

한국자산관리공사	직무수행능력평가(분야별 직무전공 90점＋공사 업무 10점)/120분
한국지역난방공사	NCS 50문항/50분 － 의사소통, 수리, 문제해결, 자원관리, 정보, 조직 전공 50문항
국민연금공단	NCS 60문항/60분 － 의사소통, 수리, 문제해결, 조직이해, 정보능력, 직업윤리 전공 50문항/50분
LH한국토지주택공사	NCS 50문항 － 의사소통, 문제해결, 수리능력 등 ＋전공 30문항(사무직의 경우 직무 관련 직업기초능력 심화)
한국장애인고용공단	NCS 50문항(대인관계, 의사소통, 수리, 문제해결, 직업윤리, 지원관리능력)
LX한국국토정보공사	전공 60문항 NCS 60문항(직무별 4개영역)
한국농어촌공사	전공 200점 NCS 100점
한전KPS	NCS 50문항/65분 전공 50문항/50분
한국서부발전	각 분야 전공 50문항＋한국사 10문항 NCS 50문항(의사소통, 수리, 문제해결, 자원관리, 기술)
한국중부발전	NCS 80문항(의사소통, 수리, 문제해결, 자원관리, 조직이해, 정보, 기술) 직무지식평가 60문항/80분
한국환경공단	NCS 50문항/60분(의사소통, 수리, 문제해결, 조직이해) 50% 전공 40문항/50분 50%
한국공항공사	NCS 50점 직무수행능력평가 50점

(자세한 내용은 기업별 채용 홈페이지 참고)

대부분 의사소통, 수리, 문제해결의 3영역을 기본으로 하고 있다는 것을 알 수 있다. 거기에다가 자원관리까지 확장해서 크게 보면 공기업에서 실제적으로 출제되는 NCS 직업기초능력은 의사소통, 수리, 문제해결, 자원관리의 4가지 영역이라는 것을 알 수 있다. 이렇게 4가지 영역을 보는 공기업이 가장 흔하고 많다고 보면 된다.

이유는 간단하다. 문제해결이라는 영역 안에 다른 문제들은 얼마든지 포함될 수 있기 때문이다. 그러니 3가지 영역밖에 출제되지 않는다고 공지되어 있어도 사실은 자원관리라든가, 정보능력들의 문제들을 준비하지 않을 수는 없다. 어차피 문제해결이라는 대분류 안에 다 들어가기 때문이다.

그런데 의사소통, 수리, 문제해결, 자원관리까지 해서 4영역인 경우도 많은데, 이는 객관식 문제에서 시간이 많이 걸려 차별성을 내기 좋은 자원관리 문제를 특별히 더 강조하겠다는 뜻이다. 이런 경우는 문제해결에서 원리를 파악하고, 주어진 조건을 적용하는 형태의 문제가 주로 나오고, 자원관리에서 비용이나 시간 같은 측면이 강조되는 의사결정 문제가 주로 나오게 된다. 많은 공기업들이 이 같은 형태를 가지고 있어서 NCS 직업기초능력의 4대 천왕이라고 이 영역들을 명명해도 무리는 없다.

5가지 영역 이상으로 나오는 공기업이 많지는 않은데, 이렇게 되면 4대 천왕 영역에 문과직무는 조직이해, 이과직무는 기술능력이나 정보능력 정도가 붙어서 총 5개 정도를 보는 경우가 종종 있다. 그러니 공기업 준비를 하면서 10대 직업기초능력을 똑같은 비중으로 공부하는 것은 굉장히 비효율적이다.

따라서 의사소통, 수리, 문제해결, 자원관리에 확실하게 집중하고, 그 외 조직이해, 기술능력, 정보능력은 간단하게 유형을 아는 정도로 준비하면 시간 대비 가장 효과가 좋은 준비 방법이라 할 수 있다.

수리능력의
유형 분석과
공부방법

수리능력 유형 분석

1 수리 유형의 의미

　정보를 이해하고, 분석한 후에 그 정보를 바탕으로 추리를 하는 것이 지금 NCS직업기초능력 시험의 큰 맥락이다. 이 과정에서 중요한 것은 추리하는 활용능력일 것이다. 여기서 남들과 다른 차별점을 가질 수 있기 때문이다. 하지만 추리는 정확하고 빠르게 정보를 이해하는 능력이 뒷받침되지 않으면 쓸모가 없다.

　예를 들어 A 아파트 단지 앞에 카페를 만들려고 시장상황을 조사하던 B씨가 이미 많은 경쟁 카페가 있는데도, 과감히 새로운 카페를 만들기로 했다고 해보자. 지인들이 말린다.
　"거기 이미 카페들이 4~5개 되는데, 또 오픈하면 승부가 되겠어?"
　그에 대한 B씨의 대답은 이렇다.
　"내가 저번에 얼핏 자료를 본 적이 있는데 그 아파트 단지 앞으로 유동인구가 하루 100,000명이래. 그 정도 지나가면 충분히 승산이 있을 것 같아서."
　하지만 막상 문을 연 B씨의 카페는 손님 없음에 신음하다가 6개월 만에 문을 닫고 말았다. 어째서 이런 일이 발생했을까?
　문제는 B씨가 자료를 잘못 본 데 있었다. 하루 10,000명이라는 숫자를 얼핏 100,000명으로 10배를 뻥튀기 해서 본 것이다.

　새로운 상품을 만들거나 새로운 서비스를 출시할 때 그 전 단계에 여러 가지 자료조사가 선행되는 것은 이런 이유 때문이다. 시의 적절한 추론, 문제해결력, 대안 같은 것들은 정확한 자료의 바탕에서 나오는 것이다. 그 자료 중에 중요한 부분이 바로 수치적 자료다.

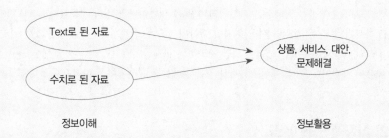

정보이해   정보활용

수리능력은 이런 수치적 자료를 분석하고 이해하는 능력이다. 수치로 된 자료는 표, 그래프 같은 형태로 제시되게 된다. 그래서 수리능력 중에서도 중요한 것이 바로 자료해석이다. 하지만 이 자료에 적힌 숫자를 그냥 읽는 것은 누구나 할 수 있는 쉬운 일이 된다. 그런 능력은 말하자면 경쟁력이 없다. 그래서 주어진 수치를 가공하고 활용하는 능력이 필요하다.

가령 자신의 유튜브 채널의 조회수를 늘려서 광고비를 많이 받고 싶은 유튜버가 있다고 해보자. 이 유튜버는 무조건적으로 동영상을 많이 올려 조회수의 총합을 늘리면 좋을 것이라고 생각해서 저품질이지만 핸드폰으로 일상을 그대로 찍고 그대로 올리기 시작했다. 하지만 점점 개별 동영상의 조회수는 떨어지고 올리는 양에 비해서 굉장히 비효율적인 채널이 되어 버렸다.

이 유튜버는 무조건적인 조회수의 총합만 생각할 것이 아니라, 처음에 채널을 분석해야 했다. 우선 구독자와 조회수를 비교해서, 비슷한 다른 채널의 구독자와 조회수를 비교해 볼 필요가 있다. 구독자 대비 조회수가 낮은 편이라면 기존 구독자들이 영상 조회를 많이 할 수 있게 독려하는 것이 더 효과적이다. 반면 올린 동영상 대비 조회수도 비교해 보아서 동영상의 품질 문제인지 아닌지 체크해 보는 것도 필요하다.

다음 A와 B채널의 수치를 비교해 보자.

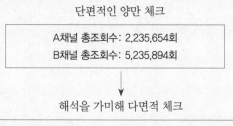

이렇게 보면 A채널은 구독자 대비 조회수는 훌륭하니 구독자를 모을 방법을 더 생각해 보아야 할 것이고, B채널은 새로운 구독자를 모으는 것보다는 기존 구독자들이 어떻게 해야 더 영상을 챙겨 볼 수 있을까를 고민해 보아야 한다.

이런 일련의 과정이 바로 자료해석이 된다. 자료해석의 실제 문제를 보면, A/B를 비교하라든가, 전년 대비 증·가감률이 어떤가를 찾으라는 선택지들이 많이 나오는데, 실제 업무를 하거나 추론을 할 때 이런 수치들을 생각하고 활용해 보아야 하기 때문이다.

그리고 이런 과정을 수행하기 위해서는 기본적인 수학적 개념이나 방정식 정도는 풀 수 있어야 할 것이다. 그래서 응용계산 파트가 수리 문제에 나온다. 하지만 수학의 로그나 삼각함수, 미분 같은 것이 나오는 것이 아니라 일상적이고 업무적인 계산을 수행할 능력 정도를 체크하는 문제들이다. 중학생 때 배우는 여러 가지 방정식이 주로 출제되는 이유는 그것이다. 가격 계산, 일 계산 같은 문제들은 실생활에서 여전히 유용하게 쓰이기 때문이다.

② 수리능력의 실질적 문제 유형

NCS 실전에서 수리능력의 문제로 출제되는 것은 a. 응용계산과 b. 자료해석이다. 단, 응용계산은 사실 업무 수행에 필요한 기본적인 계산 수행 능력이나 방정식 설정 능력 등을 묻는 파트이기 때문에 출제되는 비중으로 보면 많이 잡아야 20% 정도다. 때로는 아예 응용계산 문제가 출제되지 않는 경우도 많기 때문에 부담감을 가질 필요가 없다. 수리능력에서는 실제적으로 업무를 위해 자료, 표, 그래프 등을 보는 능력이 있는지를 체크하는 것이기 때문에 자료해석 비중이 80% 이상이다.

> a. 응용계산
> b. 자료해석

a. 응용계산

기본적으로 연산과 방정식 등 사회생활에 필요한 수리능력이 있는지를 체크하는 정도다. 그래서 자신이 예전에 수포자(수학포기자)였다고 해서 이 파트를 어려워하는 사람도 있는데, NCS 시험의 응용계산 문제는 예전에 자신을 수학포기자가 되게 했었던 그런 유형의 수학문제가 아니라는 것을 인지해야 한다. 지금 나오는 이 정도의 유형과 난이도들은 사실 중학교 교과과정에 있는 난이도일 뿐이다. 주로 나오는 유형들은 다음과 같다.

> 1) 방정식 세우기
> 2) 비의 개념 장착하기
> 3) 소금물 문제
> 4) 거·속·시 문제
> 5) 주기를 구하는 문제
> 6) 일계산 문제
> 7) 경우의 수
> 8) 확률

b. 자료해석

자료해석 문제들 역시 수포자와 관계없다. 가장 어려운 계산이 사칙연산이기 때문이다. 결국 '수포자이기 때문에 수리능력에 약하다'라고 말하는 사람이 있다면 아직 NCS공부를 제대로 시작하지 않은 사람일 가능성이 많다. 자료해석은 어렵고 복잡한 문제라기보다는 귀찮고 시간이 많이 걸리는 짜증나는 문제일 뿐이다.

자료를 보고 거기서 필요한 수치를 찾아내는 능력을 물어보는 자료해석은 표를 읽는 문제가 가장 메인이 될 것이고, 그 외에 그래프를 읽는 문제라든가 자료를 활용하여 계산을 하는 문제들이 나온다. 이런 것들을 한 번에 내는 복합 형태의 문제는 그래서 시간이 많이 걸리는 문제가 된다.

> 1) 표 읽기 / 수치 읽기
> 2) 그래프 읽기 / 추세 읽기
> 3) 계산하기
> 4) 복합자료해석

STEP 02 수리능력 유형의 공부방법

1 응용계산 공부방법

응용계산 문제들은 상당히 유형화되어 있다. 이 유형들의 솔루션을 정확히 익혀서 적어도 이 유형화된 형태의 문제가 나오면 몸이 먼저 반응해서 빠르게 풀 수 있도록 연습해야 한다. 응용계산 문제는 많이 나오지 않아서 한 시험에 많아야 4~5개, 적으면 1~2개이고 아예 안 나오는 경우도 흔하다. 그러니 자주 나오는 파트와 자주 나오는 유형들을 익혀 놓으면 대부분 그 안에서 문제가 출제되기 때문에 문제 풀이 속도가 비약적으로 빨라질 수 있다.

각 파트별로 다음 유형 문제들의 솔루션만 잘 익혀 놓으면 된다.

> 1) 방정식 세우기: 점수 계산, 나이 계산
> 2) 비의 개념 장착하기: 비례식, 증·가감, 가격 계산
> 3) 소금물 문제: 물 첨가, 물 증발, 소금 첨가, 소금물 첨가
> 4) 거·속·시 문제: 변속, 만나다 유형, 왕복, 강물 문제
> 5) 주기를 구하는 문제: 주기 문제, 톱니바퀴
> 6) 일계산 문제: 개별에서 집단, 집단에서 개별, 개별에서 복합
> 7) 경우의 수: 순열, 조합, 팩토리얼 응용
> 8) 확률: 덧셈 법칙, 곱셈 법칙, 복합적

이 범위를 벗어나는 문제는 잘 출제되지도 않을뿐더러, 출제할 이유도 없다. 다시 한번 말하지만 업무에서 필요한 수치적 능력을 체크하는 것이지, 수학을 시험 보는 것이 아니기 때문이다. 그래도 혹시 이 범위를 벗어난 게 출제된다면 쿨하게 넘어가면 된다. 문제 수도 적을뿐더러, 다른 지원자들도 다 같이 틀리는 문제가 될 것이다.

2 자료해석 공부방법

자료해석은 사실 추론 문제라든가 응용 문제 같이 복잡한 형태의 문제가 출제되기 어려운 영역이다. 대다수가 내용일치 문제일 수밖에 없다. 그래프를 보면서 작년에 비해 올해 출생률이 줄어든 것은 확인할 수 있지만, 그 이유가 무엇일까를 추론하는 문제는 낼 수 없기 때문이다. 따라서 문제를 출제하는 입장에서는 이렇게 제한된 영역 안에서 지원자들을 가려내기 위한 문제를 만들어내야 한다는 딜레마에 빠지게 된다. 대부분의 출제자에게 그 해법은 한 문제당 들어가는 시간을 극대화하는 방법이다.

가장 일반적으로 시간을 딜레이하는 방법은 역시 계산이다. A와 B 중 어떤 것이 큰지를 물어보는 것이 아니라, A/B와 C/D 중 큰 것을 물어봐서, 한 번 더 계산하게 만든다. 그래서 해법 역시 계산이다. 이 계산의 속도를 빠르게 향상시켜야 한다. 자료해석의 기본기 파트에서 어림산하는 방법을 배우는 이유다.

그리고 어떤 자료나 그래프들은 대강의 형태를 익혀서 그런 류의 문제가 나오면 두리번거리지 않고 바로 문제의 핵심에 접근할 수 있도록 표의 형태나 함정의 위치 같은 것들을 익히게 된다. 기본적으로 어렵지는 않지만 시간이 많이 걸리는 문제들이기 때문에 선택지에 접근하는 순서 같은 것도 훈련을 통해 가장 최적의 접근 방법을 찾아 놓는 것이 좋다.

다음은 자료해석 문제들의 세부 유형들을 분류해 놓은 것이다. 앞으로의 장에서 이런 유형들의 효과적인 접근 방법에 대해 배우게 된다.

1) 표 읽기 / 수치 읽기
 ① 표 찾아 수치 읽거나 비교하기
 ② 수치변화 추적하기
 ③ Text와 표를 비교하기
 ④ 사칙연산을 활용한 해석
 ⑤ 표에서 ( )를 채우고 접근하기
 ⑥ 찾기와 계산이 섞여서 제시되는 유형
 ⑦ 비와 양의 차이
 ⑧ 추론을 활용하는 자료해석 문제

2) 그래프 읽기 / 추세 읽기
 ① 일반적인 그래프 읽기
 ② 특수한 그래프 읽기
 ③ 낯선 그래프의 규칙 익혀 적용하기
 ④ 그래프에서 찾아내는 계산정보로 해석하기
 ⑤ 그래프와 표의 콜라보로 찾아내는 계산정보로 해석하기
 ⑥ 그래프에서 잘 나오는 함정의 유형들

3) 자료계산
 ① 자료와 공식이 주어지고 찾아내는 유형
 ② 공식에서 계산이 주가 되는 유형
 ③ 표를 활용한 공식 계산
 ④ 방정식을 세우는 유형
 ⑤ 주어진 공식을 뒤바꾸는 유형
 ⑥ 조건을 적용하여 숫자를 찾아가는 유형
 ⑦ 수리조건으로 매칭하기
 ⑧ 승패찾기
 ⑨ 평균 정하기 유형

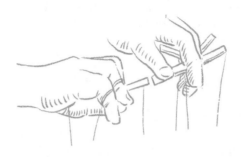

처음에는 우리가 습관을 만들지만
그 다음에는 습관이 우리를 만든다.

– 존 드라이든(John Dryden)

응용계산 I

PART

2

방정식 세우기

STEP

01

유형 분석

Main Type 방정식 세우기	Sub Type 1 점수 계산	Sub Type 2 나이 계산

★ Main Type   방정식 세우기

　가장 단순한 형태의 문제인데, 사실 사회생활하면서 가장 많이 쓰는 수학이 바로 이 간단한 방정식이다. 기본적으로 비례식에 대한 형태가 가장 많고, 합하면 얼마, 빼면 얼마 하는 식의 가감승제에 의한 간단한 계산도 많다. 수학 난도 자체만 놓고 보면 굉장히 쉬워 시험문제로서의 의미는 크지 않지만, 사실 일상생활에서는 가장 응용이 많은 파트다. 그래서 쉬운데도 불구하고 은근히 계속 출제되는 형태의 문제이기도 하다.

　여러 공기업들의 NCS 기출문제들을 보면 어떤 수를 나눠서 얼마가 남는다든지, 얼마가 모자란다든지 하는 형태로 주어지는 식이 많으며 가장 기본적인 형태의 방정식 문제가 된다. 가령 3으로 나누면 4가 남는다는 얘기는 $3x+4$ 라는 식으로 표현할 수가 있다.

정답 및 해설 P. 2

하나가 취업 박람회에 갔더니 어떤 회사에서 학교에 이력서를 균등하게 배포하고 있다. 이 회사에서는 한 학교에 2개씩 이력서를 주면 6개의 이력서가 남고, 3개씩 주게 되면, 3개의 이력서가 모자란다. 학교의 수는 총 몇 개일까?

① 6개　　　　② 7개　　　　③ 8개　　　　④ 9개　　　　⑤ 10개

★ Sub Type 1 점수 계산 문제

미지수가 2개 이상 등장하는 문제는 연립방정식 형태로 풀어야 한다. 미지수가 2개라면 방정식도 2개, 미지수가 3개라면 방정식도 3개가 나와야 문제를 풀 수 있다. 점수 계산 문제는 동물의 마릿수를 세는 문제나, 2점/3점짜리 문제가 섞여있는 시험에서 맞은 개수에 따라 점수를 구하는 문제들인데 유형화된 연립방정식 문제다.

정답 및 해설 P. 2

어떤 농장에서는 닭과 돼지를 키운다. 이 동물들의 머릿수를 합하면 총 12개이고, 다리의 수를 합하면 40개이다. 닭과 돼지의 마릿수 중 큰 값에서 작은 값을 빼면 얼마인가?

① 1   ② 2   ③ 3   ④ 4   ⑤ 5

★ Sub Type 2 나이 계산 문제

나이 문제는 두 사람 이상의 비교 대상이 주어지고, 사칙연산을 이용해 숫자에 접근하는 문제다. 나이 계산 문제의 핵심은, 사람이라면 누구나 공평하게 1살씩 나이를 먹기 때문에, 비교가 되는 두 사람이 있다면 두 사람의 나이차는 항상 일정하다는 사실을 이용하는 것이다. 그리고 사실 어느 쪽에 곱하고 더하는 것만 정확하게 수행하면 헷갈릴 필요가 없는 문제다.

정답 및 해설 P. 2

지금 시한이의 나이를 10배 하면 할아버지 나이와 같아진다. 그런데 10년이 지나면 할아버지의 나이는 시한이의 5배가 된다. 앞으로 5년 후에 시한이는 몇 살인가?

① 7세   ② 8세   ③ 11세   ④ 13세   ⑤ 14세

 **SKILL ❶** 방정식 세우기

방정식 문제는 알고 싶은 값을 미지수로 놓고, 이미 알고 있는 값을 이용하여 미지수를 구하는 것이다.

방정식 문제를 푸는 프로세스는

① 문제 조건을 활용하여 기준을 선정하고,

② 그 기준에 맞춰 좌변과 우변이 같다는 등식을 만들어,

③ 미지수를 구하는 프로세스를 '방정식을 푼다'라고 말한다.

그러니까 이런 프로세스에서 가장 중요한 것은

① 미지수를 어떻게 선정하고 배치할 것인지에 대한 문제. → 객관식 문제에서는 물어보는 것이 그대로 미지수 x 가 될 확률이 90%다. '거리가 얼마인가?', '개당 가격은?', "전체 인원은?"같이 문제에서 물어보는 것을 x로 설정하면 된다.

② 등호의 '좌변과 우변이 같다'라는 조건을 만들 때, 과연 무엇이 '같다'라고 놓아야 하는지에 대한 기준의 문제. → '~와 ~가 같다'라는 진술이 있으면 당연히 그것을 '='로 놓으면 되고, '총합은 얼마'라든가 '합하면 얼마', '결과적으로는 0' 같은 진술들이 '='를 알려 주는 진술들이다.

이렇게 방정식을 만들어나가는 평범한 유형 외에도 다음과 같이 조금 특별한 유형도 있을 수 있다.

---

❶ 부등식의 개념일 때

❷ '적어도' 조건이 붙어 있는 진술일 때

---

1 부등식의 개념일 때

부등식은 '어떤 수 이상, 또는 이하' 같은 조건이 된다. 방정식을 만들 때 '=' 대신에 '>' 기호를 쓴다고 생각하면 사실 방정식 문제와 다르지는 않다. 다만 하나의 수로 특정되는 것이 아니기 때문에, 여러 경우가 나오는데 조건에 따라 그중에 답을 찾아내야 한다. 문제에 '최대'나 '최소' 같은 표현이 나오면 등호가 아니라 부등호가 쓰인다고 생각하면 된다.

정답 및 해설 P. 2

프로덕션을 운영하는 준식이는 A 중소기업의 광고 '가'와 '나' 두 개의 제작을 맡게 되었는데, A기업의 주문은 두 광고에 쓸 수 있는 비용을 합해서 810만 원 이하로 해달라는 것이다. 제작 환경이 다음과 같을 때 준식이는 '가' 광고를 최대 며칠 동안 찍을 수 있을까?

○ 두 광고를 완성하는 데 총 15일이 소요된다. 단, 하루에 하나씩 진행할 수 있고 하루에 두 개를 동시에 진행할 수는 없다.
○ 하루 제작비용은 '가' 광고가 하루 60만 원이고 '나' 광고가 하루 30만 원이다.

① 5일　　　　② 7일　　　　③ 9일　　　　④ 12일　　　　⑤ 14일

2 '적어도' 조건이 붙어 있는 진술일 때

문제 가운데 '적어도'라는 진술이 나오면 여러 경우를 도출하는 문제다. 그중 부등호 문제가 될 수도 있고, 여러 경우를 도출해서 그 가운데 원하는 조건을 만족시키는 대답을 찾을 수도 있다. 그리고 여러 경우를 따지거나 확률을 따지는 문제로 가면 '적어도'는 여사건의 개념으로 접근해서 조건에서 언급된 것을 제외한 나머지를 따져 거꾸로 찾아가는 방법으로 구할 수도 있다.

정답 및 해설 P. 2

신사업에 필요한 조사를 여러 TF를 만들어 나누어 진행하여 효율성을 추구하려고 한다. TF에 들어갈 인원들을 차출하고, 이 인원들을 5명씩 한 TF에 배치하니까 3명이 남았다. 반면 7명씩 배치하니까 마지막 TF에는 4명보다 적게 배치되었다. 그렇다면 TF에 참여할 인원들은 적어도 몇 명인가?

① 4명　　　　② 12명　　　　③ 18명　　　　④ 23명　　　　⑤ 33명

PART 2 응용계산I　　45

 **SKILL ❷** **연립방정식 세우기**

연립방정식 문제는 미지수가 2개 이상 나와서 방정식 역시 그 수에 맞춰서 필요한 유형이다. 알아야 하는 미지수의 수에 따라 방정식을 끌어내야 한다. 합해서 얼마, 빼면 얼마 같은 진술들을 놓치지 말고 봐야 한다. 점수 계산 문제, 동물 마릿수 세는 문제, 농구점수 계산 문제, 비용 계산 문제 같은 경우는 모두 연립방정식으로 푸는 유형으로, 이미 상당히 유형화된 문제라고 할 수 있다.

❶ 부정방정식
❷ 요금 계산 문제

1 부정방정식

만약 미지수가 3개인데 방정식이 2개이면 이는 확정된 값을 구하는 것이 아니라, 여러 경우를 나열해야 하는 부정방정식 형태가 된다. 부정방정식은 경우의 수를 나열하다가 조건에 맞는 경우를 특정하는 형태로 푼다.

가령 $x+y=4$라는 조건만 주어졌다고 하면, x와 y의 값을 나열하는 방식으로 이 문제를 풀 수밖에 없다. x와 y의 값은 (1, 3), (2, 2), (3, 1)이 가능하다. 여기에 'x는 y보다 크다'라는 조건이 붙게 되면 (3, 1)이 답이 되는 식이다.

정답 및 해설 P. 2~3

부서 체육대회를 준비하는 김 과장은 서로 비슷한 실력을 가진 네 개의 농구팀을 만들려고 한다. 김 과장은 20명을 초급 실력인 1점에서부터 선수급 실력인 5점까지 평가했다. 5점의 실력을 가진 사람은 두 명, 4점의 실력을 가진 사람은 세 명, 그리고 3점, 2점, 1점의 실력을 가진 사람은 각각 다섯 명이었다. 김 과장은 한 팀에 동일한 실력을 가진 사람들이 최대 1쌍까지만 포함되도록 하며, 총점으로 볼 때는 같은 점수를 지닌 네 팀을 만들었다. 특히 두 팀은 구성원의 개별점수가 완전히 똑같았다. 김 과장이 만들어 낸 농구팀의 특성으로 잘 못된 것은?

① 어떤 팀은 2점 선수가 두 명이다.
② 어떤 팀은 3점 선수를 한 명도 가지지 않는다.
③ 모든 팀들은 적어도 한 명의 1점 선수를 가진다.
④ 어떤 팀은 5점 선수 한 명과 4점 선수 한 명씩을 가진다.
⑤ 팀 내에 같은 실력을 가진 선수들이 있는 팀은 세 팀이다.

② 요금 계산 문제

공기업들 중에 요금을 책정하고 그것을 징수하는 기업이 많다 보니 은근히 많이 나오는 형태의 문제가 바로 이 요금을 계산하는 문제다. 전기, 가스, 수도 등 요금에 관해서 우리나라는 거의 누진제를 택하다 보니 요금 계산하는 것이 하나의 방정식이 아니라 적어도 두 개 이상의 방정식이 필요한 연립방정식 문제로 출제된다. 누진되는 구간의 경계를 잘 정해서, 하나의 누진 구간마다 올라가는 비율이 다르기 때문에 하나의 방정식이 도출된다고 생각하고 풀면 된다.

문제해결이나 자원관리능력에서도 요금 계산 문제가 출제되지만, 문제해결이나 자원관리에서 출제되는 요금 계산 문제는 여러 가지 조건이나 상황들을 반영하여 계산을 디테일하게 하는 것이 주 포인트다. 예를 들어 그냥 전기요금 계산에다가 부가가치세, 전력산업기반요금, 복지할인 등 여러 가지 조건들을 다 합해서 최종 요금을 계산하는 식이다. 그러므로 요금 계산의 과정에서 주변의 조건과 상황을 얼마나 잘 인식하는가가 관건이 되는 문제인 반면, 수리에서 요금 계산 문제가 나온다면 그것은 연립방정식을 세우고 그것을 풀 수 있는가의 문제이기 때문에 문제해결이나 자원관리의 요금 계산 문제와는 포인트가 조금 다르다. 수리능력에서는 누진제에서 연립방정식을 만드는 경계만 신경 쓰면 된다.

정답 및 해설 P. 3

한나는 8월 한 달 동안 집에서 사용한 상수도 요금을 알아보기로 하였다. 상수도 요금의 계산법은 다음과 같다고 하자.

상수도 요금 계산법

Ⅰ. 10㎥까지는 기본 요금이 x원이다.

Ⅱ. 10㎥를 넘었을 때에는 초과한 양에 대하여 1㎥당 y원의 초과 요금과 기본 요금인 x원의 합으로 계산한다.

Ⅲ. 30㎥를 넘었을 때에는 넘어간 양에 대하여 1㎥당 $2y$원의 초과 요금과 30㎥의 상수도 요금의 합으로 계산한다.

한나네 집에서는 6월 한 달 동안 23㎥의 수돗물을 사용하여 26,400원, 날씨가 더운 7월 한 달 동안은 45㎥의 수돗물을 사용하여 63,400원의 상수도 요금을 내었다. 한나네 집에서 8월 한 달 동안 55㎥의 수돗물을 사용하였을 때, 한나네 집의 8월 상수도 요금은?

① 82,200원   ② 83,400원   ③ 85,600원   ④ 86,000원   ⑤ 88,400원

SKILL ❸ 나이 계산 문제의 함정

나이나 연식, 연차 계산 문제는 거의 유사할 수밖에 없기 때문에 만들 수 있는 함정도 어느 정도 정해져 있다. 그리고 사실 이런 문제들은 중학교 때 나온 문제였기 때문에 그때는 이런 함정들이 헷갈리는 요소가 될 수 있었지만 지금은 사실 그렇게 헷갈리는 함정은 아니다. 그래서 다음과 같은 문제의 진술들에 주의하자는 이야기를 한번 보는 것만으로도 어느 정도 함정에 걸리지 않는 예방책이 될 수 있다.

---
❶ +, − 조건을 주는 유형
❷ 부모님 나이의 합

(※ 나이 문제를 풀 때, 선택지에 제시된 나이를 거꾸로 대입하여 푸는 방법이 가끔 이용된다. 하지만 이런 방법은 나이가 하나로 주어질 때고, 합이나 차의 형태로 제시되는 경우에는 적용되지 않는다.)

1 +, − 조건을 주는 유형

연립방정식으로 x와 y 같은 미지수를 구하면 그대로 정답을 체크하는 경향이 있는데, 그런 점을 이용해서 그냥 몇 살이냐가 아니라, '앞으로 3년 후의 나이'같이 한 단계 더 계산하는 식으로 물어보는 문제다.

이때 중요한 것은 x와 y의 기준을 헷갈리지 말아야 한다는 것이다. 문제에서 물어보는 시점으로 기준을 잡을 수도 있지만, 계산의 편의를 위해서 조금 다른 시점으로 x와 y를 잡았으면 철저하게 그 기준으로 다른 계산도 이루어져야 한다는 것이다.

정답 및 해설 P. 3

3년 전 은정이의 나이는 할아버지의 나이와 비교하면 7배 차이가 났다. 하지만 내후년에는 은정이와 할아버지 나이의 차이는 5배가 된다. 내년 은정이의 나이는 몇 살인가?

① 5세   ② 7세   ③ 12세   ④ 14세   ⑤ 17세
---

2 부모님 나이의 합

보통은 A는 B의 몇 배 하는 식으로 물어보는데, 이 유형은 부모님 나이의 합은 딸의 몇 배 하는 식으로 물어보게 된다. 그러면 앞으로 5년 후라는 진술은 단순히 +5가 되는 것이 아니라, +10이 되어 조건을 변형시키게 된다. 보통 미지수를 계산할 때는 하나의 변수로 취급하기 때문에 이 변수가 두 명이라는 사실을 자칫 망각하게 되면 실수하기 쉬운 유형의 함정이다.

정답 및 해설 P. 3

5년 전 시한이의 부모님의 나이를 합하면 시한이 나이의 6배였다. 지금은 부모님의 나이를 합하면 시한이 나이의 5배가 된다. 그렇다면 내년에 부모님 나이의 합은?

① 88세   ② 94세   ③ 102세   ④ 116세   ⑤ 120세

주어진 식에 조건을 맞춰 방정식을 설정하는 연습을 해보자. 어떤 것을 미지수로 놓을 것이며 그에 따라 주어진 조건들을 어떻게 적용해 나갈지 체크해 보자.

01 디오판토스는 그리스의 수학자로, 대수학의 아버지라 불리는 사람이다. 그의 묘비에는 다음과 같은 방정식 문제가 있다고 전해진다. "보라! 디오판토스는 그의 생애 $\frac{1}{6}$ 을 소년으로 보냈고 $\frac{1}{12}$ 을 청년으로 보냈으며 그 뒤 $\frac{1}{7}$ 이 지나서 결혼하였다. 결혼한 지 5년 뒤에 아들을 낳았고 그 아들은 아버지의 나이의 꼭 반을 살다 죽었고 아들이 죽은 지 4년이 지나 세상을 떠났다." 이 묘비가 사실이라 할 때, 디오판토스는 몇 살까지 살았을까?

① 72세 　　　　　② 78세 　　　　　③ 82세 　　　　　④ 84세

02 연속된 세 짝수의 제곱의 합은 440이다. 이 세 수의 합은 얼마인가?

① 30 　　　　　② 36 　　　　　③ 42 　　　　　④ 48

03 NCS직업기초능력 시험을 보았던 세 명 A, B, C의 점수의 평균은 68점이다. A는 C보다 4점이 적다. B의 점수가 70점일 때, C의 점수는 몇 점인가?

① 65점 　　　② 67점 　　　③ 68점 　　　④ 69점 　　　⑤ 70점

04 A와 B가 가위바위보를 하여서 이긴 사람은 2계단을 올라가고, 진 사람은 1계단을 내려가기로 했다. 가위바위보를 총 30회 해서 B가 처음 위치보다 총 12계단을 올라가 있을 때, A가 이긴 횟수는?(단, 비기는 경우는 없다.)

① 16번 　　　② 17번 　　　③ 18번 　　　④ 19번 　　　⑤ 20번

이 유형에서 가장 대표가 되는 문제는 나이 문제다. 연혁이나 역사 문제로도 꾸밀 수 있으므로 NCS 에서도 심심치 않게 만나볼 수 있는 문제다. 다음의 다양한 나이 문제를 보고, 문제의 조건을 반영하는 공식으로 만들어 보자.

01 현재 A공기업의 연혁은 B공기업 연혁의 2배이고, 8년 전에는 A공기업의 연혁이 B공기업 연혁의 6배였다. A공기업과 B공기업 연혁을 다 합하면 얼마나 될까?

① 20년　　　　② 30년　　　　③ 40년　　　　④ 50년　　　　⑤ 60년

공식: _____

_____

_____

정답: _____ 번

02 아버지와 딸의 나이 차는 29살이다. 지금부터 10년 후에 아버지의 나이는 딸의 나이의 2배보다 1살이 적다고 한다. 현재 아버지의 나이는 몇 살인가?

① 46살　　　　② 47살　　　　③ 48살　　　　④ 49살　　　　⑤ 50살

공식: _____

_____

_____

정답: _____ 번

03 경수는 경진이보다 나이가 두 살 많고, 경수의 나이의 제곱은 경진이의 나이의 제곱에 세 배를 한 것보다 2
가 작다. 이때 경수의 나이는?

① 4살　　　　　② 5살　　　　　③ 6살　　　　　④ 7살　　　　　⑤ 8살

공식: _____

　　　_____

　　　_____

정답: _____번

04 할아버지의 나이는 아버지보다 27살이 많다. 할아버지가 아버지 나이였을 때, 아버지는 현재 한님이의 나이
보다 6살이 많았고, 지금부터 5년 후에는 할아버지의 나이가 한님이 나이의 5배보다 8살이 많아진다고 한
다. 현재 한님이와 아버지 나이의 합은?

① 36살　　　　　② 42살　　　　　③ 49살　　　　　④ 53살　　　　　⑤ 58살

공식: _____

　　　_____

　　　_____

정답: _____번

정답 및 해설 P. 3~4

01 100점 만점인 시험에 배점이 2점과 3점인 문항만으로 출제하였다. 시한이가 시험을 보아서, 총 29개를 맞았는데, 점수는 73점이었다. 시한이는 2점짜리 문제를 몇 개나 맞았는가?

① 14개　　　　② 15개　　　　③ 16개　　　　④ 17개

02 꿩과 토끼가 바구니에 있다. 위를 보니 머리의 수가 35개이고, 아래를 보니 다리의 수가 94개이다. 토끼는 모두 몇 마리인가?

① 12마리　　　② 20마리　　　③ 23마리　　　④ 27마리

03 축구공 6개와 농구공 8개를 사는 데 모두 260,000원을 지출하였다. 축구공 5개와 농구공 2개의 값이 서로 같다면 축구공은 얼마인가?

① 10,000원　　② 15,000원　　③ 20,000원　　④ 25,000원

04 가격이 200원인 펜과 500원인 펜을 합해서 21개를 사면서 10,000원을 냈는데 700원의 거스름돈을 받았다. 가격이 200원인 펜은 몇 개를 샀는가?

① 3개　　　　② 4개　　　　③ 6개　　　　④ 7개

05 어느 제과점에서 팥빙수 한 컵을 만드는 데 팥 4g과 과일 3g이 필요하고, 과일빙수 한 컵을 만드는 데 팥 2g과 과일 5g이 필요하다. 팥 220g과 과일 305g으로 두 가지 빙수를 모두 최대한 많이 만든다고 할 때, 만들 수 있는 팥빙수와 과일빙수의 개수의 차이는 몇인가?

① 1개   ② 2개   ③ 3개   ④ 4개   ⑤ 5개

06 연속하는 세 짝수가 있다. 제일 큰 짝수의 제곱은 다른 두 짝수의 제곱의 합과 같을 때, 세 짝수의 합은 얼마인가?(단, 세 수의 곱은 자연수이다.)

① 12   ② 24   ③ 36   ④ 48   ⑤ 60

07 어떤 정수에서 2를 뺀 다음 3으로 나눈 수는 1보다 크고, 같은 정수의 $\frac{1}{2}$배에 1을 더한 수는 이 수의 $\frac{2}{3}$보다 작지 않을 때, 조건을 만족하는 정수의 개수는?

① 1개   ② 2개   ③ 3개   ④ 4개   ⑤ 0개

08 소희의 생일은 보현이의 생일보다 3주 늦다. 소희의 생일 날짜와 보현이의 생일 날짜를 곱하면 1960이 될 때, 보현이의 생일은?(단, 소희와 보현이의 생일은 같은 달이다.)

① 3일   ② 7일   ③ 12일   ④ 21일   ⑤ 24일

09 매년 한국 시장에 출시되는 핸드폰의 종류는 일정하게 증가한다. 2013년과 2017년의 신제품 핸드폰의 종류의 합은 30종이었고, 2014년과 2018년의 새로운 핸드폰 종류의 합은 총 36종이었다. 2020년에 나올 핸드폰의 종수는?

① 12종　　　　② 18종　　　　③ 24종　　　　④ 26종　　　　⑤ 30종

10 자동차의 정지거리는 공주거리와 제동거리의 합이다. 공주거리는 공주시간 동안 진행한 거리이며, 공주시간은 주행 중 운전자가 전방의 위험상황을 발견하고 브레이크를 밟아서 실제 제동이 시작이 될 때까지 걸리는 시간이다. 자동차의 평균제동거리가 다음 표와 같을 때, 시속 72km/h로 달리는 자동차의 평균정지거리는 몇 m인가?(단, 공주시간은 1초로 가정한다.)

속도(km/h)	12	24	36	48	60	72
평균제동거리(m)	1	4	9	16	25	36

① 52m　　　　② 54m　　　　③ 56m　　　　④ 58m　　　　⑤ 60m

정답 및 해설 P. 4~5

비의 개념 장착하기

유형 분석

Main Type	Sub Type 1	Sub Type 2
비의 개념 문제	비례식 문제	증가, 감소에 대한 문제

Sub Type 3
가격 계산

★ Main Type | **비의 개념 문제**

전체에 비율이 제시되어서 전체의 몇 % 하는 식으로 수치를 찾아가는 문제다. 제시되는 비율이 어떤 것에 대한 비중인가 찾아내는 것이 가장 중요한 포인트다. A:B형태는 $\dfrac{A}{A+B}$와 $\dfrac{B}{A+B}$의 형태로 %를 계산할 수 있다.

정답 및 해설 P. 5

> 합금 A와 B는 금과 구리로만 이루어져 있다. 금과 구리의 성분 비가 A는 3:1이고 B는 2:3이다. A와 B로 금과 구리의 성분 비가 3:2인 합금 350g을 만들려고 할 때, 필요한 A의 양은?
>
> ① 100g   ② 150g   ③ 180g   ④ 200g   ⑤ 220g

비례식 문제

가장 기본적인 형태는 비례식 문제다. A:B = C:D라는 등식에서 B×C = A×D가 된다는 것을 이용한 가장 원론적인 형태다. 주어진 숫자가 간단할수록 간단한 분수식 형태로 나올 수도 있고, 단순한 나눗셈 문제처럼 나올 수도 있다.

정답 및 해설 P. 5

100g의 레몬즙, 100g의 설탕, 400g의 물을 혼합하여 레모네이드를 만들었다. 100g의 레몬즙은 25kcal, 100g의 설탕은 386kcal이고 물은 칼로리가 없다고 할 때, 레모네이드 200g은 몇 kcal인가?

① 129kcal   ② 137kcal   ③ 223kcal   ④ 411kcal   ⑤ 432kcal

증가·감소에 대한 문제

증가율이나 감소율을 주고, 전체에서 그만큼을 곱해 새로운 양을 찾아내는 문제다. 가령 200에서 20% 증가했다면, 200×1.2가 되어 240이라는 새로운 양이 나온다는 것이다.

정답 및 해설 P. 5~6

SH그룹은 작년에 SH엔터테인먼트 사업과 SH에듀 사업을 합하여 500억의 매출을 내었다. 올해 매출액은 엔터테인먼트 사업에서 20% 줄었고, 에듀 사업에서는 15%가 늘어 전체적으로는 6%가 줄었다. 올해 SH엔터테인먼트 사업의 매출액은?

① 200억   ② 240억   ③ 280억   ④ 300억   ⑤ 320억

가격 계산

물건에 가격을 매길 때는, 원가와 원가에 이익률을 생각해 책정한 정가, 그리고 실제로 판매되는 판매가, 할인을 해서 판매할 때 붙는 할인가 등이 있다. 각각의 가격에 이익률이나 할인율 등을 곱해, 정가나 할인가 등이 책정되는데, 원가, 정가, 할인가가 모두 다르기 때문에, 이에 대한 계산이 헷갈려서는 안 되겠다. 이때 판매가는 정가에 판매하거나 할인가에 판매되는 것이기 때문에, 유동적인 개념이 된다.

정답 및 해설 P. 6

원가에 원가의 20%를 추가한 금액을 정가로 팔고 있는 제품이 있는데, 물건이 잘 안 팔려 정가의 15%를 할인해서 팔기로 했다. 그러자 하루 만에 50개의 물건을 팔았는데, 판매한 금액은 127,500원이 되었다. 제품의 개별 원가는 얼마인가?

① 1,200원   ② 2,000원   ③ 2,400원   ④ 2,500원

Skill 연습

 SKILL ❶ **비의 방정식 세우기**

비례식 문제는 기본적으로는 방정식 문제다. 미지수가 존재하고, 미지수를 구하기 위해 좌변과 우변을 같은 것으로 놓고 계산을 수행하는 것은 방정식 문제 그대로인데, 여기에 하나의 특징이 더하여진다. 비례적으로 제시된 수치를 염두에 두고 곱셈을 수행하는 과정이 반드시 동반되어야 한다는 것이다.

비례식 문제는 주로 전체의 몇 %라는 것을 활용하는 문제다. 비, 비율, %, 전체의 몇 분의 몇, 증가율, 감소율 같은 표현들이 비례식 문제라는 것을 알려 주는 지표들이 된다.

비례식 문제를 푸는 프로세스는
   ① 미지수를 설정하고
   ② 설정한 미지수에 문제에서 주어진 수치를 곱하여 나온 수치를 생각해
   ③ 방정식을 세우는 것이다.
그러니까 이런 프로세스에서 가장 중요한 것은 다음과 같은 것들이다.
   ① 미지수 결정
   ② 비례식 배치
   ③ %의 의미 이해

정답 및 해설 P. 6

현재 A와 B 두 형제의 통장 잔고의 비율은 10:60이다. A는 매일 300원씩 쓰고 B는 매일 200원씩 쓴다고 하면 6일 후 A의 잔고는 B의 잔고의 2배가 된다. 6일 후 두 형제의 통장 잔고의 합은 얼마인가?

① 1,200원   ② 1,800원   ③ 2,200원   ④ 3,600원   ⑤ 4,800원

SKILL ❷ 표현에 따라 % 붙이기

❶ 증가량과 증가한 후 전체의 양은 다르다.

x가 a% 증가하면 증가량은 $\frac{a}{100} \times x$가 된다. 이때 증가한 후 전체의 양은 $(1+\frac{a}{100}) \times x$가 된다. x가 a% 감소

하면 감소량은 $\frac{a}{100} \times x$가 된다. 이때 감소한 후 전체의 양은 $(1-\frac{a}{100}) \times x$가 된다.

❷ 20%가 줄었다는 것은, 80%가 남았다는 것

'몇 % 줄어든다'라는 것은 1에서 줄어드는 것을 빼고 남는 것으로 수식을 세워야 한다는 것이다. 그러니까 처음에서 20%가 줄었다고 표현할 경우 처음을 a라 놓으면 남은 것은 0.8a가 된다는 뜻이다.

정답 및 해설 P. 6

어떤 기업의 올해 사원 수는 작년에 비해 남자 사원 수는 10% 늘어나고, 여자 사원 수는 15% 줄어들어 전체 사원 수는 작년보다 a명 줄어든 b명이 되었다. 작년의 남자 사원 수는?

① $\frac{3}{5}b - \frac{17}{5}a$　　② $\frac{2}{5}b - \frac{12}{5}a$　　③ $\frac{1}{5}a - \frac{2}{5}b$　　④ $\frac{1}{5}a - \frac{7}{5}b$　　⑤ $\frac{2}{5}b - \frac{16}{5}a$

SKILL ❸ 다양한 가격

❶ 물건의 가격에는 원가, 정가, 판매가, 할인가 등이 있다.

○ 정가=원가+이익

○ x원에 a%의 이익을 붙이면, 정가는 $(1+\frac{a}{100}) \times x$(원)이 된다.

○ x원에 b%의 할인을 하게 되면, 판매가(할인가)는 $(1-\frac{b}{100}) \times x$(원)이 된다.

❷ 가격문제에서 중요한 것은 판매가이다.

○ 실제 판매한 가격이 얼마인가가 가장 중요. 정가 아니면 할인가가 된다.

○ 이익은 판매가에서 원가를 뺀 만큼이다.

정답 및 해설 P. 6

어떤 운동화에 원가의 40% 이익을 붙여서 정가를 정하였다. 이 운동화를 정가의 20%를 할인하여 팔았더니 이익이 7,200원 이상이었다. 이 운동화의 원가의 최솟값을 구하여라.

① 45,000원　　② 50,000원　　③ 55,000원　　④ 60,000원　　⑤ 65,000원

비의 개념을 방정식 안에 넣어서 생각하는 문제들이다. x값에서 5% 늘었다고 할 때 그것을 $0.05x$로 놓을 것인가 $1.05x$로 놓을 것인가 헷갈리기 쉽다. 늘어난 증가분에 관해서는 $0.05x$, 그리고 전체 양에 대해서는 $1.05x$가 된다는 것을 명심하면서, 그런 부분을 정확하게 적용할 수 있도록 훈련을 해보자.

01 대학생인데도 야심차게 화장품 쇼핑몰을 오픈한 강블리. 주력 제품은 마스카라와 립스틱인데, 이 두 제품의 지난 달 판매량은 총 600개였다. 이번 달 판매량은 마스카라는 지난 달에 비해 6%가 증가했고, 립스틱은 12% 감소해서, 결과적으로 판매량은 지난 달과 같았다. 이번 달 마스카라의 판매량은 몇 개인가?

① 176개   ② 200개   ③ 386개   ④ 400개   ⑤ 424개

공식: _____

_____

_____

정답: _____ 번

02 금번 A공기업 공채 결과 최종 합격자는 45명이다. 이 중 남자의 75%와 여자의 84%가 지역인재이다. 이번 공채 결과 지역인재가 최종 합격자의 80%일 때, 남자 중 지역인재로 최종 합격한 사람은 몇 명인가?

① 15명   ② 18명   ③ 20명   ④ 23명   ⑤ 25명

공식: _____

_____

_____

전답: _____ 번

03 한이는 NCS직업기초능력을 준비하고 있는데 수리능력과 문제해결능력이 약해서 특별히 그 두 과목에 많은 시간을 할애해 공부하고 있다. 이번 주에는 저번 주에 비해서 수리능력은 18%, 문제해결능력은 22% 시간을 늘려서 공부했더니 전체적으로는 20% 늘어났다. 이번 주 두 과목을 합한 공부시간이 12시간이었다면 이번 주에 수리능력 공부에 들인 시간은 얼마인가?

① 5시간 　　　　② 5시간 32분 　　③ 5시간 54분 　　④ 5시간 59분 　　⑤ 6시간 12분

공식: _____

_____

_____

정답: _____번

04 A공기업의 공채에서 1차 서류에서 합격한 지원자는 남자와 여자의 비가 4:5였다. 이 중 2차 필기까지 합격한 지원자의 남자와 여자의 비는 3:7이었고, 2차 필기에서 불합격한 지원자의 남자와 여자의 비는 21:23이었다. 2차 필기까지 합격한 지원자가 50명일 때, 1차 서류에 통과한 사람은 총 몇 명이었을까?

① 120명 　　　　② 200명 　　　③ 220명 　　　④ 270명 　　　⑤ 310명

공식: _____

_____

_____

정답: _____번

이 유형의 대표문제는 가격 문제이다. 가격을 결정하는 것은 실제 업무에서도 매우 자주 나오는 것이니 NCS문제로 출제하기에도 좋다. 여러 가지 가격 문제에 맞는 공식을 만들어 보고, 계산해 보자.

01 명품 브랜드 BRADA 면세점에서는 상시적으로 상품가격을 20% 할인해서 판매하고, 세일 기간에는 여기에 다시 30% 추가할인을 해준다. 그렇다면 세일 기간에는 BRADA 면세점에서 물품 가격을 정상가의 몇 %로 할인해 주는 셈인가?

① 44%　　　　② 46%　　　　③ 54%　　　　④ 56%　　　　⑤ 60%

공식: _____

_____

_____

정답: _____ 번

02 A주식 가격은 B주식 가격의 2배였다. 진희가 두 주식을 각각 5주씩 산 후 A주식은 30%, B주식은 20% 올라서 주식의 가격은 총 19,000원이 되었다. 오르기 전의 B주식의 주당 가격은?

① 800원　　　　② 1,000원　　　　③ 1,200원　　　　④ 1,500원　　　　⑤ 1,700원

공식: _____

_____

_____

정답: _____ 번

03 새로 개업한 카페에서는 개업 기념으로 판촉행사를 하고 있다. 아이스아메리카노는 30%, 그리고 마카롱은 15% 할인하여 판매한다. 할인하기 전 아이스아메리카노와 마카롱 가격의 합은 5,800원이고, 할인한 후 두 제품의 가격의 합은 할인하기 전보다 1,470원 적다. 이때 아이스아메리카노의 할인한 후의 가격은 얼마일까?

① 2,400원　　　② 2,800원　　　③ 3,200원　　　④ 3,600원　　　⑤ 4,000원

공식: _____

_____

_____

정답: _____ 번

04 A컨설팅 업체는 B기업에 교육프로그램 2개를 공급하고자 한다. 원가는 두 프로그램을 합해서 4,200만 원인데, 한 프로그램은 30%의 이익을 붙이고, 또 한 프로그램은 20%의 이익을 붙여서 가격 제안을 했다. 하지만 B기업 측에서 비용 절감 이슈가 발생하여서 결국 두 프로그램 모두 처음 제안한 가격에서 10%씩 할인하여 최종가격이 책정되었다. 두 프로그램이 채택되어 결국 A컨설팅 업체가 얻은 이익은 570만 원이다. 두 프로그램의 원가 차이는 얼마인가?

① 400만 원　　　② 800만 원　　　③ 1,000만 원　　　④ 1,200만 원　　　⑤ 1,500만 원

공식: _____

_____

_____

정답: _____ 번

정답 및 해설 P. 6~7

01 물건 K가 정품인데 불량품으로 잘못 판정될 확률이 1차 검사에서는 a이고, 2차 검사법에서는 b이다. 정품인 물건 A가 1차 검사에서 불량품 판정을 받았지만, 2차 검사에서 정품 판정을 받을 확률은?

① a   ② 1−a   ③ a(1−b)   ④ a×b   ⑤ (1−a)b

02 A가정의 1월과 6월의 전기요금 비율이 5:2이다. 1월의 전기요금에서 6만 원을 뺄 경우에 그 비율이 3:2라면, 1월의 전기요금은?

① 9만 원   ② 10만 원   ③ 11만 원   ④ 12만 원   ⑤ 15만 원

03 어떤 취업 스터디 모임에 남자는 여자보다 2명이 더 많다. 이 중 이번 공채에 취업이 결정된 남자는 3명인데, 이는 전체의 30%에 해당하는 양이다. 남자 인원수를 기준으로 할 때 취업하지 못한 남자의 비율은?

① 30%   ② 40%   ③ 50%   ④ 60%

04 집에서 직장까지의 거리가 90km이다. 자동차로 직장으로 갈 때 평균 연비는 15km/L, 집으로 돌아올 때 평균 연비는 10km/L이었다. 왕복하는 동안의 평균 연비는?

① 11km/L   ② 12km/L   ③ 13km/L   ④ 14km/L

05 엥겔지수란 한 가정의 총소비지출에 대한 식품비의 비율을 %로 나타낸 것이다. 즉, 엥겔지수=(식품비/총소비지출)×(%)이다. 현재의 엥겔지수가 30%인 가정에서 매년 총소비지출은 7%씩 증가하고, 식품비는 4%씩 증가한다면 8년 후 이 가정의 엥겔지수는 대략 얼마나 되겠는가?(단, $(1.07)^8$=1.7, $(1.04)^8$=1.37로 계산한다.)

① 20%　　　　　　　② 22%　　　　　　　③ 24%　　　　　　　④ 26%

06 A, B, C, D가 자전거 경기를 하였다. A의 시간당 속력은 B보다 1.2배 빠르고, C는 A보다 0.8배 빠르며, D는 C보다 1.1배 빨랐다. 1시간 동안 가장 긴 거리를 달린 사람은?

① A　　　　　　　　② B　　　　　　　　③ C　　　　　　　　④ D

07 어떤 정사각형의 각 변의 길이를 60% 증가시켜 얻은 정사각형의 절반을 잘라내어 직사각형을 얻었다. 이 직사각형의 넓이는 처음 정사각형에 비해 얼마나 변하였는가?

① 28% 증가　　　　② 64% 감소　　　　③ 36% 감소　　　　④ 56% 증가

08 시한이는 연필 100개를 개당 500원에 구입하여, 개당 구입가격에 20%를 더하여 정가를 정하고 이 가격에 40개를 판매했다. 하지만 점점 연필이 팔리지 않자, 정가에서 40%를 할인하여 60개를 팔았다. 시한이는 손해를 보았을까? 이득을 보았을까? 그리고 그 금액은?

① 4,400원 손해　　② 5,600원 손해　　③ 4,400원 이익　　④ 5,600원 이익

09 아래 [표]와 같은 두 가지 투자계획이 있다. 다음 [보기]를 바탕으로 판단할 때 타당한 것을 고르면?

[표] 투자계획별 비용과 수익

(단위: 만 원)

투자계획	현재투자비용	1년 후 수익(현재투자비용+순수익)
W	1,000	1,080
Z	100	120

┤보기├

ㄱ. 투자계획에 투자하는 대신 같은 기간 은행에 예금했을 경우 이자율이 연 6%라고 가정한다면, 투자계획 W 는 은행 예금보다 연이율이 높지 않을 것이다.

ㄴ. 투자계획에 투자하는 대신 같은 기간 은행에 예금했을 경우 이자율이 연 15%라고 가정한다면, 투자계획 Z 를 채택하는 것이 은행 예금보다 연이율이 높을 것이다.

① ㄱ만 맞다.   ② ㄴ만 맞다.   ③ ㄱ, ㄴ 둘 다 맞다.
④ ㄱ, ㄴ 둘 다 틀리다.   ⑤ 알 수 없다.

10 A, B 두 은행이 있다. A은행은 10만 원을 2년 6개월간 예금하면 단리법으로 계산하여 원리합계가 116,000 원이 되고, B은행은 단리법으로 계산하여 연이율 6%로 이자를 준다고 한다. 300만 원을 1년 3개월간 예금 할 경우 어느 은행에 예금하는 것이 얼마나 더 이익인가?

① A, B 두 은행 이자가 같다.

② A은행이 9,000원 더 이익이다.

③ B은행이 9,000원 더 이익이다.

④ A은행이 15,000원 더 이익이다.

⑤ B은행이 15,000원 더 이익이다.

정답 및 해설 P. 7~8

CHAPTER 03

소금물 문제

STEP 01 유형 분석

Main Type 단순 농도 계산	Sub Type 1 물 첨가와 증발	Sub Type 2 소금 첨가

| Sub Type 3 소금물 첨가 | | |

★ Main Type **단순 농도 계산**

실제로 농도를 계산하는 것이 가장 기본적인 형태라고 할 수 있다. 공식에 넣어서 직접적으로 계산하면 되는데, 이때 주의할 것은 소금물은 그냥 물이 아니라 소금과 물의 질량이 합쳐진 것이라는 점이다.

정답 및 해설 P. 9

100g의 물에 몇 g의 소금을 넣어야 20% 농도의 소금물이 될까?

① 10g   ② 15g   ③ 20g   ④ 25g   ⑤ 30g

★ Sub Type 1 │ 물 첨가와 증발

소금물에 물을 넣거나 증발시켜 변화를 준다. 하지만 물의 가감이기 때문에, 소금의 양의 변화는 일어나지 않는다. 따라서 변화 전과 변화 후의 소금의 양이 같다고 등식을 세워 놓고 미지수를 소금물을 구성하는 요소 중 물의 양으로만 설정하면 된다. 물이 첨가될 때는 물의 양을 $+x$로 물이 증발될 때는 물의 양을 $-x$로 놓게 된다.

정답 및 해설 P. 9

> 5% 식염수 150g이 있다. 여기에 물을 첨가하여 3%의 식염수를 만들려고 한다. 물을 얼마나 첨가해야 하는가?
>
> ① 50g ② 75g ③ 100g ④ 125g

★ Sub Type 2 │ 소금 첨가

원래 있던 소금물에 새롭게 소금을 첨가했기 때문에, 처음 소금물의 소금의 양에 구하고자 하는 소금의 양을 더하면 새롭게 변화된 용액의 소금의 양과 같다라는 등식을 이용하는데, 이때 주의할 것은 새롭게 변화되는 용액에서 소금물을 생각할 때, 더해진 소금의 양을 같이 생각해야 한다는 것이다.

정답 및 해설 P. 9

> 3%의 소금물 200g에 소금을 첨가해서 10%의 소금물을 만들었다. 소금을 대략 어느 정도나 첨가해야 하는가?
>
> ① 약 10.2g ② 약 13.4g ③ 약 15.6g ④ 약 17.2g

★ Sub Type 3 │ 소금물 첨가

원래 있던 소금물에 또 다른 소금물을 더해서, 새로운 소금물을 만들어내는 것으로, 원래 있던 소금물의 소금의 양과 더해지는 소금물의 소금의 양은 새롭게 합성된 소금물의 소금의 양과 같다라는 등식을 세운다.

정답 및 해설 P. 9

> 3%의 소금물 200g에 7%의 소금물을 넣어서 6%의 소금물을 만들려고 한다. 7%의 소금물은 얼마가 필요한가?
>
> ① 450g ② 500g ③ 550g ④ 600g

 **소금물 문제의 간단한 유형화**

물에 소금을 넣으면 소금물이 되는데, 물과 소금의 비에 따라 농도가 다르다. 이런 부분을 물어 보는 것이 바로 소금물 문제다.

소금물 문제는 기본적으로 원래의 농도에서 새롭게 물을 집어넣거나, 소금 혹은 소금물을 집어넣게 되었을 때 일어나는 농도 변화를 묻는 문제다. 이때 중요한 것은 변화 전·후 소금물에 들어 있는 소금의 양이다. 방정식의 기준이 되는 것이 바로 소금의 양이기 때문이다.

○ 농도(%) = $\dfrac{\text{소금의 양}}{\text{소금물의 양}} \times 100$

○ 소금의 양 = $\dfrac{\text{소금물의 양} \times \text{농도(\%)}}{100}$

소금물 문제의 풀이 프로세스는

① 물, 소금, 소금물 중 어떤 것이 첨가되는지를 묻는 문제 유형 파악 후,

② 소금의 양을 중심으로 좌변과 우변을 구성해서 방정식 수립,

③ 방정식을 풀면 된다.

소금물 문제의 주의할 포인트는

① 우선적으로는 어떤 유형의 문제이든지, 중요한 것은 소금의 농도다. 변하기 전과 변한 후의 소금의 농도를 비교해서 등치를 만드는 형식이기 때문에, 소금의 농도가 어떻게 되었는가를 잘 비교할 필요가 있다.

② 하지만 물, 소금, 소금물 유형에 따라 공식을 구성할 때, 특성에 따라 주의할 점이 생긴다는 것

③ 소금물, 식염수, 설탕물, 과즙 등 농도에 대한 문제라면 기본적으로 모두 이런 형식의 문제라는 것이다.

소금물 문제의 유형분류는

① 소금물 문제의 유형은 3가지다. 이에 따라 공식에서 주의할 점이 생긴다. 먼저 물 첨가 유형에서는 소금물 안의 물의 양만 건드린다는 것이다. 첨가된 물의 양을 x라 놓으면, 다음과 같다.

$$\frac{\text{원래 소금물의 농도} \times \text{원래 소금물의 양}}{100} = \frac{\text{바뀐 소금물의 농도} \times (\text{원래 소금물의 양} + x)}{100}$$

② 소금 첨가 유형에서는 구하고자 하는 첨가되는 소금의 양을 x라 놓으면 공식에는 이 x가 두 번 들어간다는 것이 특징이다. 소금물의 증가에도 소금 첨가가 반영되기 때문이다.

$$\frac{\text{원래 소금물의 농도} \times \text{원래 소금물의 양}}{100} + x = \frac{\text{바뀐 소금물의 농도} \times (\text{원래 소금물의 양} + x)}{100}$$

③ 소금물 첨가 유형에서는 소금물의 질량을 미지수가 하나가 되게 잘 분배하는 것이 포인트다. 소금물 첨가 유형에서는 용액 1과 용액 2가 합쳐져서 용액 3이 된다면, 이 세 용액 중에 하나의 양을 주게 된다. 다른 용액들은 그것으로 나타낼 수 있다.

1) 가령 용액 1이 100g이고 거기에 용액 2를 더한다면, 용액 2를 x라 놓고, 용액 3을 (100+x)g으로 놓는다.

2) 만약 용액 1과 용액 2를 더해 500g의 용액 3을 만들었다면, 구하고 싶은 용액 1을 x라 놓고, 용액 2를 (500-x)g이라 놓는 것이다.

5% 소금물 200g과 10%의 소금물 300g을 섞어서 만든 소금물에 또 다시 소금을 추가하여 20%의 소금물을 만들려고 한다. 추가할 소금의 양은?

① 50g   ② 75g   ③ 100g   ④ 125g   ⑤ 150g

SKILL ②   비례를 생각해서 암산으로 구하기

소금물 문제 중 소금물과 소금물이 합쳐진 유형에서는 비례를 생각해서 암산으로 풀이가 가능하다. 소금물의 농도차와 소금물 양의 차는 반비례하게 되기 때문이다. 예를 들어 3% 소금물 A와 9% 소금물 B를 섞어서 7%를 만든다고 하면, 3에서 7사이는 4차이가 나고, 7과 9사이는 2차이가 난다. 그러면 소금물의 양은 그 반대로 2:4의 비율로 있어야 한다는 것이다. 3% 소금물이 200g 있다면 9%는 400g 있어야 한다는 것이다.

농도 5%인 200g 소금물에 몇 g의 10%의 소금물을 첨가해야 8%를 만들 수 있는가?

① 250g   ② 300g   ③ 320g   ④ 350g   ⑤ 380g

다음 소금물 문제들은 소금물과 소금물이 만났을 때 계산하는 문제들이다. 소금물 문제는 원래 간 단하지만, 특히 이 문제들은 비례만 잘 생각하면 암산으로도 풀 수 있는 문제들이다. 비례를 활용 한 암산을 연습해 보자.

01 5%의 소금물 200g과 8%의 소금물을 섞어서 6%의 소금물을 만들었다. 8%의 소금물을 몇 g 섞었는가?

① 70g   ② 80g   ③ 90g   ④ 100g   ⑤ 110g

비례 생각하기

5% (200g)	6%	7%	8%
└── 1 ──┘		└──── 2 ────┘	

02 2% 소금물 100g에 7% 소금물을 적당히 부어 3% 소금물을 만들려고 한다. 이때 필요한 7% 소금물의 양은 얼마인가?

① 25g   ② 50g   ③ 75g   ④ 100g   ⑤ 125g

비례 생각하기

03 10%의 소금물 100g에 6%의 소금물을 섞어서 8%의 소금물이 되었다. 이때 6%의 소금물의 질량은?

① 100g   ② 120g   ③ 150g   ④ 180g   ⑤ 200g

비례 생각하기

6%	7%	8%	9%	10% (100g)

└──── 2 ────┘ └──── 2 ────┘

04 농도 5%와 8%인 소금물을 섞어서 6%인 소금물 300g을 만들었다. 이때 8% 소금물의 양은?

① 50g   ② 100g   ③ 150g   ④ 200g   ⑤ 250g

비례 생각하기

5%	6% (300g)	7%	8%

└── 1 ──┘ └──── 2 ────┘

정답 및 해설 P. 9~10

01 6%의 소금물 500g에 물을 넣어서 4%의 소금물을 만들려고 한다. 필요한 물의 양은?

① 200g   ② 250g   ③ 300g   ④ 350g

02 5% 설탕물 300g에서 일정량의 물을 증발시켰더니 10% 설탕물이 되었다. 증발된 물의 양은?

① 50g   ② 100g   ③ 150g   ④ 200g

03 9%의 소금물 300g이 있다. 이 소금물에 물을 첨가하여 6%의 소금물을 만들려고 한다. 물을 몇 g이나 첨가해야 하는가?

① 150g   ② 175g   ③ 200g   ④ 225g

04 무게가 같은 두 설탕물이 있다. 하나는 3%고, 하나는 5%다. 5%의 설탕물에서 100g을 덜어내고 남은 것을 3%의 설탕물과 섞었다. 그래서 만들어낸 설탕물의 농도는 3.5%였다. 이때 덜어내고 남은 5%의 설탕물의 양은?

① 50g   ② 75g   ③ 100g   ④ 125g

05 p_1%소금물 Ag과 p_2%소금물 Bg을 모두 사용하여 p_3%소금물을 만들었다. 다음 중 p_3를 올바르게 표현한 것은?

① $\dfrac{p_1A+p_2B}{A+B}$ ② $\dfrac{A+B}{p_1A+p_2B}$ ③ $\dfrac{p_2A+p_1B}{A+B}$ ④ $\dfrac{A+B}{p_2A+p_1B}$

06 농도가 30%인 식염수 300g에서 물 100g을 증발시킨 후에 남는 식염수의 농도는?

① 35%   ② 40%   ③ 45%   ④ 50%

07 5% 소금물 500g이 있다. 이 소금물 중 일부를 덜어낸 후, 남은 소금물은 12%의 소금물과 섞었다. 그랬더니 결과적으로 8%의 소금물 700g이 되었다. 처음에 덜어낸 소금물은 얼마일까?

① 50g   ② 100g   ③ 120g   ④ 150g

08 10%의 식염수 100g에 30%의 식염수 300g을 넣어 섞으면 몇 %의 식염수가 되겠는가?

① 18%   ② 22%   ③ 25%   ④ 30%

09 10%의 소금물에 소금을 넣어 19% 소금물 200g을 만들려고 한다. 소금을 얼마나 넣어야 하겠는가?

① 10g   ② 15g   ③ 20g   ④ 25g

10 농도가 다른 두 종류의 소금물 A와 B가 있다. 소금물 A를 200g, B를 300g 섞으면 8%의 소금물이 된다 그리고 소금물 A를 300g, B를 200g 섞으면 10%의 소금물이 된다. 이때 소금물 A의 농도는 얼마인가?

① 4%   ② 8%   ③ 10%   ④ 14%

정답 및 해설 P. 10~11

CHAPTER 04

거·속·시 문제

STEP 01 유형 분석

Main Type 구간별로 속도가 변속되는 문제	Sub Type 1 '만나다 – 마주보고 만나기' 유형	Sub Type 2 '만나다 – 뒤따라 잡아 만나기' 유형
Sub Type 3 왕복 유형	Sub Type 4 강물 문제	

★ Main Type **구간별로 속도가 변속되는 문제**

거·속·시 문제의 가장 일반적인 형태다. 구간이 주어지고, 이 구간에서 속도가 변속된다든가 해서 변화가 생기고, 거리나 시간 등을 주면서 알고 싶은 미지수를 묻는 형태의 문제다. 총 거리 혹은 총 걸린 시간을 우변으로 놓고, 좌변에 미지수를 포함한 계산식을 배치해서 풀게 되는 경우가 많다.

정답 및 해설 P. 11

A가 등산을 하는데 올라갈 때는 시속 3km/h로, 내려올 때는 다른 길로 시속 5km/h로 총 6km를 등산하는 데 총 1시간 40분이 걸렸다. 내려온 거리는?

① 1.5km   ② 1.8km   ③ 2.1km   ④ 2.5km

★ Sub Type 1 '만나다 - 마주보고 만나기' 유형

마주보고 달리다 만나는 문제는, 서로 만나기까지 달린 시간이 같다는 전제하에서 풀게 되는 문제다. 서로 마주보며 달리는 데 속도를 주고, 누가 얼마나 더 달렸는가 같은 문제를 묻게 된다.

정답 및 해설 P. 11

두 소행성 간의 거리가 150km이다. 이 두 소행성이 서로를 향하여 마주보며 접근하고 있다. 하나는 초속 10km의 속력이고, 다른 하나는 초속 5km의 속력이라면, 두 소행성은 몇 초 후에 충돌하겠는가?

① 5초 후   ② 8초 후   ③ 10초 후   ④ 15초 후

★ Sub Type 2 '만나다 - 뒤따라 잡아 만나기' 유형

한 사람이 먼저 출발하고 그 뒤에 다른 사람이 출발하여 추월하는 문제다. 이 경우에는 당연히 추월하는 쪽의 속도가 빠르다. 뒷사람이 출발하여 만날 때까지 걸린 시간이 같다는 것이 이 문제의 핵심 포인트다.

정답 및 해설 P. 11

A와 B는 각각 3km/h, 5km/h의 일정한 속도로 동쪽으로 걷고 있다. 현재 B가 A보다 1km 서쪽에 있다면 B가 A를 따라잡는 데 걸리는 시간은?

① 20분   ② 24분   ③ 30분   ④ 36분

★ Sub Type 3 왕복 유형

왕복은 간 거리와 온 거리가 같다는 것이 포인트다. 하지만 왕복 문제에서 사실 중요한 것은 총 몇 시간이 걸렸다는 진술이다. 갈 때 걸린 시간과 올 때 걸린 시간을 합하면 총 몇 시간이 걸린다는 전제로 공식을 만들기 때문이다. 이때 가는 거리와 오는 거리가 같으므로 변수가 하나 줄어들어서 풀기가 편해지는 것이 왕복 유형의 포인트다.

정답 및 해설 P. 12

수민이는 집과 학교 사이를 걸어서 통학하고 있다. 집에서 학교까지는 평균 속력 6km/h로, 학교에서 집까지는 평균 속력 4km/h로 걷는다. 등굣길과 하굣길이 같고, 집과 학교를 한 번 왕복하는 데에 1시간이 걸렸다. 집에서 학교까지 걸어가는 데에 걸린 시간은?

① 16분   ② 18분   ③ 20분   ④ 24분

강물 유형

흐르는 강물에서 유의할 것은 강물의 속력이 같이 계산되어야 한다는 것이다. 하류로 내려갈 때는 유속이 +되지만, 상류로 거슬러 올라갈 때는 유속은 −가 된다. 강물 문제는 올라가고 내려갈 때의 시간과 거리를 주고, 배의 속도나 강물의 속도를 구하는 형태로 주어질 때가 많다.

정답 및 해설 P. 12

강의 상류 지점 A와 48km 떨어진 하류 지점 B를 배를 타고 왕복하였다. 내려갈 때는 2시간이, 올라갈 때는 3시간이 걸렸다면 강의 유속은?(단, 흐르지 않는 물에서 배의 속도는 일정하다.)

① 3km/h   ② 4km/h   ③ 5km/h   ④ 6km/h

거리, 속력, 시간의 문제는 속력이 거리를 시간으로 나눈 값이라는 관계하에서 푸는 문제다. 따라서 $v=\dfrac{S}{t}$라는 식이 기본형이라고 할 수 있다.

○ S(거리) $= v$(속력)$\times t$(시간)

○ $t = \dfrac{S}{v}$

거·속·시 문제 역시 방정식 문제인만큼 변수를 설정하는 것도 중요하지만, 그보다 더 중요한 것은 어떤 변수를 기준으로 '='을 정할 것인지이다. 주어진 조건에서 거리, 속력, 시간 중 어느 것이 같다고 놓느냐의 문제인데, 60~70% 정도의 거·속·시 문제는 시간이 같다는 조건이 쓰인다고 보면 된다.

거·속·시 문제의 프로세스는

① 거리, 속력, 시간 중에서 문제에서 제시된 변수 파악

② 어떤 요소를 기준으로 놓고 좌변과 우변을 배치할 것인지 결정

③ 함정이나 빠트린 조건은 없는지 체크

④ 방정식 수립

거·속·시 문제에서 주의할 점은

① 시간과 거리의 단위를 통일해야 한다. 일반적으로 km-h, m-m, m-s가 짝이 된다.

② 시간을 계산할 때, 60을 분모로 하는 분수식으로 해야 한다. 그러니까 100분이면, $1\dfrac{2}{3}$로 표현하는 식으로 말이다.

거·속·시 문제의 함정 포인트는 다음과 같다.

❶ 두 사람이 만나는 두 가지 경우

두 사람이 만난다고 할 때는 두 가지 경우가 있다. 서로 마주보고 출발해서 만나는 경우가 있고, 서로 같은 방향으로 출발했는데, 뒤늦게 출발한 사람의 속도가 빨라 따라잡아서 만나는 경우가 있다. 어떠한 경우에도 중요한 것은 만나기까지 걸린 시간이 같다는 것이다. 시간을 기준으로 문제를 풀어나가야 한다.

❷ 왕복에 숨어 있는 의미

왕복이라고 할 때는 거리가 같다는 의미가 항상 들어가 있다. 어떤 장소로 갔다가 같은 코스로 돌아갔다고 해도 결국에는 왕복이라는 말이다. 강물 문제가 나올 때는 거의 상류에서 하류를 왕복하는 문제가 된다.

❸ 강물에서 주의할 함정

강물문제에서는 기본적으로 유속이 더해지거나 빠진다는 사실을 명심해야 한다. 또한 유속을 계산에 넣어서 헷갈리게 하려면 하류로 내려가는 동작과 상류로 거슬러 올라가는 동작이 다 나와야 한다. 따라서 거의 자동적으로 왕복이라는 기재가 들어간다. 왕복이 되면 말하지 않아도 거리가 같다는 조건도 들어간다는 것이다.

❹ 기본개념을 이용한 복잡해 보이는 문제

사실 거·속·시 문제의 가장 기본적인 개념은 거리는 속력에다가 시간을 곱해 구한다는 것이다. 이렇게 간단한 개념만을 이용한 문제가 나오는데, 얼핏 복잡해 보이지만 사실은 아주 간단한 문제다.

다음 거속시 문제의 상황들을 잘 파악한 뒤에 적절한 공식을 찾아 보자.

01 자동차를 타고 백화점에서 집까지 가는데 시속 $v_1$km로 달리면 예정시간보다 t분 일찍 도착하고, 시속 $v_2$km로 달리면 예정시간보다 t분 늦게 도착한다. 백화점에서 집까지 가는 데 걸리는 예정시간을 잘 표현해 낸 것은?(단, 백화점부터 집까지 거리=L, $v_1 > v_2$)

① $\dfrac{L(v_1-v_2)}{2v_1v_2}$ ② $\dfrac{2v_1v_2}{L(v_1-v_2)}$ ③ $\dfrac{L(v_1+v_2)}{2v_1v_2}$

④ $\dfrac{v_1v_2}{L(v_1+v_2)}$ ⑤ $\dfrac{Lv_1v_2}{2(v_1+v_2)}$

02 연우는 매일 자전거를 타고 학교에 등교한다. 아침에 학교에 등교할 때에는 시속 $v_1$km로 가고, 저녁에 하교할 때에는 시속 $v_2$km로 온다. 등교하는 시간과 하교하는 시간을 합하면 t분이 걸린다고 할 때, 집에서 학교까지의 거리는 얼마인가?

① $\dfrac{tv_1v_2}{60(v_1+v_2)}$ ② $\dfrac{t(v_1+v_2)}{60v_1v_2}$ ③ $\dfrac{v_1v_2}{t(v_1+v_2)}$

④ $\dfrac{60(v_1+v_2)}{tv_1v_2}$ ⑤ $\dfrac{t(v_1+v_2)}{v_1v_2}$

03 어느 한 선수가 릴레이 경기를 하는데 A부분을 속력 v_1으로 t_1분 만에 통과하였고, B부분을 속력 v_2로 t_2분 만에 통과하였고, C부분을 속력 v_3로 t_3분 만에 통과하였다. 이 선수가 A, B, C 부분을 모두 통과하는 동안의 평균속력을 바르게 나타낸 것은?

① $\dfrac{t_1+t_2+t_3}{v_1+v_2+v_3}$ ② $\dfrac{v_1+v_2+v_3}{t_1+t_2+t_3}$ ③ $\dfrac{t_1+t_2+t_3}{v_1t_1+v_2t_2+v_3t_3}$

④ $\dfrac{v_1t_1+v_2t_2+v_3t_3}{t_1+t_2+t_3}$ ⑤ $\dfrac{v_1+v_2+v_3}{3}$

04 두 사람 A, B가 같은 거리를 여행하는데, A는 거리의 반을 v_1의 속력으로, 나머지 거리를 v_2의 속력으로 가고, B는 걸린 총시간 중 반을 v_1의 속력으로, 나머지 시간을 v_2의 속력으로 갔다. A, B의 평균속력을 각각 V_A, V_B라 할 때, 다음 중 옳게 나타낸 것은?

① $V_A = \dfrac{1}{2}(v_1 + v_2)$, $V_B = \dfrac{2v_1v_2}{v_1 + v_2}$

② $V_A = \dfrac{1}{2}(v_1 + v_2)$, $V_B = \dfrac{v_1 + v_2}{2v_1v_2}$

③ $V_A = \dfrac{v_1 + v_2}{2v_1v_2}$, $V_B = \dfrac{1}{2}(v_1 + v_2)$

④ $V_A = \dfrac{2v_1v_2}{v_1 + v_2}$, $V_B = \dfrac{1}{2}(v_1 + v_2)$

⑤ $V_A = \dfrac{2v_1v_2}{v_1 + 2v_2}$, $V_B = \dfrac{1}{2}(v_1 + v_2)$

정답 및 해설 P. 12

01 철수와 영수와 영희가 동시에 A 지점을 출발하여 B 지점까지 걸었다. 3km/h로 걷는 영희보다 시속 4km/h로 걷는 철수가 10분 일찍 B 지점에 도착하였고, 영수도 영희보다 5분 일찍 B 지점에 도착하였다. 영수의 속도는?

① $\frac{7}{2}$km/h   ② $\frac{10}{3}$km/h   ③ $\frac{18}{5}$km/h   ④ $\frac{24}{7}$km/h

02 총길이가 20km인 원형 트랙을 자동차로 4시간 동안 시계 방향으로 돌았다. 처음 2시간 동안 10회, 다음 1시간 동안 6회, 마지막 1시간 동안 4회 돌았다면, 이 4시간 동안의 자동차 평균 속력은 몇 km/h인가?

① 70km/h   ② 80km/h   ③ 90km/h   ④ 100km/h

03 병만족은 뗏목을 만들어 아마존 강을 탐험하기로 했다. 강을 따라 20km 떨어진 A 지점과 B 지점을 배로 왕복하였더니, 올라가는 데는 4시간, 내려오는 데만 2시간이 걸렸다. 이 강물의 유속은 얼마인가?

① 2.5km/h   ② 3.5km/h   ③ 5.5km/h   ④ 7.5km/h

04 무한도전의 추격전 중이다. 노홍철의 차가 60km/h의 속력으로 5분 먼저 출발하고, 뒤이어 유재석의 차가 80km의 속력으로 그 뒤를 따른다. 유재석의 차는 출발한 지 어느 정도 후에 노홍철의 차를 따라잡을 수 있겠는가?

① 10분   ② 15분   ③ 20분   ④ 30분

05 A와 B는 36km 떨어진 곳에서 서로를 향하여 출발하였다. A는 시속 4km, B는 시속 5km로 달렸다. A와 B가 만났을 때, B는 A보다 몇 km나 더 달렸는가?

① 4km   ② 6km   ③ 8km   ④ 10km   ⑤ 12km

06 열차가 어떤 다리를 넘는데 A초 걸렸다. 이 열차가 80m의 터널을 통과하는 데 B초 걸렸다면 다리의 길이는 몇 m인가?

① $\dfrac{80B}{A}$　　　　② $\dfrac{80A}{B}$　　　　③ $\dfrac{80(A-B)}{A}$　　　　④ $\dfrac{80(B-A)}{B}$

07 보트가 강물을 타고 내려온다. 보트의 속력은 6km/h이고, 12km 정도 내려왔다가 바로 유턴해서, 다시 출발지로 돌아갔다. 전체 시간이 4시간 반이 걸렸을 때 강물의 유속은?

① 1km/h　　　② 1.5km/h　　　③ 2km/h　　　④ 2.5km/h　　　⑤ 3km/h

08 정희가 친구인 재숙이네 집에 다녀오는데 자전거를 이용하여 갈 때는 시속 30km로, 돌아올 때는 시속 20km로 달려 총 2시간이 걸렸다. 오갈 때 모두 같은 길을 이용하였다면 정희의 집과 재숙이네 집 사이의 거리는 얼마인가?

① 18km　　　② 20km　　　③ 22km　　　④ 24km　　　⑤ 28km

09 거울 A와 거울 B는 50m 떨어져 있지만 거울 A를 향해 빛을 쏜 후 거울 A에서 빛이 반사되면 각각 매초 2m, 3m의 속력으로 서로를 향해 다가간다. 거울 A를 향해 출발한 빛은 거울 B에 부딪혀 반사되고 다시 거울 A에 부딪히면 다시 반사되어 거울 B로 향하는 과정을 반복하다가 두 거울이 만나는 순간 빛은 사라지게 된다. 거울 A를 출발한 빛이 움직인 총거리를 구하면?(단, 빛의 속도는 10^8m/s로 한다.)

① 10^8m　　　② 3×10^8m　　　③ 10^9m　　　④ 5×10^9m

10 배를 타고 강을 거슬러 8km 상류 지점까지 올라갔다가 다시 내려오는 데 총 1시간 40분이 걸렸다. 강의 유속이 2km라면, 배가 상류로 올라갈 때의 속력과 하류로 내려올 때의 속력의 비는?(단, 배 자체의 속력은 일정하다.)

① 1:2　　　② 1:3　　　③ 2:3　　　④ 2:5　　　⑤ 3:4

정답 및 해설 P. 12~13

능력 때문에 성공한 사람보다
끈기 때문에 성공한 사람이 더 많습니다.

– 조정민, 『인생은 선물이다』, 두란노

응용계산 II

PART

주기를 구하는 문제

STEP 01 유형 분석

Main Type 열차나 버스 간격 문제	Sub Type 1 톱니바퀴 문제	Sub Type 2 최대공약수를 활용한 도형 문제

★ Main Type 열차나 버스 간격 문제

주기가 다른 지하철이나 버스가 처음 만나고 다음에 다시 만나는 시간을 가지고 응용해서 내는 문제다. 시간은 limit이 설정될 수 있으니 톱니바퀴 문제와는 약간 다른 문제가 나올 수 있다. 가령 3시간 동안 몇 번 만날 수 있겠는가 하는 횟수 문제도 가능해진다.

정답 및 해설 P. 14

> 정류장에서 교통조사 아르바이트를 하던 시한이는 12번 버스와 404번 버스가 동시에 도착하는 것을 보고 시계를 확인하니 1시였다. 12번 버스는 주기가 6분이고, 404번 버스는 8분이라고 한다면 4시까지 시한이는 두 버스가 동시에 도착하는 모습을 몇 번 볼 수 있을까?
>
> ① 5번　　　　　　② 6번　　　　　　③ 7번　　　　　　④ 8번

★ Sub Type 1 | 톱니바퀴 문제

톱니 수를 준 다음에 다시 원래 위치로 돌아올 때까지 각 톱니바퀴는 몇 바퀴를 회전했는가 하는 문제가 주를 이룬다. 톱니의 수는 2~4개 정도가 보통 주어지는데, 톱니의 수와 관계없이 풀이 방법은 주어진 수의 최소공배수를 찾는 것이다.

정답 및 해설 P. 14

> 톱니의 수가 12개, 18개, 24개인 톱니 세 개가 맞물려 회전을 시작했다. 세 톱니바퀴 모두 처음 위치로 다시 돌아올 때까지 회전을 했을 때, 가장 큰 톱니바퀴는 몇 번 회전을 했을까?
>
> ① 3회전   ② 4회전   ③ 5회전   ④ 6회전

★ Sub Type 2 | 최대공약수를 활용한 도형 문제

정사각형을 이용해서 직사각형 모양을 쌓는 것이라면, 주어진 직사각형의 가로, 세로 길이의 최대공약수가 정사각형의 한 변의 길이가 된다.

정답 및 해설 P. 14

> 가로 20cm, 세로 8cm의 벽면을 꾸미려 하는데, 정사각형 모양의 타일을 사용하려 한다. 이음새가 없이 그대로 쌓는다고 가정할 때, 정사각형 모양의 타일을 최대한 적게 사용하면, 그때 타일의 한 변의 길이는?
>
> ① 2cm   ② 3cm   ③ 4cm   ④ 6cm

최대공약수와 최소공배수 구하기

주기문제나 톱니바퀴 문제는 결코 어렵지 않고 앞서 다른 유형의 문제들처럼 다양한 유형이 존재하는 것도 아니다. 이 유형의 문제에서 핵심은 빠른 시간 안에 최대공약수 혹은 최소공배수를 찾는 것이다.

최대공약수와 최소공배수는 결국 두 수의 관계에 대한 문제다. 주어진 두 수치의 약수들을 보다 보면, 겹치는 것이 있을텐데 그것의 가장 최대치가 바로 최대공약수라 하는 것이고, 두 수치의 배수들 역시 겹치는데, 그 수치들 중에 가장 최소의 수를 최소공배수라고 하는 것이다.

최대공약수와 최소공배수

구분	뜻	성질
최대공약수	공약수 중 가장 큰 수	최대공약수의 약수 집합 = 공약수
최소공배수	공배수 중 가장 작은 수	최소공배수의 배수 집합 = 공배수

두 수를 A, B라 하고 최소공배수를 L, 최대공약수를 G라 할 때

$$G \, \big| \, \frac{A \quad B}{a \quad b}$$
　① $A=aG$　　② $B=bG$　　③ $AB=GL$　　④ $abG=L$

다만 이 풀이는 숫자가 2개 이상이 되면 잘 안 맞게 된다. 따라서 실전 문제에서는 인수분해하는 방법이 오히려 실용적인 풀이가 된다.

> 만약 두 수가 $X = A^a \times B^b$, $Y = A^{a+2} \times B^{b-1} \times C^c$로 주어졌다면,
> X, Y 두 수의 최소공배수는 $A^{a+2} \times B^b \times C^c$
> X, Y 두 수의 최대공약수는 $A^a \times B^{b-1}$

○ 최소공배수는 해당되는 수를 각각 인수분해한 후, 각 수에서 지수가 가장 큰 부분만을 취해서 조합하면 된다.
○ 최대공약수는 해당되는 수를 각각 인수분해한 후, 각 수에서 지수가 가장 작은 부분(0도 포함)만을 취해서 조합하면 된다.

정답 및 해설 P. 14

> **최대공약수가 30이고 최소공배수가 60인 두 수의 합은?**
>
> ① 27　　　　　② 30　　　　　③ 33　　　　　④ 36　　　　　⑤ 38

 **SKILL ❷** 　**최소공배수 문제에서 주의할 포인트**

❶ 톱니바퀴 문제는 2개든, 4개든 간에 무조건 최소공배수 문제다.

　　톱니바퀴 2개~4개 정도가 보통 문제로 나오는데, 톱니바퀴 문제는 무조건 최소공배수를 구하는 문제라고 보면 된다. 또 보통은 한 톱니를 기준으로 회전수를 물어보기 때문에, 인수분해 형태로 구한 최소공배수를 수치로 계산할 필요도 없고, 인수분해로 표현된 톱니를 그대로 나눠주면 된다.

❷ 도형의 경우, 큰 것에서 작은 것은 최대공약수, 작은 것에서 큰 것은 최소공배수

　　도형문제에서 작은 것에서 정육면체나 정삭각형 형태의 큰 것을 쌓아가는 문제는 대부분 최소공배수를 구하는 문제이고, 반대로 큰 것을 주고 정사각형이나 정육면체의 작은 도형을 찾아가는 문제는 최대공약수에 관한 문제다.

❸ 버스나 도형 문제는 횟수나, 개수가 문제로 나온다.

　　최소공배수와 최대공약수는 간단한 문제이기 때문에, 버스 간격이나 도형 문제로 나오게 되면 단순히 길이나 시간을 물어보는 것이 아니라, 몇 번이라든가 몇 개라든가 하는 횟수, 개수의 문제로 나오게 되는 경우가 많다.

최소공배수와 최대공약수를 실제로 구해 보는 연습이 가장 필요하다. 다음 나열하는 수들을 인수분해한 후에 최소공배수와 최대공약수를 찾아보자.

구분	제시된 수	인수분해	제시된 수의 최소공배수와 최대공약수
1	24		최소공배수:
	36		최대공약수:
2	54		최소공배수:
	56		최대공약수:
3	45		최소공배수:
	120		최대공약수:
4	52		최소공배수:
	112		최대공약수:
5	18		최소공배수:
	26		최대공약수:
	40		
6	20		최소공배수:
	35		최대공약수:
	90		
7	22		최소공배수:
	34		최대공약수:
	42		
8	25		최소공배수:
	100		최대공약수:
	150		
9	24		
	36		최소공배수:
	42		최대공약수:
	60		
10	18		
	30		최소공배수:
	60		최대공약수:
	120		

정답 및 해설 P. 14

STEP 03 실전 문제

01 그림과 같이 톱니수가 27개인 톱니바퀴와, 톱니 수가 24개인 톱니바퀴가 서로 맞물려 돌고 있다. 두 지점 A 와 B가 만난 이후, 작은 톱니바퀴가 최소 몇 바퀴를 돌아야 A와 B가 다시 만나는가?

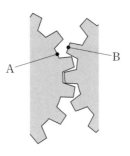

① 6바퀴   ② 7바퀴   ③ 8바퀴   ④ 9바퀴

02 톱니의 수가 12, 16, 24개인 톱니바퀴 A, B, C가 서로 맞물려 돌고 있다. 세 톱니바퀴가 회전하기 시작하여 다시 처음 위치로 돌아오는 것은 톱니바퀴 C가 적어도 몇 바퀴 회전한 후가 되는가?

① 1바퀴   ② 2바퀴   ③ 3바퀴   ④ 4바퀴

03 두 톱니바퀴 중 하나는 톱니의 수가 30개이다. 두 톱니 수의 최대공약수는 6이다. 두 톱니바퀴가 처음 출발 하여 다시 맞물리는 위치로 돌아올 때까지 30개짜리 톱니바퀴는 총 4회전을 한다고 한다. 그렇다면 나머지 하나 톱니바퀴의 톱니 수는?

① 24개   ② 28개   ③ 30개   ④ 32개

04 지하철을 기다리던 한나는 A플랫폼에서는 6분마다 한 대씩, B플랫폼에서는 8분마다 한 대씩 지하철이 오는 것을 알았다. 오후 1시에 두 지하철이 동시에 들어왔다면 오후 5시까지 지하철은 몇 번이나 동시에 들어왔 겠는가?

① 5번   ② 8번   ③ 10번   ④ 12번

05 최대공약수가 5이고, 최소공배수가 60인 두 수의 합은?

① 25 　　　　　② 30 　　　　　③ 35 　　　　　④ 45

06 욕실의 한 벽면에 타일을 빈틈없이 붙이려고 한다. 욕실 벽면의 크기는 가로 540cm이고 세로 680cm이다. 정사각형의 타일을 붙이려고 하는데 가장 적은 수의 타일을 쓴다고 하면 타일은 총 몇 개가 필요한가?

① 620개 　　　　　② 782개 　　　　　③ 825개 　　　　　④ 918개

07 가로 3cm, 세로 2cm, 높이 5cm인 벽돌을 쌓아서 가장 작은 정육면체를 만들려고 한다. 정육면체 한 면의 넓이는?

① 100cm^2 　　　　　② 500cm^2 　　　　　③ 900cm^2 　　　　　④ 1,200cm^2

08 귀하는 3개 시에 있는 지역본부 담당자에게 대외비 문서를 오늘 중 도착할 수 있도록 하라는 지시를 받았다. 귀하는 바쁜 관계로 터미널로 가서 고속버스 화물 택배로 정확히 같은 시각에 3개 지역본부로 내려보내려고 한다. 안내원에게 문의했더니 3개 시로 가는 고속버스는 5분 전인 09시에 동시에 출발했고, 배차 간격은 각각 15분, 9분, 12분이라고 한다. 터미널에 도착 후 화물 택배를 의뢰하는 업무는 10분이면 끝낼 수 있다. 귀하는 늦어도 몇 시까지 터미널에 도착해야 업무를 처리할 수 있는가?

① 10시 50분까지는 도착해야 한다.
② 11시 10분까지는 도착해야 한다.
③ 11시 50분까지는 도착해야 한다.
④ 12시 10분까지는 도착해야 한다.
⑤ 12시 20분까지는 도착해야 한다.

09 상훈이는 시내 공영 주차장에서 주차 관리 업무를 맡고 있다. 그런데 주차 수용 가능한 자동차와 시간을 계산하면 업무 효율이 증가할 것이라 생각했다. 현재 시각 13시 10분에 주차장에서 차가 1대 나가고, 2대가 들어왔다. 그 결과 주차장에는 총 84대의 차가 주차되어 있다. 이때 주차장에 100대의 차가 다 들어차는 시간으로 알맞은 것을 고르면?

[주차장에 차를 수용할 수 있는 조건과 입·출차 조건]

주차장
주차 가능 자동차 수 총 100대
* 주차장에서 4분에 1대씩 출차된다.
* 주차장으로 5분에 2대씩 입차된다.

① 13시 50분　　② 14시 25분　　③ 14시 55분　　④ 15시 5분　　⑤ 15시 30분

10 당신은 마케팅 책임자로, 오늘 3개 시도에서 동시다발적으로 퍼포먼스를 열기로 했다. 구체적인 계획은 대외비인 관계로 서류로 전달하려고 하는데, 3개 시도에 동시에 보내려고 한다. 방법을 알아보다가 터미널로 직접 가서 동시에 떠나는 버스에 서류를 보내려고 하는데 인포메이션에 문의했더니 3개 시도로 가는 고속버스는 10시에 동시에 출발했고, 배차간격은 각각 15분, 18분, 12분이라고 한다. 회사에서 터미널 지하철역까지 도착하는 데 40분 걸리고, 지하철역에 내려서 화물 택배를 의뢰하는 곳까지 찾아가는 데 10분, 그리고 화물 택배를 의뢰하는 업무에는 5분 정도 걸릴 것으로 예상된다. 현재 시각은 11시 10분인데, 정확하게 시간이 맞아 떨어진다는 가정하에 당신이 터미널에서 업무를 처리하기 위해서는 회사에서 몇 분 후에 떠나야 할까?

① 20분　　② 35분　　③ 55분　　④ 70분　　⑤ 75분

정답 및 해설 P. 15~16

C H A P T E R

일계산 문제

STEP 01 유형 분석

Main Type	Sub Type 1	Sub Type 2
개별적인 일에서 집단적인 일	집단적인 일에서 개별적인 일	개별적인 일에서 '개별 + 집단' 복합으로

Sub Type 3
개별적인 일에서 '개별 + 개별' 바톤터치로

★ Main Type   개별적인 일에서 집단적인 일

등장인물들의 개별적인 일처리 속도를 준 다음에 그 등장인물들이 함께 일을 하게 되면 얼마나 걸릴지를 구하는 문제로, 개별적으로 단위시간에 할 수 있는 일의 양을 구해서 한꺼번에 더해 버리면 되는 문제다.

정답 및 해설 P. 16

어떤 일을 완성하는 데 A는 5시간, B는 10시간이 걸린다. 둘이서 동시에 이 일을 하게 되면 어느 정도나 시간이 걸릴까?

① 2시간 20분   ② 3시간   ③ 3시간 20분   ④ 4시간   ⑤ 4시간 20분

★ Sub Type 1 | 집단적인 일에서 개별적인 일

집단으로 했을 때 어느 정도의 시간이 걸릴지를 알려주는데, 등장인물에 따라(즉, 미지수의 개수에 따라) 방정식 개수가 존재하도록 문제가 구성되어 있다. 따라서 초기 조건에서 누구와 누가 같이 일을 하면 얼마가 걸린다는 조건들을 연립방정식 구성하듯 구성한 뒤에 연립방정식을 풀면 된다.

A, B 두 사람이 같이 하면 8일 만에 끝낼 수 있는 일을 A가 혼자서 5일 동안 하다가 나머지를 B에게 넘겨줬는데 B는 14일 동안 일을 더 하고 마무리지었다. 이 일을 A 혼자서 6일 동안 하다가 B에게 넘겨주면 B는 며칠을 일해야 하는가?

① 6일   ② 10일   ③ 12일   ④ 14일   ⑤ 18일

★ Sub Type 2 | 개별적인 일에서 '개별 + 집단' 복합으로

개별적인 일처리 속도를 제시하고, 그것을 실행할 때 혼자서 일하다가 나중에 다른 사람이 와서 합류한다는 식으로, 며칠은 개인의 일 능력만, 그리고 또 다른 며칠은 함께 한 일의 능력을 합산해서 계산하게 한다.

A 혼자서 하면 6일, B 혼자서 하면 12일이 걸리는 일이 있다. 처음 A는 이 일을 혼자서 하다가, 나중에 후배인 B를 불러 같이 했는데, 처음 A 혼자서 시작한 때부터 일이 완수될 때까지 총 5일이 걸렸다. A가 혼자서 일한 날은 며칠인가?

① 1일   ② 2일   ③ 3일   ④ 4일   ⑤ 5일

★ Sub Type 3 | 개별적인 일에서 '개별 + 개별' 바통터치로

개개인의 개별적인 능력을 제시하고, 한 사람이 일하다가 그다음 사람에게 넘겨주어 일을 완수하는 유형의 문제다. 마치 바통터치하는 것처럼 일을 넘겨주는 유형이므로 각자 며칠 동안 일을 했는지 정확하게 구분하는 것이 포인트다.

A와 B가 일을 하는데, 혼자서 일했을 때 B가 12일, A가 4일 걸리는 일을 B가 하다가 도중에 A와 교대하였더니 결과적으로 8일 만에 끝낼 수 있있다. 이때 B는 총 며칠 일을 했을까?

① 2일   ② 3일   ③ 4일   ④ 5일   ⑤ 6일

일을 할 때는 혼자 할 수도 있고 누군가와 같이 할 수도 있다. 어쨌든 간에 일을 완수해 내는 데는 시간이 걸린다. 일계산 문제는 혼자서 하든, 누군가와 같이 하든 일이 완수될 때까지 걸리는 시간을 계산하라는 문제다.

개인들이 단위시간에 할 수 있는 일의 양이나 단위시간에 한꺼번에 달라붙어 일을 할 때 완수되는 일의 양 등을 알아, 그것을 활용해 궁금한 부분을 구하는 문제가 바로 일계산 문제다.

이와 완전하게 동일한 프로세스의 문제가 바로 수도관으로 풀장 채우기 문제이므로, 이는 따로 유형분류를 하지 말고 일계산 문제와 동일하게 익히면 된다.

일계산 문제의 프로세스는
① 개별적인 능력을 합쳐서 전체 일의 양을 구하는 문제인지, 전체 일의 양을 안 상태에서 개별적으로 할 수 있는 일을 구하는 것인지 파악한다.
② 일이 완수되었을 때는 1로 간주하고, 개별 일의 양 같은 것은 단위시간당 할 수 있는 일의 양으로 환산하여 미지수화한다.
③ 같이 하는 일이건, 혼자 하는 일이건 조건에 맞춰 미지수들을 배치하여 방정식을 완성한다.

일계산 문제의 주의할 점은
① 합해서 하는 일 중에 굳이 개인적인 일의 능력을 다 구할 필요 없이 처음부터 합의 형태로 나오는 계산할 수 있는 문제들이 있다. 예를 들어 A+B, B+C 같은 형태로 제시되는데, 이를 다 계산해서 A, B, C의 능력치를 더한 다음에 합산하는 것이 아니라, 연립방정식 형태에서 아예 A+B+C의 수치가 나올 수도 있다는 말이다.
② 시간이 분수로 등장하기 때문에 헷갈리는 면이 있다. 가령 $\frac{4}{3}$시간이라고 하면, 1시간 20분에 해당한다.

$1 + \frac{1}{3}$이라서 1시간에다가 1시간을 3등분한 것의 한 조각을 합한 것이니까, 20분을 합해야 하기 때문이다. 이런 식으로 분수로 나타난 부분을 시간으로 환산할 때 실수하지 말아야 한다.

일계산 문제의 함정은 크게 두 가지다.

❶ 시너지
❷ 절대량

1 시너지

시너지는 A와 B가 각자 혼자 일할 때와 같이 일할 때 일의 능률 차이가 존재한다는 가정이다. 그러니까 '둘이 같이 일을 하면 시너지가 나서 20% 정도 일을 더 할 수 있다'같이 파워 부스터를 주는 것이다. 그렇게 되면 같이 일을 하는 경우 20%의 효율을 더 부가해서 생각해야 한다.

$$(A+B) \rightarrow [+20\% \text{ 향상}] \rightarrow (A+B) \times 1.2$$

2 절대량

일계산 문제에서 '일이 완수된다'를 뜻하는 1이라는 숫자는 절대적 숫자가 아니라, 일이 완수되었다는 상대적 개념이다. 따라서 실제 양적인 숫자가 제시되는 경우에는 무조건 1이라고 놓지만은 않는다. 사실 1이라는 것은 일의 양을 모르기 때문에 임시적 개념으로 쓰는 것이지, 사실은 절대 수치가 제시되는 것이 보다 완벽한 문제다.

이런 경우 일이 완수될 때의 표현 1 대신에, 해당 수치를 써주면 된다. 그러면 개별 일의 능력도 분수 형태가 아닌, 실제 수치로 표시된다.

정답 및 해설 P. 16

A관을 4시간 사용하여 물을 채운 후 B관을 5시간 사용하여 물을 채우면 총 100ℓ의 물을 채울 수 있다. 반대로 A관을 5시간, B관을 4시간 사용하면 총 89ℓ의 물이 채워진다. A관과 B관을 동시에 1시간 동안 틀어 놓아 물을 채우면 몇 ℓ의 물을 받을 수 있을까?

① 5ℓ   ② 11ℓ   ③ 16ℓ   ④ 21ℓ   ⑤ 24ℓ

다음 일계산 문제들을 보고, 우선 다음 일계산 문제의 4가지 유형 중 어떤 유형인지 먼저 파악하자.

Type 1ㅣ개별적인 일에서 집단적인 일	Type 2ㅣ집단적인 일에서 개별적인 일
Type 3ㅣ개별적인 일에서 '개별 + 집단' 복합으로	Type 4ㅣ개별적인 일에서 '개별 + 개별' 바통터치로

그 후에 계산을 수행하여 주어진 물음에 답해보자.

01 민경이가 혼자서 일을 하면 3시간에 끝낼 수 있는 일은 상훈이가 혼자서 맡게 되면 4시간이 걸린다. 그리고 소용이가 그 일을 맡으면 12시간이 걸린다. 이들 세 명이 같이 그 일을 처리하면 일이 완수되는 데 걸리는 시간은 얼마인가?

① 30분   ② 45분   ③ 1시간   ④ 1시간 15분   ⑤ 1시간 30분

유형: Type(_____)

02 A, B, C 세 사람이 같이하면 5일 만에 끝낼 수 있는 일을 A, B 두 사람이 하면 10일, B, C 두 사람이 하면 6일 만에 끝낸다고 한다. 이 일을 B 혼자서 하게 되면 며칠이나 걸릴까?

① 10일   ② 15일   ③ 20일   ④ 25일   ⑤ 30일

유형: Type(_____)

03 형과 동생이 한쪽 벽에 페인트를 칠하려고 한다. 형이 혼자서 페인트를 다 칠하려면 10시간이 걸리고 동생은 40시간이 걸린다. 형과 동생이 같이 칠하다가 나머지 5시간은 형 혼자서 칠했다고 할 때 같이 페인트를 칠한 시간은 얼마인가?

① 1   ② 2   ③ 3   ④ 4   ⑤ 5

유형: Type(_____)

04 A와 B가 혼자서 일을 하면 각각 5일과 10일이 걸리는 일이 있다. 두 명이 함께 일을 시작했으나 A가 중간에 며칠 쉬고 일을 계속하여 6일 만에 일을 끝마쳤다. A가 쉰 날은?

① 1일   ② 2일   ③ 3일   ④ 4일   ⑤ 5일

유형: Type(_____)

정답 및 해설 P. 16~17

01 어떤 물통에 물을 가득 채우는데, A관은 10분이 걸린다. 여기에 B관까지 더해서 동시에 물을 틀었더니 물이 차는데 6분이면 되었다. B관만 가지고 물을 채운다면 몇 분이나 걸릴까?

① 6분 ② 12분 ③ 15분 ④ 18분 ⑤ 20분

02 수영장에 물을 가득 채우려고 한다. A, B, C 총 3개의 유입관이 있는데, A관으로만 물을 채우게 되면 6시간, B관으로 채우면 4시간, C관으로 채우면 3시간이 걸린다고 한다. 오후 1시에 세 개의 관으로 동시에 물을 채우기 시작하면 수영장에 물이 가득 차는 시각은 몇 시일까?

① 1시 30분 ② 2시 ③ 2시 20분 ④ 2시 40분 ⑤ 3시

03 A, B 두 사람이 같이 하면 6일 만에 끝낼 수 있는 일을 A가 혼자서 4일 동안 하다가 나머지를 B에게 넘겨줬는데 B는 7일 동안 일을 더 하고 마무리 지었다. 이 일을 A 혼자서 8일 동안 하다가 B에게 넘겨주면 B는 며칠을 일해야 하는가?

① 3일 ② 4일 ③ 5일 ④ 6일 ⑤ 8일

04 어떤 일을 갑이 혼자서 하면 4시간, 을이 혼자서 하면 6시간이 걸린다. 갑과 을이 함께하면 각자 능력의 20%를 향상시킬 수 있다. 갑과 을이 함께 그 일을 하는 데 소요되는 시간은?

① $\frac{9}{5}$시간 ② 2시간 ③ $\frac{11}{5}$시간 ④ $\frac{12}{5}$시간

05 넓이 2,400m²의 논에서 이앙기 A와 이앙기 B를 각각 1시간씩 사용하여 2시간 만에 모내기를 모두 마쳤다. 이앙기 A를 사용할 때의 모내기 속도가 이앙기 B를 사용하는 경우보다 2배 빠르다면 이앙기 A만 사용할 경우에는 몇 시간이 걸리겠는가?

① 1시간 20분　　　　② 1시간 30분　　　　③ 1시간 40분　　　　④ 2시간

06 A와 B가 같이 일을 하면 4일이 걸리고, B와 C가 같이 일을 하면 6일이 걸리는 일을, A와 B와 C가 모두 같이 했더니 3일이 걸렸다. 이 일을 C 혼자서 하게 되면 며칠이나 걸릴까?

① 8일　　　　　　　② 9일　　　　　　　③ 10일　　　　　　④ 12일

07 가현이와 나연이가 일을 하는데, 나연이가 혼자 하면 15일, 가현이가 혼자 하면 5일 걸리는 일을 나연이가 하다가 도중에 가현이와 교대하였더니 결과적으로 9일 만에 끝낼 수 있었다. 이때 가현이는 총 며칠 일을 했을까?

① 2일　　　　　　　② 3일　　　　　　　③ 4일　　　　　　　④ 5일

08 수영장에 물을 가득 채우는데 A관으로 4시간 동안 넣고, B관으로 2시간 동안 넣었더니 수영장의 물이 가득 찼다. 또 다음에 물을 채울 때는 A관으로 2시간 동안 넣고, B관으로 3시간 동안 넣었더니 수영장의 물이 가득 찼다. 그런데 오늘은 B관을 청소해야 해서, A관으로만 수영장의 물을 채워야 한다. 총 몇 시간이나 걸릴까?

① 4시간　　　　② 5시간　　　　③ 6시간　　　　④ 7시간　　　　⑤ 8시간

09 A생산라인을 먼저 32시간 가동한 후, A, B생산라인을 모두 가동하여 최종 10,000개의 정상제품을 납품하였다면 이 10,000개를 다 생산하는 데 걸린 시간은 얼마인가?

[생산성 조건]
○ 불량률 체크 전 단계의 시제품 100개를 만드는 데 A생산라인만을 이용할 때는 4시간, B생산라인만을 이용할 때는 2시간이 걸린다.
○ 두 라인을 동시에 가동하면 시간당 정상제품 생산량이 각각 20%씩 상승한다.

① 110시간   ② 120시간   ③ 136시간   ④ 144시간   ⑤ 152시간

10 인형을 만드는데, 1일 차에는 A 혼자서 작업하였고, 2일 차와 3일 차에는 A와 B가 함께, 4일 차에는 B가 작업하였더니 인형이 완성되었다. 만약 처음부터 A와 B가 함께 일을 하였다면 인형을 완성하는 데 며칠이 소요되었을까?(단, A가 혼자 인형을 만들 때에는 t_1의 시간이 걸리고, B가 혼자 인형을 만들 때에는 t_2의 시간이 걸린다고 하자.)

① $\dfrac{3t_1t_2}{t_1+t_2}$ ② $\dfrac{3(t_1+t_2)}{t_1t_2}$ ③ $\dfrac{t_1t_2}{3(t_1+t_2)}$ ④ $\dfrac{t_1+t_2}{t_1t_2}$ ⑤ $\dfrac{t_1t_2}{t_1+t_2}$

정답 및 해설 P. 17~18

CHAPTER

03

경우의 수

STEP 01 유형 분석

Main Type	Sub Type 1	Sub Type 2
순열 문제	조합 문제	배열 문제

Sub Type 3
조건에 따라 경우를 따지는 문제

★ Main Type | 순열 문제

사람들 가운데에서 몇 명을 뽑는 것처럼 여러 선택지 중에서 몇 개를 뽑을 때, 뽑는 순서에 따라 경우의 수가 달라지는 경우 순열이라고 한다. 이때는 $_nP_r$이라는 기호로 나타낸다. 반 구성원 중에 반장과 부반장을 뽑는 문제라든가, 자연수 중에 몇 개를 뽑아 숫자를 만드는 것같이 뽑히는 순서가 중요한 조건에 적용한다.

정답 및 해설 P. 19

정원이 20명인 과에서 과대표와 부과대표를 뽑으려고 한다. 총 몇 가지 경우가 나올 수 있겠는가?

① 120가지   ② 250가지   ③ 320가지   ④ 350가지   ⑤ 380가지

★ Sub Type 1 │ 조합 문제

사람들 가운데에서 몇 명을 뽑는 것처럼 뽑히기만 하면 먼저 뽑히든 나중에 뽑히든 상관이 없을 때, 그러니까 뽑히는 순서에 관계 없이 경우의 수가 나누어지는 것을 조합이라고 부른다. 가령 앞 문제에서는 학급에서 과대표와 부과대표를 뽑는데 이렇게 되면 누가 먼저 오느냐에 따라 과대와 부과대로 나뉘지만, 그냥 학급에서 주번 2명을 뽑는다고 하면 누가 먼저 뽑히느냐가 관계가 없다. 즉, 순서에 따라 경우가 나뉘지 않는데 이런 경우 nCr의 꼴로 나타낼 수 있다.

정답 및 해설 P. 19

정원이 20명인 과에서 축제 준비위원 2명을 뽑으려고 한다. 총 몇 가지 경우가 나올 수 있겠는가?

① 190가지 ② 240가지 ③ 280가지 ④ 320가지 ⑤ 350가지

★ Sub Type 2 │ 배열 문제

! 을 활용한 문제들이다. 순서를 따져서 나란히 설 경우의 수가 ! 의 개념인데, 여기에 여러 가지 조건들을 붙여서 문제를 어렵게 만든다. 예를 들어 반드시 같이 움직이는 블록을 설정한다든가, 알파벳 문제에서는 같은 알파벳이 나와서 중복되게 한다든가, 위치를 복잡하게 줘서 위치에 따른 변수도 생각해야 하는 식으로 말이다.

정답 및 해설 P. 19

'APTITU'라는 말의 알파벳을 재배열하여 나올 수 있는 문자열의 종류는?

① 180가지 ② 240가지 ③ 360가지 ④ 480가지 ⑤ 560가지

★ Sub Type 3 │ 조건에 따라 경우를 따지는 문제

특별한 공식이 있다기보다, 주어진 조건에 맞춰서 나올 수 있는 경우를 나열해 보고, 전체 경우의 수를 파악하는 유형의 문제다.

정답 및 해설 P. 19

3종류의 안경과 2종류의 가발로 변장을 할 때, 가능한 변장 방법의 종류는?(단, 가발과 안경 중 하나만 사용할 수도 있다.)

① 6가지 ② 9가지 ③ 11가지 ④ 12가지 ⑤ 13가지

STEP 02 Skill 연습

 **기본개념**

○ **경우의 수**: 어떤 문제의 해결을 위해 하는 실험이나 시행에서 일어날 수 있는 모든 결과를 사건이라 하고, 이 사건의 가짓수를 '경우의 수'라고 한다.

○ **합의 법칙**: 두 사건 A, B가 동시에 일어나지 않을 때, 사건 A가 일어나는 경우의 수가 m개이고, 사건 B가 일어나는 경우의 수가 n개라면 사건 A 또는 사건 B가 일어나는 경우의 수는 $(m+n)$가지이다.

○ **곱의 법칙**: 사건 A가 일어나는 경우의 수가 m개이고, 사건 B가 일어나는 경우의 수가 n개라면 사건 A와 사건 B가 동시에 일어나는 경우의 수는 $(m \times n)$가지이다.

○ **일렬로 세우는 경우의 수**

① n명을 일렬로 세우는 경우의 수: $n \times (n-1) \times (n-2) \times \cdots \times 3 \times 2 \times 1$(가지)

② n명 중에서 r명을 뽑아 일렬로 세우는 경우의 수: $n \times (n-1) \times (n-2) \times \cdots \times (n-r+1)$(가지)

○ **순열**: 서로 다른 n개에서 중복을 허락하지 않고 $r(n \geq r)$개를 택하여 순서 있게 일렬로 배열하는 순열의 수는

$$_nP_r = \frac{n!}{(n-r)!}$$

○ **조합**: 서로 다른 n개에서 순서를 생각하지 않고 r개를 택하는 조합의 수는

$$_nC_r = \frac{_nP_r}{r!} = \frac{n!}{r!(n-r)!} \ (단, \ 0 \leq r \leq n)$$

 **주의할 점**

○ 주어진 조건에서 순서가 상관이 있으면 순열이고, 순서가 상관이 없으면 조합이다. 예를 들어, 10명 중에 대표위원 2명을 뽑으면 조합이고, 위원장과 부위원장 1명씩 2명을 뽑으면 순열이다.

○ 같이 이웃해 있다든가, 반드시 한 명은 뽑힌다든가 하는 조건들은 경우의 수를 나눌 때 고정해서 놓는 것이기 때문에, 오히려 계산에 들어가지 않을 수도 있다. 가령 남자 3명, 여자 2명 중에서 총 4명을 뽑는 경우의 수를 구할 때, 여자 2명은 반드시 뽑힌다는 조건이 첨가되면 여자 2명은 고정된 것이기 때문에 남자 3명 중에서 남은 자리 2명을 뽑는 경우의 수만 구하면 된다. 해당 경우의 수는 $_3C_2$가 되므로, 3가지다.

경우의 수에서 일단 가장 먼저 요구되는 능력은 여러 가지 경우를 나누는 능력이다. 공식으로 적용하기 전에 다양한 상황에서 다양한 경우를 가정하는 능력을 훈련해보자.

01 주사위 세 개를 동시에 던져서 나오는 눈의 수를 각각 a, b, c라 할 때, $3a+b+c=10$이 되는 경우의 수는?

① 6가지 ② 7가지 ③ 8가지 ④ 9가지 ⑤ 10가지

다음 a, b, c에 올 숫자들을 채워서 총 몇 가지 경우가 오나 체크해 본다.

a	b	c

02 계단을 한 번에 1칸씩 또는 2칸씩 오를 수 있다. 5칸의 계단을 오르는 방법의 수는?

① 8가지 ② 12가지 ③ 16가지 ④ 24가지 ⑤ 36가지

다음 표로 경우의 수를 나눠본다.

모두 1칸씩					
1칸이 3번, 2칸이 1번					
1칸이 1번, 2칸이 2번					

03 은지, 은수, 은찬이 세 사람이 이번 연도에 써야 하는 남은 연차를 모두 합하면 12일이라고 한다. 적어도 각자 하루는 남아있다고 하고, 은지가 가장 많이 연차가 남았다고 할 때, 나올 수 있는 경우의 수는 총 몇 가지인가?(단, 서로 쓸 수 있는 연차의 수는 모두 다르다.)

① 10가지　　　　② 12가지　　　　③ 14가지　　　　④ 16가지　　　　⑤ 18가지

은지의 연차 일수에 따른 분류	(은수, 은찬)의 분포
9일	
8일	
7일	
6일	
5일	

04 여섯 명이 원탁에 그림과 같이 앉아 있다. 이들이 동시에 두 사람씩 악수를 할 때, 서로 팔이 교차하지 않고 악수를 할 수 있는 방법은 몇 가지인가?

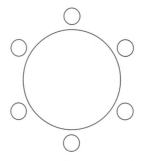

① 5가지　　　　② 6가지　　　　③ 7가지　　　　④ 8가지　　　　⑤ 9가지

둘씩 짝을 지을 때 어떤 경우들이 나오는지 따져본다.

구분	첫 번째 짝	두 번째 짝	세 번째 짝
경우 1			
경우 2			
경우 3			
경우 4			
경우 5			
경우 6			

다음 조건들을 보고 그것이 단순한 배열인지, 순열인지, 조합인지 파악하고 그에 따라 공식을 적용하여 문제를 풀어보자.

01 남자 5명, 여자 6명 중에서 남자 2명, 여자 3명을 뽑는 방법의 수는?

유형: (배열, 순열, 조합)

공식: _____

정답: _____가지

02 6명의 신입사원을 각각 경영과 회계 파트에 4명, 2명씩 배치하려고 한다. 이때 가능한 경우의 수는?

유형: (배열, 순열, 조합)

공식: _____

정답: _____가지

03 10명의 회원 중에서 회장, 부회장, 총무, 감사를 각각 1명씩 선출하는 방법의 수는?

유형: (배열, 순열, 조합)

공식: _____

정답: _____가지

04 8명의 학생들이 있다. 이들 중 5명은 학교 화단을 하나씩 관리해야 한다. 아래와 같이 화단이 있을 때, 이들 중 5명이 화단을 관리하는 경우의 수를 구하면?

유형: (배열, 순열, 조합)

공식: _____

정답: _____가지

05 남자 5명, 여자 5명이 미팅을 하기로 했다. 미팅 결과 이 중 남녀 한 쌍만이 이루어졌다고 한다. 가능한 경우의 수는?

유형: (배열, 순열, 조합)

공식: _____

정답: _____가지

06 남자 5명, 여자 5명 중에서 4명을 뽑는데, 남자가 3명 이상 뽑힐 경우의 수는?

유형: (배열, 순열, 조합)

공식: _____

정답: _____가지

07 6명이 달리기 시합을 할 때, 선착순으로 1등, 2등, 3등을 정하는 경우의 수는?

유형: (배열, 순열, 조합)

공식: _____

정답: _____가지

08 영어 이름 SIHAN에 쓰인 알파벳을 일렬로 배열해 단어를 만들려고 한다. H와 A가 붙어 있는 단어는 총 몇 가지나 될까?

유형: (배열, 순열, 조합)

공식: _____

정답: _____가지

09 아래와 같은 반원 위에 5개의 점 A~E가 있다. 이들 중 세 점을 이어 만들 수 있는 삼각형의 개수는?

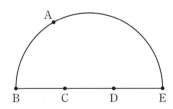

유형: (배열, 순열, 조합)

공식: _____

정답: _____개

10 주머니 속에 파란 공 3개, 빨간 공 5개가 있다. 주머니에 손을 넣어 2개의 공을 꺼냈을 때 파란 공과 빨간 공이 1개씩 나올 경우의 수는?

유형: (배열, 순열, 조합)

공식: _____

정답: _____가지

11 공기업 면접관으로 초빙된 8명이 면접장에서 모두 만났다. 빠짐없이 서로 악수하는 총횟수는?

유형: (배열, 순열, 조합)

공식: _____

정답: _____번

정답 및 해설 P. 19~21

01 LEESIHAN이라는 알파벳을 배열하는데, 처음의 L자와 마지막의 N자는 고정되어 있고, 나머지 알파벳을 움직여서 만들 수 있는 알파벳 배열의 종류는?

① 120가지   ② 240가지   ③ 360가지   ④ 480가지   ⑤ 560가지

02 남자 5명, 여자 3명이 있는 집단에서 4명을 뽑는데, 적어도 여자가 한 명 포함되어 있는 경우의 수는?

① 65가지   ② 72가지   ③ 88가지   ④ 96가지   ⑤ 102가지

03 주사위 3개를 차례로 던져서 나오는 눈의 수의 합이 6이 되는 경우의 수는?

① 6가지   ② 8가지   ③ 9가지   ④ 10가지   ⑤ 12가지

04 여학생 3명, 남학생 3명이 일렬로 설 때, 3명의 여학생이 모두 이웃하여 서는 경우의 수는?

① 6가지   ② 24가지   ③ 60가지   ④ 144가지   ⑤ 720가지

05 1에서 9까지 9개의 자연수 중 중복되지 않게 2개를 택하여 만들 수 있는 두 자리의 자연수는 몇 가지일까?

① 40가지   ② 72가지   ③ 128가지   ④ 144가지   ⑤ 150가지

PART 3

CHAPTER 03

06 동전을 5번 던질 때, 앞면이 두 번 나오는 경우는 몇 가지일까?

① 6가지   ② 8가지   ③ 10가지   ④ 12가지   ⑤ 16가지

07 회사 내의 6개 부서가 사내 체육대회에서 축구 대진표를 짰다. 작년도 우승팀인 총무부는 부전승으로 A 위치에 배정된다고 할 때, 나머지 5개 부서를 배정하는 방법은 몇 가지가 있을까?

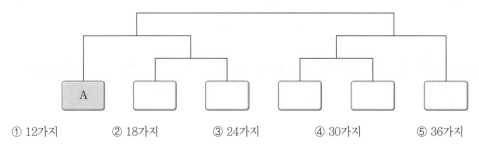

① 12가지   ② 18가지   ③ 24가지   ④ 30가지   ⑤ 36가지

08 언택트로 K-Pop 그룹들의 콘서트가 열린다. 한국을 대표하는 보이그룹 2팀과 걸그룹 3팀의 공연이 이어지는데, 보이그룹 2팀이 연속으로 공연하지 않도록 하는 공연 순서는 총 몇 가지가 나오는가?

① 36가지   ② 48가지   ③ 60가지   ④ 72가지   ⑤ 96가지

09 어느 파티에서 참가자들 모두가 각각 한 번씩 악수를 하였다. 악수의 총횟수가 15회였다면 참가자는 모두 몇 명인가?

① 5명   ② 6명   ③ 7명   ④ 8명   ⑤ 9명

10 대학교 소규모 강의실에 지정좌석을 해 놓았다. 이 20개의 좌석에 3명이 앉는 경우의 수는?

칠판				
1	2	3	4	5
6	7	8	9	10
11	12	13	14	15
16	17	18	19	20

① 1,520가지   ② 2,280가지   ③ 3,420가지   ④ 6,840가지   ⑤ 9,120가지

정답 및 해설 P. 21~22

04

확률

STEP
01

유형 분석

Main Type	Sub Type 1	Sub Type 2
경우의 수를 따지고 확률을 구하는 문제	구슬이나 사람을 뽑을 때 순열, 조합을 이용한 확률 문제	확률의 덧셈 법칙을 활용한 문제

Sub Type 3	Sub Type 4
확률의 곱셈 법칙을 활용한 문제	확률의 덧셈과 곱셈 법칙을 활용하는 문제

★ Main Type) 경우의 수를 따지고 확률을 구하는 문제

　전체 경우를 구하고, 그것을 분모로 놓은 다음에 문제에서 요구하는 특정한 경우의 수를 구해서 분자로 놓아 확률을 구하는 가장 전형적이고 전통적인 방식의 문제다. 주어진 조건에 맞춰 다양한 경우를 구해야 하는데, 사실 주사위나, 승/패, 가위/바위/보, 구슬 뽑기, 사람 뽑기 등 유형의 소재 자체는 한정적인 편이다.

정답 및 해설 P. 22

1부터 10까지의 자연수 중 중복을 허락하여 3개를 뽑아 모두 더했을 때, 홀수일 확률은?

① $\frac{1}{4}$　　　　② $\frac{1}{3}$　　　　③ $\frac{1}{2}$　　　　④ $\frac{2}{3}$　　　　⑤ $\frac{3}{4}$

★ Sub Type 1 **구슬이나 사람을 뽑을 때 순열, 조합을 이용한 확률 문제**

사실 경우의 수를 따지고 확률을 구하는 문제의 형태 중 하나다. 그런데 빈출되다 보니 하나의 유형으로 기억하면 편하다. 문제에서 특별하게 지정한 대로 뽑는 경우의 수를 전체 경우의 수로 나누어 확률을 구하면 된다.

정답 및 해설 P. 22

주머니 속에 빨간 구슬 4개, 파란 구슬 3개가 들어있다. 손을 집어넣어 구슬 4개를 뽑았는데, 그것이 빨간 구슬 2개, 파란 구슬 2개일 확률은?

① $\dfrac{18}{35}$　　　② $\dfrac{1}{6}$　　　③ $\dfrac{7}{25}$　　　④ $\dfrac{12}{23}$　　　⑤ $\dfrac{25}{32}$

★ Sub Type 2 **확률의 덧셈 법칙을 활용한 문제**

구하는 경우가 'A이거나 B'라는 형식으로 주어진다면 덧셈 법칙을 적용한다. 가령 주사위를 던져서 2 또는 4가 나올 확률이라고 한다면, 2가 나와도 되고 4가 나와도 된다. 둘 다 1/6의 확률인데 둘 중에 어느 것이나 상관없다고 하면 1/6+1/6이 되어서 1/3이 된다.

정답 및 해설 P. 22

주사위를 두 번 던져서 나오는 눈을 각각 a, b라 할 때, $a+2b=6$을 만족하게 될 확률은?

① $\dfrac{1}{12}$　　　② $\dfrac{1}{18}$　　　③ $\dfrac{1}{24}$　　　④ $\dfrac{1}{36}$　　　⑤ $\dfrac{1}{48}$

★ Sub Type 3 **확률의 곱셈 법칙을 활용한 문제**

하나의 사건에 대한 확률을 구하고, 또 다른 사건에 대한 확률을 구한 다음에 그것들이 동시에 일어났다고 한다면 그 두 확률을 곱해야 한다. 'A이고 B'라는 형식으로 A와 B가 함께 일어난다는 의미다. 이것이 확률의 곱셈 법칙이고, 이런 성질을 이용하는 유형의 문제가 많이 등장한다.

정답 및 해설 P. 22

주사위를 계속 던질 때 6번째에 처음으로 '1'이 나올 확률은?

① $\dfrac{1}{6^4}$　　　② $\dfrac{5}{6^6}$　　　③ $\dfrac{1}{6^5}$　　　④ $\dfrac{5^5}{6^6}$　　　⑤ $\dfrac{5^6}{6^6}$

정답 및 해설 P. 22

★ Sub Type 4 | 확률의 덧셈과 곱셈 법칙을 활용하는 문제

곱셈 법칙은 사건들이 and로 연결되었다는 뜻이다. 그리고 덧셈 법칙은 or로 연결되었다는 뜻이다. 둘 중에 하나만 일어나도 이런 진술은 인정받기 때문에 or을 쓰게 된다. or만 단독으로 쓰이는 문제보다는 곱셈 법칙과 같이 쓰이면서 여러 확률 중에 덧셈 법칙에 의해 더할 것을 더하면 답이 도출되는 문제가 많다.

7경기 중 4경기를 이기면 우승하는 야구 경기에서 현재 A팀이 3승 1패로 앞서고 있다. 매 경기 어느 한 팀이 이길 확률은 각각 같고, 비기는 경우는 없다고 가정할 때, A팀이 우승할 확률은?

① $\frac{5}{6}$　　　　② $\frac{6}{7}$　　　　③ $\frac{7}{8}$　　　　④ $\frac{8}{9}$　　　　⑤ $\frac{11}{13}$

STEP 02 Skill 연습

SKILL ❶ 확률의 기본개념

○ **확률**: 어떤 사건이 일어날 수 있는 가능성을 수로 나타낸 것

○ **확률을 구하는 방법**

어떤 실험이나 관찰에서 일어날 수 있는 모든 경우의 수가 n이고 각각의 경우가 일어날 가능성이 모두 같을 때, 어떤 사건 A가 일어날 수 있는 경우의 수를 a라고 하면, 사건 A가 일어날 확률 p는 다음과 같다.

$$p = \frac{(\text{사건 A가 일어날 수 있는 경우의 수})}{(\text{일어날 수 있는 모든 경우의 수})} = \frac{a}{n}$$

– 어떤 사건이 일어날 확률을 p라 하면 $0 \leq p \leq 1$이다.

– 사건 A가 일어날 확률을 p라 하면, 사건 A가 일어나지 않을 확률은 $1-p$가 된다. 이 공식은 '적어도…'라는 조건이 있는 사건의 확률에 이용한다.

예) 비기는 경우가 없는 어떤 게임에서 A가 이길 확률이 $\frac{1}{3}$일 때, A가 질 확률은 $1 - \frac{1}{3} = \frac{2}{3}$이다.

○ **덧셈 법칙과 곱셈 법칙**

– 덧셈 법칙: 어떤 2개의 사건 A와 B가 동시에 나타날 수 없는 경우에 이 두 사건을 서로 배타적이라고 한다. 2개의 사건 A와 B가 서로 배타적일 경우에 A 또는 B가 나타날 확률을 P(A∪B)라고 하면 P(A∪B)=P(A)+P(B)인데, 이를 확률의 덧셈 법칙이라고 한다.

– 곱셈 법칙: 어떤 2개의 사건 A와 B가 동시에 나타날 경우(혹은 A와 B가 순차적이라도, 같이 일어날 경우)에 A와 B가 나타날 확률을 P(A∩B)라 하는데, 사건 A와 B가 독립적인지 종속적인지에 따라 계산하는 방법은 조금 다르다.

정답 및 해설 P. 23

2개의 주사위를 차례로 던질 때 나온 숫자의 합이 5가 되는 확률은?

① $\frac{1}{4}$　　　② $\frac{4}{5}$　　　③ $\frac{1}{5}$　　　④ $\frac{1}{9}$　　　⑤ $\frac{4}{15}$

독립사건과 종속사건의 구분

❶ 독립적 사건일 때

$P(A \cap B) = P(A) \times P(B)$

❷ 종속적 사건일 때

A가 일어나고 그에 따라 뒤에 일어나는 사건 B가 영향을 받을 때, B가 일어날 확률은 사건 A가 일어났을 때의 사건 B의 조건부확률이라 하고, 기호로 $P(B|A)$와 같이 나타낸다.

$$P(B|A) = \frac{P(A \cap B)}{P(A)}$$

이때 A와 B가 함께 일어날 확률은

$P(A \cap B) = P(A) \times P(B|A)$

동전이나 주사위 같은 것은 독립사건이다. 가령 동전을 두 번 던지는데 첫 번째 시도에서 앞면이 나왔다고, 두 번째 시도에서 앞면이 나올 가능성이 줄어드는 것이 아니다. 두 번째에서도 마찬가지로 앞면이 나올 확률은 1/2 이다. 이런 경우 사건들은 서로에게 영향을 주지 못한다. 반면 빨간 공 3개, 검은 공 2개 중에 첫 번째 공으로 어떤 색깔을 뽑는가는 두 번째 뽑을 공의 확률 계산에 영향을 주게 된다.

정답 및 해설 P. 23

3개의 당첨 제비를 포함한 10개의 제비 중에서 갑이 먼저 한 개를 뽑고, 다음에 을이 한 개의 제비를 뽑는다고 한다. 을이 당첨 제비를 뽑을 확률은?(단, 비복원추출임)

① 0.2 　　　　② 0.3 　　　　③ 0.4 　　　　④ 0.5 　　　　⑤ 0.6

다음의 여러 가지 경우에서 확률을 구해 보자. 기본적으로 언급된 특정한 사건을 찾아 분자로, 전체 나올 수 있는 모든 경우를 분모로 놓는 것이다.

01 주사위 2개를 차례로 던져서 나오는 눈의 합이 5의 배수가 될 확률은?

① $\frac{5}{36}$ ② $\frac{1}{6}$ ③ $\frac{7}{36}$ ④ $\frac{2}{9}$ ⑤ $\frac{5}{12}$

02 500원짜리 동전을 연속해서 세 번 던질 경우 두 번째와 세 번째에 모두 앞면이 나올 확률은?

① $\frac{1}{2}$ ② $\frac{1}{4}$ ③ $\frac{1}{6}$ ④ $\frac{1}{8}$ ⑤ $\frac{1}{12}$

03 주머니에 빨간 구슬 5개, 파란 구슬 4개, 노란 구슬 3개가 들어있다. 손을 집어넣어서 이 중 3개를 뽑았는데, 색깔별로 하나씩 뽑게 될 확률은?

① $\frac{3}{11}$ ② $\frac{4}{25}$ ③ $\frac{5}{11}$ ④ $\frac{7}{25}$ ⑤ $\frac{13}{32}$

04 흰 공 3개, 빨간 공 1개, 노란 공 2개, 파란 공 2개가 들어있는 주머니가 있다. 이 주머니에서 임의로 4개의 공을 동시에 꺼낼 때, 공의 색깔이 모두 다를 확률은?

① $\frac{3}{35}$ ② $\frac{6}{35}$ ③ $\frac{4!}{8!}$ ④ $\frac{3}{32}$ ⑤ $\frac{2}{17}$

다음 여러 경우들에서 덧셈 법칙과 곱셈 법칙이 어느 정도로 어떻게 쓰였는지를 구분해 보자.

01 주사위를 차례로 두 번 던질 때, 나온 눈의 합이 10 이상이 될 확률은?

① $\frac{1}{3}$ ② $\frac{1}{4}$ ③ $\frac{1}{6}$ ④ $\frac{1}{8}$ ⑤ $\frac{1}{10}$

쓰이는 법칙: (덧셈 법칙, 곱셈 법칙, 덧셈＋곱셈 법칙)

02 A가 B를 이길 때까지 가위·바위·보를 계속한다. 매번 두 사람은 가위·바위·보를 무작위로 낸다고 할 때, A가 B를 세 번 만에 이길 확률은?

① $\frac{4}{27}$ ② $\frac{1}{3}$ ③ $\frac{4}{9}$ ④ $\frac{11}{18}$ ⑤ $\frac{13}{20}$

쓰이는 법칙: (덧셈 법칙, 곱셈 법칙, 덧셈＋곱셈 법칙)

03 0:0 동점인 상황에서 9회말 마지막에 차례로 3, 4, 5번 타자가 등장한다. 이들의 타율은 각각 2할 5푼, 4할, 3할이라고 한다. 이들 가운데 두 명만 안타를 쳐도 이번 회에 점수가 날 수 있다. 이번 회에 점수가 날 확률은?

① 약 20%   ② 약 25%   ③ 약 30%   ④ 약 35%   ⑤ 약 40%

쓰이는 법칙: (덧셈 법칙, 곱셈 법칙, 덧셈＋곱셈 법칙)

04 양궁선수 A와 B는 각각 $\frac{7}{8}$과 $\frac{8}{9}$의 확률로 10점 과녁을 명중시킨다고 한다. 두 선수가 동시에 화살을 날렸을 때, 아무도 10점 과녁에 명중시키지 못할 확률은 얼마인가?

① $\frac{1}{72}$ ② $\frac{1}{8}$ ③ $\frac{1}{9}$ ④ $\frac{56}{72}$ ⑤ $\frac{71}{72}$

쓰이는 법칙: (덧셈 법칙, 곱셈 법칙, 덧셈＋곱셈 법칙)

정답 및 해설 P. 23~24

STEP 03 실전 문제

01 하얀 공 10개와 빨간 공 5개가 들어있는 상자에서 공을 하나씩 뽑아 색깔을 확인한 후, 다시 상자에 집어넣는다. 네 번째에 처음으로 빨간 공이 나올 확률은?

① $\dfrac{1}{3^5}$ ② $\dfrac{1}{3^4}$ ③ $\dfrac{2^2}{3^4}$ ④ $\dfrac{2^3}{3^4}$ ⑤ $\dfrac{2^4}{3^4}$

02 김 대리는 밤마다 잦은 술자리를 가져서 술을 줄여야겠다고 생각하고 있다. 그래서 술을 먹은 다음 날은 10번 중에 8번은 술자리를 거절해야겠다고 결심했고, 술은 안 먹은 다음 날은 10번 중에 4번 정도로만 술을 먹어야겠다고 생각했다. 김 대리가 오늘 술자리가 있었다면 모레 술자리가 있을 확률은 얼마인가?

① $\dfrac{9}{25}$ ② $\dfrac{9}{17}$ ③ $\dfrac{12}{19}$ ④ $\dfrac{7}{10}$ ⑤ $\dfrac{17}{20}$

03 주머니 속에 빨간 구슬 4개와 노란 구슬 3개, 파란 구슬 2개가 있는데, 구슬을 세 개 꺼낸다고 할 때, 구슬이 모두 다 다른 색일 확률은?

① $\dfrac{2}{7}$ ② $\dfrac{1}{5}$ ③ $\dfrac{31}{120}$ ④ $\dfrac{13}{480}$ ⑤ $\dfrac{1}{2,520}$

04 A와 B 두 개의 상자가 있다. A상자에는 빨간 공 3개와 흰 공 4개, B상자에는 빨간 공 2개와 흰 공 5개가 들어있다. A상자에서 임의로 하나의 공을 꺼내 B상자에 넣은 후, 다시 B상자에서 꺼낸 공이 빨간 공일 때, A상자에서 꺼낸 공이 흰 공이었을 확률은 얼마인가?

① $\dfrac{8}{17}$ ② $\dfrac{11}{17}$ ③ $\dfrac{3}{28}$ ④ $\dfrac{17}{56}$ ⑤ $\dfrac{19}{30}$

05 1, 1, 1, 1, 2, 2가 적혀 있는 주사위와 3, 3, 4, 4, 4, 5가 적혀 있는 주사위를 던져서 나온 수의 합이 홀수일 확률은?

① $\frac{1}{2}$
② $\frac{1}{3}$
③ $\frac{2}{3}$
④ $\frac{1}{4}$
⑤ $\frac{3}{4}$

06 15개의 최신 스마트폰 중에 3개의 불량품이 있다. 이 중에서 3개를 선택할 때, 적어도 1개가 불량품일 확률은 얼마인가?

① $\frac{44}{91}$
② $\frac{45}{91}$
③ $\frac{46}{91}$
④ $\frac{47}{91}$
⑤ $\frac{48}{91}$

07 파란 공 3개, 빨간 공 5개가 있다. 동시에 2개의 공을 꺼냈을 때 파란 공과 빨간 공이 1개씩 나올 확률은?

① $\frac{3}{28}$
② $\frac{9}{28}$
③ $\frac{11}{28}$
④ $\frac{15}{28}$
⑤ $\frac{18}{28}$

08 A고등학교의 미술부 60명 가운데 1학년, 2학년, 3학년은 각각 27명, 18명, 15명이다. 이 중 무작위로 2명을 뽑을 때 1학년과 3학년이 각 1명씩 뽑히게 될 확률을 식으로 구하면?

① $\frac{15}{60 \times 60}$
② $\frac{27 \times 14}{60 \times 59}$
③ $\frac{27 \times 15}{60 \times 59}$
④ $\frac{27 \times 15 \times 2}{60 \times 59}$
⑤ $\frac{27 \times 15}{60 \times 59 \times 2}$

09 어떤 사격수의 명중률은 3/4이다. 이 사격수가 과녁을 향해 세 발을 연달아 쏠 때, 한 발 이상을 명중시킬 확률은?

① $\dfrac{49}{64}$
② $\dfrac{54}{64}$
③ $\dfrac{58}{64}$
④ $\dfrac{61}{64}$
⑤ $\dfrac{63}{64}$

10 운행 중인 지하철은 앞 차가 간격 조정을 했을 때 뒤에 오는 차가 간격 조정을 할 확률은 $\dfrac{2}{5}$이고, 앞 차가 간격 조정을 하지 않았을 때 뒤에 오는 차도 간격 조정을 하지 않을 확률은 $\dfrac{1}{3}$이라고 한다. 현재 순서대로 선로를 달리는 차량 A, B, C가 있을 때 차량 C가 간격 조정을 할 확률은?(단, 차량 A는 간격 조정을 했다.)

① $\dfrac{9}{25}$
② $\dfrac{11}{25}$
③ $\dfrac{14}{25}$
④ $\dfrac{16}{25}$
⑤ $\dfrac{21}{25}$

정답 및 해설 P. 24~25

에듀윌이
너를
지지할게

ENERGY

벽을 내려치느라 시간을 낭비하지 마라.

그 벽이 문으로 바뀔 수 있도록 노력하라.

– 가브리엘 "코코" 샤넬(Gabrielle "Coco" Chanel)

자료해석의
기본기 익히기

※ 주의: 이 장은 지금까지와는 다른 형식으로 되어 있어서 보시는 분들이 혼란스러울 수도 있는데, 자료해석은 어려운 문제라기보다 빨리 푸는 Skill이 중요한 문제다 보니 Skill을 강조하는 이 장의 경우에는 내용에 최적화된 형태로 만들려다 보니 부득이하게 조금 다른 형식으로 장을 풀어나가게 되었습니다. 양해 부탁드립니다.

4

01

자료해석 문제의 기본 능력 체크

PREVIEW

　자료란 조사한 바를 수치로 주게 된다는 점에서 얼핏 객관적으로 보이지만, 그 자료를 선택해서 보여 준다는 행위 자체에 주장이나 생각하는 바가 담겨져 있다. 그러니까 어떤 자료를 보여 주는 것만으로도 그 자료는 이미 누군가의 주관과 가치가 담겨 있다 할 수 있다. 그래서 일견 객관적이고 사실적으로 보이는 이 통계수치들은 사실은 쓰는 사람에 따라 다른 모습을 가질 수도 있다.

　다음의 두 자료를 보자.

[자료 1]

우리나라 인구의 상위 1%가 전체 개인소유 토지의 절반 이상을 차지하고 있는 등 토지소유 편중 현상이 극심한 것으로 조사됐다. 정부에 따르면 전국 토지소유현황을 조사한 결과, 면적기준으로 작년 말 현재 총인구의 상위 1%인 48만 7천 명이 전체 사유지 5만 6천 661㎢의 51.5%에 해당하는 2만 9천 165㎢를 소유한 것으로 확인됐다. 또 총인구의 상위 5%가 82.7%인 4만 6천 847㎢, 상위 10%가 5만 1천 794㎢인 91.4%를 각각 차지하고 있는 것으로 집계됐다. 총인구 4천 871만 명 중 토지소유자는 28.7%에 해당하는 1천 397만 명이었다.

[자료 2]

정부가 발표한 '토지소유현황' 통계가 실상을 과장한 것으로 드러났다. 정부는 그 자료에서 총인구의 상위 1%가 전체 사유지의 51.5%를 보유하고 있다고 밝혔다. 전체 인구의 28.7%만이 토지를 보유하고 있다고도 했다. 다시 말해 우리 국민의 71.3%, 3천 500만 명이 손바닥만 한 땅도 가지고 있지 않다는 것이었다. 정부 발표가 있자 시민단체들은 즉각 "토지소유의 불평등을 이대로 방치해선 안 된다"라며 목소리를 높였고, 일부 언론들도 이 구호를 함께 복창했다. 우리나라의 가구당 평균 인원은 3.1명이다. 그렇다면 총인구의 28.7%가 토지소유자라는 것은 70% 정도의 국민이 땅을 갖고 있는 가구에 속해 있다는 의미이다. 정부가 말한 것과는 정반대의 결과다.

[자료 1]에서는 우리나라의 토지소유구조가 매우 불평등한 상황이라는 점을 강조하고 있다. 특히 인구 상위 1%가 전체 사유지의 절반 이상을 차지하고 있음과 전체 국민의 28.7%만이 토지소유자임을 강조하여 토지분배가 매우 불평등함을 주장하였다.

[자료 2]에서는 현실적으로 토지소유의 주체가 모든 개인일 수 없으며 가구주 수준이 적합함을 주장하였다. 이에 따라 [자료 1]의 내용 중 국민의 28.7%만이 토지를 소유하고 있다는 보도가 의미가 없다는 결론을 내리고 있다.

[자료 2]에서는 [자료 1]을 비판하였으나, [자료 1]에 제시된 통계결과 중 일부만을 인용하여 비판함으로써 독자들에게 불완전하고 부분적인 정보를 전달하고 있다. 즉, [자료 2]에서 주장하는 현실적인 측정단위인 가구주를 기준으로 [자료 1]의 수치들을 환산하였을 경우에도 토지분배의 불평등성은 여전히 존재한다. 예를 들면 [자료 1]의 면적 기준 토지소유현황에서 상위 5%가 전체 사유지의 82.7%, 상위 10%가 91.4%를 소유하고 있다는 사실을, 가구주 기준으로 환산하여 보면 상위 15% 정도의 국민이 전체 사유지의 82.7%를 소유하고 있는 가구에 속해 있고, 상위 30% 정도의 국민이 전체 사유지의 91.4%를 소유하고 있는 가구에 속해 있다고 추산할 수 있다.

이렇게 [자료 1]과 [자료 2]는 같은 통계조사자료를 통해 상반된 결론을 내리고 있다.

그러니까 결론은 자료는 그것을 쓰는 사람이 어떻게 해석하느냐에 따라 무척 다르게 읽힐 수 있다는 얘기다. 그것은 객관적인 자료라 하더라도 그냥 믿어서는 안 되고 나름의 해석을 할 수 있는 눈이 있어야 한다는 말이다. 그래서 수리능력에 자료해석이라는 부분이 필요한 것이다. 실제로 직장생활을 할 때 늘 마주치는 보고서는 사실 텍스트보다도 자료의 형태로 되어 있는 경우가 더 많고, PT의 자료들도 보통은 구구절절한 텍스트보다는 수치적인 자료로 주어지는 형태가 더 많다. 그러니까 자료를 제대로 읽어내지 못하면 엉뚱한 결론에 도달할 수도 있고, 반대로 자료에 대한 해석을 자유자재로 끌어낼 수 있다면, 자신에게 유리한 대로 상대방을 설득할 수도 있다.

01 통계자료의 이해

우리에게 주어지는 통계자료나 그래프는 여러 가지 형태가 있겠지만, 그 자료에서 읽어야 하는 내용은 몇 개 되지 않는다. 크게 보면 다섯 가지 정도의 패턴이 나타나는 것을 알 수 있다. 이때 분류의 기준은 각 자료의 역할이지, 표·그래프·히스토그램 등의 형태가 아니다.

	자료구분	구체적인 내용
1	상태를 표시하는 자료	주로 한 사회가 처한 '상황'을 보여 주는 유형의 자료들이다. 이 유형의 자료 읽기에서는 그래프나 표의 수치를 정확히 읽는 능력보다 주어진 자료를 보고 '투자환경이 악화되고 있나', '양극화가 심화되고 있다' 정도의 전체적인 이해를 할 수 있는 능력이 요구된다.
2	원인과 결과 추론	단순히 수치만 읽는 것이 아니라, 주어진 통계 자료의 원인과 결과를 추론하는 형태의 문제다. 문제점을 짚어내고, 이 문제점을 야기한 원인, 그리고 문제점이 앞으로 만들어낼 결과 등에 대해 분석해서 보는 연습이 필요하다.
3	두 대상 간의 비교	제시된 비교 대상의 '다른' 포인트가 어디인가 찾는 것이 비교 자료의 핵심이다. 이러한 유형의 자료에서는 두 대상 간에 차이가 나는 이유가 무엇인지, 그리고 그 차이에 대한 결과가 무엇인지 추론하는 것이 중요한 문제가 된다.
4	자료의 해석	수치 자체만으로는 그것이 어떤 의미를 가지는지 알려주진 못한다. 다른 제시문들과의 비교·분석을 통해 주어진 자료가 어떤 제시문의 근거가 되든가 아니면 반증이 되는 등의 어떤 '역할'을 하게 된다.

5	계산의 근거	복잡한 수식과 수치를 제공해서 계산을 수행하게 하는 것보다 표 안에 정리해 놓는 것이 훨씬 깔끔하다. 즉 표에 주어진 수치를 가지고 계산을 하는 문제는 사실 꼭 표로 나올 필요는 없지만 깔끔하기 때문에 표를 사용하는 형태라 할 수 있다. 이러한 계산을 시키는 이유는 선택의 상황에서 어떤 선택을 하는 것이 가장 효율적인가 하는 것을 알기 위해서다. 효율적이라는 것은 최소한의 비용으로 최대한의 효과를 내는 것을 말한다. 그러므로 계산도 중요하지만 그 계산을 바탕으로 합리적인 선택에 도달하는 것이 훨씬 중요하다.

기초예제

다음 다양한 자료에 대한 해석이 있는데 다 잘못된 해석이다. 그것이 왜 잘못되었는지 이유를 밝혀보자.

ex 1 다음 [그래프]는 양복과 코트의 월별 판매량을 나타낸 것이다.

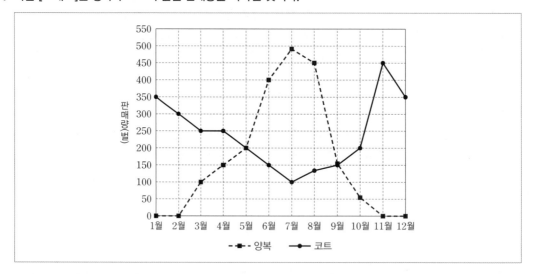

해석 ┃ 일년 중 양복과 코트의 판매량 차이가 가장 많이 나는 달은 7월이다.

ex 2 다음 [그래프]는 학생들의 통학 시간을 나타낸 것이다.

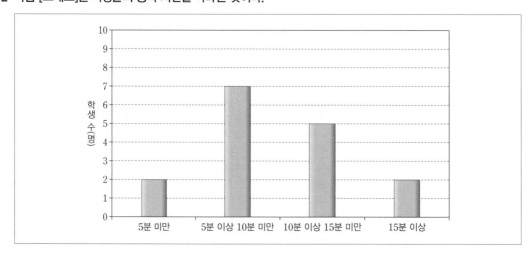

해석 ┃ 통학 시간이 10분 미만인 학생 수는 전체 학생 수의 절반보다 적다.

ex 3 다음 [표]는 어느 도시의 들국화길과 코스모스길에 있는 주택의 수를 나타내고 있다.

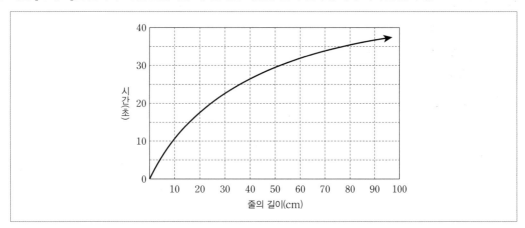

도로명	주택의 수(채)
들국화길	30
코스모스길	21

들국화길	🏠🏠🏠🏠🏠
코스모스길	🏠🏠🏠🏠

> 해석 ┃ 한 개의 🏠이 나타내는 주택의 수는 5채이다.

ex 4 철수는 다음 월간지 중 하나를 골라 24개월분을 신규 구독하려고 한다. 철수는 두 종류의 월간지에 대한 다음과 같은 광고를 읽었다.

> 잡지명: 청소년 생활
> 24개월분
> 처음 4개월은 무료
> 그 후부터는 권당 3,000원

> 잡지명: 청소년 소식
> 24개월분
> 처음 6개월은 무료
> 그 후부터는 권당 3,500원

> 해석 ┃ 24개월 분에 대한 구독료는 '청소년 소식'이 '청소년 생활'보다 더 싸다.

ex 5 다음 [그래프]는 진자가 20번 흔들리는 데 걸리는 시간을 줄의 길이에 따라 나타낸 것이다.

시간(초) / 줄의 길이(cm)

> 해석 ┃ 줄의 길이가 90cm일 때, 진자가 20번 흔들리는 데 걸리는 시간은 30초와 35초 사이이다.

정답 ┃
ex 1 양복과 코트의 월별 판매량 차이는 그래프의 폭으로 알 수 있으므로 11월이 가장 크다.
ex 2 통학 시간이 10분 미만인 경우는 5분 미만과 5분 이상 10분 미만의 합인 9명이고 10분 이상은 7명이다.
ex 3 들국화길의 주택의 수 30채를 집모양 다섯 개로 나타냈으므로 집모양 하나가 주택 6채를 나타낸다.
ex 4 '청소년 생활'은 20개월×3,000원이고 '청소년 소식'은 18개월×3,500원이다. 63,000>60,000이므로 '청소년 생활'이 '청소년 소식'보다 더 싸다.
ex 5 줄의 길이가 90cm일 때 걸리는 시간은 35초와 40초 사이이다.

02 자료읽기 기본 능력 기르기

자료를 읽는다는 것은 결국 자료가 의미하는 바를 파악한다는 의미다. 자료는 숫자로 구성되어 있기 때문에 '자료를 본다'는 것의 의미는 거시적인 차원에서는 숫자의 변화와 차이가 의미하는 바가 무엇인지를 안다는 것이다. 반면 미시적인 차원에서는 숫자들을 그냥이나 사칙연산을 통해 가공한 후 비교해서 차이를 판별하는 것이 미시적인 차원에서 '자료를 본다'는 의미가 된다.

아무래도 자료해석의 문제는 객관식 문제의 특성상 주어진 자료가 거시적인 차원에서 어떤 식의 의미를 가지고 있나를 문제로 내는 것보다는 미시적인 차원에서 수치를 비교하는 문제가 많이 나올 수밖에 없다.

❶ 표의 종류와 읽기

공시적 비교표	다른 요소와의 비교를 하기 위해 쓰이는 표다. 주어진 변수들에 따라 차이가 나는 값을 나열하기 때문에, 데이터의 대소를 비교하기 좋다. '차이'가 핵심이다.
통시적 비교표	시대순으로 변화하는 수치를 추적하기 좋다. 따라서 변하는 추세를 알 수 있다. 가로축이든 세로축이든 한쪽 변수가 연도나 시기로 되어 있다. '변화'가 핵심이다.
매뉴얼로 제시되는 표	주로 계산과 연관되어 제시되는 표로, 구간별로 수치를 제시하는 경우가 많다. 공식이나 조건에서 해당하는 구간을 찾아, 그 구간에서 제시한 수치를 읽어내는 형태로 제시되는 표다.

❷ 그래프의 종류와 읽기

막대그래프	양을 나타낼 때, 비교할 수 있는 항목별 크기를 나타낼 때 이용
꺾은선그래프	시간과 더불어 변하는 데이터. 연도별 증가 또는 감소 추이를 그림으로 나타내는 경우
원그래프	비교하는 자료의 수를 백분율로 나타내서 비교할 때. 구성 성분의 대소를 한눈에 비교하고 싶은 경우
띠그래프	구분된 각 분야별로 비율을 띠모양으로 나타낸 그래프. 특히 같은 종류를 구성하는 자료를 구분하여 비율로 나타내서 자료를 비교하는 데는 원그래프보다 더욱 시각적이다.

❸ 각 표나 그래프는 특성에 맞게 강조점이 다를 수 있다.

구분	구성	항목	시간적 추이	도수 분포	상관성
원					
가로막대					
세로막대					
꺾은선					
점					

CHAPTER 02

자료의 종류에 따른 문제의 유형

01 공시적 비교표

시간적인 변수 없이, 서로 다른 요소들 간의 차이를 비교하는 표다. 그래서 수치를 읽어내야 할 때 변화에 대한 이야기보다는 차이에 대한 이야기가 나올 수밖에 없다. 그래서 가장 중요한 키워드는 '차이'다. 주로 두 요소와의 차이, 총합, 구성비, 비중 등을 계산하여 비교하는 경우가 많다.

다음 [표]는 A시 주철 수도관의 파손원인별 파손 건수에 대한 자료이다. 이에 대한 설명으로 옳지 <u>않은</u> 것은?

[표] A시 주철 수도관의 파손원인별 파손 건수   (단위: 건)

파손원인	주철 수도관 유형		합계
	회주철	덕타일주철	
시설노후	105	71	176
부분 부식	1	10	11
수격압	51	98	149
외부충격	83	17	100
자연재해	1	1	2
재질불량	6	3	9
타공사	43	22	65
부실시공	1	4	5
보수과정 실수	43	6	49
합계	334	232	566

※ 파손원인의 중복은 없음.

134   NCS, 59초의 기술: 수리능력

① 덕타일주철 수도관의 파손 건수가 50건 이상인 파손원인은 2가지이다.

② 회주철 수도관의 총파손 건수가 덕타일주철 수도관의 총파손 건수보다 많다.

③ 주철 수도관의 파손원인별 파손 건수에서 '자연재해' 파손 건수가 가장 적다.

④ 주철 수도관의 '시설노후' 파손 건수가 주철 수도관의 총파손 건수에서 차지하는 비율은 30% 이상이다.

⑤ 회주철 수도관의 '보수과정 실수' 파손 건수가 회주철 수도관의 총파손 건수에서 차지하는 비율은 10% 미만이다.

정답 | ⑤

해설 |

① 덕타일주철 수도관의 파손 건수가 50건 이상인 파손 원인은 시설노후와 수격압으로 2가지다.

② 회주철 수도관의 총파손 건수는 334건으로 덕타일주철 수도관의 총파손 건수인 232건보다 많다.

③ 합계를 보면 되는데, 자연재해가 2건으로 가장 적다.

④ 시설노후에 의한 것은 176건으로 총파손 건수 566에 비하면 31.1% 정도다. 30% 이상이 된다.

⑤ '보수과정 실수' 파손 건수는 43건이고, 회주철 수도관의 총파손 건수는 334건으로 10% 이상이 된다.(선택지에서 지칭하는 것이 주철수도관 전체가 아니라 회주철 수도관이라는 것에 주의하자.)

02 통시적 비교표(연도순)

시간순, 연도의 차이를 보여 주는 표로, 한쪽 변수가 시간이 된다. 연도별, 월별 변화에 대한 이야기가 주로 나오기 때문에 이때 가장 중요한 키워드는 '변화'가 된다. 그래서 변화량, 변화율, 증가/감소율 등을 계산하여 문제를 해결할 때가 많다.

다음 [표]는 2000~2007년 7개 도시 실질 성장률에 대한 자료이다. 이에 대한 설명으로 옳은 것은?

[표] 7개 도시 실질 성장률

(단위: %)

연도 도시	2000년	2001년	2002년	2003년	2004년	2005년	2006년	2007년
서울	9.0	3.4	8.0	1.3	1.0	2.2	4.3	4.4
부산	5.3	7.9	6.7	4.8	0.6	3.0	3.4	4.6
대구	7.4	1.0	4.4	2.6	3.2	0.6	3.9	7.4
인천	6.8	4.9	10.7	2.4	3.8	3.7	6.8	7.4
광주	10.1	3.4	9.5	1.6	1.5	6.5	6.5	3.7
대전	9.1	4.6	8.1	7.4	1.6	2.6	3.4	3.2
울산	8.5	0.5	15.8	2.6	4.3	4.6	1.9	4.6

① 2004년과 2005년 실질 성장률이 가장 높은 도시는 동일하다.

② 2001년 각 도시의 실질 성장률은 2000년에 비해 감소하였다.

③ 2005년 서울, 부산, 광주의 실질 성장률은 각각 2004년의 2배 이상이다.

④ 2002년 대비 2003년 실질 성장률이 5%p 이상 감소한 도시는 모두 3개이다.

⑤ 2000년 실질 성장률이 가장 높은 도시가 2007년에는 실질 성장률이 가장 낮았다.

정답 | ③

해설 |

① 2004년은 울산, 2005년은 광주다.

② 다 감소하였지만 부산은 5.3 → 7.9로 증가하였다.

③ 서울(1.0 → 2.2), 부산(0.6 → 3.0), 광주(1.5 → 6.5)로 2배 이상이다.

④ 5%p 이상 감소한 도시는 서울(8.0 → 1.3), 인천(10.7 → 2.4), 광주(9.5 → 1.6), 울산(15.8 → 2.6)으로 4개 도시이다.

⑤ 2000년 실질 성장률이 가장 높은 도시는 광주다. 2007년 실질 성장률이 가장 낮은 도시는 대전으로 일치하지 않는다.

03 매뉴얼로 제시되는 표

계산형 문제에서 주로 나오는 표의 형태로, 인덱스 역할을 하는 표다. 구간별로 적용변수가 다를 때, 표에서 해당 구간이나 조건을 찾아 그 수치를 읽어서 공식이나 조건에 적용하는 식이다.

다음 [표]는 법령에 근거한 신고자 보상금 지급기준과 신고자별 보상대상가액 사례이다. 이에 대한 [보기]의 설명 중 옳은 것을 모두 고르면?

[표 1] 신고자 보상금 지급기준

보상대상가액	지급기준
1억 원 이하	보상대상가액의 10%
1억 원 초과 5억 원 이하	1천만 원+1억 원 초과금액의 7%
5억 원 초과 20억 원 이하	3천 8백만 원+5억 원 초과금액의 5%
20억 원 초과 40억 원 이하	1억 1천 3백만 원+20억 원 초과금액의 3%
40억 원 초과	1억 7천 3백만 원+40억 원 초과금액의 2%

※ 1) 보상금 지급은 보상대상가액의 총액을 기준으로 함.

  2) 공직자가 자기 직무와 관련하여 신고한 경우에는 보상금의 100분의 50 범위 안에서 감액할 수 있음.

[표 2] 신고자별 보상대상가액 사례

신고자	공직자 여부	보상대상가액
A	예	8억 원
B	예	21억 원
C	예	4억 원
D	아니요	6억 원
E	아니요	2억 원

─────── 보기 ───────

ㄱ. A가 받을 수 있는 최대보상금액은 E가 받을 수 있는 최대보상금액의 3배 이상이다.

ㄴ. B가 받을 수 있는 최대보상금액과 최소보상금액의 차이는 6,000만 원 이상이다.

ㄷ. C가 받을 수 있는 보상금액이 5명의 신고자 가운데 가장 적을 수 있다.

ㄹ. B가 받을 수 있는 최대보상금액은 다른 4명의 신고자가 받을 수 있는 최소보상금액의 합계보다 적다.

① ㄱ, ㄴ   ② ㄱ, ㄷ   ③ ㄱ, ㄹ   ④ ㄴ, ㄷ   ⑤ ㄴ, ㄹ

정답 | ②

해설 |

ㄱ. A의 최대보상금은 3.8+1.5=5.3이고 E의 최대보상금은 1+0.7=1.7. 따라서 5.3은 1.7의 3배인 5.1을 넘으므로 옳은 내용이다.

ㄴ. B의 최대보상금은 11.3+0.3=11.6이고 공직자가 직무관련 신고한 경우 50%까지 감액할 수 있으므로 최소보상금은 5.8. 따라서 차이가 6보다 작으므로 옳지 않은 내용이다.

ㄷ. C의 최대보상금은 1+2.1=3.1이고 공직자이므로 50%까지 감액 가능하여 최소보상금은 1.55. 가장 보상금액이 적어보이는 E와 비교할 때 E의 보상금은 1.70이므로(감액 없음) C의 보상금액이 더 적을 수 있다.

ㄹ. B의 최대보상금은 11.6이고 다른 4명의 최소보상금의 합계는 A+C+D+E=2.65+1.55+4.3+1.7=10.20이므로 B의 최대보상금액이 더 많다.

04 막대그래프

막대그래프를 가지고 비교하게 되면 아무래도 가장 눈에 띄게 되는 것은 차이다. 그러니까 막대그래프를 쓸 때는 차이에 대한 감각을 부각시키고 싶을 때라고 보면 된다. 그래서 막대그래프는 자주 쓰이긴 하는데, 막대그래프만 가지고 쓰게 되면 문제가 상당히 단순해지는 경향이 있어서 보통 다른 자료와 같이 쓰이는 경향이 많은 것이 막대그래프다.

아니면 막대그래프는 구간별로 나눠서, 구성성분에 대해서 표시하며 활용하는 방법으로도 쓰이게 된다.

다음 [그래프]는 2006~2010년 A~D국의 특허 및 상표출원 건수에 대한 자료이다. 이에 대한 [보기]의 설명을 이용하여 A~D에 해당하는 국가를 바르게 나열한 것은?

[그래프 1] 연도별·국가별 특허출원 건수

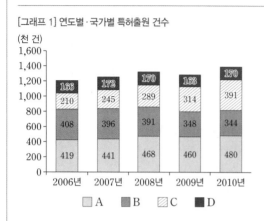

[그래프 2] 연도별·국가별 상표출원 건수

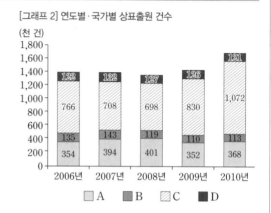

|보기|

○ 2006년 대비 2010년 특허출원 건수 증가율이 가장 높은 국가는 중국이다.

○ 2007년 대비 2010년 상표출원 건수가 가장 큰 폭으로 감소한 국가는 일본이다.

○ 2007년 이후 한국의 상표출원 건수는 매년 감소하였다.

○ 2010년 상표출원 건수는 미국이 일본보다 10만 건 이상 많다.

	A	B	C	D
①	한국	일본	중국	미국
②	미국	일본	중국	한국
③	중국	한국	미국	일본
④	중국	미국	한국	일본
⑤	미국	중국	일본	한국

정답 | ②

해설 |

○ 2006년 대비 2010년 특허출원 건수 증가율은

A: $\frac{480-419}{419} \times 100 = 14.56\%$, B: $\frac{344-408}{408} \times 100 = -15.69\%$

C: $\frac{391-210}{210} \times 100 = 86.19\%$, D: $\frac{170-166}{166} \times 100 = 2.41\%$

그러므로 C가 중국이 된다.

○ 2007년 대비 2010년 상표출원 건수가 감소한 국가는 D와 B이다.

B: 113-143=-30, D: 121-132=-11

그러므로 B가 일본이 된다.

○ 상표출원 건수의 증감을 보면

A: 2008, 2010년에 증가

D: 계속 감소

그러므로 D가 한국이 된다.

꺾은선그래프

꺾은선그래프는 추세를 볼 때 가장 유리하다. 그래서 연도별로 변화하는 양을 추적할 때 가장 유용하게 나오는 그래프가 된다. 전반적으로 올라가는 추세라든가, 내려가는 추세 같은 것을 확인할 때 유용한 그래프인 만큼, 변수의 변화 방향에 대한 문제가 나오기 쉽다. 변화 방향에 주의해서 보면 되는 쉬운 그래프이긴 한데, 그래프의 성격이 워낙 쉽고 직관적인 만큼 쉬운 문제에서는 꺾은선그래프만 가지고 나올 수도 있지만, 보통은 다른 그래프나 표와 같이 제시되는 경향이 있어서 문제가 간단하지만은 않을 것이다.

다음 [그래프]는 어느 도시의 미혼남과 미혼녀의 인원수 추이 및 미혼남녀의 직업별 분포를 나타낸 자료이다. 이에 대한 설명으로 옳지 않은 것은?

[그래프 1] 2001~2007년 미혼남과 미혼녀의 인원수 추이   [그래프 2] 2007년 미혼남녀의 직업별 분포

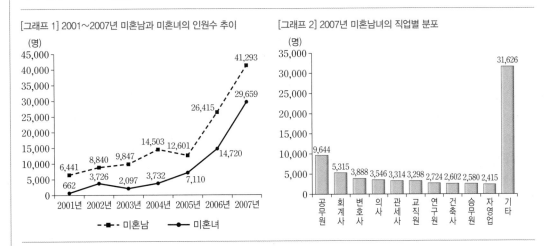

① 2004년 이후 미혼녀 인원수는 매년 증가하였다.
② 2007년 미혼녀 인원수는 2006년의 2배 이상이다.
③ 2007년 미혼녀와 미혼남의 인원수 차이는 2006년의 2배 이상이다.
④ 2007년 미혼남녀의 직업별 분포에서 공무원 수는 변호사 수의 2배 이상이다.
⑤ 2007년 미혼남녀의 직업별 분포에서 회계사 수는 승무원 수의 2배 이상이다.

정답 | ③

해설 |
① 꺾은선그래프가 3,732, 7,110, 14,720, 29,659로 계속 증가하고 있다.
② 14,720의 2배는 29,440으로, 29,659니까 2배가 아주 약간 넘는 셈이다.
③ 2006년은 (26,415−14,720=11,695)이고 2007년은 (41,293−29,659=11,634)이니까 거의 비슷하다. 꺾은선그래프를 봐도 미혼남과 미혼녀 차이의 폭이 거의 비슷하다.
④ 공무원은 9,644로 변호사 3,888의 2배 이상이다.
⑤ 회계사는 5,315로 승무원 2,580의 2배 이상이다.

자료해석
59초 안에 끝내는
기적의 계산법

계산 Skill의 목표는 가능한 한 빠른 시간 안에 계산을 완수하는 것이고, 그 핵심은 가능한 한 손으로 쓰지 않고 머릿속으로 계산하는 것이다. 결국 암산의 기술이 필요한데 어릴 때 주산·암산 학원이라도 다니지 않은 이상, 사실 이것을 제대로 해낼 수 있는 사람이 있을 리 만무하다.

자료해석의 핵심 Skill의 하나는 이 암산의 Skill을 정확히 익히고 적용해서, 실전에서 문제풀이 시간을 반으로 줄이는 것이다. 계산만 빨리 되고, 중간에 번호 선택에서의 에디팅 기술 같은 것들이 적절하게 발휘되면, 꽤 긴 자료해석 문제인데도 59초 만에 푸는 Skill이 완성될 수 있다.

자료해석의 계산이라는 것이 사인함수나 극한, 루트 같은 것이 아니라 단순한 사칙연산이라는 것은 매우 다행한 일이다. 결국 우리가 익힐 것은 사칙연산을 빨리 수행하는 것이니까 말이다.

01 더하기 계산

1 개별 숫자들을 더하기 → MZ법(Making Zero)

○ 십의 자리 더하기

한쪽을 +나 −를 통하여 0으로 끝나는 수로 만들고 더하기를 편하게 수행한다. 단, 끝자리 두 수를 합해도 0이 안 넘으면 그냥 일의 자리와 십의 자리를 따로 수행하면 된다.

$$24+58 \longrightarrow (58+2)+(24-2) \longrightarrow 82$$
$$\qquad\qquad\qquad 60 \qquad\quad 22$$

$$27+36 \longrightarrow (27+3)+(36-3) \longrightarrow 63$$
$$\qquad\qquad\qquad 30 \qquad\quad 33$$

$$88+79 \longrightarrow (79+1)+(88-1) \longrightarrow 167$$
$$\qquad\qquad\quad 80 \qquad\ 87$$

일의 자리가 합해서 십의 자리로 올라가지 않을 때는 일의 자리와 십의 자리를 따로 계산하는 방법을 쓴다.

$$72+67 \longrightarrow 7\underset{\underset{9}{\llcorner\quad\lrcorner}}{\overset{\overset{13}{\ulcorner\quad\urcorner}}{\mid 2+6\mid}} 7 \longrightarrow 139$$

$$26+82 \longrightarrow 2\underset{\underset{8}{\llcorner\quad\lrcorner}}{\overset{\overset{10}{\ulcorner\quad\urcorner}}{\mid 6+8\mid}} 2 \longrightarrow 108$$

세 숫자에 응용해 보면 다음과 같다. 이때는 숫자가 많아진 만큼 편의상 계산의 순서를 조금씩 바꾸는 것이 좋다. +해서 0이 되는 것들을 앞으로 빼고, 그 숫자들에 맞게 −를 해야 하는 수를 뒤로 놓으면 일목요연하게 정리되기 때문이다. +와 −가 교차되는 것이 헷갈리면 일괄적으로 +만 하는 것도 괜찮다. 자신에게 조금 더 맞는 방법으로 연습하면 된다.

네 숫자 이상이면 두 개씩 묶거나 세 개씩 묶어서 단위별로 처리하고, 그것들을 다시 계산하는 형태로 풀어나가면 지금까지 연습한 것과 크게 다르지 않게 된다. 이때 주의할 것은 단위를 어떻게 묶느냐에 따라 계산 시간이 훨씬 더 짧아질 수도 있기 때문에 처음 숫자를 선택할 때 가능한 한 0이 되거나 계산이 간단한 것끼리 묶는 연습을 해야 한다.

$$52+67+83+95 = 67+83+52+95 \longrightarrow (67+3)+(83-3)+52+95 = 70+80+147 = 297$$
$$56+98+47+13 = 47+13+98+56 \longrightarrow (47+3)+(13-3)+(98+2)+(56-2) = 50+10+100+54 = 214$$

○ 합해서 100의 자리 이상 숫자가 되는 경우

$$46+27+89 \longrightarrow (89+1)+(27+3)+(46-4) \longrightarrow 162$$
$$\qquad\qquad\qquad\quad 90 \qquad 30 \qquad 42$$

$$28+43+62 \longrightarrow (28+2)+(62-2)+43 \longrightarrow 133$$
$$\qquad\qquad\qquad\quad 30 \qquad 60 \quad\ 43$$

$$99+57+78 \longrightarrow (99+1)+(78+2)+(57-3) \longrightarrow 234$$
$$\qquad\qquad\qquad\quad 100 \qquad 80 \qquad 54$$

$$22+53+69 \longrightarrow (69+1)+(22-2)+(53+1) \longrightarrow 144$$
$$\qquad\qquad\qquad\quad 70 \qquad 20 \qquad 54$$
$$\text{or}$$
$$(69+1)+(22-1)+53 \longrightarrow 144$$
$$\qquad 70 \qquad 21 \quad\ 53$$

두 자리 단위로 구분해서 따로 계산을 수행한다. 두 자리 이상으로 분류하게 되면 앞서 연습했던 것과 같은 문제인데, 최종적으로 두 단위의 숫자를 합해서 표기하는 것만 한 번 더 수행하면 되는 문제가 된다. 분절된 단위에서 합을 했더니 두 자리를 넘어가서 세 자리가 돼버리면 그건 앞 단위 쪽으로 넘겨서 +1을 해주면 된다.

그런데 이 방법은 숫자가 너무 크면 이렇게 분절해서 하는 계산도 복잡해지면서 그냥 일반적인 +수행방법이나 시간 면에서 큰 차이가 안날 때도 있다. 물론 이 계산법이 익숙해지면 역시 분절하는 방법이 더 빠르기 때문에 부지런히 연습해서 분절하는 방법에 익숙해지든가, 아니면 아예 일정한 기준을 정해서 복잡해지면 그냥 일반적인 더하기 방법을 적용하겠다고 스스로 문제풀이의 규칙을 정해 놓아도 좋다. 분절계산에 익숙하지 않은 초보자들은 보통 1,000단위 이상, 10,000 이상으로 올라가 버리면 그냥 계산하는 게 나을 수도 있다.

$$164+988 \longrightarrow 1\underset{\underset{(88+2)+(64-2)=152}{\llcorner\qquad\lrcorner}}{\overset{\overset{10}{\ulcorner\quad\urcorner}}{\mid 64+9\mid}} 88 \longrightarrow \begin{matrix}10\\ 1\end{matrix}\Big|52 \longrightarrow 1,152$$

$$2,579+357 \longrightarrow 25 \mid \overset{\overset{28}{\frown}}{79+3} \mid 57 \longrightarrow \overset{28}{1} \bigg|_{36} \longrightarrow 2,936$$

$$(79+1)+(57-1)=136$$

$$236,258+249,783 \longrightarrow 23 \mid 62 \mid \overset{\overset{159}{\frown}}{58+24} \mid 97 \mid 83 \longrightarrow \overset{47}{1} \bigg| 59 \bigg|_{1 \mid 41}^{47} \longrightarrow 486,041$$

$$(58+2)+(83-2)=141$$

2 나열된 숫자들을 더하기 → 가우스의 방법

가우스에 얽힌 유명한 이야기가 있다. 1부터 100까지 다 합하라는 선생님의 요구에 1과 100, 2와 99, 3과 98을 짝지어서 101로 만들고 그런 짝들이 50개 있으니까, 결국 101×50이 되면서 5,050이라는 합을 비교적 쉽게 도출해 내었다는 이야기다.

나열된 숫자들을 다 더해야 하는 미션에는 가우스의 방법이 아주 유용하다.

○ **일의 자리**

일의 자리를 계산할 때는 가우스의 방법과 그리고 적절한 곱셈도 필요하다. 아무래도 같은 숫자가 반복될 확률이 높으니 같은 숫자들은 묶어서 곱해서 처리하는 것이 효과적이다.

5, 7, ⑨③, ①④, ⑥⑦, ②⑤, ⑤, 6, 7, ⑧

$$50+(\underset{20}{\underline{5+7+6+7}})=75$$

⑦②, ⑨③, ⑦③, ⑤, 6, ⑧①, 6, 3, 1, 8, ⑤

$$50+(\underset{20}{\underline{6+6+3+1+8}})=74$$

○ **십의 자리**

일의 자리와 십의 자리를 나눠서 처리한다. 앞에서 연습했던 일의 자리 합하기를 두 번 처리한다고 생각하면 된다.

②④, ③②, ④⑤, ⑥⑦, ②⑤, ③⑤, 54, 68, ⑦②, ③⑤, 96

십의 자리: $30+(5+6+9)=50$

일의 자리: $40+(4+7+2)=53$

$$\begin{array}{r} 50 \\ 53 \\ \hline \end{array} \longrightarrow 553$$

34, ②⑧, ③②, ⑥⑤, ②⑤, ⑦⑧, ③③, ⑦④, ②⑥, 54, ⑧⑨

십의 자리: $40+(3+5)=48$

일의 자리: $30+(4+8+3+4+9)=58$

$$\begin{array}{r} 48 \\ 58 \\ \hline \end{array} \longrightarrow 538$$

○ **평균계산에 응용하기**

일의 자리를 다 더하는 미션이나 십의 자리를 다 더해야 하는 미션은 보통 평균 같은 것을 구할 때 많이 나온다. 다 더한 후 개수로 나눠서 평균을 구하는 식의 계산에서 많이 쓰이는 것인데, 사실 평균문제를 풀 때는 더 효과적인 방법이 있다. 평균은 아무래도 비슷한 숫자가 있다 보니 차감법을 이용하는 것이 조금 더 시간을 줄일 수 있을 때가 많다.

차감법은 나열된 숫자들을 대충 본 후에 임의로 평균을 정하고 주어진 숫자와 자신이 임의로 정한 숫자 사이의 차이를 계산해서 그 숫자의 평균을 구해, 기준으로 잡은 숫자와 합산하여 평균을 구하는 방법이다.

다음 숫자들의 평균은?

7, 7, 8, 7, 9, 7, 6, 9, 8, 7, 8, 7
7을 기준: 0 0 +1 0 +2 0 -1 +2 +1 0 +1 0 = +6
　　　　　+6/12=0.5, 최종적으로 7.5

3, 5, 7, 2, 5, 9, 6, 5, 6, 6, 7, 3
6을 기준: -3 -1 +1 -4 -1 +3 0 -1 0 0 +1 -3=-8
　　　　　-8/12≒-0.67, 최종적으로 5.33

23, 24, 26, 30, 24, 21, 19, 27
24를 기준: -1 0 +2 +6 0 -3 -5 +3= +2
　　　　　+2/8=0.25, 최종적으로 24.25

82, 78, 85, 87, 92, 95, 76, 84
84를 기준: -2 -6 +1 +3 +8 +11 -8 0=7
　　　　　+7/8=0.875, 최종적으로 84.875

이 평균차감법은 실제 문제에서 더 유용할 때가 많다. 선택지에서 '평균이 몇 점이다'라고 한 것과 비교를 해야 한다면, 간단한 차감법만으로도 대략의 셈은 나오기 때문이다.

3 총합 비교하기 → 건건이 비교

사실 숫자를 합하라는 미션은 그 자체로 주어지기보다는 주로 표에서 수치들의 합 중 어느 것이 크냐는 식으로 주어질 경우가 많다. 그런 경우에는 그 수치들을 다 합해서 찾아가는 것보다는 숫자들을 건건으로 비교해서 대강의 합과 차의 양을 짐작하고 어느 쪽이 크다, 작다를 판단하는 것이 훨씬 효과적이다.

다음 A와 B의 총합을 비교하라는 미션이 주어지면 이 수치들을 다 합해서 총합을 비교해야 한다.

구분	A	B
가	29	32
나	45	25
다	56	65
라	36	32
마	13	35
바	50	48
사	36	55
아	62	58
자	67	81

총합을 계산해 보면 A는 394가 되고 B는 431이 된다. 그런데 선택지에 이런 계산이 나오면 'A의 총합은 B의 총합보다 크다' 이런 진술이 맞는지 틀리는지를 비교하는 정도의 진술이 나온다. 그렇다면 이 수치들을 다 통합해서 계산해서 비교하지 말고 건건이 비교를 하면 항목별로 어느 정도 크고 작은지만 비교하면 조금은 빨리 판단이 설 수 있다.

다음과 같이 A든 B든 한쪽을 기준으로 +의 값을 체크한다. 기준이 되는 쪽이 크면 +, 반대쪽이 크면 −로 놓고 어느 쪽이 어느 정도 큰지 계산한다. 사실 아래처럼 정확한 수치를 계산할 필요도 없고 대강 어느 정도 큰지 가늠할 정도만 되도 문제가 풀릴 때가 많다.

구분	A		B	
가	29	<	32	3
나	45	>	25	−20
다	56	<	65	9
라	36	>	32	−4
마	13	<	35	22
바	50	>	48	−2
사	36	<	55	19
아	62	>	58	−4
자	67	<	81	+14

대강의 수치를 비교해 보면 B가 조금 더 크다는 것을 알 수 있다.

02 빼기 계산

1 개별 숫자들을 빼기 → -MZ법(-Making Zero)

한 쪽 숫자를 0으로 만들어 줘서 계산하기 편하게 하는 방법을 조금 응용해서 −에 적용하면 비교적 쉽게 계산이 가능하다. +에서는 한쪽 항에 a를 더했다면 다른 항에서는 a를 빼는 식으로 해야 균형이 맞는데, −에서는 한쪽 항에 a를 더하면 다른 쪽도 a를 더해야 숫자의 간격이 유지된다는 점이 다르다. 또 하나 주의할 것은 +의 경우에는 어떤 숫자든지 0을 만들어 주기 편한 숫자를 선택해서 그것을 0단위로 만들고, 나머지를 계산하는 식이었다면, 빼기에서는 아무래도 뒤의 숫자를 0으로 만들어 주는 것이 계산이 편하다.

$64-27 \longrightarrow (64+3)-(27+3) \longrightarrow 67-30 \longrightarrow 37$

$75-58 \longrightarrow (75+2)-(58+2) \longrightarrow 77-60 \longrightarrow 17$

$74-49 \longrightarrow (74+1)-(49+1) \longrightarrow 75-50 \longrightarrow 25$

2 개별 숫자들을 빼기 → 중간 수 찾기

그런데 아무래도 MZ법은 +일 때에 비해서 불편한 것이 사실이다. 특히 100의 자리 이상으로 올라가버리면 그다지 크게 시간이 절약되는 효과도 없다. 그래서 빼기에서는 보다 효과적인 방법으로 '중간 수 찾기' 방법을 추천한다. 이 방법은 빼기에 폭넓게 적용되기 때문에 이 방법만 잘 익히면 빼기는 빠르게 구할 수 있다.

빼기의 두 수 사이 위치한 중간 수를 임의로 설정해서 각 개별 수와 중간 수의 차이를 구해 그것을 더하는 식으로 문제를 해결한다. 이때 주의할 것은 중간 수를 − 부호 뒤에 위치한 수에 얼마를 더해 0 단위로 떨어지는 수로 구하는 것이 핵심이다.

예를 들어 53−26이라고 하면 26에서 +4만 더하면 30이기 때문에 30을 중간 수로 설정한다. 그리고 53과 30의 차이는 23으로 금방 구할 수 있다. 그렇다면 53과 26의 차이는 이들 숫자가 30과 가진 거리, 그러니까 23과 4의 합으로 구할 수 있다. 27이 된다.

이 방법의 장점은 십의 자리뿐 아니라 백의 자리 이상에서도 똑같은 방법으로 일률적으로 적용할 수 있다는 것이다. 742−188은 중간 수 200을 상정하고 742와 200의 차 542와 200과 188의 차 12의 합으로 구할 수 있다. 554가 된다.

65−38

$$25 \underset{65}{\overset{40}{\rceil}} \underset{38}{\overset{}{\lceil}} 2 \longrightarrow 25+2 \longrightarrow 27$$

52 − 27

$$22 \underset{52}{\overset{30}{\rceil}} \underset{27}{\overset{}{\lceil}} 3 \longrightarrow 22+3 \longrightarrow 25$$

312 − 274

$$12 \underset{312}{\overset{300}{\rceil}} \underset{274}{\overset{}{\lceil}} 26 \longrightarrow 12+26 \longrightarrow 38$$

763 − 289

$$463 \underset{763}{\overset{300}{\rceil}} \underset{289}{\overset{}{\lceil}} 11 \longrightarrow 463+11 \longrightarrow 474$$

2,353 − 1,788

$$353 \underset{2353}{\overset{2000}{\rceil}} \underset{1788}{\overset{}{\lceil}} 212 \longrightarrow 353+212 \longrightarrow 565$$

3,524 − 2,686

$$524 \underset{3524}{\overset{3000}{\rceil}} \underset{2686}{\overset{}{\lceil}} 314 \longrightarrow 524+314 \longrightarrow 838$$

12,642 − 11,798

$$642 \underset{12642}{\overset{12000}{\rceil}} \underset{11798}{\overset{}{\lceil}} 202 \longrightarrow 642+202 \longrightarrow 844$$

25,527 − 23,769

$$1527 \underset{25527}{\overset{24000}{\rceil}} \underset{23769}{\overset{}{\lceil}} 231 \longrightarrow 1,527+231 \longrightarrow 1,758$$

03 곱하기 계산법

1 트라첸버그법

사칙연산을 Skill적으로 수행할 때 기본이 되는 것은 천재 유대인 수학자라 일컬어지는 야곱 트라첸버그의 계산법이다. 자신만의 계산법이니 뭐니 하면서 책이나 강의를 통해 독특함을 주장하는 사람들이 일부 있는데 사실 알고 보면 전부 트라첸버그의 계산법을 조금 도식만 다르게 해서 푸는 것이지, 기본적으로는 다 이 계산법하에서 나온 것이다.

○ 두 자리×두 자리 (AB×CD의 형태)

1단계 | 먼저 B×D를 해서 그 결과를 일의 자리에 둔다. 십의 자리에 1올림이 들어간다면 그것도 표시한다.

2단계 | A×D와 B×C를 수행한 다음에 이 두 결과를 더한다. 그리고 그것을 결과의 십의 자리에 넣는다. 1단계에서 1올림을 한 것이 있다면 계산에 포함한다.

3단계 | A×C를 수행하고 그것을 백의 자리에 넣고, 2단계에서 올림한 1이 있다면 계산에 포함한다.

예를 들어 아래와 같은 숫자를 생각해 보자.

24×13

3단계: 2 ⌐─┐ 1단계: 12
24 × 13
└ 4 ┘
6
2단계: 10

$\longrightarrow$

	1	2
1	0	
2		
3	1	2

65×37

3단계: 18 ⌐───┐ 1단계: 35
65 × 37
└ 15 ┘
42
2단계: 57

$\longrightarrow$

		3	5
	5	7	
1	8		
2	4	0	5

○ 세 자리 이상×두 자리 (ABC×DE의 형태)

1단계 | 먼저 BC와 DE라고 나누어서 생각한다. C×E를 해서 그 결과를 일의 자리에 둔다. 십의 자리에 1올림이 들어간다면 그것도 표시한다.

2단계 | B×E와 C×D를 수행한 다음에 이 두 결과를 더한다. 그리고 그것의 결과를 십의 자리에 넣는다. 1단계에서 1올림을 한 것이 있다면 계산에 포함한다.

3단계 | 이제 AB와 DE로 나누어서 생각하는데, 앞의 1단계는 생략하고 2단계를 반복한다. 백의 자리를 기본으로 해서 적는다. A×E와 B×D를 수행한 다음에 이 결과를 더한다. 2단계에서 올라온 올림이 있다면 같이 더한다.

4단계 | A×D를 수행하고 그것을 천의 자리에 넣고, 3단계에서 올림한 1이 있다면 계산에 포함한다.

312×14

1) 312 ⌐───┐ 1단계: 8
× 14
└ 2 ┘
4
2단계: 6

$\longrightarrow$ 6 | 8

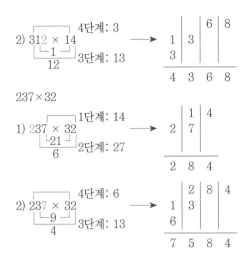

곱하는 수가 세 자리 이상이 되고, 전반적으로 큰 수들이 되면 이런 방법들을 조금 응용해서 하게 되는데, 이 정도 되면 단계도 많아지고 복잡해져서, 차라리 그냥 곱셈을 수행하는 것이 훨씬 나은 선택이 된다. 명심할 것은 우리가 이런 계산법을 익히는 것은 시간을 절약하기 위해서지 신기한 방법을 증명하기 위한 것이 아니다. 앞에서 설명한 것보다 더 복잡한 계산법이 나오면 그냥 곱셈을 수행하는 것이 낫다.

이외에도 트라첸버그는 UT법 같은 것을 만들어 내기도 했는데, 그 역시 마찬가지로 아주 익숙한 사람이 아니면 그냥 곱셈을 수행하는 것이 나을 것이다. 그래서 트라첸버그의 계산법이 더 궁금한 사람은 〈수학선생님도 몰래 보는 스피드 계산법〉이라는 이름으로 출판된 트라첸버그의 계산법을 소개하는 책을 참고하기로 하고, 시험을 위한 계산을 할 때 트라첸버그를 소환하는 것은 이쯤으로 하자. 사실 나 자신은 실전에서 이것보다 훨씬 효과적인 방법은 다음에 소개하는 어림곱셈법이라고 생각하고 있다.

2 어림곱셈법

자료해석에서는 정확한 곱셈을 수행해서 일의 자리까지 수치가 명확하게 나오는 것보다는, 대강 어떤 수치가 큰지, 선택지에서 얘기한 수치가 비슷하게 맞는지 정도만 판단하면 될 때가 많다. 문제들이 선택지의 진위여부를 판단하는 경우가 대부분이기 때문이다. 그래서 자료해석을 풀어가는 아주 현실적인 경험치가 합해져서 다듬어진 실전적이면서도 단순화된 어림곱셈법이 더 효과적일 때가 많다.

어림곱셈법은 여러 곱셈의 방법 중에서도 조금은 다른 독특한 방법이다. 이것은 ( )를 이용한 계산법으로, 숫자에 따라 잘 먹히는 숫자가 있고, 시간이 걸리는 숫자가 있다. 하지만 계속적인 곱하기 훈련으로 빠른 시간 안에 할 수 있는 계산법이기도 하다.

기본적으로는 곱하는 데 사용되는 두 수 중에 하나를 십의 자리와 일의 자리로 나눠서 각각 앞 수와 곱하는 것을 따로 수행한 다음에 그것을 합하는 방법이다. 예를 들어 다음과 같은 수를 생각해보자.

$34 \times 11 \longrightarrow 34 \times (10+1) \longrightarrow 340+34 = 374$

사실 11에 대한 계산법은 트라첸버그도 제일 앞에 언급하는 방법이기도 하고, 굉장히 신기한 듯이 여러 책이나 인터넷에 떠돌기도 하는데 그것보다는 이렇게 ( )로 생각하는 것이 훨씬 간단하다. 11이나 111이나 이런 류의 숫자가 어림산법에는 훨씬 더 잘 적용되기도 하니까 말이다. 그 외 다른 숫자들도 마찬가지다.

$37 \times 14 \longrightarrow 37 \times (10+4) \longrightarrow 370+148 \longrightarrow 518$

$52 \times 32 \longrightarrow 52 \times ((10 \times 3)+2) \longrightarrow 520 \times 3+104 \longrightarrow 1560+104 \longrightarrow 1664$

여기서 5가 분수령이 되는데 곱하는 숫자 중 뒤가 5가 되면 10을 곱한 것의 반이 된다는 것을 이용해서 풀 수 있다.

$26 \times 15 \longrightarrow 26 \times (10+5) \longrightarrow 260+130 \longrightarrow 390$

$48 \times 25 \longrightarrow 48 \times ((10 \times 2)+5) \rightarrow 480 \times 2+240 \longrightarrow 960+240 \longrightarrow 1200$

그리고 일의 자리 숫자가 5가 넘어가면 이때는 빼는 방법으로 구할 수 있다.

$62 \times 19 \longrightarrow 62 \times (20-1) \longrightarrow 1,240 - 62 = 1178$

$23 \times 58 \longrightarrow 23 \times ((10 \times 6)-2) \longrightarrow (230 \times 6) - 46 = 1380-46 = 1334$

또 한편으로는 숫자들을 크게 어림잡아서 구하는 방법도 있다. 10이나 100 같은 숫자를 곱하는 것은 쉽기 때문에 5나 50은 그것의 절반이라고 생각하면 되고 25정도의 수는 1/4로 생각하면 된다. 예를 들어 22×52에서 52라는 숫자는 50이라고 생각하고 50은 100의 반이니까 22×100인 2,200의 반 1,100이 될 것이다. 그리고 이 숫자에 44를 더하면 된다. 1,144가 최종 계산 결과가 된다.

$46 \times 48 \longrightarrow 46 \times (50-2) \longrightarrow 2300 - 92 = 2208$

$86 \times 99 \longrightarrow 86 \times (100-1) \longrightarrow 8600 - 86 = 8514$

04 나누기 계산법

나누기 문제에서는 '우리가 이 계산법을 왜 익히고 있는가?' 하는 실용적인 문제로 돌아올 필요가 있다. 왜냐하면 실제 NCS의 자료해석 문제에서는 나누기 자체를 수행해서 몫이 무엇인가를 찾는 문제는 거의 안 나오고 주로 비중이나 증가감률을 물어보거나 비중끼리의 비교를 물어 보는 식으로 나누기를 활용한 문제가 나오기 때문이다.

어차피 이 문제들에 답하려면 나누기를 정확하게 수행해야 할 것 같지만 사실은 꼭 그렇지만은 않다. 선택지의 진위를 판단하는 문제가 주가 되기 때문에 정확한 계산보다는 어림산이 훨씬 유용한 경우가 대부분이어서다. 자료해석에서 실용적인 차원에서 자주 나오는 나누기의 계산은 다음과 같은 것들이다.

❶ 비중
❷ 증·가감률
❸ 분수의 비교

1 비중 계산 비기

계산과정에서 분수로 주어진 숫자가 몇 %인지 빨리 계산해야 할 때가 있다. 빠르게 계산하는 방법을 알아보자.

비율은 다음과 같이 계산한다.

$$비율 = \frac{비교량}{기준량} \times 100(\%)$$

① 분자와 분모를 각각 비교하기 좋게 간략하게 만든다.

  – 가령 $\frac{22,456}{87,264}$ 이라면 대강 $\frac{22}{87}$ 정도로 만들라는 말이다.

② 분모에 ×0.1을 하고 반올림으로 숫자를 단순화한다.

  – 그러니까 87이 아니라, 대략 9 정도로 만들라는 말이다.

③ 이렇게 만들어진 분모의 숫자가 분자와 몇 배 정도의 차이가 나는지 체크한다.

  – 9와 22를 비교하는 것이니까, 2배는 넘고, 3배는 안 된다. 약 2.4~2.5배 정도다. 그런데 사실 9가 아니라 8.7 정도니까 실제로는 2.5~2.6배 정도 될 것이다.

④ 그 배수를 그대로 %화해서 이해하면 된다.

  – 그래서 25~26% 정도라고 생각하면 된다.

실제로 다음과 같은 [표]가 주어지고 ㄱ과 ㄴ의 진위를 판단하는 문제라고 해보자.

[표] A국의 총가계지출과 식료품비

구분	총가계지출	식료품비	육류 소비	해산물 소비
2014년	6,872	1,242	354	321
2015년	7,023	1,542	421	391

※ 엥겔계수: $\frac{식료품비}{총가계지출} \times 100$

ㄱ. 2014년의 엥겔계수는 22%이다.

ㄴ. 2015년에는 식료품비에서 육류 소비가 차지하는 비중이 30% 이하다.

먼저 ㄱ의 엥겔계수는 $\frac{식료품비}{총가계지출} \times 100$ 이므로 2014년의 엥겔계수는 $\frac{1,242}{6,872}$ 가 된다.

① $\frac{12}{68}$ 정도로 간소화한다.

② 그리고 분모가 대강 7정도 되니까, 분자인 12가 분모인 7의 몇 배 정도 되는지를 생각한다.

③ 2가 조금 안 된다는 것을 알 수 있다.

④ 그렇다면 이 분수의 수치는 20%가 채 안 된다. 그러므로 22%라는 진술은 틀렸다는 것을 빠르게 알 수 있다.

ㄴ의 경우 $\frac{421}{1,542}$ 이 되는데,

① 간소화하면 $\frac{42}{154}$

② 15.4에 3배를 해버리면 46이 살짝 넘어버린다.

③ 그래서 ㄴ이 30%가 안 된다는 것을 알 수 있다. 정확하게는 27% 정도이다.

기초예제

다음과 같은 분수들에서 비율계산 비기를 통하여 빠르게 %를 계산해 보자.

1. $\frac{17}{23}$ → (%)

2. $\frac{573}{872}$ → (%)

3. $\frac{58}{24}$ → (%)

4. $\frac{3,241}{7,847}$ → (%)

5. $\dfrac{64}{235}$ → (%)

6. $\dfrac{111,264}{432,598}$ → (%)

7. $\dfrac{382}{125}$ → (%)

8. $\dfrac{911}{988}$ → (%)

9. $\dfrac{1,562}{1,611}$ → (%)

10. $\dfrac{746,526}{872,752}$ → (%)

정답 및 해설 ㅣ

1. 17을 대략 2.3 정도로 나누면 7~8배 사이 정도가 된다. 74%

2. 573을 90 정도로 나누게 되면 6~7배 정도가 된다. 66%

3. 24의 2배를 조금 넘게 된다. 242%

4. 3,241을 785 정도로 나누게 되는데, 4~5배 사이인데 4에 더 가깝다. 대략 41%

5. 64와 24 정도를 비교하면 2~3배 정도. 27%

6. 11과 4.3을 비교하면 된다. 2~3배 정도다. 26%

7. 382에 125의 배수를 생각하면 거의 3배에 가깝다. 306%

8. 911과 99 정도니까 9배 약간 넘는 정도다. 92%

9. 156에 16을 생각하면 9는 넘고 거의 10배에 가까워진다. 97%

10. 75에 9를 비교한다. 8배를 조금 넘는다. 86%

2 변화율 계산 비기

계산과정에서 증가율이나 감소율처럼 전년 대비 얼마나 변했는지 변화를 계산해야 하는 문제를 빠르게 처리하는 방법을 알아보자.

변화율은 다음과 같이 주어진다.

$$\frac{변화값 - 초기값}{초기값} \times 100(\%)$$

① 변화값에서 초기값을 뺀 숫자를 도출한다.

 - 가령 초기값이 572고, 변화값이 636이라고 하면 차는 64 정도가 된다.

② 초기값에서 ×0.1을 하든 ×0.01을 하든 다루기 편한 숫자로 만든다.

 - 초기값이 572이므로 ×0.01을 하면 5.7 정도가 된다.

③ ②번의 숫자가 ①번의 숫자에 비해 몇 배 정도인가를 판단한다.

 - 약 11배 정도가 된다.

④ %를 붙여서 변화율을 이해한다.

 - 그런데 분모에 ×0.1을 한 경우라면 110%라고 하겠지만, ×0.01을 했기 때문에 약 11% 정도라고 할 수 있다.

이번에는 아까 주어진 표에서 ㄷ과 ㄹ의 진위를 판단하는 문제라고 해보자.

[표] A국의 총가계지출과 식료품비

구분	총가계지출	식료품비	육류 소비	해산물 소비
2014년	6,872	1,242	354	321
2015년	7,023	1,542	421	391

※ 엥겔계수: $\dfrac{식료품비}{총가계지출} \times 100$

ㄷ. 2015년의 총가계지출의 전년 대비 증가율은 2% 이상이다.
ㄹ. 2015년의 육류 소비 증가율은 20%를 조금 넘는다.

ㄷ의 경우
① 변화값에서 초기값을 뺀 숫자를 도출한다.
　－ 7,023에서 6,872를 뺀다. 대략 보면 150 정도이고, 정확히 계산하니 151이다.
② 초기값에서 ×0.1을 하든 ×0.01을 하든 다루기 편한 숫자로 만든다.
　－ 초기값은 6,872이므로 ×0.01을 하면 70 정도이다.
③ ②번의 숫자가 ①번의 숫자에 비해 몇 배 정도인가를 판단한다.
　－ 2.1배 정도 된다.
④ %를 붙여서 변화율을 이해한다.
　－ 그러니까 2.1% 정도 된다. 따라서 ㄷ은 맞는 진술이다.

ㄹ의 경우
① 354 → 421이 돼서 둘 사이의 차이는 67이 된다.
② $\dfrac{67}{354}$이 되는데, 35의 2배가 조금 안 된다.
③ 그러면 20%가 안 된다. 정확히는 19% 정도다. 따라서 ㄹ은 틀린 진술이다.

기초예제

다음과 같은 변화값에서 변화율 계산 비기를 통하여 빠르게 %를 계산해 보자.

1. 523　 ➜ 613 　: (　　%)

2. 12 　　 ➜ 14 　: (　　%)

3. 58 　　 ➜ 66 　: (　　%)

4. 614 　 ➜ 668 　: (　　%)

5. 1,265 ➜ 1,788 : (　　%)

6. 18 　　 ➜ 14 　: (　　%)

7. 255 　 ➜ 244 　: (　　%)

8. 1,987 ➜ 2,002 : (　　%)

9. 34,562 ➜ 38,273 : (　　%)

10. 8 　　 ➜ 9 　: (　　%)

3 분수 비교 비기

계산과정에서 비와 비의 형태의 대소를 비교해야 할 때가 있다. 이를 빨리 처리하는 방법을 알아보자.

분수를 비교할 때는 분수 두 수를 준 다음에 대소를 비교하게 된다.

$$\frac{a}{b} \cdot \frac{c}{d}$$

① 두 분수의 분자나 분모를 비교해서 분자나 분모를 비슷한 수로 맞춰주기 편한 것을 찾는다.

② 한 분수의 분자든 분모든 다른 분수의 분자나 분모와 맞춰주면 비교가 가능해진다.

③ 분모가 같으면 분자가 큰 수가 큰 수이고, 분자가 같으면 분모가 작은 수가 큰 수이다.

$a > c$, $b > d$ 일 때,

$\frac{a}{b}$와 $\frac{a}{d}$라면 $\frac{a}{d}$가 더 큰 수다.

$\frac{a}{b}$와 $\frac{c}{b}$라면 $\frac{a}{b}$가 더 큰 수가 된다.

다음과 같은 문제가 주어졌다고 해보자.

[표] A국의 총가계지출과 식료품비

구분	총가계지출	식료품비	육류 소비	해산물 소비
2014년	6,872	1,242	354	321
2015년	7,023	1,542	421	391

※ 엥겔계수: $\frac{식료품비}{총가계지출} \times 100$

ㄷ. 2014년 식료품비에서 육류가 차지하는 비중이 2015년에는 증가했다.

ㅂ. 2015년 총가계지출에서 식료품비가 차지하는 비중보다 식료품비에서 육류 소비가 차지하는 비중이 더 크다.

ㄷ의 경우

① 2014년 식료품비에서 육류 소비가 차지하는 비중은 $\frac{354}{1,242}$이고, 2015년은 $\frac{421}{1,542}$이다.

② 크로스 비교법으로 35×15= 525와 42×12=504를 비교하면 왼쪽이 더 크다. 그러니까 감소한 셈이다. 틀린 진술이 된다.

③ 실제로 왼쪽은 28.5% 정도고, 오른쪽은 27.3% 정도다.

ㅂ의 경우

① 2015년 총가계지출에서 식료품비가 차지하는 비중은 $\dfrac{1,542}{7,023}$, 식료품비에서 육류 소비가 차지하는 비중은 $\dfrac{421}{1,542}$ 이다.

② $\dfrac{421}{1,542}$ 에 각각 4배를 해주면 $\dfrac{1,684}{6,168}$ 정도가 된다.

③ $\dfrac{1,542}{7,023}$ 와 $\dfrac{421}{1,542}$ ($\dfrac{1,684}{6,168}$)을 비교하는데, 분자가 비슷해지는데, 분모 같은 경우 오른쪽 것이 확연히 적다. 그러므로 오른쪽 숫자가 더 크다. 맞는 진술이 된다.

④ 실제로 $\dfrac{1,542}{7,023}$ 는 22.0% 정도고, $\dfrac{421}{1,542}$ 은 27.3% 정도다.

기초예제

다음과 같이 주어진 두 분수의 대소를 비교해 보자.

1. $\dfrac{7}{8}$ ( ) $\dfrac{72}{88}$

2. $\dfrac{152}{762}$ ( ) $\dfrac{25}{133}$

3. $\dfrac{90}{74}$ ( ) $\dfrac{5}{4}$

4. $\dfrac{352}{712}$ ( ) $\dfrac{876}{1,423}$

5. $\dfrac{78}{95}$ ( ) $\dfrac{156}{190}$

6. $\dfrac{250}{871}$ ( ) $\dfrac{521}{3,042}$

7. $\dfrac{54}{12}$ ( ) $\dfrac{5}{1}$

8. $\dfrac{287}{13}$ ( ) $\dfrac{502}{25}$

9. $\dfrac{3,638}{7,822}$ ( ) $\dfrac{287}{1,020}$

10. $\dfrac{271,241}{2,398}$ ( ) $\dfrac{541,239}{4,226}$

정답 및 해설 |

1. 왼쪽 분수의 분자와 분모에 ×11을 하면, $\dfrac{77}{88} > \dfrac{72}{88}$

2. 오른쪽 분수의 분자와 분모에 ×6을 하면, $\dfrac{152}{762} > \dfrac{150}{798}$

3. 오른쪽 분수의 분자와 분모에 ×18을 하면, $\dfrac{90}{74} < \dfrac{90}{72}$

4. 왼쪽 분수의 분자와 분모에 ×2를 하면, $\dfrac{704}{1,424} < \dfrac{876}{1,423}$

5. 왼쪽 분수의 분자와 분모에 ×2를 하면, $\dfrac{156}{190} = \dfrac{156}{190}$

6. 왼쪽 분수의 분자와 분모에 ×2를 하면, $\dfrac{500}{1,742} > \dfrac{521}{3,042}$

7. 오른쪽 분수의 분자와 분모에 ×12를 하면, $\dfrac{54}{12} < \dfrac{60}{12}$

8. 왼쪽 분수의 분자와 분모에 ×2를 하면, $\dfrac{574}{26} > \dfrac{502}{25}$

9. 오른쪽 분수의 분자와 분모에 ×7을 하면, $\dfrac{3,638}{7,822} > \dfrac{2,009}{7,140}$

10. 왼쪽 분수의 분자와 분모에 ×2를 하면, $\dfrac{542,482}{4,796} < \dfrac{541,239}{4,226}$

05 어림산의 적용실전

1 단순 수치비교, 총합

주어진 표에서 지시한 곳을 찾은 다음에 그냥 읽으면 되는 문제이다. A가 B보다 크다고 하면 실제로 좌표에 따라 표를 읽은 다음에 그곳에 쓰인 수치를 비교하여 제시된 수치와 비교해서 정답을 가려내는 것으로, 가장 기본적인 표 읽기 방법을 체크한다.

그런데 실제로 이 정도를 가지고 문제를 구성하기는 쉽지 않다. 너무 쉬운 문제가 되어서 그냥 점수를 퍼준다는 의혹을 지울 수 없는 문제들이 되기 때문이다. 그래서 거의 단순 수치비교에 가깝지만 약간의 계산을 수행하게 되는 총합이라는 형태로 문제를 제시하게 되는 경우가 많다. 지정된 좌표의 숫자와 또 다른 좌표의 숫자를 읽어서 합이 얼마인가를 판단하는 문제로, 단순하게 표에서 제시한 숫자 그대로를 읽게 하진 않겠다는 의미인데, 사실 더하기나 빼기는 귀찮음의 문제이지, 난이도의 문제가 아니기 때문에 그렇게 큰 의미가 있는 것은 아니다.

다음 [표]는 2013년 어느 금요일과 토요일 A씨 부부의 전체 양육활동유형 9가지에 대한 참여시간을 조사한 자료이다. 이에 대한 설명으로 옳지 <u>않은</u> 것은?

[표] 금요일과 토요일의 양육활동유형별 참여시간 (단위: 분)

유형	금요일		토요일	
	아내	남편	아내	남편
위생	48	4	48	8
식사	199	4	234	14
가사	110	2	108	9
정서	128	25	161	73
취침	55	3	60	6
배설	18	1	21	2
외출	70	5	101	24
의료간호	11	1	10	1
교육	24	1	20	3

① 토요일에 남편의 참여시간이 가장 많았던 양육활동유형은 정서활동이다.

② 아내의 총양육활동 참여시간은 금요일에 비해 토요일에 감소하였다.

③ 남편의 양육활동 참여시간은 금요일에는 총 46분이었고, 토요일에는 총 140분이었다.

④ 금요일에 아내는 식사, 정서, 가사, 외출활동의 순으로 양육활동 참여시간이 많았다.

⑤ 아내의 양육활동유형 중 금요일에 비해 토요일에 참여시간이 가장 많이 감소한 것은 교육활동이다.

정답 | ②

해설 |

① 정서활동이 73분으로 가장 많다.

② 금요일에는 663시간이고 토요일에는 763시간으로 오히려 증가

③ 금요일에는 총 46분이었고, 토요일에는 총 140분.

④ 식사 199, 정서 128, 가사 110, 외출활동 70의 순이므로 맞다.

⑤ 감소한 것은 가사 2분, 의료간호 1분, 교육 4분 중에 교육이 4분 감소로 가장 많다.

2 구성비와 비중비교

표는 주로 전체 숫자를 여러 개로 나눠 놓고, 그것이 서로 다른 구성을 가진다는 식으로 구성되어 있다. 그래서 표의 끝자락에는 거의 언제나 '총합'이라는 숫자가 제시되어 있기 마련이다. 그래서 그 다음으로 궁금해지는 것은 개별 지표들이 전체 중에 과연 몇 %냐 하는 문제가 된다. 그래서 주로 나오는 것이 구성비에 대한 문제가 되고, 그 구성비를 가지고 순위를 정하게 되면 그것이 비중을 비교하는 문제가 된다.

다음 [표]는 A지역에서 판매된 가정용 의료기기의 품목별 판매량에 관한 자료이다. 이에 대한 [보기]의 설명 중 옳은 것만을 모두 고르면?

[표] 가정용 의료기기 품목별 판매량 현황　　　　　　　　　　　　　　(단위: 천 개)

판매량 순위	품목	판매량	국내산	국외산
1	체온계	271	228	43
2	부항기	128	118	10
3	혈압계	100	( )	( )
4	혈당계	84	61	23
5	개인용 전기자극기	59	55	4
6위 이하		261	220	41
전체		( )	( )	144

|보기|

ㄱ. 전체 가정용 의료기기 판매량 중 국내산 혈압계가 차지하는 비중은 8% 미만이다.

ㄴ. 전체 가정용 의료기기 판매량 중 국내산이 차지하는 비중은 80% 이상이다.

ㄷ. 가정용 의료기기 판매량 상위 5개 품목 중 국외산 대비 국내산 비율이 가장 큰 품목은 개인용 전기자극기이다.

① ㄴ　　　　② ㄱ, ㄴ　　　　③ ㄱ, ㄷ　　　　④ ㄴ, ㄷ　　　　⑤ ㄱ, ㄴ, ㄷ

정답 | ④

해설 |

판매량 순위	품목	판매량	국내산	국외산
1	체온계	271	228	43
2	부항기	128	118	10
3	혈압계	100	(77)	(23)
4	혈당계	84	61	23
5	개인용 전기자극기	59	55	4
6위 이하		261	220	41
전체		(903)	(759)	144

ㄱ. (×) 전체 가정용 의료기기 판매량(903) 중 국내산 혈압계(77)가 차지하는 비중은 8.5% 정도다.

ㄴ. (○) 전체 가정용 의료기기 판매량(903) 중 국내산이 차지하는 비중(759)은 약 84% 정도다.

ㄷ. (○) 국외산 대비 국내산 비율을 체크하면

체온계: $\frac{228}{43} ≒ 5.3$, 부항기: $\frac{118}{10} = 11.8$, 혈압계: $\frac{77}{23} ≒ 3.35$

혈당계: $\frac{61}{23} ≒ 2.65$, 개인용 전기자극기: $\frac{55}{4} = 13.75$

3 증감률

공시적인 자료에서 구성비가 주로 나온다면, 통시적인 자료에서는 증감률에 대한 자료가 주로 나온다. 얼마나 많이 변했는가가 바로 증감률이다. 기준이 무엇이고, 변수가 무엇인지를 정확히 파악하면 그 다음에는 계산의 문제니까, 그렇게 어려운 것은 아니다. 다만, 증감률과 증감폭은 다른 개념이라는 것을 정확히 알고 있어야한다. 증감률은 전체에서 변화된 양을 비중으로 나타내는 개념이기 때문에 %로 나타나는데, 증감폭은 얼마나 늘고 줄었느냐를 양적으로 나타내기 때문에 단순하게 더하기 빼기로 구하게 되고, 그래서 %p로 나타내게 된다.

다음 [표]는 시설유형별 에너지 효율화 시장규모의 현황 및 전망에 대한 자료이다. 이에 대한 설명으로 옳은 것은?

[표] 시설유형별 에너지 효율화 시장규모의 현황 및 전망 (단위: 억 달러)

구분	2010년	2011년	2012년	2015년(예상)	2020년(예상)
사무시설	11.3	12.8	14.6	21.7	41.0
산업시설	20.8	23.9	27.4	41.7	82.4
주거시설	5.7	6.4	7.2	10.1	18.0
공공시설	2.5	2.9	3.4	5.0	10.0
전체	40.3	46.0	52.6	78.5	151.4

① 2010~2012년 동안 '주거시설' 유형의 에너지 효율화 시장규모는 매년 15% 이상 증가하였다.

② 2015년 전체 에너지 효율화 시장규모에서 '사무시설' 유형이 차지하는 비중은 30% 이하일 것으로 전망된다.

③ 2015~2020년 동안 '공공시설' 유형의 에너지 효율화 시장규모는 매년 30% 이상 증가할 것으로 전망된다.

④ 2011년 '산업시설' 유형의 에너지 효율화 시장규모는 전체 에너지 효율화 시장규모의 50% 이하이다.

⑤ 2010년 대비 2020년 에너지 효율화 시장규모의 증가율이 가장 높을 것으로 전망되는 시설유형은 '산업시설'이다.

정답 | ②

해설 |

① (×) 2010~2011: $\dfrac{6.4-5.7}{5.7} \times 100 \fallingdotseq 12.28\%$

  2011~2012: $\dfrac{7.2-6.4}{6.4} \times 100 = 12.5\%$

② $\dfrac{21.7}{785} \times 100 \fallingdotseq 27.64\%$ 정도로 30% 이하이다.

③ 2015년과 2020년을 비교해 보면 100% 증가했지만, 문제는 이 사이에 5년이나 존재한다는 사실이다. 매년 움직이는 변화의 양상은 알 수가 없다.

④ 전체 46 중에, 산업시설 23.9면 절반을 살짝 넘으니까, 50% 이상이다.

⑤ 공공시설이다.

구분	2010년	2020년(예상)	
사무시설	11.3	41.0	29.7/11.3 ≒ 2.63
산업시설	20.8	82.4	61.6/20.8 ≒ 2.96
주거시설	5.7	18.0	12.3/5.7 ≒ 2.16
공공시설	2.5	10.0	7.5/2.5 ≒ 3
전체	40.3	151.4	

59초를 완성하는
신들린
찍기기술

01 문제풀이 순서를 바꾸는 핵심기술

실전 문제에서는 절대적으로 시간이 부족하다. 그래서 문제를 풀 때 원론적인 접근을 하면 반도 풀기 힘들고, 그나마 앞서 언급한 어림산 같은 Skill들을 써야, 시간 안에 풀 가능성이 생긴다. 하지만 여전히 시간은 빡빡하다.

1문제당 평균 59초 안에 풀이라는 어려운 미션을 가능하게 만드는 것은 외부적인 기술이다. 그 중에서도 에디팅과 패싱은 적절하게 잘 사용하면 점수가 급격하게 향상될 수 있다.

1 에디팅

에디팅은 선택지의 접근 순서를 바꾸라는 것이다. 자료해석 문제들은 기본적으로 내용일치 문제다. 작년까지 A라는 수치가 올라가는 추세였다고 해서, 내년에도 A가 올라갈 것이라고 추론할 수는 없다. 또한 수치가 올라간 원인이 무엇인지 짐작해 보라는 문제도 출제가 불가능하다. 요컨대 자료해석 문제는 거의 대부분이 수치를 비교한다든가, 수치를 계산해서 도달하는 내용일치 문제라는 것이다.

그래서 자료해석 문제는 시간만 충분히 주어지면 대부분 틀리지 않고 풀 수 있는 문제이기도 하다. 계산에 시간이 걸리고, 하나하나 비교하기가 귀찮은 것이지, 어렵거나 난해한 것이 아니다. 사실 이런 점에서 문제를 출제하는 입장에서는 곤혹스러운 것이 또한 자료해석 문제다. 문항에 함정을 설치해야 하는데, 함정을 팔 만한 요소가 너무 없다.

결국 자료해석 출제자들의 일반적인 문제출제 전략은 시간끌다. 시간 끄는 방법은 계산을 한 단계 더 시킨다든가, 계산을 딱 떨어지게 하지 않고 숫자를 지저분하게 만드는 것이다. 하지만 이런 문제가 많으면 아무래도 문제의 퀼리티에 의심을 받게 된다. 그래서 시간을 끄는 보다 좋은 방법은 적절한 선택지의 배치다.

가령 5번 선택지가 정답인 문제가 있다고 해 보자.

이 문제의 경우 1번부터 선택지를 비교해서 오면, 5번에 와야 정답의 판별이 가능하다. 그런데 많은 출제자들은 이렇게 1~5번까지 하나하나 체크해야 되는 문제들의 정답을 뒤쪽으로 가져다 놓는 경우가 많다. 생각해 보면 당연한 선택이다. 그래야 한 문제당 걸리는 시간이 늘어나고, 결과적으로 뒤편에 배치된 문제를 못 풀어서 변별성이 생기게 되니까 말이다.

그러면 문제를 푸는 입장에서는 1~5번까지 하나하나 체크해야 되는 문제들은 5번부터 체크하는 것이 좋은 방법이 된다.

아무래도 뒤쪽에 답이 있을 확률이 높으니 답에 빠르게 접근할 확률이 높아진다. 그리고 이런 식의 방법을 써서 답을 빨리 찾아낸다면 전체적으로 시간이 비약적으로 빨라지게 된다.

가령 세 문제가 있고 정답이 다음과 같다고 해보자.

1번 - ⑤번

2번 - ④번

3번 - ③번

그러면 아래와 같이 앞에서부터 다 체크해 나가다가 나중에 정답에 가닿게 된다. 이것을 차례대로 풀려고 하면 선택지를 그만큼 체크해야 한다는 얘기다.

1. 다음 자료를 읽고 해석한 것으로 ~~

~~~

① ~

② !

③ #

④ $

⑤ &

2. 다음 자료를 읽고 해석한 것으로 ~~

① ~

② !

③ #

④ $

⑤ &

3. 다음 자료를 읽고 해석한 것으로 ~~

① ~

② !

③ #

④ $

⑤ &

이렇게 되면 총 12개의 선택지를 체크해야 한다. 그게 다 계산에 관계된 선택지라면 12개의 계산을 수행해야 한다는 것이다. 그런데 이것을 뒤에서부터 거꾸로 체크하게 되면 그 수고가 반으로 줄어든다.

1. 다음 자료를 읽고 해석한 것으로 ~~

① ~

② !

③ #

④ $

⑤ &

2. 다음 자료를 읽고 해석한 것으로 ~~

① ~

② !

③ #

④ $

⑤ &

3. 다음 자료를 읽고 해석한 것으로 ~~

① ~

② !

③ #

④ $

⑤ &

이런 순서로 풀어가게 되면 선택지를 6개 정도 체크하면 답에 도달할 수 있다. 불과 3문제인데, 체크해야 할 선택지가 딱 절반으로 줄어든 것이다.

그런데 선택지를 하나하나 체크해야 하는 유형의 문제들은 이런 식으로 정답이 구성될 확률이 높기 때문에 선택지 체크를 뒤에서부터 하는 버릇을 들이는 것만으로도 자신의 자료해석 풀이 속도를 1.2배 정도 높일 수 있게 된다.

따라서 문제풀이를 할 때 선택지를 거꾸로 푸는 에디팅 기술은 하면 좋은 선택의 사항이 아니라 반드시 해야 하는 필수의 사항이다.

❷ 마이너스 원

하나를 덜 한다는 말이다. 역시 문제를 하나하나 체크해 갈 때 나오는 방법인데, 1번서부터건 5번서부터건 정답이 체크해 가는 순서의 마지막에 위치할 때 유용한 기술이다.

문제를 풀 때 다음과 같이 차례로 일치 여부를 체크했다고 가정하자.

1. 다음 자료를 읽고 해석한 것으로 ~~

 ❶ ~
 ❷ !
 ❸ #
 ❹ $
 ⑤ &

④번까지 체크했는데 답이 없었다면 정답은 ⑤번일 수밖에 없다. 그런데 어쩐 일인지 많은 지원자들이 이 상황에서 ⑤번을 체크해 본다. 진짜 황당할 때는 ⑤번을 체크했는데 ⑤번 역시 답이 아닐 때다. 그러면 이 문제를 전면적으로 다시 볼 수밖에 없다. 그런데 사실 그렇다는 얘기는 이 문제는 얼핏 봐서는 답이 안 나오는 어려운 문제라는 뜻이기도 하다. 차라리 다른 쉬운 문제를 푸는 것이 나을 수도 있다.

그래서 중요한 요령 중 하나는 4개까지 체크했는데 답이 없었다면 마지막에 남은 선택지가 답이라고 생각하고 과감하게 답으로 체크하는 것이다. 자신이 지금까지 체크한 4개가 맞는다고 자신을 조금 믿으라는 말이다. 여러모로 시간을 절약하는 방법이다.

이 방법의 변형이 하나 있다. 위의 방법은 마지막에 답이 있을 때 하나를 덜 하는 방법인데, 이것을 조금 변형해서 중간에 자신이 하기 싫은 선택지 하나를 빼는 방법이 있다. 그러니까 마이너스할 선택지 하나를 순서대로 하지 말고 자신의 판단하에 편집해서 하자는 것이다. 그리고 그 넘어갈 선택지는 평소에 자신이 없거나 복잡한 계산을 요하는 선택지의 경우 효과적일 수 있다.

가령 어떤 문제 중 ③번 선택지가 "주어진 자료 중에서 매해 비중을 구해서 4번째에 위치한 것을 찾으라"는 식의 시간이 많이 걸리는 것이었다고 하면 다음과 같이 ③번을 아예 빼버리고 체크하는 것이다.

1. 다음 자료를 읽고 해석한 것으로 ~~

 ❶ ~
 ❷ !
 ③ #
 ❹ $
 ❺ &

그럴 경우 다른 선택지에 답이 있으면 그것이 답이 되는 것이고, 다른 선택지에 답이 없으면 ③번이 답이 되는 것이다. 그러니 복잡한 계산 같은 것은 할 생각을 말고 이렇게 빼버리는 것이 훨씬 더 현명한 방법이다.

3 패싱

에디팅은 문제 풀이의 순서를 바꾸는 것이라면 패싱은 아예 지나간다는 것이다. 사실 NCS직업기초능력의 커트는 기업별로 다르지만 평균적으로 80점이 안 될 때가 많다. 70점대에서도 얼마든지 커트가 형성된다. 그러니 100점을 받으려고 노력할 필요가 없다. 커트만 통과하면 일단 면접에 가서 필기시험이 제로 베이스가 되는 경우가 대부분이라, 그 공기업 창립 이래 전무후무한 만점이라고 해봤자 면접에서는 쓸데가 없어질 때가 많다.

그러니 우리의 목표는 100점이 아니다. 목표를 90점으로 낮춰 잡으면 그냥 통과시키는 것이 나은 문제들이 눈에 띄기 시작한다. 시간이 많이 걸릴 게 뻔하고, 평소에 늘 헤매는 유형의 문제 같은 것들은 일단 '패스'를 외치는 게 낫다. 이 한 문제 때문에 중간에 시간을 잡아먹게 되면 뒤에 있는 5개 문제를 아예 손도 못 대는 불상사가 발생할 수도 있다. 그런데 이 5문제 중에 3개 정도는 쉽게 풀 수 있는 문제였다고 하면 억울하기 짝이 없는 일이다.

> 중간에 어렵다고 판단하거나, 계산이 복잡하거나, 자신이 평소에 약한 유형의 문제는 패스를 하자.

그리고 이 패싱이라는 말은 꼭 문제를 포기하라는 말이 아니다. 크게 보면 이것도 일종의 에디팅인데, 일단 패싱할 문제는 패싱하고, 혹시 나중에 끝까지 문제를 풀었는데 시간이 그래도 남아 있으면 이때 다시 패스한 문제로 가서 풀면 된다.

그러니 이 방법은 문제를 풀 순서를 바꾸자는 말이나 마찬가지다. 시간이 많이 걸릴 법한 문제를 뒤에 푸니까 점수의 극대화가 이루어지게 되는 것이다.

이때 주의할 점은 문제를 다 읽어보고 넘어갈지 말지를 결정하면 시간 손실이 상당하다는 것이다. 패싱할 문제는 사전에 정해 놓는 것이 좋다. 그러니 평소연습을 하다가 실제 시험 보기 일주일 전쯤에 전통적으로 '자신이 약한 스타일은 이런 것이다' 하고 정해 놓고 그런 스타일의 문제는 패싱을 통해 나중에 푸는 것으로 순서를 조정하자. 의외로 그 스타일의 문제인데도 이번 문제는 쉬울 수도 있지만, 문제를 읽고 난이도를 판단하고 결정하기에는 시간이 촉박해서 어쩔 수 없는 선택이다.

02 찍기의 확률을 높이기

때로는 어쩔 수 없이 찍기를 해야 할 때도 있다. 예전과 달리 요즘에는 공기업들이 솔직하게 '틀려도 감점은 없다'고 알려 주는 경우가 많다. 그런 경우에는 못 푼 문제는 반드시 찍어야 한다. 표기를 안 한 문제는 무조건 틀리는 것인데, 찍기라도 한 문제는 20%의 정답 가능성이 존재하기 때문이다. 희망은 언제나 아름답다.

그런데 이왕 찍는 거 확률을 조금 높이는 방법이 있다. 이 방법들을 적용하면 찍어서 맞출 확률이 그냥 아무렇게나 찍는 것보다 약 1.5~2배 가까이 높아진다. 특히 자료해석에서 이 찍기 기술은 빛을 발한다. 왜냐하면 자료해석 문제들은 함정보다는 시간 끌기 기술들로 시간을 끌어서 변별성을 갖추는 문제들이 많기 때문이다. 역설적으로 시간 끌기 기술을 잘 알면 그것들이 잘 적용된 만큼 이용할 가능성도 그만큼 높은 문제라는 말이다.

1 차례대로 체크하는 일반적 선택지의 문제

앞에서도 한번 이야기 했듯이, ①~⑤까지 선택지가 배치되어 있으면 대부분의 사람들은 ①번부터 차례대로 체크하는 경향이 있다. 그런 습성을 이용하여 정답의 위치를 뒤쪽으로 조정하는 것이 시간을 조금 더 끄는 선택지 배치의 요령이 된다. ②번이 답이라면 두 개 정도만 체크하면 정답이 나올 텐데, ⑤번이 답이면 꼼짝 없이 다섯 개를 체크해야 한다.

1. 다음 자료를 읽고 해석한 것으로 ~~

①' ~

②' !

③' #

④' $

⑤

그래서 뒤에서부터 체크해야 한다는 이야기를 에디팅 기술에서 했었다. 이것을 찍기 기술 차원에서 적용하면 다음과 같다.

> 이런 유형의 문제들은 뒤쪽에서 찍을수록 정답일 확률이 높다.

④번이나 ⑤번 중에 정답을 찍으라는 말이다. 두 개를 합하면 정답일 확률은 40%가 정상이지만, 실제로 보면 이런 문제들에서 뒤쪽에 답이 있을 확률은 50% 가까이는 된다.

2 짝짓기 문제의 찍기 기술

중요한 것은 바로 이 유형의 문제들이다. 이 유형의 문제에서는 찍기 기술에 맞춰서 찍으면 정답률이 비약적으로 높아지기 때문이다. 짝짓기 문제라는 것은 "옳은 것끼리 짝지어라", "옳지 않은 것끼리 묶인 것은?" 같은 유형의 문제들이다.

```
ㄱ. ####
ㄴ. $$$$
ㄷ. &&&&
ㄹ. ****
```

선택지가 이런 식으로 구성되기 때문에, ㄱ이 틀렸다고 판단하더라도 거기서 멈출 수가 없다. 실제로 몇 개가 틀리고 맞았는지가 주어지지 않았기 때문에 이론적으로 주어진 선택지를 다 체크해 봐야 한다.

하지만 현실적으로는 이것을 다시 오지선다형으로 물어보기 때문에 ㄱ~ㄹ까지 다 하는 경우는 거의 없다. 하나하나 체크할 때마다 오지선다형의 선택지를 지워나가다 보면 보통은 3개 정도 하면 정답이 결정될 때가 대부분이다. 예를 들어 다음과 같다고 해보자.

옳은 것끼리 짝지은 것은?

```
ㄱ. ####
ㄴ. $$$$
ㄷ. &&&&
ㄹ. ****
```

① ㄱ, ㄴ　　　② ㄱ, ㄷ　　　③ ㄱ, ㄴ, ㄹ　　　④ ㄴ, ㄷ　　　⑤ ㄴ, ㄷ, ㄹ

이것을 ㄱ부터 체크해 보자. ㄱ이 옳은 것으로 들어가야 한다면, 선택지 중에서 ㄱ이 안 들어간 ④번과 ⑤번을 지워야 한다.

> ㉠ ####
> ㄴ. $$$$
> ㄷ. &&&&
> ㄹ. ****

① ㄱ, ㄴ   ② ㄱ, ㄷ   ③ ㄱ, ㄴ, ㄹ   ④ ㄴ, ㄷ   ⑤ ㄴ, ㄷ, ㄹ

그리고 ㄴ을 하게 되는데 ㄴ이 들어가면 ②번이 제외된다.

> ㉠ ####
> ㉡ $$$$
> ㄷ. &&&&
> ㄹ. ****

① ㄱ, ㄴ   ② ㄱ, ㄷ   ③ ㄱ, ㄴ, ㄹ   ④ ㄴ, ㄷ   ⑤ ㄴ, ㄷ, ㄹ

이 경우 ㄷ을 할 필요는 없다. 이미 답은 ①번 아니면 ③번이기 때문에 ㄷ은 틀렸다는 것을 선택지를 통해서 알 수 있다. 가끔 선택지를 체크하지 않고 무조건 ㄱ ~ ㄹ을 체크하는 사람이 있는데 이런 경우가 있기 때문에 반드시 하나 체크하고 선택지하고 비교하고, 또 하나 체크하고 또 비교하기를 습관 들여야 한다. 이제 ㄹ만 하면 정답에 도달할 수 있다.

그런데 이런 것은 굳이 기술까지라고 말하지 않아도 대부분 아는 것이다. 진짜 기술은 따로 있다. 짝짓기 문제의 속성은 저렇게 끝까지 안 해도 선택지들의 구성을 보면 짐작이 가는 경우들이 생기기 때문에 사실 선택지 구성에 굉장히 신중을 기하는 편이다. 출제자 입장에서는 가능한 한 많은 번호를 체크할 수 있게 시간을 끌어야 하기 때문이다. 그래서 출제의 기술이 있는데, 반대로 이 기술을 알면 우리는 정답을 두 개로 좁힐 수 있다.

이제 위에 예를 들었던 문제의 구성을 다시 생각해 보자.

옳은 것끼리 짝지은 것은?

> ㄱ. ####
> ㄴ. $$$$
> ㄷ. &&&&
> ㄹ. ****

① ㄱ, ㄴ   ② ㄱ, ㄷ   ③ ㄱ, ㄴ, ㄹ   ④ ㄴ, ㄷ   ⑤ ㄴ, ㄷ, ㄹ

이 문제에서 정답이 ④번이나 ⑤번이라고 생각해 보자. 먼저 ㄱ을 체크할 텐데 정답은 ④번이나 ⑤번이기 때문에 ㄱ은 틀린 보기일 것이다. 문제 푸는 순서로 생각해 보면 ㄱ을 체크했는데 틀리다고 하면 ㄱ이 들어간 ①~③번은 답이 될 수 없다.

정답은 ④번이나 ⑤번이 되는데, 그렇게 되면 ㄹ만 해보면 답이 ④번인지 ⑤번인지 결정할 수 있다. 정답이 ④번이나 ⑤번이면 보기를 두 개만 체크해도 답에 도달할 수 있다는 말이다.

그러면 ㄱ이 들어간다고 해보자. ④번과 ⑤번을 제외하고 정답은 ①, ②, ③번 가운데에 있다. 두 번째로는 순서대로 하니까 ㄴ을 체크하게 된다. 만약 ㄴ이 아니라면 정답은 ②번이 된다. 반대로 보면 ②번이 답이라고 하면 결과적으로는 ㄱ과 ㄴ, 두 개만 체크해도 정답에 도달하게 된다는 것이다.

①번과 ③번 가운데 답이 존재해야 지원자는 최대 ㄱ~ㄷ까지 세 가지 보기를 체크하게 되는 것이다. 그렇다면 출제자는 처음부터 정답을 ①번과 ③번 상에 놓게 되고, 그 원리를 아는 우리들은 저런 식의 선택지 구성에서는 ①번과 ③번 사이에 답이 있을 것이라고 가정하고 풀 수 있는 것이다.

> 보기를 차례대로 풀었을 때 최대한 많이 체크하게 만드는 두 개의 선택지 사이에 정답이 존재한다.

이런 문제는 원리가 이렇기 때문에 이 원리하에 선택지를 두 개로 좁히는 연습을 하면 비교적 쉽게 정답에 접근하게 되는데, 놀랍게도 실제 짝짓기 문제에서 이 원리에 맞춰서 정답이 배치될 확률은 70%가 넘는다.

ㄱ부터 시작해서 차례대로 보기를 체크한다고 생각할 때, 가장 많은 보기를 체크시킬 수 있는 선택지의 구성이 어떤 것인지 체크해 보자. 다음 선택지 구성을 보고 어떤 것과 어떤 것 사이에 정답을 놓아야 지원자에게 가장 많이 체크를 시킬 수 있는지 생각해 보자.

선택지 구성					정답의 위치
① ㄱ, ㄴ	② ㄱ, ㄷ	③ ㄴ, ㄷ	④ ㄴ, ㄹ	⑤ ㄷ, ㄹ	③ or ④
① ㄱ, ㄴ	② ㄱ, ㄷ	③ ㄱ, ㄴ, ㄷ	④ ㄴ, ㄹ	⑤ ㄴ, ㄷ, ㄹ	① or ③
① ㄱ, ㄴ	② ㄱ, ㄷ	③ ㄱ, ㄹ	④ ㄴ, ㄷ	⑤ ㄴ, ㄹ	② or ③
① ㄱ, ㄴ	② ㄱ, ㄴ, ㄹ	③ ㄴ, ㄷ	④ ㄴ, ㄹ	⑤ ㄴ, ㄷ, ㄹ	③ or ⑤
① ㄱ, ㄴ	② ㄱ, ㄷ	③ ㄴ, ㄷ	④ ㄴ, ㄹ	⑤ ㄱ, ㄷ, ㄹ	② or ⑤
① ㄱ, ㄴ, ㄹ	② ㄱ, ㄴ, ㅁ	③ ㄱ, ㄷ, ㄹ	④ ㄴ, ㄷ, ㅁ	⑤ ㄷ, ㄹ, ㅁ	① or ②
① ㄴ	② ㄱ, ㄴ	③ ㄱ, ㄷ	④ ㄴ, ㄷ	⑤ ㄱ, ㄴ, ㄷ	② or ⑤

그래서 만약 이런 유형의 문제를 시간이 없어서 찍게 된다면 이 두 선택지 사이에서 정답을 찾으면 정답의 확률은 상당히 높은 편이다. 선택지를 보자마자 '두 개 중에 하나구나' 하고 찾아낼 수 있도록 연습을 충분히 해 놓자.

에듀윌이
너를
지지할게

ENERGY

쉼 없는 분주함은 소란스럽고,
분주함 없는 쉼은 게으릅니다.

– 조정민, 『인생은 선물이다』, 두란노

표 읽기:
수치 읽기

PART

01

표 찾기

유형 분석

Main Type	Sub Type 1	Sub Type 2
표 찾아 수치 읽거나 비교하기	수치변화 추적하기	Text와 표를 비교하기

★ Main Type   **표 찾아 수치 읽거나 비교하기**

표를 읽는 문제에서는 가장 기본이 되는 형태가 바로 표에서 해당하는 수치를 찾아 선택지를 판단하는 것이다. 가로와 세로에 주어진 요소들이 무엇인지 정확히 파악하고, 선택지에서 해당하는 수치를 찾아 그것을 그대로 읽거나 다른 수치와 비교하는, 가장 기본이 되는 형태의 문제다. 표를 읽어낼 수 있는 최소한의 능력을 검증하는 문제다.

다음 [표]는 '갑'연구소에서 제습기 A~E의 습도별 연간소비전력량을 측정한 자료이다. 이에 대한 [보기]의 설명 중 옳은 것만을 모두 고르면?

[표] 제습기 A~E의 습도별 연간소비전력량 (단위: kWh)

제습기 \ 습도	40%	50%	60%	70%	80%
A	550	620	680	790	840
B	560	640	740	810	890
C	580	650	730	800	880
D	600	700	810	880	950
E	660	730	800	920	970

|보기|

ㄱ. 습도가 70%일 때 연간소비전력량이 가장 적은 제습기는 A이다.

ㄴ. 각 습도에서 연간소비전력량이 많은 제습기부터 순서대로 나열하면, 습도 60%일 때와 습도 70%일 때의 순서는 동일하다.

ㄷ. 습도가 40%일 때 제습기 E의 연간소비전력량은 습도가 50%일 때 제습기 B의 연간소비전력량보다 많다.

ㄹ. 제습기 각각에서 연간소비전력량은 습도가 80%일 때가 40%일 때의 1.5배를 초과한다.

① ㄱ, ㄴ   ② ㄱ, ㄷ   ③ ㄴ, ㄹ   ④ ㄱ, ㄷ, ㄹ   ⑤ ㄴ, ㄷ, ㄹ

단순하게 수치를 찾는 문제의 다음에는 그 수치들의 변화를 추적하는 문제가 있다. 증가, 감소라든가 증감방향 같은 키워드들이 나오게 되는데, 수치가 올라가는 추세인지 내려가는 추세인지를 판단하는 문제들이다. 연도별로 되어 있으면 매해 변하는 추세를 물어보는 문제가 된다. 꺾은선그래프 같은 것으로 표시하면 이 추세가 한눈에 들어오는데, 표로 표시되어 있을 때는 수치를 하나 하나 읽고 비교해야 해서 비교적 귀찮은 문제가 된다.

정답 및 해설 P. 26

다음 [표]를 보고 옳은 것을 고르시오.

[표] 합계 출산율 (단위: 가임여성 1명당 명)

시도별	2000년	2005년	2010년	2011년	2012년	2013년	2014년	2015년	2016년
전국	1.47	1.08	1.23	1.24	1.30	1.19	1.21	1.24	1.17
서울	1.26	0.92	1.02	1.01	1.06	0.97	0.98	1.00	0.94
부산	1.23	0.88	1.05	1.08	1.14	1.05	1.09	1.14	1.10
대구	1.37	1.00	1.11	1.15	1.22	1.13	1.17	1.22	1.19
인천	1.46	1.07	1.21	1.23	1.30	1.20	1.21	1.22	1.14
광주	1.62	1.10	1.22	1.23	1.30	1.17	1.20	1.21	1.17
대전	1.49	1.10	1.21	1.26	1.32	1.23	1.25	1.28	1.19
울산	1.62	1.18	1.37	1.39	1.48	1.39	1.44	1.49	1.42
세종	–	–	–	–	1.60	1.44	1.35	1.89	1.82
경기	1.61	1.17	1.31	1.31	1.36	1.23	1.24	1.27	1.19
강원	1.58	1.18	1.31	1.34	1.37	1.25	1.25	1.31	1.24
충북	1.57	1.19	1.40	1.43	1.49	1.37	1.36	1.41	1.36
충남	1.68	1.26	1.48	1.50	1.57	1.44	1.42	1.48	1.40
전북	1.58	1.18	1.37	1.41	1.44	1.32	1.33	1.35	1.25
전남	1.73	1.28	1.54	1.57	1.64	1.52	1.50	1.55	1.47
경북	1.57	1.17	1.38	1.43	1.49	1.38	1.41	1.46	1.40
경남	1.57	1.18	1.41	1.45	1.50	1.37	1.41	1.44	1.36
제주	1.76	1.30	1.46	1.49	1.60	1.43	1.48	1.48	1.43

※ 합계 출산율 = 여자 1명이 가임기간(15~49세)동안 낳을 것으로 예상되는 평균 출생아 수

① 2005년부터 2012년까지 각 지역의 합계 출산율은 모두 증가했다.
② 모든 지역의 합계 출산율 변화는 같은 증감방향을 갖는다.
③ 2011년 합계 출산율이 가장 높은 곳은 제주이다.
④ 2000년 대비 2016년 합계 출산율 변화율이 가장 적은 곳은 부산이다.
⑤ 2015년 모든 지역에서 합계 출산율이 증가했다.

NCS직업기초능력평가는 가능한 한 업무적인 형태를 띠고 싶어 한다. 그래서 선호도가 점점 높아지고 있는 문제 중 하나가 바로 Text와 표를 비교하는 문제다. 조금 더 직접적으로 문제의 형태를 말하면 '보고서에 쓰인 표와 그렇지 않은 표 찾기' 정도라고 이야기 할 수 있다. 보고서를 보고 이 보고서에 쓰인 표와 그렇지 않은 것을 찾거나 반대로 표나 그래프 같은 자료를 보고, 보고서와 비교해서 조금 더 필요한 자료를 찾는 식의 문제들이다.

정답 및 해설 P. 26

다음 [표]는 A~D국의 연구개발비에 대한 자료이다. 다음 [보고서]를 작성하기 위해 [표] 이외에 추가로 필요한 자료만을 [보기]에서 모두 고르면?

[표] A~D국의 연구개발비

연도	구분 \ 국가	A	B	C	D
2016년	연구개발비(억 달러)	605	4,569	1,709	1,064
	GDP 대비(%)	4.29	2.73	3.47	2.85
2015년	민간연구개발비 : 정부연구개발비	24:76	35:65	25:75	30:70

※ 연구개발비＝정부연구개발비＋민간연구개발비

| 보고서 |

A~D국 모두 2015년에 비하여 2016년 연구개발비가 증가하였지만, A국은 약 3% 증가에 불과하여 A~D국 평균 증가율인 6% 수준에도 미치지 못했다. 특히, 2016년에 A국은 정부연구개발비 대비 민간연구개발비 비율이 가장 작다. 이는 2014~2016년 동안, A국 민간연구개발에 대한 정부의 지원금액이 매년 감소한 데 따른 것으로 분석된다.

| 보기 |

ㄱ. 2013~2015년 A~D국 전년 대비 GDP 증가율
ㄴ. 2015~2016년 연도별 A~D국 민간연구개발비
ㄷ. 2013~2016년 연도별 A국 민간연구개발에 대한 정부의 지원금액
ㄹ. 2014~2015년 A~D국 전년 대비 연구개발비 증가율

① ㄱ, ㄴ   ② ㄱ, ㄹ   ③ ㄴ, ㄷ   ④ ㄴ, ㄹ   ⑤ ㄷ, ㄹ

문제 해결방법

1단계
표의 제목과 구성을 파악해서
맥락적 이해하기

2단계
표의 가로와 세로의 변수를 따라
지정된 수치 찾아내기

3단계
그 수치를 활용해 선택지를 체크
하거나 다른 수치와 비교하기

4단계
수치의 변화에 대한 것이면 증감
방향 따라 비교하기

1단계┃ 표의 제목을 먼저 보고, 표에 주어진 가로와 세로축에 들어가는 기준이 무엇인지 파악한다. 말하자면 표의 구성을 정확히 알아서 선택지에서 제시되는 수치가 어디쯤에서 찾아질 것인지 좌표 감각을 익히자는 말이다.

2단계┃ 가로 기준이든 세로 기준이든 하나를 기준으로 삼아 따라가서 다른 축의 기준과 교차하는 지점에서 수치를 찾는다.

3단계┃ 선택지에서 바로 나온 수치면 즉시 ○, ×여부를 체크하면 되고, 다른 수치와 비교해야 하면 같은 과정을 거쳐 수치를 찾고 비교하면 된다.

4단계┃ 연도에 따라 올라갔거나 내려간 방향을 비교하는 문제들이 있는데, 이것은 이른바 증감방향을 비교하는 문제로 표에 직접 화살표로 증이나 감을 표시하면서 다른 수치와 일치여부를 체크하는 식으로 푼다.

 **자료에서 제일 먼저 봐야 할 부분은 제목**

일반적인 자료해석 문제를 풀 때, 자료부터 보는 것이 적절할까, 선택지부터 보는 것이 적절할까 고민하는 수험생들이 많다. 정답은 둘 다 아니다. 제목부터 보는 것이 정석이다. 자료해석 문제의 핵심은 자료의 제목에 거의 들어 있다. 자료해석 문제는 예외 없이 자료의 제목을 알려 주고 시작한다. 무려 두 번이나 강조하는데, 이 제목을 먼저 숙지하고 여기에 가로와 세로축으로 어떤 기준이 들어있는지 파악하면, 주어진 자료가 무엇에 대한 자료인지 조금 더 거시적이고 맥락적으로 이해할 수 있다. 이러한 거시적인 시각은 때때로 미시적인 계산이라든가 개개 수치의 비교보다 훨씬 빠른 속도로 문제의 정답에 근접하게 해줄 때가 있다.

가령 다음의 문제를 풀 때 이 그래프의 제목을 다시 한번 정확하게 인지하고 문제를 푼다면 ㄷ과 같은 선택지가 헷갈리지는 않을 것이다.

다음 [그래프]는 '시한'국의 가계 금융자산 구성비에 관한 자료다. 이에 대한 [보기]의 설명을 보고, 해석이 적절한 것끼리 짝지어진 것을 고르면?

[그래프] '시한'국의 가계 금융자산 구성비

|보기|

ㄱ. 예금과 보험에 가계 금융자산의 과반이 편중되어 있다.

ㄴ. 국민의 1/3 정도는 예금을 하고 있다.

ㄷ. 기타 부분에 부동산이 포함되어 있을 것이다.

ㄹ. 가계 금융자산으로는 주식에 투자한 돈보다 채권에 투자한 돈이 더 많다.

① ㄱ, ㄴ　　　② ㄱ, ㄹ　　　③ ㄱ, ㄷ, ㄹ　　　④ ㄴ, ㄷ　　　⑤ ㄴ, ㄷ, ㄹ

 **SKILL ②　　표의 종류에 따라 자주 나오는 선택지**

　사실 표의 종류라는 것은 그 표에서 강조하는 수치를 말한다. 그 표에서 강조하는 수치이다 보니 당연히 해석 역시 그에 관계된 이야기들이 나오기 때문에 사실 선택지의 방향성은 어느 정도 예정된 셈이다. 표의 종류를 보면 선택지의 방향성을 알 수 있고, 사실 잘 만들어진 좋은 문제들은 바로 그런 핵심 사항들에 정답을 숨겨 놓는 경향이 있기 때문에 주목해서 볼 부분이 어느 정도 특정되는 경향도 생긴다.

　다음의 표들은 그 표에서 강조하는 부분에서 답이 나올 가능성이 많으니 유의해서 체크하자.

표의 종류	강조하는 사항
항목별 점수	총합, 평균, 비교 우위
연도별 나열	추세문제와 연결, 연도별 비교
비중 위주의 표	비와 양의 차이를 이용한 문제 출제
생산 (농산, 공산)	비중 문제(단위면적당 재배량, 1인당 생산량 등)
투자, 금액 등 돈에 관한 표	총액, 증·가감, 증·가감률 언급, 평균 가격
인구	증·가감률

가령 다음의 문제에서는 연도별 변화가 나오는 자료이니만큼 선택지에 매년 변화라든가, 몇 년도와 몇 년도의 비교 같은 형식의 진술들이 많이 나오게 될 것이다.

정답 및 해설 P. 26~27

다음 [표]는 1930~1934년 동안 A지역의 곡물 재배면적 및 생산량을 정리한 자료이다. 이에 대한 설명으로 옳은 것은?

[표] A지역의 곡물 재배면적 및 생산량   (단위: 천 정보, 천 석)

연도 곡물	구분	1930년	1931년	1932년	1933년	1934년
미곡	재배면적	1,148	1,100	998	1,118	1,164
	생산량	15,276	14,145	13,057	15,553	18,585
맥류	재배면적	1,146	773	829	963	1,034
	생산량	7,347	4,407	4,407	6,339	7,795
두류	재배면적	450	283	301	317	339
	생산량	1,940	1,140	1,143	1,215	1,362
잡곡	재배면적	334	224	264	215	208
	생산량	1,136	600	750	633	772
서류	재배면적	59	88	87	101	138
	생산량	821	1,093	1,228	1,436	2,612
전체	재배면적	3,137	2,468	2,479	2,714	2,883
	생산량	26,520	21,385	20,585	25,176	31,126

① 1931~1934년 동안 재배면적의 전년 대비 증감방향은 미곡과 두류가 동일하다.

② 생산량은 매년 두류가 서류보다 많다.

③ 재배면적은 매년 잡곡이 서류의 2배 이상이다.

④ 1934년 재배면적당 생산량이 가장 큰 곡물은 미곡이다.

⑤ 1933년 미곡과 맥류 재배면적의 합은 1933년 곡물 재배면적 전체의 70% 이상이다.

보통 자료해석 유형의 문제들은 표의 제목을 문제에서 주게 되지만, 표를 보고 제목을 유추하는 연습을 해보면서 제목에 대한 경각심을 갖고 인지감각을 더 정확하게 만들어 보자. 가끔 쉬운 형태의 NCS문제들에서는 표의 제목을 맞히는 문제가 나올 때도 있다.

가로축과 세로축에 주어진 변수들이 무엇이고, 그것이 어떤 관계인지를 보면서 자료 제목을 유추할 수가 있다. 세로축에 따른 가로축, 반대로 가로축에 따른 세로축의 형태로 읽는 것이 가장 전형적이다.

01 다음 자료를 보고 이 자료의 제목이 무엇인지 생각해 보자.

(단위: 천 명)

연령대	기혼 여성	기혼 비취업여성	실업자	비경제활동 인구
25~29세	570	306	11	295
30~34세	1,403	763	20	743
35~39세	1,818	862	23	839
40~44세	1,989	687	28	659
45~49세	2,010	673	25	648
50~54세	1,983	727	20	707
합계	9,773	4,018	127	3,891

자료의 제목: _____

02 다음 자료를 보고 이 자료의 제목이 무엇인지 생각해 보자.

(단위: %)

접수유형 \ 연도	2011년	2012년	2013년
이용자 동의 없는 개인정보수집	9.52	11.89	12.14
과도한 개인정보수집	0.79	0.70	2.89
목적 외 이용 및 제3자 제공	15.08	49.65	24.86
개인정보취급자에 의한 훼손·침해·누설	3.17	1.40	2.31
개인정보보호 기술적·관리적 조치 미비	57.14	13.29	15.03
수집 또는 제공받은 목적 달성 후 개인정보 미파기	3.97	6.99	7.51
열람·정정·삭제 또는 처리정지요구 불응	1.59	0.70	7.51
동의철회·열람·정정을 수집보다 쉽게 해야 할 조치 미이행	0.00	0.70	0.58
개인정보·사생활침해 일반	3.17	3.50	1.73
기타	5.57	11.18	25.44

자료의 제목: _____

03 다음 자료를 보고 이 자료의 제목이 무엇인지 생각해 보자.

(단위: %)

지역 \ 소요 시간	30분 미만	30분 이상 1시간 미만	1시간 이상 1시간 30분 미만	1시간 30분 이상 3시간 미만	합계
A	30.6	40.5	22.0	6.9	100.0
B	40.6	32.8	17.4	9.2	100.0
C	48.3	38.8	9.7	3.2	100.0
D	67.7	26.3	4.4	1.6	100.0
E	47.2	34.0	13.4	5.4	100.0

자료의 제목: _____

04 다음 자료를 보고 이 자료의 제목이 무엇인지 생각해 보자.

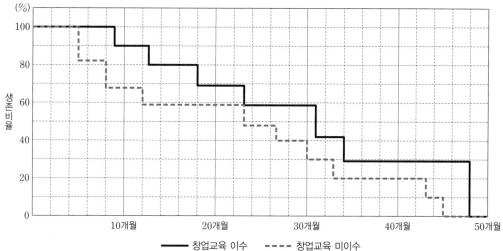

※ 1) 창업교육을 이수(미이수)한 폐업 자영업자의 기간별 생존비율은 창업교육을 이수(미이수)한 폐업 자영업자 중 생존기간이 해당기간 이상인 자
   영업자의 비율임.
   2) 생존기간은 창업부터 폐업까지의 기간을 의미함.

자료의 제목: _____

정답 및 해설 P. 27

01 다음 [표]는 통신사 '갑', '을', '병'의 스마트폰 소매가격 및 평가점수 자료이다. 이에 대한 [보기]의 설명 중 옳은 것만을 모두 고르면?

[표] 통신사별 스마트폰의 소매가격 및 평가점수

(단위: 달러, 점)

통신사	스마트폰	소매가격	평가항목					종합품질 점수
			화질	내비게이션	멀티미디어	배터리 수명	통화 성능	
갑	A	150	3	3	3	3	1	13
	B	200	2	2	3	1	2	( )
	C	200	3	3	3	1	1	( )
을	D	180	3	3	3	2	1	( )
	E	100	2	3	3	2	1	11
	F	70	2	1	3	2	1	( )
병	G	200	3	3	3	2	2	( )
	H	50	3	2	3	2	1	( )
	I	150	3	2	2	3	2	12

※ 스마트폰의 '종합품질점수'는 해당 스마트폰의 평가항목별 평가점수의 합임.

┤보기├

ㄱ. 소매가격이 200달러인 스마트폰 중 '종합품질점수'가 가장 높은 스마트폰은 C이다.

ㄴ. 소매가격이 가장 낮은 스마트폰은 '종합품질점수'도 가장 낮다.

ㄷ. 통신사 각각에 대해서 해당 통신사 스마트폰의 '통화 성능' 평가점수의 평균을 계산하여 통신사별로 비교하면 '병'이 가장 높다.

ㄹ. 평가항목 각각에 대해서 스마트폰 A~I 평가점수의 합을 계산하여 평가항목별로 비교하면 '멀티미디어'가 가장 높다.

① ㄱ   ② ㄷ   ③ ㄱ, ㄴ   ④ ㄴ, ㄹ   ⑤ ㄷ, ㄹ

02 다음 [표]는 7월 1~10일 동안 도시 A~E에 대한 인공지능 시스템의 예측 날씨와 실제 날씨이다. 이에 대한 [보기]의 설명 중 옳은 것만을 모두 고르면?

[표] 도시 A~E에 대한 예측 날씨와 실제 날씨

도시	구분	7. 1.	7. 2.	7. 3.	7. 4.	7. 5.	7. 6.	7. 7.	7. 8.	7. 9.	7. 10.
A	예측	비	흐림	맑음	비	맑음	맑음	비	비	맑음	흐림
	실제	비	맑음	비	비	맑음	맑음	비	맑음	맑음	비
B	예측	맑음	비	맑음	비	흐림	맑음	비	맑음	맑음	맑음
	실제	비	맑음	맑음	비	흐림	맑음	비	맑음	맑음	맑음
C	예측	비	맑음	비	비	맑음	비	맑음	비	비	비
	실제	비	비	맑음	흐림	비	비	흐림	비	비	비
D	예측	비	비	맑음	맑음	맑음	비	비	맑음	비	비
	실제	비	흐림	비	비	비	비	비	비	맑음	맑음
E	예측	비	맑음	맑음	비	비	비	맑음	흐림	맑음	비
	실제	비	비	흐림	비	비	맑음	비	맑음	비	맑음

※ ☀: 맑음, ☁: 흐림, ☂: 비

─────────────┤ 보기 ├─────────────

ㄱ. 도시 A에서는 예측 날씨가 '비'인 날 실제 날씨도 모두 '비'였다.

ㄴ. 도시 A~E 중 예측 날씨와 실제 날씨가 일치한 일수가 가장 많은 도시는 B이다.

ㄷ. 7월 1~10일 중 예측 날씨와 실제 날씨가 일치한 도시 수가 가장 적은 날짜는 7월 2일이다.

① ㄱ   ② ㄴ   ③ ㄷ   ④ ㄴ, ㄷ   ⑤ ㄱ, ㄴ, ㄷ

03 다음 [표]는 A국의 흥행순위별 2017년 영화개봉작 정보와 월별 개봉편 수 및 관객 수에 대한 자료이다. 이에 대한 설명으로 옳지 <u>않은</u> 것은?

[표 1] A국의 흥행순위별 2017년 영화개봉작 정보 (단위: 천 명)

흥행순위	영화명	개봉시기	제작	관객 수
1	버스운전사	8월	국내	12,100
2	님과 함께	12월	국내	8,540
3	동조	1월	국내	7,817
4	거미인간	7월	국외	7,258
5	착한도시	10월	국내	6,851
6	군함만	7월	국내	6,592
7	소년경찰	8월	국내	5,636
8	더 퀸	1월	국내	5,316
9	투수와 야수	3월	국외	5,138
10	퀸스맨	9월	국외	4,945
11	썬더맨	10월	국외	4,854
12	꾸러기	11월	국내	4,018
13	가랑비	12월	국내	4,013
14	동래산성	10월	국내	3,823
15	좀비	6월	국외	3,689
16	행복의 질주	4월	국외	3,653
17	나의 이름은	4월	국외	3,637
18	슈퍼카인드	7월	국외	3,325
19	아이 캔 토크	9월	국내	3,279
20	캐리비안	5월	국외	3,050

※ 관객 수는 개봉일로부터 2017년 12월 31일까지 누적한 값임.

[표 2] A국의 월별 2017년 개봉편 수 및 관객 수 (단위: 편, 천 명)

월 \ 제작구분	국내		국외	
	개봉편 수	관객 수	개봉편 수	관객 수
1	35	12,682	105	10,570
2	39	8,900	96	6,282
3	31	4,369	116	9,486
4	29	4,285	80	6,929
5	31	6,470	131	12,210
6	49	4,910	124	10,194
7	50	6,863	96	14,495
8	49	21,382	110	8,504
9	48	5,987	123	6,733
10	35	12,964	91	8,622
11	56	6,427	104	6,729
12	43	18,666	95	5,215
전체	495	113,905	1,271	105,969

※ 관객 수는 당월 상영영화에 대해 월말 집계한 값임.

① 흥행순위 1~20위 내의 영화 중 한 편의 영화도 개봉되지 않았던 달에는 국외제작영화 관객 수가 국내제작 영화 관객 수보다 적다.

② 10월에 개봉된 영화 중 흥행순위 1~20위 내에 든 영화는 국내제작영화뿐이다.

③ 국외제작영화 개봉편 수는 국내제작영화 개봉편 수보다 매달 많다.

④ 국외제작영화 관객 수가 가장 많았던 달에 개봉된 영화 중 흥행순위 1~20위 내에 든 국외제작영화 개봉작 은 2편이다.

⑤ 흥행순위가 1위인 영화의 관객 수는 국내제작영화 전체 관객 수의 10% 이상이다.

04 다음 [표]는 지역별 마약류 단속에 관한 자료이다. 이에 대한 설명으로 옳은 것은?

[표] 지역별 마약류 단속 건수 (단위: 건, %)

마약류 지역	대마	마약	향정신성의약품	합계	비중
서울	49	18	323	390	22.1
인천·경기	55	24	552	631	35.8
부산	6	6	166	178	10.1
울산·경남	13	4	129	146	8.3
대구·경북	8	1	138	147	8.3
대전·충남	20	4	101	125	7.1
강원	13	0	35	48	2.7
전북	1	4	25	30	1.7
광주·전남	2	4	38	44	2.5
충북	0	0	21	21	1.2
제주	0	0	4	4	0.2
전체	167	65	1,532	1,764	100.0

※ 1) 수도권은 서울과 인천·경기를 합한 지역임.
　 2) 마약류는 대마, 마약, 향정신성의약품으로만 구성됨.

① 대마 단속 전체 건수는 마약 단속 전체 건수의 3배 이상이다.
② 수도권의 마약류 단속 건수는 마약류 단속 전체 건수의 50% 이상이다.
③ 마약 단속 건수가 없는 지역은 5곳이다.
④ 향정신성의약품 단속 건수는 대구·경북 지역이 광주·전남 지역의 4배 이상이다.
⑤ 강원 지역은 향정신성의약품 단속 건수가 대마 단속 건수의 3배 이상이다.

05 다음 [표]는 2006년부터 2010년까지 정부지원 직업훈련 현황에 대한 자료이다. 이에 대한 [보기]의 설명 중 옳은 것을 모두 고르면?

[표] 연도별 정부지원 직업훈련 현황 (단위: 천 명, 억 원)

구분	연도	2006년	2007년	2008년	2009년	2010년
훈련인원	실업자	102	117	113	153	304
	재직자	2,914	3,576	4,007	4,949	4,243
	합계	3,016	3,693	4,120	5,102	4,547
훈련지원금	실업자	3,236	3,638	3,402	4,659	4,362
	재직자	3,361	4,075	4,741	5,597	4,669
	합계	6,597	7,713	8,143	10,256	9,031

─────┤보기├─────

ㄱ. 실업자 훈련인원과 실업자 훈련지원금의 연도별 증감방향은 서로 일치한다.

ㄴ. 훈련지원금 총액은 2009년에 1조 원을 넘어 최고치를 기록하였다.

ㄷ. 2006년 대비 2010년 실업자 훈련인원의 증가율은 실업자 훈련지원금 증가율의 7배 이상이다.

ㄹ. 훈련인원은 매년 실업자가 재직자보다 적었다.

ㅁ. 1인당 훈련지원금은 매년 실업자가 재직자보다 많았다.

① ㄱ, ㄴ, ㄷ   ② ㄱ, ㄷ, ㄹ   ③ ㄱ, ㄹ, ㅁ   ④ ㄴ, ㄷ, ㅁ   ⑤ ㄴ, ㄹ, ㅁ

정답 및 해설 P. 27~28

자료계산을 활용한
표의 해석

STEP
01

유형 분석

Main Type	Sub Type 1	Sub Type 2
사칙연산을 활용한 해석	표에서 ( )을 채우고 접근하기	찾기와 계산이 섞여서 제시되는 유형

★ Main Type 사칙연산을 활용한 해석

선택지 자체가 계산을 해야 풀 수 있게 되어 있다. '비중이 얼마다'라든가, '증가율은 얼마다', '합은 얼마다' 하는 식으로 되어 있고 이 선택지들의 진위를 체크해야 되기 때문에 계산을 할 수밖에 없다. 그리고 그 계산에는 시간이 들어간다. 계산을 많이 할수록 시간은 그만큼 비례해서 들어갈 수밖에 없는 문제다.

바로 이런 유형의 문제들을 빠르고 정확하게 풀기 위해서 앞 장에서 아예 따로 어림산의 방법을 공부했다. 이 기본기를 잘 살리면 오히려 익숙하지 않은 지원자들에 비해서 속도가 빠를 수 있으니 경쟁력이 될 수 있는 유형이기도 하다. 경쟁력을 언급할 만큼 문제 출제의 비중이 많기 때문에 이 계산에 대한 부분은 반드시 익혀 두어야 한다.

다음 [표]는 조선시대 A지역 인구 및 사노비 비율에 대한 자료이다. 이에 대한 [보기]의 설명 중 옳은 것만을 모두 고르면?

[표] A지역 인구 및 사노비 비율

구분 조사연도	인구(명)	인구 중 사노비 비율(%)			
		솔거노비	외거노비	도망노비	전체
1720년	2,228	18.5	10.0	11.5	40.0
1735년	3,143	13.8	6.8	12.8	33.4
1762년	3,380	11.5	8.5	11.7	31.7
1774년	3,189	14.0	8.8	12.0	34.8
1783년	3,056	14.9	6.7	9.3	30.9
1795년	2,359	18.2	4.3	6.5	29.0

※ 1) 사노비는 솔거노비, 외거노비, 도망노비로만 구분됨.
　　2) 비율은 소수점 둘째 자리에서 반올림한 값임.

──────────────| 보기 |──────────────

ㄱ. A지역 인구 중 도망노비를 제외한 사노비가 차지하는 비율은 조사연도 중 1720년이 가장 높다.

ㄴ. A지역 사노비 수는 1774년이 1720년보다 많다.

ㄷ. A지역 사노비 중 외거노비가 차지하는 비율은 1720년이 1762년보다 높다.

ㄹ. A지역 인구 중 솔거노비가 차지하는 비율은 매 조사연도마다 낮아진다.

① ㄱ, ㄴ　　　　　② ㄱ, ㄷ　　　　　③ ㄷ, ㄹ　　　　　④ ㄱ, ㄴ, ㄹ　　　　　⑤ ㄴ, ㄷ, ㄹ

PART 5

CHAPTER 02

정답 및 해설 P. 28

★ Sub Type 1 **표에서 ( )을 채우고 접근하기**

표가 완성된 형태가 아니라 ( )을 주고 그 안을 채우는 미션에서 시작하는 문제들이다. 이 ( )을 채우는 것이 어렵지는 않지만 ( ) 안의 수치가 나와야 선택지의 진위도 가릴 수 있는 문제들이라, 일단 시간을 들이고 시작할 수밖에 없다. 결국 한 문제당 걸리는 시간이 늘어나게 되는 문제들이다.

다음 [표]는 조선전기(1392~1550년) 홍수재해 및 가뭄재해 발생건수에 대한 자료이다. 이에 대한 [보기]의 설명 중 옳은 것만을 모두 고르면?

[표 1] 조선전기 홍수재해 발생건수 (단위: 건)

월 분류기간	1월	2월	3월	4월	5월	6월	7월	8월	9월	10월	11월	12월	합계
1392~1450년	0	0	0	0	4	12	8	3	0	0	0	0	27
1451~1500년	0	0	0	0	1	3	4	0	0	0	0	0	( )
1501~1550년	0	0	0	0	5	7	9	15	1	0	0	0	( )
합계	0	0	0	0	( )	22	21	( )	1	0	0	0	( )

[표 2] 조선전기 가뭄재해 발생건수 (단위: 건)

월 분류기간	1월	2월	3월	4월	5월	6월	7월	8월	9월	10월	11월	12월	합계
1392~1450년	0	1	1	5	9	8	9	2	1	0	0	1	37
1451~1500년	0	0	0	5	2	5	4	1	0	0	0	0	17
1501~1550년	0	0	0	4	7	7	6	1	0	0	0	0	( )
합계	0	1	1	( )	18	( )	19	4	1	0	0	1	( )

―――――――| 보기 |―――――――

ㄱ. 홍수재해 발생건수는 총 72건이며, 분류기간별로는 1501~1550년에 37건으로 가장 많이 발생했다.

ㄴ. 홍수재해는 모두 5~8월에만 발생했다.

ㄷ. 2~7월의 가뭄재해 발생건수는 전체 가뭄재해 발생건수의 90% 이상을 차지한다.

ㄹ. 매 월 분류기간마다 가뭄재해 발생건수는 홍수재해 발생건수보다 많다.

① ㄱ, ㄴ　　　　② ㄱ, ㄷ　　　　③ ㄴ, ㄹ　　　　④ ㄱ, ㄷ, ㄹ　　　　⑤ ㄴ, ㄷ, ㄹ

★ Sub Type 2 **찾기와 계산이 섞여서 제시되는 유형**

사실상 자료해석 문제의 대부분이 바로 이 유형이다. 계산 문제 따로, 찾기 문제 따로 나오기보다는 선택지 중에 일부분은 간단한 찾기를 통해서 나오고, 또 일부분은 계산을 해야 하는 식으로 섞여 나오는 것이다. 이런 문제는 기본적으로 어렵다기보다는 시간이 많이 걸리는 문제다. 그러므로 이런 문제들을 풀 때는 어떤 것부터 풀며, 문제를 풀어갈 때 시간을 어떻게 활용할 것인가 같은 문제풀이의 Skill이 중요하게 된다.

다음 [표]는 2006~2008년 동안 국립공원 내 사찰의 문화재 관람료에 관한 자료이다. 이에 대한 설명 중 옳은 것은?

[표] 국립공원 내 사찰의 문화재 관람료   (단위: 원)

국립공원	사찰	2006년	2007년	2008년
지리산	쌍계사	1,800	1,800	1,800
	화엄사	2,200	3,000	3,000
	천은사	1,600	1,600	1,600
	연곡사	1,600	2,000	2,000
경주	불국사	0	0	4,000
	석굴암	0	0	4,000
	기림사	0	0	3,000
계룡산	동학사	1,600	2,000	2,000
	갑사	1,600	2,000	2,000
	신원사	1,600	2,000	2,000
한려해상	보리암	1,000	1,000	1,000
설악산	신흥사	1,800	2,500	2,500
	백담사	1,600	0	0
속리산	법주사	2,200	3,000	3,000
내장산	내장사	1,600	2,000	2,000
	백양사	1,800	2,500	2,500
가야산	해인사	1,900	2,000	2,000
덕유산	백련사	1,600	0	0
	안국사	1,600	0	0
오대산	월정사	1,800	2,500	2,500
주왕산	대전사	1,600	2,000	2,000
치악산	구룡사	1,600	2,000	2,000
소백산	희방사	1,600	2,000	2,000
월출산	도갑사	1,400	2,000	2,000
변산반도	내소사	1,600	2,000	2,000

※ 해당 연도 내에서는 관람료를 유지한다고 가정함.

① 문화재 관람료가 한 번도 변경되지 않은 사찰은 4곳이다.

② 2006년과 2008년에 문화재 관람료가 가장 높은 사찰은 동일하다.

③ 문화재 관람료가 매년 상승한 사찰은 1곳이다.

④ 설악산국립공원 내 모든 사찰에서는 2007년부터 문화재 관람료를 받지 않고 있다.

⑤ 지리산국립공원 내 사찰 중에서 2007년의 전년 대비 문화재 관람료 증가율이 가장 높은 사찰은 화엄사이다.

문제 해결방법

1단계
자료의 제목을 파악하고 자료의 맥락을 이해한다.

2단계
선택지를 체크하면서 단순히 찾아서 비교하는 것과, 계산을 통해 비교하는 것을 구분한다.

3단계
단순 비교하는 것부터 선택지를 체크해 나간다.

4단계
계산이 있다면 어림산으로 해결하며 선택지를 체크한다.

1단계 | 자료해석은 기본적으로 어떤 자료인지를 정확히 파악하는 것부터 시작한다. 자료의 제목을 파악한다는 것은 곧 그 자료의 핵심이 무엇인지 안다는 것이고, 선택지에서 언급한 수치를 어떤 부분에서 찾아야 하는지 안다는 뜻이다.

2단계 | 선택지가 모두 계산이 필요한 경우는 많지 않고 어떤 선택지는 단순히 수치를 찾아내는 것만으로도 간단하게 체크할 수 있는 것도 있다. 간단하게 체크할 선택지와 계산을 통해 풀어가야 할 선택지를 구분한다.

3단계 | 아무래도 계산하는 것보다야 간단하게 체크할 수 있는 선택지를 먼저 처리하는 것이 시간 사용에 유리한 방법이다. 반드시 1번부터 차례로 체크하려 하지 말고, 간단한 것부터 제거하는 방식으로 선택의 지혜를 발휘한다.

4단계 | 간단하게 체크할 수 있는 선택지에서 정답이 나오지 않았다면 계산을 통해 접근하는 선택지를 체크한다. 이때 계산들은 가능한 한 어림산으로 처리하며 시간을 절약해야 한다.

SKILL ❶ 계산을 통한 체크 문제에서 기본기 복습

앞 장에서 배웠던 자료해석의 어림산을 잘 활용해야 한다. 이 부분이 연습이 안 되면 시간이 많이 걸릴 수밖에 없으니, 앞 장의 기본기를 몇 번이고 보면서 잘 익혀 두도록 한다. 그리고 문제풀이에 들어가면 찍는 요령이라든가, 에디팅 하기 등 외부적인 문제풀이의 기술도 본능적으로 발휘될 수 있도록 연습해야 한다. 그만큼 이 유형은 시간을 아끼는 방법이 중요한 유형이고, 모든 문제에 다는 아니어도 이런 방법들이 잘 적용되는 몇몇 문제들 때문에 평균적인 문제당 59초 안에 풀자는 우리의 모토가 실현될 여지가 생기는 것이다.

SKILL ❷ [ ]을 먼저 채우지 말기

( ) 채우기 문제에서 ( )을 다 채우고 시작하면 시간이 많이 걸릴 수 있다. 그러니 하나라도 ( )을 안 채우는 것이 좋다. 그러려면 선택지부터 읽어야 한다. 흔히 이런 문제는 계산의 과정이 비슷하다 보니 한 번 계산한 김에 옆에 등장한 ( ) 안을 다 채우려고 하는 사람들이 있는데, 그러다가 필요 없는 ( )까지 계산하게 된다. 선택지의 종류에 따라 굳이 안 해도 될 선택지가 생길 수 있는 상황이기 때문에 필요할 때 ( ) 안을 계산하는 방법이 좋다.

정답 및 해설 P. 28~29

다음 [그래프]는 2006~2010년 동남권의 양파와 마늘 재배면적 및 생산량 추이를 나타낸 것이고, [표]는 2010년, 2011년 동남권의 양파와 마늘 재배면적의 지역별 분포를 나타낸 것이다. 이에 대한 설명으로 옳은 것은?

[그래프] 동남권의 양파와 마늘 재배면적 및 생산량 추이

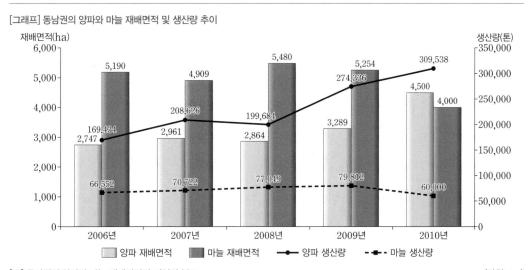

[표] 동남권의 양파와 마늘 재배면적의 지역별 분포   (단위: ha)

재배작물	지역	연도	
		2010년	2011년
양파	부산	56	40
	울산	( )	( )
	경남	4,100	4,900
	소계	( )	5,100
마늘	부산	24	29
	울산	42	66
	경남	3,934	4,905
	소계	4,000	5,000

※ 동남권은 부산, 울산, 경남으로만 구성됨.

① 2006~2010년 동안 동남권의 마늘 생산량은 매년 증가하였다.

② 2006~2010년 동안 동남권의 단위 재배면적당 양파 생산량은 매년 증가하였다.

③ 2011년 울산의 양파 재배면적은 전년에 비해 증가하였다.

④ 2006~2011년 동안 동남권의 마늘 재배면적은 양파 재배면적보다 매년 크다.

⑤ 2011년 동남권의 단위 재배면적당 마늘 생산량이 2010년과 동일하다면 2011년 동남권의 마늘 생산량은 75,000 톤이다.

SKILL ③ 　**계산 문제와 찾기 문제의 선택지 풀이 순서 정하기**

　계산 문제와 찾기 문제가 뒤섞여 있는 문제들이 사실 자료해석 문제의 대부분이다 보니, 이 문제들을 얼마나 효과적으로 다루는가가 자료해석 문제의 관건이 될 수 있다. 선택지를 차례로 체크해서 문제를 풀어야 되는 경우, 체크 순서를 뒤에서부터 하라는 이야기는 이제는 당연히 알아야 한다.

　여기서 한 단계 더 나아가서 선택지가 찾는 문제와 계산 문제가 섞여 있을 때는 복잡한 계산 문제는 살짝 건너뛰는 것도 하나의 뛰어난 Skill이 된다는 것을 이해해야 한다. 복잡한 계산은 언제나 시간을 요구한다. 선택지 가운데 이런 복잡한 계산 문제가 있으면 이 부분에서 시간을 많이 빼앗기게 된다. 그러지 않기 위해서는 스스로 문제 푸는 순서를 편집해서 계산 부분의 선택지를 빼놓고 할 수 있다. 자신이 체크한 나머지 4개 선택지가 답이 아니라면, 아직 하지 않은 계산 문제가 바로 답이 될 것이다. 계산 선택지를 건너뛰었는데, 다른 데서 답이 아니면 그게 답이 되면 된다.

　이런 식으로 풀면, 오지선다형이 아니라 사지선다형을 푸는 느낌으로 늘 선택지 한 개를 덜 풀 수 있다. 그러면 이론적으로는 다른 사람들이 푸는 것보다 80%의 시간밖에 안 걸리게 된다.

　그런데 자료해석의 선택지 중에 계산 문제와 찾는 문제가 뒤섞여 있는 경우가 많기 때문에 복잡한 계산을 한 개씩 건너뛰는 요령은 상당히 효율적이다. 다음 문제에 적용을 해보자. 평소 푸는 성향에 따라 ①번부터 풀어도 되고 ⑤번부터 풀어도 되는데 ①번부터 푼다고 가정해 보면 ①번은 그냥 풀고 ②번 같은 경우는 계산 문제를 매월 적용해야 하니 시간이 많이 걸려 넘어간다. 그리고 ③번을 해보면 답이 ③번이기 때문에 ②번은 틀렸었다는 것을 알 수 있다. 반면 ②번을 계산해 보고, ③번을 넘길 수도 있다. 그러면 이후 ④번과 ⑤번을 체크하면 넘긴 ③번이 답이었다는 것을 알 수 있다.

다음 [그래프]는 2012년 1~4월 동안 월별 학교폭력 신고에 대한 자료이다. 이에 대한 설명으로 옳은 것은?

[그래프 1] 월별 학교폭력 신고 건수

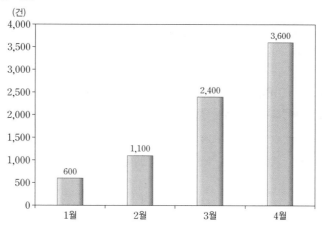

[그래프 2] 월별 학교폭력 주요 신고자 유형별 비율

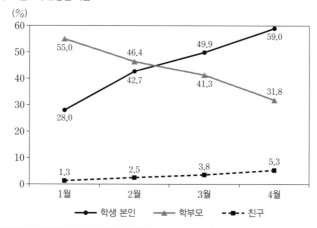

① 1월에 학부모의 학교폭력 신고 건수는 학생 본인의 학교폭력 신고 건수의 2배 이상이다.

② 학부모의 학교폭력 신고 건수는 매월 감소하였다.

③ 2~4월 중에서 전월 대비 학교폭력 신고 건수 증가율이 가장 높은 달은 3월이다.

④ 학생 본인의 학교폭력 신고 건수는 1월이 4월의 10% 이상이다.

⑤ 학교폭력 발생 건수는 매월 증가하였다.

STEP 03 Skill 연습

다음 문제들에서 선택지를 체크할 순서를 편집해서, 어느 것부터 풀어나가고, 또 어느 것을 건너뛰는 것이 좋을지 풀이의 계획을 세우고, 문제에 접근하는 연습을 해보자.

01 다음 [표]와 [그래프]는 2018년 테니스 팀 A~E의 선수 인원수 및 총연봉과 각각의 전년 대비 증가율에 대한 자료이다. 이에 대한 설명으로 옳지 <u>않은</u> 것은?

[표] 2018년 테니스 팀 A~E의 선수 인원수 및 총연봉 (단위: 명, 억 원)

테니스 팀	선수 인원수	총연봉
A	5	15
B	10	25
C	8	24
D	6	30
E	6	24

※ 팀 선수 평균 연봉 = $\dfrac{총연봉}{선수\ 인원수}$

[그래프] 2018년 테니스 팀 A~E의 선수 인원수 및 총연봉의 전년 대비 증가율

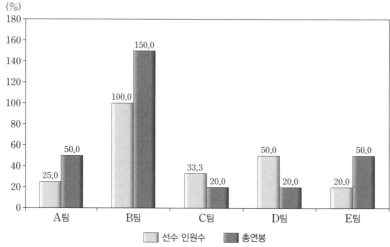

※ 전년 대비 증가율은 소수점 둘째 자리에서 반올림한 값임.

① 2018년 '팀 선수 평균 연봉'은 D팀이 가장 많다.

② 2018년 전년 대비 증가한 선수 인원수는 C팀과 D팀이 동일하다.

③ 2018년 A팀의 '팀 선수 평균 연봉'은 전년 대비 증가하였다.

④ 2018년 선수 인원수가 전년 대비 가장 많이 증가한 팀은 총연봉도 가장 많이 증가하였다.

⑤ 2017년 총연봉은 A팀이 E팀보다 많다.

선택지 접근의 순서

(   ) → (   ) → (   ) → (   ) → (   )

정답: _____

02 다음 [표]는 2010~2014년 A시의회의 발의 주체별 조례발의 현황에 관한 자료이다. 이에 대한 설명으로 옳지 않은 것은?

[표] A시의회 발의 주체별 조례발의 현황 (단위: 건)

구분	단체장	의원	주민	합계
2010년	527	( )	23	924
2011년	( )	486	35	1,149
2012년	751	626	38	( )
2013년	828	804	51	1,683
2014년	905	865	( )	1,824
전체	3,639	3,155	202	( )

※ 조례발의 주체는 단체장, 의원, 주민으로만 구성됨.

① 2012년 조례발의 건수 중 단체장발의 건수가 50% 이상이다.

② 2011년 단체장발의 건수는 2013년 의원발의 건수보다 적다.

③ 주민발의 건수는 매년 증가하였다.

④ 2014년 의원발의 건수는 2010년과 2011년 의원발의 건수의 합보다 많다.

⑤ 2014년 조례발의 건수는 2012년 조례발의 건수의 1.5배 이상이다.

선택지 접근의 순서

(   ) → (   ) → (   ) → (   ) → (   )

정답: _____

03 다음 [표]는 A~E 면접관이 '갑'~'정' 응시자에게 부여한 면접 점수이다. 이에 대한 [보기]의 설명 중 옳은 것만을 모두 고르면?

[표] '갑'~'정' 응시자의 면접 점수 (단위: 점)

면접관 \ 응시자	갑	을	병	정	범위
A	7	8	8	6	2
B	4	6	8	10	( )
C	5	9	8	8	( )
D	6	10	9	7	4
E	9	7	6	5	4
중앙값	( )	( )	8	( )	–
교정점수	( )	8	( )	7	–

※ 1) 범위: 해당 면접관이 각 응시자에게 부여한 면접 점수 중 최댓값에서 최솟값을 뺀 값
  2) 중앙값: 해당 응시자가 A~E 면접관에게 받은 모든 면접 점수를 크기순으로 나열할 때 한가운데 값
  3) 교정점수: 해당 응시자가 A~E 면접관에게 받은 모든 면접 점수 중 최댓값과 최솟값을 제외한 면접 점수의 산술 평균값

┤ 보기 ├

ㄱ. 면접관 중 범위가 가장 큰 면접관은 B이다.

ㄴ. 응시자 중 중앙값이 가장 작은 응시자는 '정'이다.

ㄷ. 교정점수는 '병'이 '갑'보다 크다.

① ㄱ ② ㄴ ③ ㄱ, ㄷ ④ ㄴ, ㄷ ⑤ ㄱ, ㄴ, ㄷ

선택지 접근의 순서

(   ) → (   ) → (   )

정답: _____

04 다음 [표]는 2000~2013년 동안 세대문제 키워드별 검색 건수에 대한 자료이다. 이에 대한 [보기]의 설명 중 옳은 것만을 모두 고르면?

[표] 세대문제 키워드별 검색 건수 (단위: 건)

연도	부정적 키워드		긍정적 키워드		전체
	세대갈등	세대격차	세대소통	세대통합	
2000년	575	260	164	638	1,637
2001년	520	209	109	648	1,486
2002년	912	469	218	1,448	3,047
2003년	1,419	431	264	1,363	3,477
2004년	1,539	505	262	1,105	3,411
2005년	1,196	549	413	1,247	3,405
2006년	940	494	423	990	2,847
2007년	1,094	631	628	1,964	4,317
2008년	1,726	803	1,637	2,542	6,708
2009년	2,036	866	1,854	2,843	7,599
2010년	2,668	1,150	3,573	4,140	11,531
2011년	2,816	1,279	3,772	4,008	11,875
2012년	3,603	1,903	4,263	8,468	18,237
2013년	3,542	1,173	3,809	4,424	12,948

┤보기├

ㄱ. 부정적 키워드 검색 건수에 비해 긍정적 키워드 검색 건수가 많았던 연도의 횟수는 8번 이상이다.

ㄴ. '세대소통' 키워드의 검색 건수는 2005년 이후 매년 증가하였다.

ㄷ. 2001~2013년 동안 전년 대비 전체 검색 건수 증가율이 가장 높은 해는 2002년이다.

ㄹ. 2002년에 전년 대비 검색 건수 증가율이 가장 낮은 키워드는 '세대소통'이다.

① ㄱ, ㄴ   ② ㄱ, ㄷ   ③ ㄴ, ㄹ   ④ ㄱ, ㄷ, ㄹ   ⑤ ㄴ, ㄷ, ㄹ

선택지 접근의 순서

(   ) → (   ) → (   ) → (   )

정답: _____

정답 및 해설 P. 29~31

01 다음 [표]는 대학 졸업생과 산업체 고용주를 대상으로 12개 학습성과 항목별 보유도와 중요도를 설문조사한 자료이다. 이에 대한 설명으로 옳지 <u>않은</u> 것은?

[표] 학습성과 항목별 보유도 및 중요도 설문결과

학습성과 항목	대학 졸업생		산업체 고용주	
	보유도	중요도	보유도	중요도
기본지식	3.7	3.7	4.1	4.2
실험능력	3.7	4.1	3.7	4.0
설계능력	3.2	3.9	3.5	4.0
문제해결능력	3.3	3.0	3.3	3.8
실무능력	3.6	3.9	4.1	4.0
협업능력	3.3	3.9	3.7	4.0
의사전달능력	3.3	3.9	3.8	3.8
평생교육능력	3.5	3.4	3.3	3.3
사회적 영향	3.1	3.6	3.2	3.3
시사지식	2.6	3.1	3.0	2.5
직업윤리	3.1	3.3	4.0	4.1
국제적 감각	2.8	3.7	2.8	4.0

※ 1) 보유도는 대학 졸업생과 산업체 고용주가 각 학습성과 항목에 대해 대학 졸업생이 보유하고 있다고 생각하는 정도를 조사하여 평균한 값임.
2) 중요도는 대학 졸업생과 산업체 고용주가 각 학습성과 항목에 대해 중요하다고 생각하는 정도를 조사하여 평균한 값임.
3) 값이 클수록 보유도와 중요도가 높음.

① 대학 졸업생의 보유도와 중요도 간의 차이가 가장 큰 학습성과 항목과 산업체 고용주의 보유도와 중요도 간의 차이가 가장 큰 학습성과 항목은 모두 '국제적 감각'이다.
② 대학 졸업생 설문결과에서 중요도가 가장 높은 학습성과 항목은 '실험능력'이다.
③ 산업체 고용주 설문결과에서 중요도가 가장 높은 학습성과 항목은 '기본지식'이다.
④ 대학 졸업생 설문결과에서 보유도가 가장 낮은 학습성과 항목은 '시사지식'이다.
⑤ 학습성과 항목 각각에 대해 대학 졸업생 보유도와 산업체 고용주 보유도 차이를 구하면, 그 값이 가장 큰 학습성과 항목은 '실무능력'이다.

02 다음 [표]는 A 성씨의 가구 및 인구 분포에 대한 자료이다. 이에 대한 설명으로 옳은 것은?

[표 1] A 성씨의 광역자치단체별 가구 및 인구 분포 (단위: 가구, 명)

광역자치단체	연도 구분	1980년		2010년	
		가구	인구	가구	인구
특별시	서울	28	122	73	183
광역시	부산	5	12	11	34
	대구	1	2	2	7
	인천	11	40	18	51
	광주	0	0	9	23
	대전	0	0	8	23
	울산	0	0	2	7
	소계	17	54	50	145
도	경기	( )	124	( )	216
	강원	0	0	7	16
	충북	0	0	2	10
	충남	1	5	6	8
	전북	0	( )	4	13
	전남	0	0	4	10
	경북	1	( )	6	17
	경남	1	( )	8	25
	제주	1	( )	4	12
	소계	35	140	105	327
전체		80	316	228	655

※ 광역자치단체 구분과 명칭은 2010년을 기준으로 함.

[표 2] A 성씨의 읍·면·동 지역별 가구 및 인구 분포 (단위: 가구, 명)

지역	연도 구분	1980년		2010년	
		가구	인구	가구	인구
읍		10	30	19	46
면		10	56	19	53
동		60	230	190	556
전체		80	316	228	655

※ 읍·면·동 지역 구분은 2010년을 기준으로 함.

① 2010년 A 성씨의 전체 가구는 1980년의 3배 이상이다.

② 2010년 경기의 A 성씨 가구는 1980년의 3배 이상이다.

③ 2010년 A 성씨의 동 지역 인구는 2010년 A 성씨의 면 지역 인구의 10배 이상이다.

④ 1980년 A 성씨의 인구가 부산보다 많은 광역자치단체는 4곳 이상이다.

⑤ 1980년 대비 2010년의 A 성씨 인구 증가폭이 서울보다 큰 광역자치단체는 없다.

03 다음 [표]는 '갑'기관의 10개 정책(가~차)에 대한 평가결과이다. '갑'기관은 정책별로 심사위원 A~D의 점수를 합산하여 총점이 낮은 정책부터 순서대로 4개 정책을 폐기할 계획이다. 폐기할 정책만을 모두 고르면?

[표] 정책에 대한 평가결과

심사위원 정책	A	B	C	D
가	●	●	◑	○
나	●	●	◑	●
다	◑	○	●	◑
라	( )	●	◑	( )
마	●	( )	●	◑
바	◑	◑	◑	●
사	◑	◑	◑	●
아	◑	◑	●	( )
자	◑	◑	( )	●
차	( )	●	◑	○
평균(점)	0.55	0.70	0.70	0.50

※ 정책은 ○(0점), ◑(0.5점), ●(1.0점)으로만 평가됨.

① 가, 다, 바, 사   ② 나, 마, 아, 자   ③ 다, 라, 바, 사
④ 다, 라, 아, 차   ⑤ 라, 아, 자, 차

04 다음 [표]는 2013~2017년 '갑'국의 사회간접자본(SOC) 투자규모에 관한 자료이다. 이에 대한 설명으로 옳지 않은 것은?

[표] '갑'국의 사회간접자본(SOC) 투자규모   (단위: 조 원, %)

연도 구분	2013년	2014년	2015년	2016년	2017년
SOC 투자규모	20.5	25.4	25.1	24.4	23.1
총지출 대비 SOC 투자규모 비중	7.8	8.4	8.6	7.9	6.9

① 2017년 총지출은 300조 원 이상이다.

② 2014년 'SOC 투자규모'의 전년 대비 증가율은 30% 이하이다.

③ 2014~2017년 동안 'SOC 투자규모'가 전년에 비해 가장 큰 비율로 감소한 해는 2017년이다.

④ 2014~2017년 동안 'SOC 투자규모'와 '총지출 대비 SOC 투자규모 비중'의 전년 대비 증감방향은 동일하다.

⑤ 2018년 'SOC 투자규모'의 전년 대비 감소율이 2017년과 동일하다면, 2018년 'SOC 투자규모'는 20조 원 이상이다.

05 다음 [표]는 15개 종목이 개최된 2018 평창 동계올림픽 참가국 A~D의 메달 획득 결과를 나타낸 자료이다. 이에 대한 설명으로 옳은 것은?

[표] 2018 평창 동계올림픽 참가국 A~D의 메달 획득 결과   (단위: 개)

종목 \ 국가·메달	A국 금	A국 은	A국 동	B국 금	B국 은	B국 동	C국 금	C국 은	C국 동	D국 금	D국 은	D국 동
노르딕복합	3	1	1					1				
루지	3	1	2	1							1	1
바이애슬론	3	1	3				1	3	2			
봅슬레이	3	1		1						1		1
쇼트트랙				1						1	1	3
스노보드		1	1	4	2	1				1	2	1
스켈레톤		1										
스키점프	1	3					2	1	2			
스피드스케이팅						1	2	1	1	1	1	
아이스하키		1		1							1	1
알파인스키				1	1	1	1	4	2			
컬링				1				1		1		
크로스컨트리				1			7	4	3			
프리스타일스키				1	2		1			4	2	1
피겨스케이팅	1					2				2		2

※ 빈 칸은 0을 의미함.

① A국이 루지, 봅슬레이, 스켈레톤 종목에서 획득한 모든 메달 수의 합은 C국이 크로스컨트리 종목에서 획득한 모든 메달 수보다 많다.
② A국이 획득한 금메달 수와 C국이 획득한 동메달 수는 같다.
③ 동일 종목에서 A국이 획득한 모든 메달 수와 B국이 획득한 모든 메달 수를 합하여 종목별로 비교하면 15개 종목 중 스노보드의 메달 수가 가장 많다.
④ A~D국 중 메달을 획득한 종목의 수가 가장 많은 국가는 D국이다.
⑤ 획득한 은메달 수가 많은 국가부터 순서대로 나열하면 C, B, A, D국 순이다.

정답 및 해설 P. 31~32

03

수치 읽기 문제의
전통적인
함정 유형들

유형 분석

Main Type	Sub Type 1
비와 양의 차이	추론을 활용하는 자료해석 문제

★ Main Type 비와 양의 차이

비와 양의 차이를 활용한 문제는 자료해석에서 가장 광범위하게 자주 출제되는 함정이다. 하나의 수치라도 그것을 비로 나타내는 자료와 양으로 나타내는 자료는 큰 차이가 있다. 가령 100원짜리가 200원이 되었을 때, 100원이 올랐다고 하면 그다지 큰 인상 같지 않지만 100%가 올랐다고 하면 인상폭이 커 보인다. 올라간 비용은 같지만 그것을 비로 표현하느냐 양으로 표현하느냐에 따라 다른 느낌을 주는 만큼, 자료해석에서는 심심치 않게 나오는 함정이 된다.

다음은 1998년과 2011년 부부 중 부인에게 가사분담에 대한 의견을 질문한 결과 중 일부를 나타낸 [표]이다. 이 [표]에서 추론 가능한 해석은?

[표] 가사분담에 대한 설문결과 (단위: %)

구분	함께 사는 부부 중 부인	부인이 주도	부인 전적 책임	부인 주로 남편 분담	공평하게 분담	남편이 주도	남편 주로 부인 분담	남편 전적 책임
1998년	100.0	92.0	44.9	47.1	5.8	2.2	2.0	0.2
2011년	100.0	88.9	37.9	51.0	8.1	3.0	2.5	0.5

① 1998년에 비해 2011년 남성과 여성은 모두 가사분담을 공평하게 분담해야 한다는 의견이 증가했다.
② 1998년에 비해 2011년 가사분담을 부인이 전적으로 책임을 져야 한다고 생각하는 부인의 수는 감소했다.
③ 1998년에 비해 2011년 가사분담을 부인이 주로 하고 남편이 분담해야 한다는 부인의 비율은 증가했다.
④ 1998년에 비해 2011년 가사분담을 남편이 전적으로 책임을 져야 한다고 생각하는 남편의 수는 증가했다.
⑤ 시간이 지날수록 남녀평등에 대한 요구는 높아져 갈 것이다.

자료해석에서는 당연히 추론에 의한 해석은 금지되어 있다. 하지만 숫자를 활용해서 '반드시' 추론을 한다면 그것은 답으로 연결될 수도 있을 것이다. 대표적으로는 이상과 이하에 대한 추론이 그렇다.

정답 및 해설 P. 32

다음 [표]와 [그래프]는 2002년과 2012년 '갑'국의 국적별 외국인 방문객에 관한 자료이다. 이에 대한 설명으로 옳은 것은?

[표] 외국인 방문객 현황 (단위: 명)

연도	2002년	2012년
외국인 방문객 수	5,347,468	9,794,796

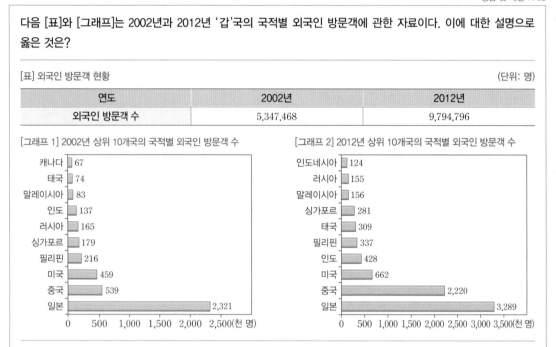

[그래프 1] 2002년 상위 10개국의 국적별 외국인 방문객 수

[그래프 2] 2012년 상위 10개국의 국적별 외국인 방문객 수

① 미국인, 중국인, 일본인 방문객 수의 합은 2012년이 2002년의 2배 이상이다.

② 2002년 대비 2012년 미국인 방문객 수의 증가율은 말레이시아인 방문객 수의 증가율보다 높다.

③ 전체 외국인 방문객 중 중국인 방문객 비중은 2012년이 2002년의 3배 이상이다.

④ 2002년 외국인 방문객 수 상위 10개국 중 2012년 외국인 방문객 수 상위 10개국에 포함되지 않은 국가는 2개이다.

⑤ 인도네시아인 방문객 수는 2002년에 비해 2012년에 55,000명 이상 증가하였다.

1단계	2단계	3단계
비중표나 순위표와 같이 특정한 함정이 나오기에 적합한 자료인지 검토	비중표가 나오면 선택지 가운데에 비와 양의 차이를 활용한 문제 체크	순위표가 나오면 선택지 가운데에 추론을 활용하는 문제 체크

1단계 | 실제 함정들은 문제를 풀어가며 만나게 되지만, 사실 표의 성격에서 이미 이런 함정들이 포함되어 있기 쉬운 경향성은 있다. 비중에 대한 이야기만 나온 표나 그래프에서는 이 비와 양의 차이를 물어보기 쉽고, 순위표에서는 추론을 활용하기가 쉽기 때문이다. 따라서 표의 성격을 우선 분류하고, 함정이 묻혀 있기 좋은 형식의 표라면 주의 깊게 접근해야 한다.

2단계 | 비중표는 반드시 서로 어긋나는 비중을 비교하는 문제가 나올 것이라 생각해야 한다. 비중이라고 무조건 비교를 못하는 것이 아니라, 분모를 모르기 때문에 비교를 못하는 것이라 생각하고 분모를 모를 경우에만 모름으로 표시를 해야 할 것이다.

3단계 | 순위표가 나오면 마지막 순위와 순위권에 들지 못한 경계에서 문제가 발생하게 되어 있다. 선택지에서 이 부분을 언급한 것이 있나 주의 깊게 보면서 함정을 조심하자.

SKILL ① 비와 양의 차이

비중만 주어진 자료에서 양적인 비교는 불가능하다. 하지만 그런 부분을 혼동하기 쉽기 때문에 자료해석 문제에서는 상당히 자주 출제하는 함정이 된다.

예를 들어 2010년에 A쇼핑몰은 업계 매출에서 차지하는 매출 비중이 전체의 20%였다. 그런데 2018년에 A쇼핑몰은 이 비중이 30%가 되었다. 그렇다면 A쇼핑몰은 성장을 한 것일까? 경제에 희망적인 비전을 가지고 본다면 이런 식으로 해석되면 참 좋겠지만, 안타깝게도 반드시 그렇지는 않다. 2010년 업계 전체 매출이 100이었다고 하면 이중 20%는 20이 될 것이다. 그런데 2018년에는 업계 자체가 쪼그라들어 전체 매출이 50밖에 안된다고 하면, A의 매출은 15가 된다. 그렇다면 A의 매출도 줄어든 것이다. 업계에서 차지하는 비중은 커졌지만, 쇼핑몰 자체가 성장했다고 보기는 어렵다. 이것이 바로 비와 양의 차이를 이용한 함정이다.

비중으로만 주어진 수치는 양적으로는 비교가 힘든 경우가 많다. 그런데 분모를 같은 것으로 전제하고 그냥 이 수치를 비교해 버리는 경우가 종종 있다. 이런 경우를 예방하기 위해서는 다음과 같이 생각하면 좋다.

1) 선택지에서 비중끼리 비교하는 것은 일단 의심해야 한다.
2) 표나 그래프가 비중만 주어진 자료라면 비와 양의 차이를 이용한 함정이 나올 것이라고 아예 생각하고 있자.

그런데 비에 대한 자료는 무조건 양적인 비교가 불가능한 것은 아니다. 다음과 같은 경우에는 비에 대한 비교가 곧 양에 대한 비교로 이어질 수 있다.

> ❶ 같은 연도라든가, 같은 분모를 공유한 비일 때
> ❷ 분모의 수치가 따로 주어져 있으면 계산을 통해 비교 가능

1 같은 연도라든가, 같은 분모를 공유한 비일 때

다음과 같은 자료를 상정해 보자.

[표] (가)~(다) 업체의 업계 매출 비중

구분	(가) 업체	(나) 업체	(다) 업체
2017년	33%	25%	19%
2018년	32%	20%	17%

┤보기├

ㄱ. (가)업체는 2017년에 비해 2018년에는 매출 성장을 기록했다.

ㄴ. (나)업체는 2018년에 (다)업체보다 더 많은 매출을 기록했다.

ㄱ은 33%와 32%라 큰 차이가 없어 보이지만, 2017년과 2018년의 전체 매출을 모르기 때문에 적절하지 않은 진술이다. 틀린 것이 아니라 정확하게는 알 수 없는 진술이 되는 것이다.

그런데 ㄴ은 비중을 비교하기는 하는데, 이 경우에는 분모가 모두 2018년의 매출이기 때문에 같은 분모에서라면 20%가 17%보다 양적으로도 많은 것이다. 그래서 ㄴ은 맞는 진술이 된다.

2 분모의 수치가 따로 주어져 있으면 계산을 통해 비교 가능

위의 표에서 매출이 주어져 있는 경우에는 이야기가 또 달라진다.

[표] (가)~(다) 업체의 업계 매출 비중

구분	업계 매출액	(가) 업체	(나) 업체	(다) 업체
2017년	1,000	33%	25%	19%
2018년	1,200	32%	20%	17%

┤보기├

ㄷ. (다)업체는 2017년에 비해 2018년에는 매출이 감소했다.

이때 업계 매출액이 없다면 다른 연도의 비중 비교는 무의미하지만, 다시 주어진 표에서는 연도별 업계 매출액이 따로 주어져 있기 때문에 이 비교가 가능해진다. 2017년 (다)업체는 1,000×0.19이므로 190이 된다. 그런데 2018년에는 1,200×0.17이므로 204가 된다. 그렇다면 2018년에 매출성장을 이룩했다는 얘기다.

이렇게 직접 계산을 통해 비중을 실제 양적인 수치로 바꿀 수 있다면, 비중 비교도 의미가 있게 된다.

다음 [표]는 2013년 11월 7개 도시의 아파트 전세가격 지수 및 전세수급 동향 지수에 대한 자료이다. 이에 관한 [보기]의 설명 중 옳은 것만을 모두 고르면?

[표] 아파트 전세가격 지수 및 전세수급 동향 지수

지수 도시	면적별 전세가격 지수			전세수급 동향 지수
	소형	중형	대형	
서울	115.9	112.5	113.5	114.6
부산	103.9	105.6	102.2	115.4
대구	123.0	126.7	118.2	124.0
인천	117.1	119.8	117.4	127.4
광주	104.0	104.2	101.5	101.3
대전	111.5	107.8	108.1	112.3
울산	104.3	102.7	104.1	101.0

※ 1) 2013년 11월 전세가격 지수 = $\dfrac{2013년\ 11월\ 평균\ 전세가격}{2012년\ 11월\ 평균\ 전세가격} \times 100$

2) 전세수급 동향 지수는 각 지역 공인중개사에게 해당 도시의 아파트 전세공급 상황에 대해 부족·적당·충분 중 하나를 선택하여 응답하게 한 후, '부족'이라고 응답한 비율에서 '충분'이라고 응답한 비율을 빼고 100을 더한 값임.
 예: '부족' 응답비율 30%, '충분' 응답비율 50%인 경우 전세수급 동향 지수는 (30−50)+100=80

3) 아파트는 소형, 중형, 대형으로만 구분됨.

─────────────| 보기 |─────────────

ㄱ. 2012년 11월에 비해 2013년 11월 7개 도시 모두에서 아파트 평균 전세가격이 상승하였다.

ㄴ. 중형 아파트의 2012년 11월 대비 2013년 11월 평균 전세가격 상승액이 가장 큰 도시는 대구이다.

ㄷ. 각 도시에서 아파트 전세공급 상황에 대해 '부족'이라고 응답한 공인중개사는 '충분'이라고 응답한 공인중개사보다 많다.

ㄹ. 광주의 공인중개사 중 60% 이상이 광주의 아파트 전세공급 상황에 대해 '부족'이라고 응답하였다.

① ㄱ, ㄴ 　　② ㄱ, ㄷ 　　③ ㄴ, ㄷ 　　④ ㄴ, ㄹ 　　⑤ ㄷ, ㄹ

SKILL ❷　자료해석에도 추론이?

　자료해석은 내용일치 문제일 수밖에 없다. A가 10이고 B가 20이면 B가 A보다 크다는 것은 확인 가능하지만, A가 B보다 큰 이유는 무엇일까 하는 문제에는 객관적으로 맞는 답을 제시하기가 힘들기 때문이다.

　하지만 자료해석에도 약간의 추론이 들어가는 문제들이 있다. 분명히 자료에는 언급이 안 되어 있는데, 이 수치가 추론 가능한 경우다. 순위를 따지는 자료에서 이런 얘기들이 많이 등장할 수 있다.

　예를 들어 다음은 A~F국의 인구순위다.

구분	2018년		2019년	
1위	B	2억 3천	B	2억 4천
2위	E	1억 8천	E	1억 8천
3위	C	1억 2천	C	1억 3천
4위	A	7천 4백	A	7천 7백
5위	D	5천 3백	F	5천 2백

　이 표를 보고 2018년에 비해 2019년에 D국의 인구가 감소했다는 것을 알 수 있을까? 원래라면 2019년 D국의 인구는 아예 알 수가 없다. 자료에 없기 때문이다. 하지만 2019년 5위인 F국이 5천 2백이라면, 순위 안에 들지 못한 D국은 이 수치보다 많을 수는 없다. 그런데 2018년에 5천 3백이었기 때문에 그렇다면 2019년에는 인구가 줄었다는 것을 알 수 있게 된다.

> 순위자료에서 순위 안에 없는 요소의 증감을 이야기할 때는 추론이 가미될 수도 있다.

　반면 F국은 2018년에는 순위 안에 없었는데, 2019년 5위가 되었으므로 인구가 는 것일까? 그렇지는 않다. 2018년 F가 6위였다고 가정하면 5천 3백에서 몇 십 차이로 5위 자리를 D에게 빼앗겨 순위에 들지 않을 수도 있기 때문에 순위가 상승했다고 인구가 늘었다고 가정할 수는 없는 것이다.

다음 [표]는 2015년 '갑'국 공항의 운항 현황을 나타낸 자료이다. 이에 대한 설명 중 옳은 것은?

[표 1] 운항 횟수 상위 5개 공항 (단위: 회)

국내선			국제선		
순위	공항	운항 횟수	순위	공항	운항 횟수
1	AJ	65,838	1	IC	273,866
2	KP	56,309	2	KH	39,235
3	KH	20,062	3	KP	18,643
4	KJ	5,638	4	AJ	13,311
5	TG	5,321	5	CJ	3,567
'갑'국 전체		167,040	'갑'국 전체		353,272

※ 일부 공항은 국내선만 운항함.

[표 2] 전년 대비 운항 횟수 증가율 상위 5개 공항 (단위: %)

국내선			국제선		
순위	공항	증가율	순위	공항	증가율
1	MA	229.0	1	TG	55.8
2	CJ	23.0	2	AJ	25.3
3	KP	17.3	3	KH	15.1
4	TG	16.1	4	KP	5.6
5	AJ	11.2	5	IC	5.5

① 2015년 국제선 운항 공항 수는 7개 이상이다.
② 2015년 KP공항의 운항 횟수는 국제선이 국내선의 1/3 이상이다.
③ 전년 대비 국내선 운항 횟수가 가장 많이 증가한 공항은 MA공항이다.
④ 국내선 운항 횟수 상위 5개 공항의 국내선 운항 횟수 합은 전체 국내선 운항 횟수의 90% 미만이다.
⑤ 국내선 운항 횟수와 전년 대비 국내선 운항 횟수 증가율 모두 상위 5개 안에 포함된 공항은 AJ공항이 유일하다.

다음 주어진 자료를 해석한 것이 Check List다. 이 Check List에서 각각의 진술이 반드시 맞으면 ○, 반드시 틀리면 ×, 그리고 참인지 거짓인지 확실히 알 수 없으면 알 수 없다로 표시해 보자.

01 다음 [표]는 청소년(15~24세)의 혼인에 대한 자료이다. 이에 대한 ㄱ~ㄹ의 설명을 보고, 이것이 ○인지 × 인지 아니면 알 수 없는 것인지 표시해 보자.

[표] 연도별 총혼인 건수 및 청소년 혼인 구성비 (단위: %)

구분	청소년 혼인 구성비			
	남편 기준		아내 기준	
	15~19세	20~24세	15~19세	20~24세
1970년	3.0	25.0	20.9	55.9
1980년	1.7	20.6	9.5	57.5
1990년	0.8	14.7	4.5	48.5
2000년	0.6	7.5	2.5	25.8

※ 청소년 혼인이란 남편 또는 아내가 청소년인 경우를 의미함.

Check List

ㄱ. 1970년 이후 20~24세 청소년 혼인 구성비는 남편 기준과 아내 기준 모두 지속적으로 감소하고 있다.
　(○, ×, 알 수 없다)

ㄴ. 남편 기준 15~19세 청소년 혼인 구성비는 아내 기준 20~24세 청소년 혼인 구성비보다 항상 낮다.
　(○, ×, 알 수 없다)

ㄷ. 1980년 이후 남편 기준 20~24세 청소년의 혼인 건수가 10년 전에 비해 가장 큰 폭으로 감소한 해는
　2000년이다. (○, ×, 알 수 없다)

ㄹ. 1970년에 비하여 2000년에 아내 기준 15~19세 청소년 혼인 구성비는 20%p 이상 감소하였다.
　(○, ×, 알 수 없다)

02 다음 [표]는 노인들의 세대구성에 관한 자료이다. 이에 대한 ㄱ~ㄷ의 설명을 보고, 이것이 ○인지 ×인지 아니면 알 수 없는 것인지 표시해 보자.(단, 65세 이상인 자를 노인으로 본다.)

[표] 65세 이상 인구의 세대구성별 분포 (단위: %)

구분	2000년	2010년	65~69세	70~79세	80세 이상
합계	100.0	100.0	100.0	100.0	100.0
1세대 가구	16.9	28.7	35.5	27.5	12.8
2세대 가구	23.4	23.9	27.3	19.9	26.5
3세대 이상 가구	49.6	30.8	23.2	33.3	45.1
1인 가구	8.9	16.2	13.7	18.9	15.0
비혈연 가구	1.2	0.4	0.3	0.4	0.6

Check List

ㄱ. 3세대 이상 가구가 세대구성 형태 중에서 가장 큰 비중을 차지하고 있다. (○, ×, 알 수 없다)

ㄴ. 2010년 전체 노인가구 중 1인 가구가 차지하는 비중은 2000년에 비해 1.5배 이상 증가하였다.
　　(○, ×, 알 수 없다)

ㄷ. 2010년의 2세대 가구 수는 2000년과 비교해 볼 때 거의 변화가 없는 것으로 보인다. (○, ×, 알 수 없다)

03 다음 [표]는 전 세계에서 남아프리카공화국이 차지하는 광물 보유량의 비중(A) 및 광물 생산량의 비중(B)과 미국의 남아프리카공화국 광물 수입의존도(C)를 나타낸 것이다. 다음 [표]에 근거해서 얻을 수 있는 ㄱ~ ㅁ의 설명을 보고, 이것이 ○인지 ×인지 아니면 알 수 없는 것인지 표시해 보자.

[표] 남아프리카공화국 광물 현황

구분	다이아몬드	백금	크롬	바나듐	망간	우라늄	금
전 세계 광물 보유량 중 남아프리카공화국 광물 보유량(A)	67%	67%	56%	38%	33%	24%	자료 없음
전 세계 광물 생산량 중 남아프리카공화국 광물 생산량(B)	7%	81%	84%	47%	71%	14%	55%
미국의 남아프리카공화국 광물 수입의존도(C)	15%	자료 없음	42%	15%	15%	15%	47%

Check List

ㄱ. 남아프리카공화국은 망간 수출로 가장 많은 수입을 얻는다. (○, ×, 알 수 없다)

ㄴ. 미국은 남아프리카공화국으로부터 가장 많은 다이아몬드를 수입한다. (○, ×, 알 수 없다)

ㄷ. 남아프리카공화국의 금 생산량은 세계에서 가장 많다. (○, ×, 알 수 없다)

ㄹ. 남아프리카공화국이 생산하는 크롬의 반을 미국이 수입한다. (○, ×, 알 수 없다)

ㅁ. 미국이 남아프리카공화국에서 수입하는 망간의 양은 우라늄의 양과 같다. (○, ×, 알 수 없다)

04 다음 [표]는 2001년에서 2010년까지 주요 교통수단별 인구 10만 명당 교통사고 사망자 수를 나타낸 자료이다. ㄱ~ㄹ의 설명을 보고, 이것이 ○인지 ×인지 아니면 알 수 없는 것인지 표시해 보자.(단, 언급되지 않은 연도는 고려하지 않는다.)

[표] 교통수단별 인구 10만 명당 교통사고 사망자 수 변화 추이 (단위: 명)

연도 / 교통수단	2001년	2002년	2004년	2006년	2008년	2009년	2010년
A	31.5	30.0	28.2	25.5	23.3	24.0	24.3
B	24.5	23.5	22.0	21.4	20.0	20.7	21.3
C	14.1	17.0	18.9	19.4	21.6	22.1	24.4
D	4.2	4.5	5.5	6.7	7.3	7.9	8.9
E	1.5	1.7	2.0	2.2	2.1	2.4	4.9
F	5.2	7.2	7.0	6.5	5.3	3.8	5.6
합계	81.0	83.9	83.6	81.7	79.6	80.9	89.4

Check List

ㄱ. C에 의한 사고의 경우 인구 10만 명당 사망자 수는 지속적으로 증가하고 있으며, 2001년과 2010년의 인구 10만 명당 사망자 수의 절대적인 차이는 다른 교통수단에 의한 것보다 크다. (○, ×, 알 수 없다)

ㄴ. 2008년까지 A, B에 의한 교통사고 건수는 점차 감소하는 추세를 보이고 있다. (○, ×, 알 수 없다)

ㄷ. 2001년에 비해서 2010년 인구 10만 명당 사망자 수가 증가한 교통사고는 C, D, E, F에 의한 것이다. (○, ×, 알 수 없다)

ㄹ. 2010년의 교통수단별 교통사고 사망자 중 A에 의한 사망자 수가 가장 많다. (○, ×, 알 수 없다)

정답 및 해설 P. 33

01 다음 [표]들은 우리나라의 20대 이상 성인들을 대상으로 분야별 부패정도와 부패의 원인에 대한 인식을 조사한 것이다. 조사결과를 바르게 해석한 것을 모두 고르면?

[표 1] 분야별 부패정도에 대한 인식 (단위: %)

분야 조사대상	정치권	법조계	행정부	교육계	기타
20, 30대	64.5	15.8	7.3	5.9	6.5
40, 50대	65.2	18.8	4.4	5.6	6.0
60대 이상	60.4	23.6	0.0	6.4	9.6

[표 2] 부패의 원인에 대한 인식 (단위: %)

부패원인 조사대상	저임금	정경유착	상납관행	온정주의	무응답
20, 30대	11.2	44.4	36.0	8.4	0.0
40, 50대	23.6	27.2	40.4	6.4	2.4
60대 이상	54.8	12.4	17.2	15.6	0.0
합계	89.6	84.0	93.6	30.4	2.4

┤보기├

ㄱ. 모든 연령층의 응답자들이 가장 부패했다고 인식하는 분야는 정치권이다.

ㄴ. 다른 연령층에 비해 20, 30대는 정경유착을 부패의 원인이라고 인식하는 비율이 높다.

ㄷ. 위 [표]에 의하면 부패척결을 위해서는 저임금문제를 해결하는 것이 가장 중요하다.

ㄹ. 연령층이 높아질수록 부패의 원인이 온정주의라고 응답한 사람 수가 많아진다.

① ㄱ, ㄴ ② ㄴ, ㄹ ③ ㄱ, ㄴ, ㄷ ④ ㄱ, ㄴ, ㄹ ⑤ ㄱ, ㄷ, ㄹ

02 다음 자료로부터 추론할 수 <u>없는</u> 내용을 모두 고르면?

[표] 지역별 1인당 소매점(음식료품) 매출액 비교

구분	1인당 매출액(원)			상대적비율
	전체	대형점	소형점	(소형점/대형점)
전체 평균	767,824	583,661	184,163	0.316
특별시·광역시 평균	1,016,257	845,199	171,058	0.202
9개 도 평균	534,489	338,017	196,472	0.581
대전광역시	995,200	824,321	170,879	0.207
충청남도	425,053	200,377	224,676	1.121

※ 1인당 매출액=매출액 / 인구수

┤보기├

ㄱ. 대형점에서의 음식료품 1인당 매출액의 경우, 특별시·광역시 평균이 9개 도 평균보다 크다.

ㄴ. 충청남도의 경우 음식료품 1인당 매출액은 소형점이 대형점보다 크다.

ㄷ. 9개도 각각의 인구수만 알면 9개 도 각각의 대형점과 소형점의 매출액을 산정할 수 있다.

ㄹ. 도에 거주하는 소비자는 음식료품을 구입할 때에 대형점보다 소형점에 대한 선호도가 크다.

① ㄷ   ② ㄹ   ③ ㄱ, ㄴ   ④ ㄴ, ㄷ   ⑤ ㄷ, ㄹ

03 다음 [표]는 AIIB(Asian Infrastructure Investment Bank)의 지분율 상위 10개 회원국의 지분율과 투표권 비율에 대한 자료이다. 이에 대한 [보기]의 설명 중 옳은 것만을 모두 고르면?

[표] 지분율 상위 10개 회원국의 지분율과 투표권 비율　　　　　　　　　　　　　　　　　(단위: %)

회원국	지역	지분율	투표권 비율
중국	A	30.34	26.06
인도	A	8.52	7.51
러시아	B	6.66	5.93
독일	B	4.57	4.15
한국	A	3.81	3.50
호주	A	3.76	3.46
프랑스	B	3.44	3.19
인도네시아	A	3.42	3.17
브라질	B	3.24	3.02
영국	B	3.11	2.91

※ 1) 회원국의 지분율(%)= $\dfrac{\text{해당 회원국이 AIIB에 출자한 자본금}}{\text{AIIB에 출자한 자본금}} \times 100$

2) 지분율이 높을수록 투표권 비율이 높아짐.

┤보기├

ㄱ. 지분율 상위 4개 회원국의 투표권 비율을 합하면 40% 이상이다.

ㄴ. 중국을 제외한 지분율 상위 9개 회원국 중 지분율과 투표권 비율의 차이가 가장 큰 회원국은 인도이다.

ㄷ. 지분율 상위 10개 회원국 중에서 A지역 회원국의 지분율 합은 B지역 회원국의 지분율 합의 3배 이상이다.

ㄹ. AIIB에 출자한 자본금 총액이 2,000억 달러라면 독일과 프랑스가 AIIB에 출자한 자본금의 합은 160억 달러 이상이다.

① ㄱ, ㄴ　　　　② ㄴ, ㄷ　　　　③ ㄷ, ㄹ　　　　④ ㄱ, ㄴ, ㄹ　　　　⑤ ㄱ, ㄷ, ㄹ

04 다음 [표]는 세계은행에서 발간하는 국가별 경제·사회적 발전지표 중 4개 국가에 대한 자료이다. 이에 대한 설명으로 옳지 <u>않은</u> 것을 [보기]에서 모두 고르면?

[표 1] 국가별 인구 백만 명당 연구 개발 인력 (단위: 명)

구분	2015년	2016년	2017년	2018년
A	2,193	2,245	2,009	2,160
B	459	479	391	424
C	4,909	4,962	5,160	5,196
D	3,863	4,099	5,012	5,318

[표 2] 국가별 첨단 기술 수출액 (단위: 백만 달러)

구분	2015년	2016년	2017년	2018년
A	27,416	31,182	30,645	41,081
B	15,295	19,788	24,195	28,849
C	100,165	103,159	94,011	103,202
D	140,250	163,944	172,013	181,203

┤보기├

ㄱ. 연구 개발 인력의 수가 가장 많은 국가는 2017년까지 C국이었으나 2018년도에는 D국으로 바뀌었다.

ㄴ. 연도별로 보면 인구 백만 명당 연구 개발 인력의 숫자가 많은 국가순으로 첨단 기술의 수출액도 많다.

ㄷ. C국과 D국은 A국과 B국에 비해 첨단 기술 수출액이 많다.

ㄹ. A국과 C국의 첨단 기술 수출액은 지속적으로 증가하였다.

ㅁ. 2015년 대비 2018년의 첨단 기술 수출액 증가율은 B국이 가장 높다.

① ㄱ, ㄴ   ② ㄷ, ㄹ   ③ ㄱ, ㄴ, ㄹ   ④ ㄴ, ㄷ, ㅁ   ⑤ ㄷ, ㄹ, ㅁ

05 다음 [표]와 [그래프]는 2009~2012년 도시폐기물량 상위 10개국의 도시폐기물량지수와 한국의 도시폐기물량을 나타낸 것이다. 이에 대한 [보기]의 설명 중 옳은 것만을 모두 고르면?

[표] 도시폐기물량 상위 10개국의 도시폐기물량지수

순위	2009년		2010년		2011년		2012년	
	국가	지수	국가	지수	국가	지수	국가	지수
1	미국	12.05	미국	11.94	미국	12.72	미국	12.73
2	러시아	3.40	러시아	3.60	러시아	3.87	러시아	4.51
3	독일	2.54	브라질	2.85	브라질	2.97	브라질	3.24
4	일본	2.53	독일	2.61	독일	2.81	독일	2.78
5	멕시코	1.98	일본	2.49	일본	2.54	일본	2.53
6	프랑스	1.83	멕시코	2.06	멕시코	2.30	멕시코	2.35
7	영국	1.76	프랑스	1.86	프랑스	1.96	프랑스	1.91
8	이탈리아	1.71	영국	1.75	이탈리아	1.76	터키	1.72
9	터키	1.50	이탈리아	1.73	영국	1.74	영국	1.70
10	스페인	1.33	터키	1.63	터키	1.73	이탈리아	1.40

※ 도시폐기물량지수 = $\dfrac{\text{해당 연도 해당 국가의 도시폐기물량}}{\text{해당 연도 한국의 도시폐기물량}}$

[그래프] 한국의 도시폐기물량

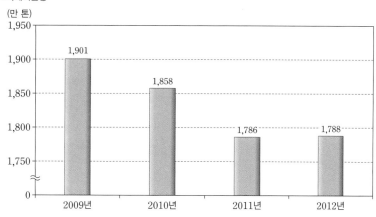

ㄱ. 2012년 도시폐기물량은 미국이 일본의 4배 이상이다.

ㄴ. 2011년 러시아의 도시폐기물량은 8,000만 톤 이상이다.

ㄷ. 2012년 스페인의 도시폐기물량은 2009년에 비해 감소하였다.

ㄹ. 영국의 도시폐기물량은 터키의 도시폐기물량보다 매년 많다.

① ㄱ, ㄷ ② ㄱ, ㄹ ③ ㄴ, ㄷ ④ ㄱ, ㄴ, ㄹ ⑤ ㄴ, ㄷ, ㄹ

정답 및 해설 P. 34

에듀윌이
너를
지지할게
ENERGY

10분 뒤와
10년 후의
자신의 모습을
동시에 생각하라.

– 피터 드러커(Peter Ferdinand Drucker)

그래프 읽기:
추세 읽기

PART

그래프 의미 파악하기

STEP
01

유형 분석

Main Type	Sub Type 1	Sub Type 2
일반적인 그래프 읽기	특수한 그래프 읽기	낯선 그래프의 규칙 익혀 적용하기

★ Main Type | 일반적인 그래프 읽기

일반적인 그래프의 종류로 자료해석의 3대 그래프라고 할 수 있는 막대그래프, 꺾은선그래프, 원그래프를 들 수 있다. 일반적인 만큼 문제에서 계속 출제되는 그래프이므로, 친숙하게 자주 볼 수 있는 그래프이다. 당연히 이런 그래프를 읽는 것은 글자를 읽는 것만큼 자연스럽게 이루어지도록 연습을 해야 할 것이며, 사실 그래프 문제에 함정이 있다면 어렵고 낯선 그래프보다는 익숙한 그래프 안에 함정을 감춰 놓을 여지가 많다.

다음 [표]와 [그래프]는 2008~2016년 A국의 국세 및 지방세에 관한 자료이다. 이에 대한 설명으로 옳지 <u>않은</u> 것은?

[표] 국세 및 지방세 징수액과 감면액

(단위: 조 원)

구분	연도	2008년	2009년	2010년	2011년	2012년	2013년	2014년	2015년	2016년
국세	징수액	138	161	167	165	178	192	203	202	216
	감면액	21	23	29	31	30	30	33	34	33
지방세	징수액	41	44	45	45	49	52	54	54	62
	감면액	8	10	11	15	15	17	15	14	11

[그래프] 국세 및 지방세 감면율 추이

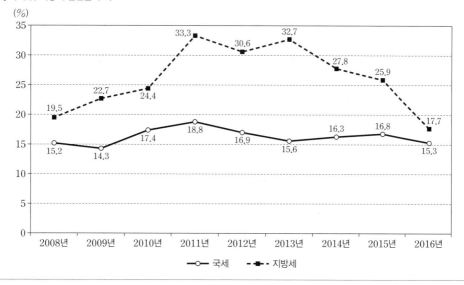

① 감면액은 국세가 지방세보다 매년 많다.

② 감면율은 지방세가 국세보다 매년 높다.

③ 2008년 대비 2016년 징수액 증가율은 국세가 지방세보다 높다.

④ 국세 징수액과 지방세 징수액의 차이가 가장 큰 해에는 국세 감면율과 지방세 감면율의 차이도 가장 크다.

⑤ 2014~2016년 동안 국세 감면액과 지방세 감면액의 차이는 매년 증가한다.

특수한 그래프라고는 하지만 아주 이상한 그래프라기보다는 위에서 언급한 3대 그래프 안에 들지 않은 그래프들을 말한다. 특수한 그래프라고 해서 어려울 것 같지만 사실 이 그래프들은 그래프를 읽는 것 자체가 문제의 핵심이기 때문에 그래프의 의미만 파악한다면 오히려 쉽게 풀리는 문제가 된다.

정답 및 해설 P. 35

다음 [그래프]는 주요국(한국, 미국, 일본, 프랑스)이 화장품산업 경쟁력 4대 분야에서 획득한 점수에 대한 자료이다. 이에 대한 설명으로 옳은 것은?

[그래프] 주요국의 화장품산업 경쟁력 4대 분야별 점수

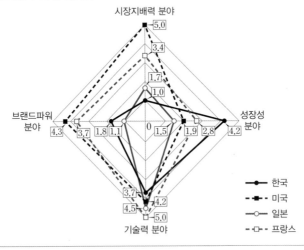

① 기술력 분야에서는 한국의 점수가 가장 높다.
② 성장성 분야에서 점수가 가장 높은 국가는 시장지배력 분야에서도 점수가 가장 높다.
③ 브랜드파워 분야에서 각국이 획득한 점수의 최댓값과 최솟값의 차이는 3 이하이다.
④ 미국이 4대 분야에서 획득한 점수의 합은 프랑스가 4대 분야에서 획득한 점수의 합보다 크다.
⑤ 시장지배력 분야의 점수는 일본이 프랑스보다 높지만 미국보다는 낮다.

낯선 그래프라고 말할 수도 있고, 문제에서 주는 그냥 새로운 규칙일 수도 있다. 문제에서 주는 규칙을 잘 익혀서 그것을 도식화하는 문제인데, 중요한 것은 새로운 규칙을 빠른 시간 안에 익히는 문제이해력이라고 할 수 있다.

정답 및 해설 P. 35

다음 [그래프]는 아래 [규칙]에 따라 2에서 10까지의 서로 다른 자연수의 관계를 나타낸 것이다. 이때 '가', '나', '다'에 해당하는 수의 합은?

[그래프]

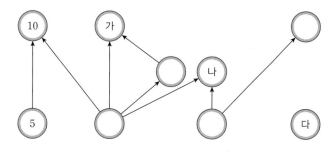

|규칙|

○ [그래프]에서 2에서 10까지의 자연수는 ◯ 안에 한 개씩만 사용되고, 사용되지 않는 자연수는 없다.

○ 2에서 10까지의 서로 다른 임의의 자연수 3개를 x, y, z라고 할 때,

　− ⓧ ⟶ ⓨ는 y가 x의 배수임을 나타낸다.

　− 화살표로 연결되지 않은 ⓩ는 z가 x, y와 약수나 배수 관계가 없음을 나타낸다.

① 20　　　　② 21　　　　③ 22　　　　④ 23　　　　⑤ 24

STEP 02 문제 해결방법

1단계
주어진 그래프가 익숙한 것인지 낯선 것인지 파악

2단계
익숙한 4대 그래프 중의 하나라면 읽고, 함정에 주의

3단계
낯선 그래프지만 아는 그래프라면 주의 깊게 읽음

4단계
처음 보는 그래프라면 그래프를 읽는 방법을 익힘

1단계 | 그래프가 익숙한 것인지, 낯설지만 몇 번 본 것인지, 아예 처음 본 것인지를 구분한다.

2단계 | 꺾은선그래프, 막대그래프, 원그래프, 비중+막대 그래프 중 하나라면 어렵지 않게 접근하면 되는데, 이때 단서 조항이나 숨겨진 조건들이 따로 없는지 주의 깊게 체크한다.

3단계 | 자주 나오는 것은 아니지만 몇 번 봐서 알고 있는 그래프라면 각 그래프들의 읽는 방법의 특징을 기억하고 주의 깊게 적용한다.

4단계 | 태어나 처음 보는 낯선 그래프라면 축이 뜻하는 바를 정확히 알고, 각각 그 기준축으로 움직이는 것이 어떤 것인지 파악한다. 그래프 읽는 방법을 정확히 숙지하라는 말이다.

SKILL ❶ 자료해석 4대 그래프 익히기

그래프 문제에서 가장 많이 나오는 그래프는 다음의 4가지다.

❶ 꺾은선그래프
❷ 막대그래프
❸ 원그래프
❹ 비중 막대그래프

이 그래프들은 그냥 나오는 것이 아니라 각자 강조점들이 있다. 각 그래프에 특화된 수치들이 있는데 그 수치들을 강조해서 보여 주고 싶을 때 저 그래프들을 선택하게 된다. 각 강조점과 그래프들을 연결하면 다음과 같다.

❶ 꺾은선그래프
변화(추세)

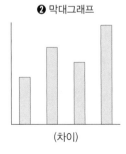
❷ 막대그래프
(차이)

❸ 원그래프
(비중)

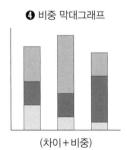
❹ 비중 막대그래프
(차이＋비중)

따라서 문제에 어떤 그래프가 나왔는지에 따라서 선택지에서 어떤 것을 중점적으로 물어볼지가 어느 정도 정해져 있는 것이나 마찬가지다. 아무래도 중점을 둔 수치에 더 집중할 여지가 있으니 답을 찾을 때도 그런 부분에서 함정이 없는지, 잘못된 부분이 없는지 주의를 기울이면 조금 더 쉽게 답을 찾을 확률이 있다.

정답 및 해설 P. 35

다음 [표]는 성별에 따른 2008년도 국가별 암 발생률에 대한 자료이다. 이에 근거하여 정리한 것 중 옳지 <u>않은</u> 것은?

[표 1] 국가별 암 발생률(남자) (단위: 명)

한국		일본		미국		영국	
위	63.8	위	46.8	전립선	83.8	전립선	62.1
폐	46.9	대장	41.7	폐	49.5	폐	41.6
대장	45.9	폐	38.7	대장	34.1	대장	36.2
간	38.9	전립선	22.7	방광	21.1	방광	13.0
전립선	23.0	간	17.6	림프종	16.3	림프종	12.0
기타	95.7	기타	79.8	기타	130.2	기타	115.9
합계	314.2	합계	247.3	합계	335.0	합계	280.8

※ 암 발생률: 특정기간 동안 해당 집단의 인구 10만 명당 새롭게 발생한 암 환자 수

[표 2] 국가별 암 발생률(여자) (단위: 명)

한국		일본		미국		영국	
갑상선	68.6	유방	42.7	유방	76.0	유방	87.9
유방	36.8	대장	22.8	폐	36.2	대장	23.7
위	24.9	위	18.2	대장	25.0	폐	23.5
대장	24.7	폐	13.3	자궁 체부	16.5	난소	12.8
폐	13.9	자궁 경부	9.8	갑상선	15.1	자궁 체부	11.1
기타	72.7	기타	60.8	기타	105.6	기타	90.5
합계	241.6	합계	167.6	합계	274.4	합계	249.5

① 성별에 따른 국가별 암 발생률의 합계

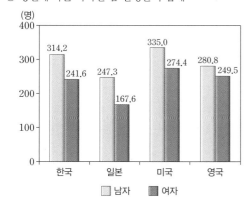

② 국가별 여성 유방암 발생자 수

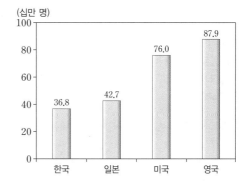

③ 한국의 성별 암 발생률

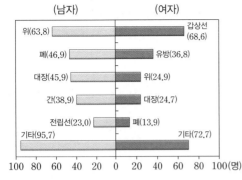

④ 한국 남성과 일본 남성의 암 발생률

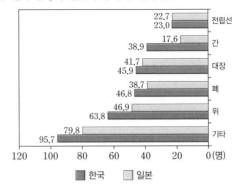

⑤ 한국 여성의 암 발생률의 구성비

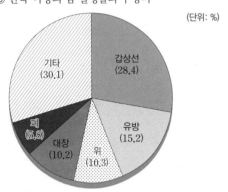

(단위: %)

 SKILL ❷　**자주 나오는 특수그래프의 종류**

　특수한 그래프 중에서도 자료해석에서 자주 나오는 형태의 그래프들이 있다. 이런 그래프들은 그 그래프를 효과적으로 읽는 방법을 어느 정도 알아 놓으면 선택지에 빨리 접근할 수 있다. 사실 자료해석 문제들이 굉장히 다양해 보이지만 따지고 보면 그래프의 종류는 많지 않고 앞서 언급한 자료해석 4대 그래프를 제외한 특수한 형태의 그래프들 중에서는 다음의 4개 정도가 자주 보이는 그래프들이다.

❶ 일정 척도에서 위치를 나타내는 점그래프
❷ 위치와 양을 같이 나타내는 물방울그래프
❸ 두 변량의 비교그래프
❹ 방사형그래프

이 그래프들 역시 그 나름의 특징이 있기 때문에 나름 읽는 방법이나 핵심이 되는 요소들은 정해져 있다.

1 일정 척도에서 위치를 나타내는 점그래프

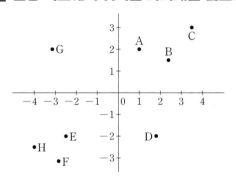

→ 요소 사이의 상대적인 관계들이나 전체적인 비례와 반비례 관계를 판단하기에 좋다. 전체적인 상관관계를 따지기도 하는데, 이 그래프 상에 산포되어 있으면 뚜렷한 비례나 반비례 관계가 없다고 판단한다.

2 위치와 양을 같이 나타내는 물방울그래프

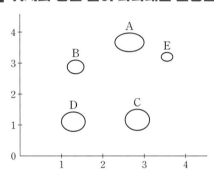

→ 요소 사이의 상대적인 관계와 구체적인 수치의 양까지 같이 나타내기에 좋다. 물방울의 크기가 주로 양에 해당을 하는데, 따라서 물방울의 크기를 참고하여 계산하는 계산 문제와 더불어 많이 출제되고, 공식을 주고 그 공식에 맞춰 계산을 하는 식으로 변형 문제들이 등장을 한다.

3 두 변량의 비교그래프

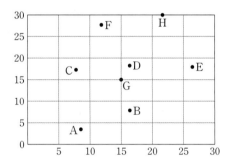

→ 축과 축의 변량을 비교하게 된다. 가령 주어진 그래프에서 A는 가로축상에서는 9정도인데, 세로축상에서는 3.5 정도이다. 이런 류의 그래프들은 같은 수치가 되는 지점, 그러니까 (5, 5), (10, 10), (15, 15)를 죽 잇는 보조선을 긋고 그 아래 부분과 윗부분으로 나누어 생각하면 좋은 경우가 많다. 아래 부분은 가로축 수치보다 세로축 수치가 작은 것들, 반대로 윗부분은 가로축 수치보다 세로축 수치가 큰 것들이라고 분류할 수 있다. 그리고 각 점에서 보조선에 수직으로 선을 그어서 그 선이 제일 긴 것이, 값과 값의 차이가 가장 크게 난다고 말할 수 있다.

4 방사형그래프

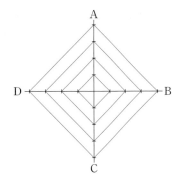

→ A~D에 맞춰 수치들을 그으면, 즉 각 요소들의 수치에 따라 표시를 하고 그것을 연결하면 이 방사형그래프 안에서 하나의 폐각형이 나오게 된다. 그 폐각형의 수치에 따라 어느 쪽으로 쏠려 있는가를 보고 전체적인 판단을 하게 되는 문제다. 가령 주어진 그래프가 축구선수의 기량을 나타내고, A는 슛, B는 드리블, C는 태클, D는 몸싸움이라고 할 경우, C, D쪽으로 폐각형이 쏠려 있으면 그 선수는 수비형 선수고, 반대로 A, B쪽으로 폐각형의 크기가 많이 쏠려 있으면 그 선수는 공격형 선수가 된다고 볼 수 있다.

정답 및 해설 P. 35~36

다음 [그래프]는 외식업체 구매담당자들의 공급업체 유형별 신선편이농산물 속성에 대한 선호도 평가 결과이다. 이를 바탕으로 작성된 [보고서]의 내용 중 옳은 것을 모두 고르면?

[그래프 1] 공급업체 유형별 신선편이농산물의 가격적정성·품질 선호도 평가

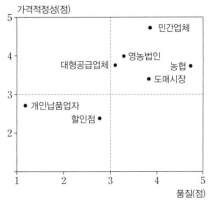

[그래프 2] 공급업체 유형별 신선편이농산물의 위생안전성·공급력 선호도 평가

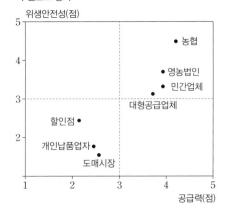

※ 1) 점선은 각 척도(1~5점)의 중간값을 표시함.
   2) 각 속성별로 축의 숫자가 클수록 선호도가 높음을 의미함.

──────| 보고서 |──────

소비자의 제품 구입 의도는 제품에 대한 선호도에 의해 결정되므로 개별 속성에 대한 소비자의 인식을 파악하는 것이 중요하다. 신선편이농산물의 주된 소비자인 외식업체 구매담당자들을 대상으로 신선편이농산물의 네 가지 속성(가격적정성, 품질, 위생안전성, 공급력)에 의거하여 공급업체 유형별 선호도를 측정하였다. 그 결과를 바탕으로 두 가지 속성씩(가격적정성·품질, 위생안전성·공급력) 짝지어 공급 업체들에 대한 선호도 분포를 2차원 좌표평면에 표시하였다.

이를 보면, ㉠ 외식업체 구매담당자들은 가격적정성과 품질 속성에서 각각 민간업체를 농협보다 선호하였다. ㉡ 네 가지 모든 속성에서 척도 중간값(3점) 이상의 평가를 받은 공급업체 유형은 총 네 개였고, ㉢ 특히 농협은 가격적정성, 품질, 공급력 속성에서 가장 선호도가 높았다. ㉣ 할인점은 공급력 속성에서 가장 낮은 선호도를 보인 공급업체 유형으로 나타났다. ㉤ 개인 납품업자는 네 가지 속성 각각에서 가장 낮은 선호도를 보였다.

① ㄱ, ㄷ　　　　② ㄴ, ㄹ　　　　③ ㄱ, ㄷ, ㅁ　　　　④ ㄴ, ㄷ, ㄹ　　　　⑤ ㄴ, ㄹ, ㅁ

다음 주어진 자료들은 각각 어떤 그래프인가 생각해 보고 표시해 보자. (복합적이면 두 개를 표시해도 된다)

01 다음 그래프의 종류는?

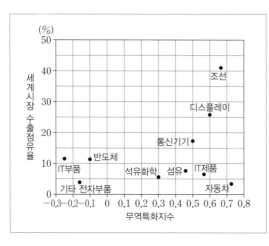

- □ 1) 꺾은선그래프
- □ 2) 막대그래프
- □ 3) 원그래프
- □ 4) 비중 막대그래프
- □ 5) 일정 척도에서 위치를 나타내는 점그래프
- □ 6) 위치와 양을 같이 나타내는 물방울그래프
- □ 7) 두 변량의 비교그래프
- □ 8) 방사형그래프

02 다음 그래프의 종류는?

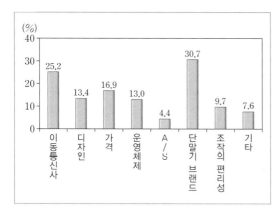

- □ 1) 꺾은선그래프
- □ 2) 막대그래프
- □ 3) 원그래프
- □ 4) 비중 막대그래프
- □ 5) 일정 척도에서 위치를 나타내는 점그래프
- □ 6) 위치와 양을 같이 나타내는 물방울그래프
- □ 7) 두 변량의 비교그래프
- □ 8) 방사형그래프

03 다음 그래프의 종류는?

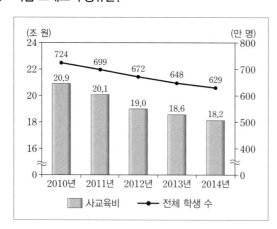

☐ 1) 꺾은선그래프

☐ 2) 막대그래프

☐ 3) 원그래프

☐ 4) 비중 막대그래프

☐ 5) 일정 척도에서 위치를 나타내는 점그래프

☐ 6) 위치와 양을 같이 나타내는 물방울그래프

☐ 7) 두 변량의 비교그래프

☐ 8) 방사형그래프

04 다음 그래프의 종류는?

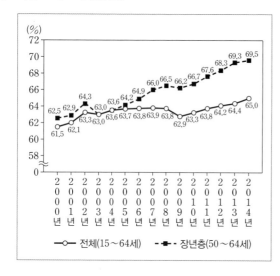

☐ 1) 꺾은선그래프

☐ 2) 막대그래프

☐ 3) 원그래프

☐ 4) 비중 막대그래프

☐ 5) 일정 척도에서 위치를 나타내는 점그래프

☐ 6) 위치와 양을 같이 나타내는 물방울그래프

☐ 7) 두 변량의 비교그래프

☐ 8) 방사형그래프

05 다음 그래프의 종류는?

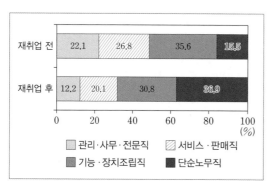

☐ 1) 꺾은선그래프

☐ 2) 막대그래프

☐ 3) 원그래프

☐ 4) 비중 막대그래프

☐ 5) 일정 척도에서 위치를 나타내는 점그래프

☐ 6) 위치와 양을 같이 나타내는 물방울그래프

☐ 7) 두 변량의 비교그래프

☐ 8) 방사형그래프

06 다음 그래프의 종류는?

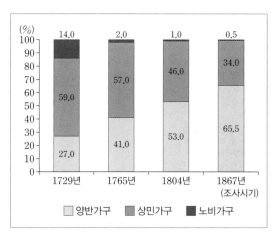

- □ 1) 꺾은선그래프
- □ 2) 막대그래프
- □ 3) 원그래프
- □ 4) 비중 막대그래프
- □ 5) 일정 척도에서 위치를 나타내는 점그래프
- □ 6) 위치와 양을 같이 나타내는 물방울그래프
- □ 7) 두 변량의 비교그래프
- □ 8) 방사형그래프

07 다음 그래프의 종류는?

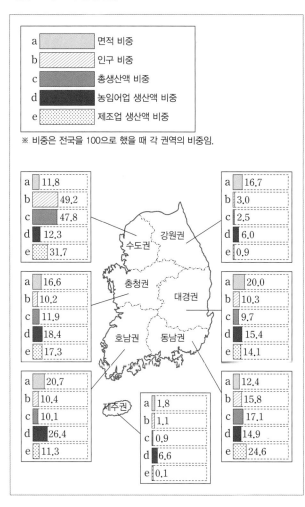

- □ 1) 꺾은선그래프
- □ 2) 막대그래프
- □ 3) 원그래프
- □ 4) 비중 막대그래프
- □ 5) 일정 척도에서 위치를 나타내는
  점그래프
- □ 6) 위치와 양을 같이 나타내는 물방울
  그래프
- □ 7) 두 변량의 비교그래프
- □ 8) 방사형그래프

08 다음 그래프의 종류는?

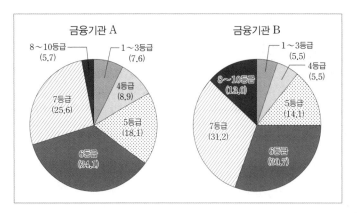

□ 1) 꺾은선그래프

□ 2) 막대그래프

□ 3) 원그래프

□ 4) 비중 막대그래프

□ 5) 일정 척도에서 위치를 나타내는 점그래프

□ 6) 위치와 양을 같이 나타내는 물방울그래프

□ 7) 두 변량의 비교그래프

□ 8) 방사형그래프

정답 및 해설 P. 36

STEP 04 실전 문제

01 다음 [그래프]는 1982~2004년 동안 전년 대비 경제성장률과 소득분배 간의 관계를 나타낸 것이다. 이에 대한 [보기]의 설명 중 옳은 것을 모두 고르면?

[그래프] 전년 대비 경제성장률과 소득분배 변화 추이

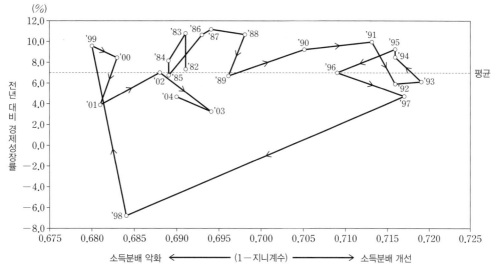

※ 평균: 조사기간 중 전년 대비 경제성장률의 평균값

┤보기├

ㄱ. 1990~1997년의 지니계수 평균값은 0.3 이하이다.

ㄴ. 1988~1992년 동안 전년 대비 경제성장률이 전년에 비해 감소한 연도에는 소득분배도 전년에 비해 악화되었다.

ㄷ. 조사기간 동안 전년 대비 경제성장률이 가장 높은 연도는 1999년이다.

ㄹ. 1999년에는 1998년에 비해 전년 대비 경제성장률이 높아졌지만 소득분배는 악화되었다.

ㅁ. 1997년 외환위기 이전까지는 전년 대비 경제성장률이 평균보다 높게 유지되었고 소득분배도 지속적으로 개선되었다.

① ㄱ, ㄹ   ② ㄴ, ㄷ   ③ ㄱ, ㄷ, ㄹ   ④ ㄱ, ㄷ, ㅁ   ⑤ ㄴ, ㄹ, ㅁ

02 다음 [그래프]는 국내 7개 시중은행의 경영통계(총자산, 당기순이익, 직원 수)를 나타낸 그래프이다. 이에 대한 [보기]의 설명으로 옳은 것을 모두 고르면?

[그래프] 국내 7개 시중은행의 경영통계

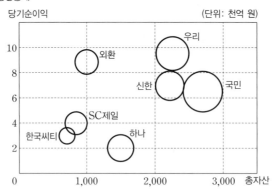

※ 1) 원의 면적은 직원 수와 정비례함.
   2) 직원 수는 한국씨티은행(3,000명)이 가장 적고, 국민은행(18,000명)이 가장 많음.
   3) 각 원의 중심 좌표는 총자산(X축)과 당기순이익(Y축)을 각각 나타냄.

┤보기├

ㄱ. 직원 1인당 총자산은 한국씨티은행이 국민은행보다 많다.

ㄴ. 총자산순이익률(= $\dfrac{당기순이익}{총자산}$)이 가장 낮은 은행은 하나은행이고, 가장 높은 은행은 외환은행이다.

ㄷ. 직원 1인당 당기순이익은 신한은행이 외환은행보다 많다.

ㄹ. 당기순이익이 가장 많은 은행은 우리은행이고, 가장 적은 은행은 한국씨티은행이다.

① ㄱ, ㄴ   ② ㄱ, ㄹ   ③ ㄴ, ㄷ   ④ ㄷ, ㄹ   ⑤ ㄱ, ㄴ, ㄹ

03 A연구소는 해외 바이어와 국내 수출기업을 대상으로 국산 제품의 경쟁요소별 강점과 약점에 대한 설문조사를 실시하였다. 다음 [그래프]는 이 설문조사 결과로부터 도출한 경쟁요소별 경쟁력 지수를 나타낸 것이다. 이 [그래프]에 대한 분석 중 적절한 것을 [보기]에서 모두 고르면?

[그래프] 국산 제품의 경쟁요소별 경쟁력 지수

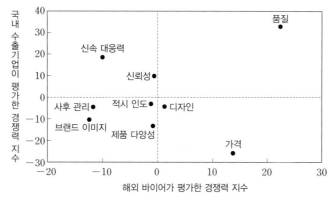

※ 경쟁력 지수는 강점이라고 평가한 응답자의 백분율에서 약점이라고 평가한 응답자의 백분율을 뺀 값임.

┤보기├

ㄱ. 품질에 대하여 해외 바이어의 약 22%가 강점이라고 평가하였다.

ㄴ. 해외 바이어가 평가한 경쟁력 지수와 국내 수출기업이 평가한 경쟁력 지수 간의 차이가 가장 큰 것은 가격이다.

ㄷ. 제품 다양성에 대하여 해외 바이어보다 국내 수출기업의 평가가 상대적으로 더 좋은 것으로 나타나고 있다.

ㄹ. 디자인과 가격은 국내 수출기업보다 해외 바이어가 평가한 경쟁력 지수가 더 높다.

ㅁ. 국내 수출기업은 신속 대응력과 신뢰성을 약점이라고 평가하는 반면에 해외 바이어는 강점이라고 평가하였다.

① ㄱ, ㄷ   ② ㄱ, ㅁ   ③ ㄴ, ㄹ   ④ ㄷ, ㄹ   ⑤ ㄴ, ㅁ

04 다음 [그래프]는 2021년 어느 회사에서 판매한 전체 10가지 제품유형(A~J)의 수요예측치와 실제수요의 관계를 나타낸 자료이다. 이에 대한 설명 중 옳은 것은?

[그래프] 제품유형별 수요예측치와 실제수요

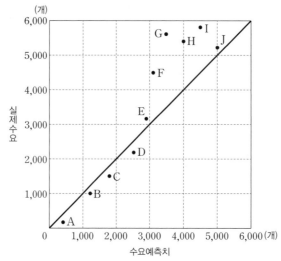

※ 수요예측 오차=|수요예측치−실제수요|

① 수요예측 오차가 가장 작은 제품유형은 G이다.

② 실제수요가 큰 제품유형일수록 수요예측 오차가 작다.

③ 수요예측치가 가장 큰 제품유형은 실제수요도 가장 크다.

④ 실제수요가 3,000개를 초과한 제품유형 수는 전체 제품유형수의 50% 이하이다.

⑤ 실제수요가 3,000개 이하인 제품유형은 각각 수요예측치가 실제수요보다 크다.

05 다음은 4개 국가(A, B, C, D)의 연도별 인구증가율과 상수접근율의 도·농 간 비교를 [그래프]로 나타낸 것이다. 이 자료에 대한 설명으로 옳은 것끼리 짝지어진 것은?

[그래프] 국가별 인구증가율과 상수접근율

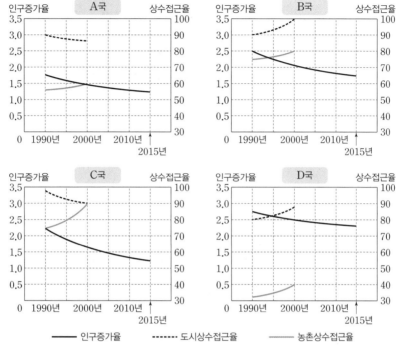

── 인구증가율   ······ 도시상수접근율   ── 농촌상수접근율

※ 상수접근율: 총인구 중 안전한 상수공급원에 접근가능한 인구 비율

┤보기├
ㄱ. 각 국가에서 농촌 및 도시의 상수접근율이 상승하고 있다.
ㄴ. 2015년에 인구증가율이 가장 높을 것으로 전망되는 곳은 D국이다.
ㄷ. 2000년을 기준으로 도시와 농촌 간 상수접근율의 차이가 가장 작은 국가는 C국이고 가장 큰 국가는 D국이다.
ㄹ. 인구증가율이 높은 국가일수록 농촌의 상수접근율이 높다.

① ㄱ, ㄴ   ② ㄱ, ㄷ   ③ ㄴ, ㄷ   ④ ㄴ, ㄹ   ⑤ ㄷ, ㄹ

정답 및 해설 P. 36~37

그래프에서 알 수 있는
수치적 정보로
해석하기

유형 분석

Main Type	Sub Type 1	Sub Type 2
그래프에서 찾아내는 계산정보로 해석하기	그래프와 표의 콜라보로 찾아내는 계산정보로 해석하기	그래프에서 잘 나오는 함정의 유형들

★ Main Type   그래프에서 찾아내는 계산정보로 해석하기

그래프에서 주어지는 수치를 활용하여 계산을 통해 문제를 해결하는 유형이다. 사실 그래프는 이렇게 세부적인 수치계산보다는 전체적인 흐름이나 추세 파악을 위해 만들어진 것이다. 그래서 그래프 자체만 나오면 수치 계산에는 불리하다. 그래서 이런 유형의 문제일수록 그래프 내에 구체적인 수치를 써주는 경우가 많다. 그래프에 구체적인 수치가 쓰여 있는 그래프일수록 계산 문제를 포함하고 있다는 것을 인지하고 문제에 접근한다.

다음 [그래프]는 A국의 2012~2017년 태양광 산업 분야 투자액 및 투자건수에 관한 자료이다. 이에 대한 설명으로 옳지 <u>않은</u> 것은?

[그래프] 태양광 산업 분야 투자액 및 투자건수

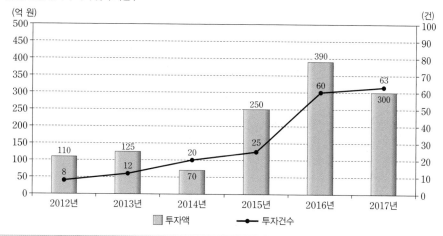

① 2013~2017년 동안 투자액의 전년 대비 증가율은 2016년이 가장 높다.

② 2013~2017년 동안 투자건수의 전년 대비 증가율은 2017년이 가장 낮다.

③ 2012년과 2015년 투자건수의 합은 2017년 투자건수보다 작다.

④ 투자액이 가장 큰 연도는 2016년이다.

⑤ 투자건수는 매년 증가하였다.

그래프와 표의 콜라보로 찾아내는 계산정보로 해석하기

그래프와 표가 같이 주어지는 경우에는 한쪽의 수치를 다른 한쪽의 수치와 곱하는 식으로 찾아가는 문제들이 꽤 많다. 이런 경우 대부분은 한쪽 자료는 분모가 되는 양이고, 다른 한쪽 자료는 그 안에서의 비중이나 증·가감률일 가능성이 많다. 양쪽 수치를 곱해서 구체적인 수치를 찾아내 비교하는 문제들이다.

정답 및 해설 P. 37~38

다음 [표]와 [그래프]는 A지역 2016년 주요 버섯의 도·소매가와 주요 버섯 소매가의 전년 동분기 대비 등락액을 나타낸 자료이다. 이에 대한 [보기]의 설명 중 옳은 것만을 모두 고르면?

[표] 2016년 주요 버섯의 도·소매가 (단위: 원/kg)

구분		1분기	2분기	3분기	4분기
느타리	도매	5,779	6,752	7,505	7,088
	소매	9,393	9,237	10,007	10,027
새송이	도매	4,235	4,201	4,231	4,423
	소매	5,233	5,267	5,357	5,363
팽이	도매	1,886	1,727	1,798	2,116
	소매	3,136	3,080	3,080	3,516

[그래프] 2016년 주요 버섯 소매가의 전년 동분기 대비 등락액

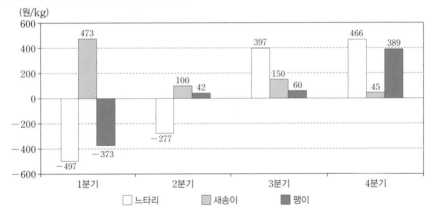

|보기|

ㄱ. 2016년 매 분기 '느타리' 1kg의 도매가는 '팽이' 3kg의 도매가보다 높다.

ㄴ. 2015년 매 분기 '팽이'의 소매가는 3,000원/kg 이상이다.

ㄷ. 2016년 1분기 '새송이'의 소매가는 2015년 4분기에 비해 상승했다.

ㄹ. 2016년 매 분기 '느타리'의 소매가는 도매가의 1.5배 미만이다.

① ㄱ, ㄴ   ② ㄱ, ㄷ   ③ ㄴ, ㄷ   ④ ㄴ, ㄹ   ⑤ ㄷ, ㄹ

★ Sub Type 2 **그래프에서 잘 나오는 함정의 유형들**

그래프 문제의 함정은 표 읽기처럼 빈번하게 나오진 않아도, 한번 나오면 상당히 헷갈린다. 눈으로 표현되다 보니 혹하기 쉬운 것이다. 가장 많이 나오는 것은 증·가감률에 대한 함정이다. 증·가감률의 문제를 이야기한다. 증가율 그래프는 실제로 그래프 상·하향된 것처럼 보여도, 사실은 + 값에 있는 것이기 때문에 실제적으로는 증가한 상태라는 말이다. 세로축이 −로 내려가야 감소한 것이라는 것을 명심하고 풀어야 하는 문제인데, 증·가감률 그래프에서는 종종 함정으로 주어지는 문제 유형이다.

정답 및 해설 P. 38

다음 [그래프]는 세계 소셜광고 시장 현황 및 전망 중 2011~2014년의 전년 대비 시장 규모 성장률에 관한 자료이다. 이에 대한 설명으로 적절하지 <u>않은</u> 것은?

[그래프] 연도별 세계 소셜광고 시장 규모 성장률

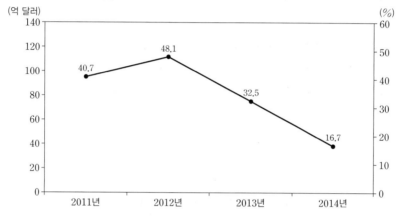

① 2011년은 2010년보다 세계 소셜광고 시장의 규모가 더 커진 것이다.

② 2014년에는 전년 대비 16.7%의 성장률을 보이는데, 전년에는 이것보다 전년 대비 성장률이 높았다.

③ 세계 소셜광고 시장 규모는 2012년에 전년 대비 48.1%의 성장률을 보인다.

④ 2011년에서 2012년에 이르는 동안 세계 소셜광고 시장의 성장세는 지속되었다.

⑤ 세계 소셜광고 시장의 규모는 2013년, 2014년에 전반적으로 감소세에 있다.

문제 해결방법

1단계 그래프로 해결하는 계산 문제인 것을 인지	2단계 공식이나 조건들을 정리	3단계 표의 수치와 연결

4단계 비주얼의 함정이 있는지 체크

1단계 | 그래프를 활용한 계산 문제인지를 체크한다. 그래프와 같이 공식이 주어진다든가 선택지에 수치가 주어지면 보통은 계산 문제다.

2단계 | 비중이나 증가감률처럼 일상적인 계산이 아니라면 각주나 표 밑에 따로 공식이 제시된 경우가 많다. 그리고 그에 관계된 조건들은 또 따로 없는지 체크한다.

3단계 | 표에 주어진 수치를 공식에 넣어서 계산을 하라는 식으로 풀어가는 문제이므로, 표에서 어떤 수치를 찾아야 하는지 정확히 인지한다.

4단계 | 증가감률이나 비중의 그래프에서는 함정이 있을 확률이 있다. 주의하자.

 **그래프 문제에서 계산은 비중 아니면 변화율**

그래프는 변화와 차이, 비중을 한눈에 나타내기에 가장 좋다. 그래서 그에 관계된 그래프들이 많이 나오는데, 그래프를 활용한 계산 문제라면 바로 이런 수치에 집중하는 문제들이 많다. 따라서 그래프에서 주로 찾아내는 수치적 정보, 그러니까 계산에 대한 미션은 변화율과 비중에 대한 문제가 된다.

그래프와 표를 동시에 활용해서 계산하는 문제가 나왔다면 주로 한쪽이 양이고 다른 한쪽이 비중인 경우가 많다. 그래서 양에다가 비중을 곱해서 정확한 수치를 계산해 내는 문제가 가장 많다.

> ❶ 변화율
> ❷ 비중
> ❸ 변화율+비중

이 변화율과 비중을 구하는 데 어림산을 잘 활용하는 것이 풀이속도 평균 59초라는 생각을 현실화하는 열쇠라는 것은 이미 앞 장에서 이야기했고 학습했다. 어림산에 대한 훈련을 게을리하지 말고, 이런 문제에 잘 적용해야 할 것이다.

다음 [표]와 [그래프]는 어느 지역의 교통사고 발생건수에 대한 자료이다. 이에 대한 [보기]의 설명 중 옳은 것을 모두 고르면?

[표] 연도별 교통사고 발생건수 현황

(단위: 천 건)

구분＼연도	2006년	2007년	2008년	2009년	2010년
전체교통사고	231	240	220	214	213
음주교통사고	25 *	31	25	26	30

[그래프] 2010년 교통사고 발생건수의 월별 구성비

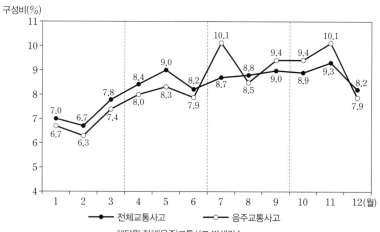

※ 전체(음주)교통사고 발생건수의 월별 구성비(%)= $\dfrac{\text{해당월 전체(음주)교통사고 발생건수}}{\text{해당연도 전체(음주)교통사고 발생건수}} \times 100$

─────| 보기 |─────

ㄱ. 2008년 이후 전체교통사고 발생건수는 매년 감소하였다.

ㄴ. 2010년 음주교통사고 발생건수는 2006년 대비 30% 이상 증가하였다.

ㄷ. 전체교통사고 발생건수 중 음주교통사고 발생건수의 비중은 2010년에 가장 높았다.

ㄹ. 2010년 음주교통사고의 분기별 발생건수는 3사분기(7, 8, 9월)에 가장 많았다.

① ㄱ, ㄹ   ② ㄴ, ㄷ   ③ ㄴ, ㄹ   ④ ㄱ, ㄴ, ㄷ   ⑤ ㄱ, ㄷ, ㄹ

 **SKILL ②** **그래프 계산에는 공식이 주어지는 경우가 많다**

그래프를 활용한 계산 문제에서는 공식이 주어지는 경우가 많은데, 그래프에서 읽어낸 부분의 수치를 이 공식에 넣어서 수치를 완성하는 식의 문제다. 그러니 문제를 볼 때 공식을 보고, 그 공식에서 필요한 수치를 그래프의 어느 부분에서 찾아내야 하는지 파악하는 것이 첫 번째 할 일이 된다.

조금 더 Skill적으로 보자면 선택지에서 공식을 활용하는 것이 어느 것인지 찾아내는 것이 먼저다. 그리고 그 부분을 가능한 한 뒤에 한다. 왜냐하면 보통 공식을 활용하는 문제는 한 단계 더 계산이 들어가는 경우가 많기 때문이다. 물론 계산에 자신이 있는 사람들은 이 부분을 먼저 하는 것이 더 나을 수도 있다. 계산은 시간이 걸려서 그렇지 언제나 ○, ×구분이 정확하게 되기 때문이다.

정답 및 해설 P. 38

다음 [그래프]는 기업 A, B의 2014~2017년 에너지원단위 및 매출액 자료이다. 이에 대한 [보기]의 설명 중 옳은 것만을 모두 고르면?

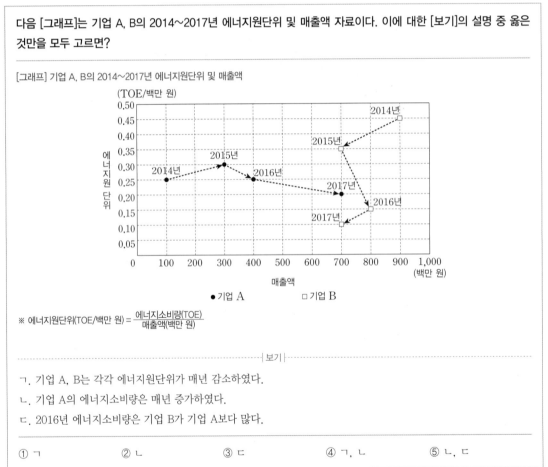

[그래프] 기업 A, B의 2014~2017년 에너지원단위 및 매출액

※ 에너지원단위(TOE/백만 원) = $\dfrac{\text{에너지소비량(TOE)}}{\text{매출액(백만 원)}}$

─────| 보기 |─────

ㄱ. 기업 A, B는 각각 에너지원단위가 매년 감소하였다.

ㄴ. 기업 A의 에너지소비량은 매년 증가하였다.

ㄷ. 2016년 에너지소비량은 기업 B가 기업 A보다 많다.

① ㄱ   ② ㄴ   ③ ㄷ   ④ ㄱ, ㄴ   ⑤ ㄴ, ㄷ

SKILL ❸   비주얼의 함정

그래프 문제에서 자주 나오는 함정은 크게 두 가지다.

❶ 증·가감률의 함정
❷ 스케일의 함정

이 중에서는 주로 증·가감률의 함정이 나오는 편이고 스케일의 함정은 잘 나오지 않지만, 스케일의 함정 문제는 한번 나오면 정답을 찾아내기 어려울 수도 있다.

1 증·가감률의 함정

X열의 지표, Y열의 지표에 대해서 정확하게 이해해야 한다. 그래프든 표든 각 지표에 대해서 정확히 알아야 필요한 수치가 위치한 곳을 빠르게 찾을 수 있기 때문이다. 가령 다음과 같은 그래프가 주어졌다고 해보자.

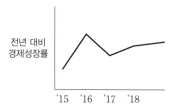

이때 '2016년에서 2017년에는 전년에 비해 경제가 성장하지 않고 감소'했다고 하면 맞는 말일까? 전년 대비 경제성장률이라는 말에는 이미 전년 대비 경제가 성장한 비율이 계산되어 있다. 이것이 + 값이라는 얘기는 분명 전년에 비해 경제가 성장했다는 말이다. 2016년에서 2017년이 떨어졌다고 해서 그것이 감소는 아니다. 전년에 비해 덜 성장한 것이지 분명 성장한 것은 맞다. 그러니까 경제가 감소했다는 말은 어울리지 않게 된다.

증·가감률의 그래프에서 꺾은선그래프가 우하향한 것은 비율이 감소한 것이지, 양적으로 감소한 것은 아니다. 그런데 눈으로 보기에 감소한 것처럼 보이니까, 감소했다는 제시문에 마음이 움직이게 된다. 하지만 비율이 떨어진 것은 증가세가 둔화된 것이지 + 값이라면 여전히 증가한 것은 맞으니까 양적으로 감소했다고 표현하면 그것은 틀린 선택지가 된다.

2 스케일의 함정

그래프에는 스케일이 존재한다. 그런데 이 스케일을 얼버무려서 헷갈리게 만드는 방법이 존재한다. 사실 이런 기법은 비와 양의 차이에서 발생하는 함정의 그래프 버전이라고 생각해도 좋을 것이다.

100의 30%와 50의 30%는 양적으로 같은 수치가 아니라는 것인데, 말로 설명하면 당연해 보여도 막상 그래프로 보게 되면 스케일을 체크하지 않고 유사하게 생각하는 경우가 많다. 특히 비교되는 그래프가 유사할수록 이런 경향은 더욱 심해진다.

비슷한 그래프 두 개가 나란히 제시되어 서로 간에 비교하는 선택지가 있으면 스케일이 같은지 일단 확인하고 시작해야 한다.

사실 그래프로 이런 스케일 문제를 내면 비중에 대한 수치가 아니더라도 사실 비중 문제다. 한쪽 그래프에서는 100이 가득한 것이라고 할 때 반 정도 차 있으면 50이 되는데, 다른 한쪽 그래프에서는 10이 가득 찬 것이라면 반 정도 차있을 때 5가 된다. 10배 차이가 나는 것이다. 그러니까 비중이라는 표현은 쓰지 않아도 그래프의 길이나 넓이가 그대로 비중이 되기 때문에 전체는 얼마인지 꼭 체크해야 한다.

사실 처음부터 비슷한 그래프 2개를 제시했다는 것은 이런 종류의 함정을 계획했다는 뜻이기 때문에 비슷한 그래프 2개를 제시하는 문제에서는 반드시 주의하자.

정답 및 해설 P. 38

다음 [그래프]는 2000년과 2010년에 조사한 A, B국 국민의 연령별 학력수준에 대한 자료이다. 이에 대한 설명으로 옳은 것은?

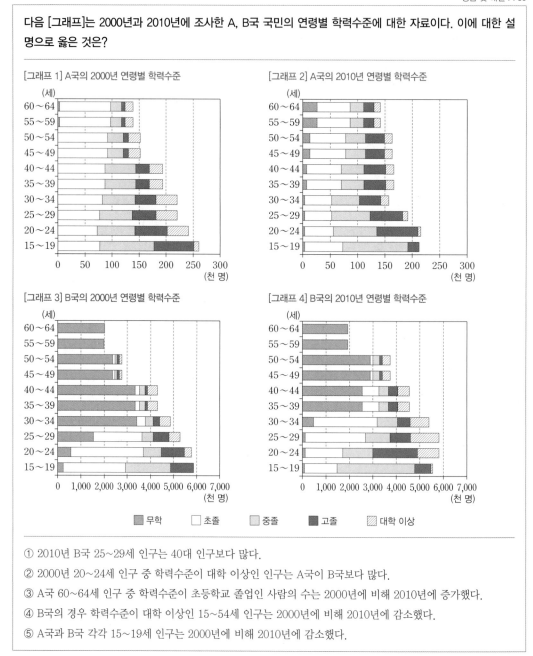

① 2010년 B국 25~29세 인구는 40대 인구보다 많다.

② 2000년 20~24세 인구 중 학력수준이 대학 이상인 인구는 A국이 B국보다 많다.

③ A국 60~64세 인구 중 학력수준이 초등학교 졸업인 사람의 수는 2000년에 비해 2010년에 증가했다.

④ B국의 경우 학력수준이 대학 이상인 15~54세 인구는 2000년에 비해 2010년에 감소했다.

⑤ A국과 B국 각각 15~19세 인구는 2000년에 비해 2010년에 감소했다.

STEP 03 Skill 연습

다음 주어진 자료를 바탕으로 지정된 계산을 수행하는 연습을 해보자. 자료를 어떤 부분에서 이용할지, 어떻게 계산해야 가장 편할지 연습해 보자.

01 한 공장에 새로운 생산 라인이 생기면서 1개월마다 한 명씩 새로운 사원이 배치되었다. 이 라인에 사원 A가 첫 번째로 배치되었고, 이후 4개월 동안 B, C, D, E 4명의 사원이 차례로 충원되었다. 다음 [그래프]는 사원 수의 변화에 따른 이 라인의 1인당 월간 생산량을 표시한 것이다. 이 라인에서 월간 생산량이 가장 많은 사원과 가장 적은 사원은 각각 누구인가?

[그래프] 사원 수에 따른 1인당 월간 생산량

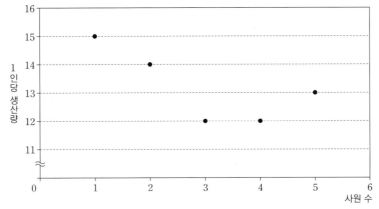

※ 다른 조건은 일정하며 사원별 월간 생산량은 측정 기간 동안 변하지 않았다고 가정함.

월간 생산량이 가장 많은 사원: _____

월간 생산량이 가장 적은 사원: _____

02 다음 [그래프]는 국가 A~J의 1인당 GDP와 1인당 의료비지출액을 나타낸 자료이다. 이를 바탕으로 ㄱ~ㄹ 의 물음에 답해 보자.

[그래프] 1인당 GDP와 1인당 의료비지출액

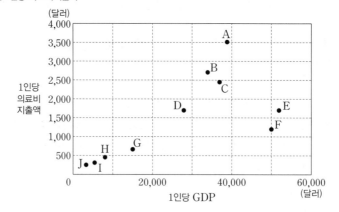

ㄱ. 1인당 의료비지출액이 가장 많은 국가와 가장 적은 국가의 1인당 의료비지출액 차이는?: _____

ㄴ. 1인당 GDP가 가장 높은 국가와 가장 낮은 국가의 1인당 의료비지출액 차이는?: _____

ㄷ. 1인당 GDP 상위 5개 국가의 1인당 의료비지출액 합은?: _____

ㄹ. 1인당 GDP 하위 5개 국가의 1인당 의료비지출액 합은?: _____

03 다음 [그래프]와 [표]는 F 국제기구가 발표한 2014년 3월~2015년 3월 동안의 식량 가격지수와 품목별 가격지수에 대한 자료이다. 이를 바탕으로 ㄱ~ㄹ의 빈칸을 채워 보자.

[그래프] 식량 가격지수

[표] 품목별 가격지수

시기	품목	육류	낙농품	곡물	유지류	설탕
2014년	3월	185.5	268.5	208.9	204.8	254.0
	4월	190.4	251.5	209.2	199.0	249.9
	5월	194.6	238.9	207.0	195.3	259.3
	6월	202.8	236.5	196.1	188.8	258.0
	7월	205.9	226.1	185.2	181.1	259.1
	8월	212.0	200.8	182.5	166.6	244.3
	9월	211.0	187.8	178.2	162.0	228.1
	10월	210.2	184.3	178.3	163.7	237.6
	11월	206.4	178.1	183.2	164.9	229.7
	12월	196.4	174.0	183.9	160.7	217.5
2015년	1월	183.5	173.8	177.4	156.0	217.7
	2월	178.8	181.8	171.7	156.6	207.1
	3월	177.0	184.9	169.8	151.7	187.9

※ 기준연도인 2002년의 가격지수는 100임.

ㄱ. 2015년 3월의 식량 가격지수는 2014년 3월에 비해 (%) 정도 하락했다.

ㄴ. 2014년 3월에 비해 2015년 3월 가격지수가 가장 큰 폭으로 하락한 품목은 (   )이다.

ㄷ. 육류 가격지수는 2014년 (월)까지 매월 상승하다가 그 이후에는 매월 하락했다.

ㄹ. 2002년 가격지수 대비 2015년 3월 가격지수의 상승률이 가장 낮은 품목은 (   )이다.

04 다음 [표]와 [그래프]는 '갑'국 정당 A~D의 지방의회 의석 수에 관한 자료이다. 이를 바탕으로 ㄱ~ㅂ의 물음에 답해 보자.

[표] 정당별 전국 지방의회 의석 수

(단위: 석)

연도 \ 정당	A	B	C	D	합계
2010년	224	271	82	39	616
2014년	252	318	38	61	669

[그래프] 정당별 수도권 지방의회 의석 수

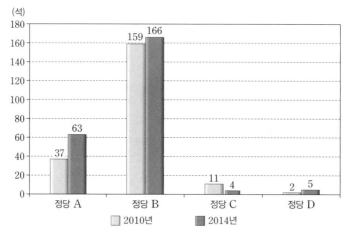

※ 1) '갑'국 지방의회 의원은 정당 A, B, C, D 소속만 있고, 무소속은 없음.
   2) 전국 지방의회 의석 수=수도권 지방의회 의석 수+비수도권 지방의회 의석 수
   3) 정당별 지방의회 의석점유율(%) = $\dfrac{\text{정당별 지방의회 의석 수}}{\text{지방의회 의석 수}} \times 100$

ㄱ. 정당 D의 2010년 전국 지방의회 의석점유율은?: _____

ㄴ. 정당 D의 2014년 전국 지방의회 의석점유율은?: _____

ㄷ. 정당 A의 2014년 비수도권 지방의회 의석 수는?: _____

ㄹ. 정당 B의 2014년 비수도권 지방의회 의석 수는?: _____

ㅁ. 정당 B의 2010년 수도권 지방의회 의석점유율은?: _____

ㅂ. 정당 B의 2014년 수도권 지방의회 의석점유율은?: _____

정답 및 해설 P. 38~39

실전 문제

01 다음 [그래프]는 A도시 남성의 성인병과 비만에 대한 것이다. A도시 남성 가운데 20%가 성인병이 있다고 하면, 이 도시에서 비만인 남성 가운데 성인병이 있는 남성의 비율은?

[그래프 1] 성인병이 있는 남성의 비만 여부

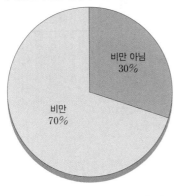

[그래프 2] 성인병이 없는 남성의 비만 여부

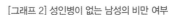
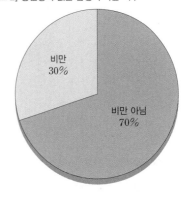

① 약 21%   ② 약 30%   ③ 약 37%

④ 약 53%   ⑤ 약 70%

02 다음 [그래프]와 [표]는 A은행의 영업수익 추이와 2008년 주요 은행의 영업수익 현황에 대한 자료이다. 이에 대한 [보기]의 설명 중 옳은 것을 모두 고르면?

[그래프] A은행의 영업수익 추이

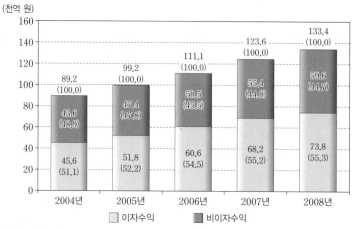

※ 1) 영업수익=이자수익+비이자수익
　 2) 괄호 안은 연도별 영업수익에서 차지하는 구성비(%)임.

[표] 2008년 주요 은행의 영업수익 현황

(단위: %)

구분 \ 은행	A	B	C	D	E	시중은행 평균
총자산 대비 영업수익 비율	5.2	12.8	8.6	4.7	5.6	7.2
총자산 대비 이자수익 비율	2.9	6.1	5.0	2.2	4.1	5.2

┤보기├

ㄱ. 2008년 총자산 대비 이자수익 비율은 A은행이 B은행의 절반에 미치지 못한다.

ㄴ. 2008년 총자산 대비 비이자수익 비율은 A은행이 시중은행 평균에 미치지 못한다.

ㄷ. 2005년부터 2008년까지 A은행 영업수익의 전년 대비 증가율은 매년 10%를 상회하였다.

ㄹ. A은행은 영업수익에서 이자수익이 차지하는 비중이 2004년에 비해 2008년에 3.0%p 이상 증가하였다.

① ㄱ, ㄷ　　　② ㄱ, ㄹ　　　③ ㄴ, ㄷ　　　④ ㄴ, ㄹ　　　⑤ ㄷ, ㄹ

03 다음은 각 국가들이 동일한 총생산량을 산출하기 위해 투입한 노동량과 자본량을 그래프로 나타낸 것이다. 총생산량, 노동량 및 자본량은 달러 단위로 환산한 것이다. 다음 [그래프]에 대한 해석으로 옳지 <u>않은</u> 것은?

[그래프] 자본투입량과 노동투입량

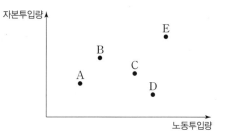

※ 1) 자본생산성 = $\dfrac{총생산량}{자본투입량}$

　 2) 노동생산성 = $\dfrac{총생산량}{노동투입량}$

※ 한 국가가 다른 국가보다 생산성이 높다는 것은 자본생산성과 노동생산성이 모두 높은 경우를 의미함.

① A국은 B국보다 생산성이 높다.

② A국은 C국보다 자본생산성이 높다.

③ 노동생산성이 가장 낮은 국가는 E국이다.

④ B국과 C국 가운데 어느 국가가 생산성이 더 높은지 알 수 없다.

⑤ 생산성이 가장 낮은 국가는 E국이고, 가장 높은 국가는 A국이다.

04 다음 [그래프]는 각 산업의 부가가치율, 연구개발투자율 및 연구개발투자규모를 나타낸 자료이다. [보기]의 설명 중 옳은 것을 모두 고르면?(단, 원의 크기와 숫자는 연구개발투자규모를 나타내며 숫자 단위는 10억 원임)

[그래프] 산업별 연구개발투자규모

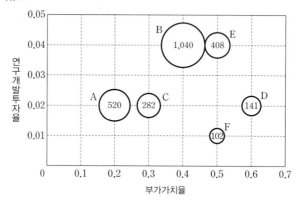

※ 1) 부가가치율 = $\dfrac{부가가치}{매출액}$

  2) 연구개발투자율 = $\dfrac{연구개발투자규모}{매출액}$

─────────────| 보기 |─────────────

ㄱ. A산업보다 B산업의 부가가치가 더 크다.

ㄴ. C산업의 매출액보다 D산업의 매출액이 작으나, 부가가치는 D산업이 C산업보다 더 크다.

ㄷ. E산업과 F산업의 부가가치는 서로 동일하다.

ㄹ. C산업의 연구개발투자규모가 520으로 증가하여 A산업과 같아진다면, A산업과 C산업의 부가가치가 서로 동일해진다.

① ㄱ, ㄴ   ② ㄱ, ㄷ   ③ ㄴ, ㄷ   ④ ㄷ, ㄹ   ⑤ ㄱ, ㄷ, ㄹ

05 다음 [그래프]는 2000년부터 2003년까지 4개 도시의 전년 대비 인구증가율을 나타낸 자료이다. 이에 대한 설명으로 적절하지 <u>않은</u> 것은?

[그래프] 도시별 전년 대비 인구증가율 추이

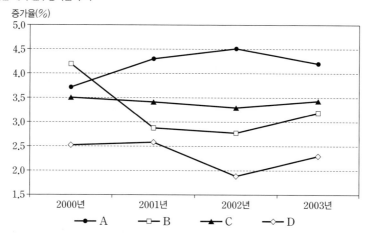

① 2001년부터 2003년까지 인구가 감소한 도시는 없다.

② A도시와 B도시 간 전년 대비 인구증가율의 차이가 가장 큰 해는 2002년이다.

③ 2000년부터 2003년까지 각 도시별로 전년 대비 인구증가율의 최댓값과 최솟값을 비교할 때 그 차이가 가장 큰 도시는 B이다.

④ 2000년부터 2003년까지 도시별 인구수의 순위에 변동이 있다.

⑤ 2001년부터 2003년까지 전년 대비 인구증가율이 매년 가장 높은 도시는 A이다.

정답 및 해설 P. 39~40

내 비장의 무기는 아직 손 안에 있다.
그것은 희망이다.

– 나폴레옹(Napoleon)

자료계산

PART

01

공식이
주어지고
계산하는 유형

유형 분석

Main Type 자료와 공식이 주어지고 찾아내는 유형	Sub Type 1 SSKK형 문제	Sub Type 2 공식이 없더라도 계산을 통해 자료해석을 하는 유형

★ Main Type **자료와 공식이 주어지고 찾아내는 유형**

　자료와 주어진 공식 등을 바탕으로 계산하는 유형이다. 선택지의 진위를 따지기는 하지만 대부분 계산해서 수치로 나오면 판별이 되는 부분이다. 중요 포인트가 주어진 공식을 활용하여 계산하는 것인 문제들이다.

다음 [표]는 2000년과 2013년 한국, 중국, 일본의 재화 수출액 및 수입액 자료이고, [용어 정의]는 무역수지와 무역특화지수에 대한 설명이다. 이에 대한 [보기]의 설명 중 옳은 것만을 모두 고르면?

[표] 한국, 중국, 일본의 재화 수출액 및 수입액

(단위: 억 달러)

연도	재화	국가 수출입액	한국		중국		일본	
			수출액	수입액	수출액	수입액	수출액	수입액
2000년	원자재		578	832	741	1,122	905	1,707
	소비재		117	104	796	138	305	847
	자본재		1,028	668	955	991	3,583	1,243
2013년	원자재		2,015	3,232	5,954	9,172	2,089	4,760
	소비재		138	375	4,083	2,119	521	1,362
	자본재		3,444	1,549	12,054	8,209	4,541	2,209

─────────┤ 용어 정의 ├─────────

○ 무역수지＝수출액－수입액

• 무역수지 값이 양(＋)이면 흑자, 음(－)이면 적자이다.

○ 무역특화지수＝$\dfrac{수출액-수입액}{수출액+수입액}$

• 무역특화지수의 값이 클수록 수출경쟁력이 높다.

─────────┤ 보기 ├─────────

ㄱ. 2013년 한국, 중국, 일본 각각에서 원자재 무역수지는 적자이다.

ㄴ. 2013년 한국의 원자재, 소비재, 자본재 수출액은 2000년에 비해 각각 50% 이상 증가하였다.

ㄷ. 2013년 자본재 수출경쟁력은 일본이 한국보다 높다.

① ㄱ   ② ㄴ   ③ ㄱ, ㄴ   ④ ㄱ, ㄷ   ⑤ ㄴ, ㄷ

SSKK라는 말은 신입사원의 행동강령으로 잘 알려진 은어다. '시키면 시키는 대로, 까라면 까라는 대로'라는 말이다. SSKK 유형의 문제들은 그야말로 '노가다 계산' 문제라고 할 수 있다. 이 유형 문제들의 특징은 공식이 전면에 나선다는 것이다. 그리고 표는 조금 간단한 편인데, 이때 표는 테이블의 역할을 할 때가 많다.

정답 및 해설 P. 41

특허출원 수수료는 다음과 같은 [계산식]에 의하여 결정된다. 다음 [표]는 [계산식]에 의하여 산출된 세 가지 사례를 나타낸 것이다. 면당 추가료와 청구항당 심사청구료를 각각 구하면?

-------------------------------| 계산식 |-------------------------------

• 특허출원 수수료＝출원료＋심사청구료

• 출원료＝기본료＋(면당 추가료×전체면수)

• 심사청구료＝청구항당 심사청구료×청구항수

※ 특허출원 수수료는 개인은 70%가 감면되고, 중소기업은 50%가 감면되지만, 대기업은 감면되지 않음.

[표] 특허출원 수수료 사례

구분	사례 A	사례 B	사례 C
	대기업	중소기업	개인
전체면수(장)	20	20	40
청구항수(개)	2	3	2
감면 후 수수료(원)	70,000	45,000	27,000

	면당 추가료	청구항당 심사청구료
①	1,000원	15,000원
②	1,000원	20,000원
③	1,500원	15,000원
④	1,500원	20,000원
⑤	1,500원	30,000원

★ Sub Type 2 | **공식이 없더라도 계산을 통해 자료해석을 하는 유형**

공식 자체는 거의 간단한 사칙연산이기 때문에 공식 형태를 따로 주지는 않지만, 주어진 자료 자체가 아니라 그 자료를 활용하여 계산해서 문제를 푸는 형태다. 계산은 사칙연산이므로 결국 무엇과 무엇을 곱할지, 혹은 무엇에서 무엇을 나눌지를 스스로 결정하고 수행해서 선택지를 판별하는 형태의 문제라고 할 수 있다.

다음 [표]는 어느 미독립 분단국가의 국민들을 상대로 독립과 통일에 대한 견해를 설문조사한 결과이다. 이 [표]에 대한 해석 중 옳은 것만을 [보기]에서 모두 고르면?

[표] 독립과 통일에 대한 견해 (단위: %)

구분		통일에 대한 견해			
		무조건 찬성	조건부 찬성	반대	합계
독립에 대한 견해	무조건 찬성	2.7	9.0	15.7	27.4
	조건부 찬성	9.3	25.4	11.3	46.0
	반대	8.5	13.6	4.5	26.6
	합계	20.5	48.0	31.5	100.0

※ 찬성은 무조건 찬성과 조건부 찬성을 모두 포함함.

─────── 보기 ───────

ㄱ. 독립에 무조건 찬성하는 사람의 비율이 통일에 무조건 찬성하는 사람의 비율보다 높다.

ㄴ. 독립에 찬성하거나 통일에 찬성하는 사람의 비율은 46.4%이다.

ㄷ. 통일에 찬성하는 사람들 중에서, 독립에 찬성하는 사람이 차지하는 비율이 독립에 반대하는 사람이 차지하는 비율보다 높다.

ㄹ. 독립에는 찬성하지 않지만 통일에는 찬성하는 사람의 비율은 22.1%이다.

① ㄱ, ㄹ   ② ㄴ, ㄷ   ③ ㄱ, ㄴ, ㄷ   ④ ㄱ, ㄷ, ㄹ   ⑤ ㄴ, ㄷ, ㄹ

STEP
02
문제 해결방법

SKILL ❶ SSKK형은 자료를 테이블로 활용하는 경우가 많음

SSKK형은 공식이 주가 되고, 표는 테이블 정도의 용도다. 공식에 맞춰 테이블에서 필요한 수치를 찾고 그것을 대입하여 선택지를 풀어나간다. 표 밑에 각주의 형식으로 공식이 붙어서 나오는 문제가 있다면 90%는 SSKK유형의 문제라고 생각할 수 있다.

공식이 안 주어져도 주어진 표를 테이블로 활용해서 여러 조건에 맞춰 계산을 하는 것도 역시 SSKK형이다. 중요한 것은 이 계산들이 꽤 단순하고 반복적이라는 것이다. 따라서 이 유형의 문제들을 풀 때는 공식에 맞춰 정확히 계산만 하면 된다. 다만 공식과 공식을 2~3개 이어서 다다르고자 하는 수치를 구하는 문제도 있기 때문에, 주어진 공식이 2~3개 된다고 하면 한 번에 나온다기보다는 공식과 공식을 연계하여 수치가 나온다고 생각하면 될 것이다.

공식과 테이블을 확인하고 어떤 계산인지부터 정확하게 파악한다. 그리고 단서 조항은 반드시 포함되니 '단'이라든가 '※'같은 표시들에 미리 줄을 그어 놓고 반드시 반영할 수 있도록 한다.

사실 자원관리 문제의 형태가 주로 이런 형태일 때가 많다. 인력, 비용, 시간에 대한 조건이 있고, 그것이 테이블 형태로 주어져 있으면 그 조건들을 연계해서 계산한 후에 주어진 기준에 맞춰 최종 대안을 설정하는 것이 자원관리니까 말이다.

정답 및 해설 P. 41

다음 [표]는 2013~2016년 '갑'기업 사원 A~D의 연봉 및 성과평가등급별 연봉인상률에 대한 자료이다. 이에 대한 [보기]의 설명으로 옳은 것만을 모두 고르면?

[표 1] '갑'기업 사원 A~D의 연봉
(단위: 천 원)

사원 \ 연도	2013년	2014년	2015년	2016년
A	24,000	28,800	34,560	38,016
B	25,000	25,000	26,250	28,875
C	24,000	25,200	27,720	33,264
D	25,000	27,500	27,500	30,250

[표 2] '갑'기업의 성과평가등급별 연봉인상률
(단위: %)

성과평가등급	I	II	III	IV
연봉인상률	20	10	5	0

※ 1) 성과평가는 해당 연도 연말에 1회만 실시하며, 각 사원은 I, II, III, IV 중 하나의 성과평가등급을 받음.
2) 성과평가등급을 높은 것부터 순서대로 나열하면 I, II, III, IV의 순임.
3) 당해 연도 연봉＝전년도 연봉×(1＋전년도 성과평가등급에 따른 연봉인상률)

├ 보기 ┤

ㄱ. 2013년 성과평가등급이 높은 사원부터 순서대로 나열하면 D, A, C, B이다.

ㄴ. 2015년에 A와 B는 동일한 성과평가등급을 받았다.

ㄷ. 2013~2015년 동안 C는 성과평가에서 I등급을 받은 적이 있다.

ㄹ. 2013~2015년 동안 D는 성과평가에서 III등급을 받은 적이 있다.

① ㄱ, ㄴ　　② ㄱ, ㄷ　　③ ㄱ, ㄹ　　④ ㄴ, ㄷ　　⑤ ㄴ, ㄹ

SKILL ❷ **상식을 활용해서 문제를 풀 수 있는 여지**

자료해석은 현실적인 자료를 바탕으로 문제를 출제하는데다가, 결국 선택지에서 물어보는 것은 추세나 상황들이다. 말하자면 우리의 상식과 맞는 결과가 도출될 때가 대부분이라는 말이다.

> 선택지나 결과에 일반적인 상식과 어긋나는 이야기가 나오면 틀릴 가능성이 무척 많은 진술이다.

가령 우리나라에 관계된 어떤 자료를 해석한 결과가 '최근 10여 년 동안 출산율이 많이 높아졌다'라면 이는 틀릴 가능성이 무척 높은 이야기다. 상식적으로 저출산이 문제가 되는 요즘인데, 아무리 생각해도 최근 10여 년 동안 출산율이 높아졌다는 결과는 받아들이기 힘들기 때문이다.

이렇게 자료해석은 상식을 바탕으로 풀 여지가 있다. 그런데 이는 계산할 때뿐만 아니라 자료해석 전체 문제에도 똑같이 적용되는 원칙이다. 그래서 사실 이 Skill은 자료해석 전반에 두루두루 적용하는 것이 더 좋다.

정답 및 해설 P. 42

어떤 상품을 최근 2개월 동안 구매한 사람과 앞으로 2개월 이내에 구매할 예정인 사람을 대상으로 상품 선택에 영향을 미치는 요인에 대하여 설문조사를 하였다. 조사에 응한 사람들은 가격, 브랜드, 색상, 내구성, 디자인의 5개 항목에서 중요시하는 항목을 1개 또는 2개 선택하였는데, 그 결과는 다음과 같다. 다음의 설문조사 결과에 대한 해석으로 옳지 <u>않은</u> 것은?

[표] 상품 선택에 영향을 미치는 요인에 대한 설문결과 (단위: 명)

구분		조사에 응한 사람 수	가격을 선택한 사람 수	브랜드를 선택한 사람 수	색상을 선택한 사람 수	내구성을 선택한 사람 수	디자인을 선택한 사람 수	합계
20대	구매한 사람	100	41	33	35	11	46	166
	구매할 사람	100	45	29	38	15	39	166
30대	구매한 사람	200	64	74	66	36	84	324
	구매할 사람	200	68	70	60	42	70	310
40대	구매한 사람	300	81	96	84	66	117	444
	구매할 사람	300	90	87	87	75	99	438
50대	구매한 사람	200	48	42	46	62	50	248
	구매할 사람	200	56	36	54	72	42	260
60대 이상	구매한 사람	100	38	18	16	42	14	128
	구매할 사람	100	43	16	12	48	11	130

① 40대는 디자인을 가장 중요시하는 경향이 있다.

② 나이가 들면서 내구성을 중요시하는 경향이 있다.

③ 30대 구매한 사람 중에서 두 항목을 선택한 사람은 62%이다.

④ 구매한 사람이 구매할 사람보다 가격을 중요시하는 경향이 있다.

⑤ 20대에서 가격을 선택한 사람의 비율이 50대에서 가격을 선택한 사람의 비율보다 높다.

다음에 주어진 계산 문제들을 수행해보자.

01 어떤 온라인 게임을 하려면, 사용자는 타임쿠폰제와 정액제 중 하나를 선택하여 요금을 지불하여야 한다. 이 온라인 게임의 요금 체계는 다음 [표]와 같다. 타임쿠폰은 세 종류를 원하는대로 구입할 수 있지만 잔액이 남더라도 다음 달로 이월되지 않는다. ㄱ, ㄴ에 대해 답하라.

[표] 온라인 게임 요금 체계

종류	타임쿠폰제			정액제 (1개월)
	3시간	5시간	10시간	
요금	3,000원	5,000원	8,000원	29,700원

ㄱ. 현재 어떤 사람이 가장 적은 비용으로 매달 22시간씩 게임을 즐기고 있다. 이 사람이 다음 달부터 게임 시간을 25시간으로 늘리고자 할 때, 가장 적은 비용으로 게임을 하려면 다음 달에 추가로 지불해야 하는 금액은 얼마인가?

ㄴ. 1개월 동안 최소 몇 시간을 초과하여 게임을 할 경우 정액제가 타임쿠폰제보다 더 유리한가?

02 다음 [표]는 임차인 A~E의 전·월세 전환 현황에 대한 자료이다. ㄱ~ㄹ에 대해 답하라.

[표] 임차인 A~E의 전·월세 전환 현황 (단위: 만 원)

임차인	전세금	월세보증금	월세
A	( )	25,000	50
B	42,000	30,000	60
C	60,000	( )	70
D	38,000	30,000	80
E	58,000	53,000	( )

※ 전·월세 전환율(%) = $\dfrac{\text{월세} \times 12}{\text{전세금} - \text{월세보증금}} \times 100$

ㄱ. A의 전·월세 전환율이 6%라면, 전세금은?: _____

ㄴ. B의 전·월세 전환율은?: _____

ㄷ. C의 전·월세 전환율이 3%라면, 월세보증금은?: _____

ㄹ. E의 전·월세 전환율이 12%라면, 월세는?: _____

03 다음 [표]를 토대로 교과목별 실제 필요교실수를 제안하려고 한다. 단, 교실의 효율적 이용을 위해 최소한의 필요교실수를 제안하되 이용률이 70%를 넘지 않도록 해야 한다. 또한, 모든 교실은 월요일부터 금요일까지 매일 오전 9시부터 오후 5시까지 1시간 단위로 주당 총 40시간 단위가 가동된다. ㄱ, ㄴ에 대해 답하라.

[표] 교과목별 수업 관련 자료

교과목	예상 수강학생수	주당 수업시간수	수업당 적정학생수
소비와 경제	450명	8시간	30명
확률과 통계	330명	8시간	30명
생태와 환경	220명	4시간	20명

※ 이용률 100%시 소요교실수 = $\dfrac{\text{예상 수강학생수}}{\text{수업당 적정학생수}} \times \dfrac{\text{주당 수업시간수}}{\text{주당 교실가동시간수}}$

※ 이용률 = $\dfrac{\text{이용률 100\%시 소요교실수}}{\text{실제 필요교실수}} \times 100$

ㄱ. 이용률 100%시 소요교실수가 가장 적은 교과목은?: _____

ㄴ. '소비와 경제'의 실제 필요교실수는?: _____

04 다음 [표]는 2015년과 2016년 '갑'회사의 강사 A~E의 시급과 수강생 만족도에 관한 자료이다. ㄱ~ㄹ에 대해 답하라.

[표] 강사의 시급 및 수강생 만족도

(단위: 원, 점)

강사	연도 구분	2015년		2016년	
		시급	수강생 만족도	시급	수강생 만족도
A		50,000	4.6	55,000	4.1
B		45,000	3.5	45,000	4.2
C		52,000	( )	54,600	4.8
D		54,000	4.9	59,400	4.4
E		48,000	3.2	( )	3.5

┤ 조건 ├

○ 당해 연도 시급 대비 다음 연도 시급의 인상률은 당해 연도 수강생 만족도에 따라 아래와 같이 결정됨. 단, 강사가 받을 수 있는 시급은 최대 60,000원임.

수강생 만족도	인상률
4.5점 이상	10% 인상
4.0점 이상 4.5점 미만	5% 인상
3.0점 이상 4.0점 미만	동결
3.0점 미만	5% 인하

ㄱ. 강사 E의 2016년 시급은?: _____

ㄴ. 강사 D의 2017년 시급은?: _____

ㄷ. 2017년 강사 A와 강사 B의 시급 차이는?: _____

ㄹ. 강사 C의 2015년 수강생 만족도 점수는?: _____

정답 및 해설 P. 42

01 다음 [표]는 신체질량지수에 의한 비만도와 표준체중법에 의한 비만도에 관한 것이다. A씨는 신장이 170 cm, 체중이 86.7kg이라고 할 때, 이에 대한 설명 중 옳지 <u>않은</u> 것은?

[표 1] 신체질량지수에 의한 비만도 판정과 암 발생률 (단위: %)

비만도	판정	위암	대장암	폐암	식도암
18.5 미만	저체중	15.8	13.5	17.2	9.7
18.5~23 미만	정상	14.4	11.3	16.3	10.8
23~25 미만	과체중	15.3	13.4	17.6	12.7
25 이상	비만	23.9	27.6	19.2	14.1

※ 신체질량지수에 의한 비만도 $= \dfrac{체중(kg)}{[신장(m)]^2}$

[표 2] 신장별 표준체중식

신장(cm)	표준체중(kg)
150 미만	$[신장(cm)-100] \times 1.0$
150~160 미만	$[신장(cm)-150] \div 2 + 50$
160 이상	$[신장(cm)-100] \times 0.9$

[표 3] 표준체중법에 의한 비만도 판정

비만도(%)	판정
90 미만	저체중
90~110 미만	정상
110~120 미만	과체중
120~130 미만	비만
130 이상	병적비만

※ 표준체중법에 의한 비만도 $= \dfrac{현재체중(kg)}{표준체중(kg)} \times 100$

① 신체질량지수에 의한 비만도 판정에 따르면, A씨가 속한 집단의 대장암 발생률은 위암 발생률보다 높다.

② A씨가 신장의 변화 없이 16.7kg을 감량할 때 신체질량지수에 의한 비만도 판정에 따르면, A씨가 속하는 집단의 식도암 발생률은 12.7%이다.

③ 신체질량지수에 의한 비만도 판정에 따르면, '비만'으로 판정된 사람이 속한 집단의 대장암 발생률은 '저체중'으로 판정된 사람이 속한 집단의 대장암 발생률의 2배 이상이다.

④ A씨의 표준체중법에 의한 비만도는 $[86.7 \div \{(170-100) \times 0.9\}] \times 100$이다.

⑤ 표준체중법에 의한 비만도 판정에 따르면, A씨는 '비만'으로 판정된다.

02 다음 [표]는 A~D국의 성별 평균소득과 대학진학률의 격차지수만으로 계산한 '간이 성평등지수'에 관한 자료이다. 이에 대한 [보기]의 설명 중 옳은 것만을 모두 고르면?

[표] A~D국의 성별 평균소득, 대학진학률 및 '간이 성평등지수'   (단위: 달러, %)

항목 국가	평균소득			대학진학률			간이 성평등지수
	여성	남성	격차지수	여성	남성	격차지수	
A	8,000	16,000	0.50	68	48	1.00	0.75
B	36,000	60,000	0.60	( )	80	( )	( )
C	20,000	25,000	0.80	70	84	0.83	0.82
D	3,500	5,000	0.70	11	15	0.73	0.72

※ 1) '격차지수'는 남성 항목값 대비 여성 항목값의 비율로 계산하며, 그 값이 1을 넘으면 1로 함.
  2) '간이 성평등지수'는 평균소득 격차지수와 대학진학률 격차지수의 산술 평균임.
  3) 격차지수와 간이 성평등지수는 소수점 셋째 자리에서 반올림한 값임.

┤보기├

ㄱ. A국의 여성 평균소득과 남성 평균소득이 각각 1,000달러씩 증가하면 A국의 '간이 성평등지수'는 0.80 이상이 된다.
ㄴ. B국의 여성 대학진학률이 85%이면 '간이 성평등지수'는 B국이 C국보다 높다.
ㄷ. D국의 여성 대학진학률이 4%p 상승하면 D국의 '간이 성평등지수'는 0.80 이상이 된다.

① ㄱ   ② ㄴ   ③ ㄷ   ④ ㄱ, ㄴ   ⑤ ㄱ, ㄷ

03 다음 [표]는 피트니스 클럽의 입장료 및 사우나 유무에 대한 선호도 조사 결과이다. [표]와 [산식]을 이용하여 이용객 선호도를 구할 때, 입장료와 사우나 유무의 조합 중 이용객 선호도가 세 번째로 큰 조합은?

[표 1] 입장료 선호도 조사 결과

입장료	선호도
5,000원	4.0점
10,000원	3.0점
20,000원	0.5점

[표 2] 사우나 유무 선호도 조사 결과

사우나	선호도
유	3.3점
무	1.7점

─| 산식 |─

이용객 선호도＝입장료 선호도＋사우나 유무 선호도

	입장료	사우나 유무
①	5,000원	유
②	5,000원	무
③	10,000원	유
④	10,000원	무
⑤	20,000원	유

04 다음 [그래프]는 A~F국의 2016년 GDP 및 GDP 대비 국가자산총액을 나타낸 자료이다. 이에 대한 [보기]의 설명 중 옳은 것만을 모두 고르면?

[그래프] A~F국의 2016년 GDP 및 GDP 대비 국가자산총액

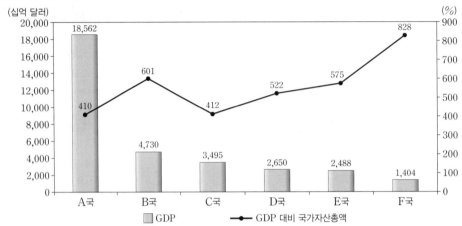

※ GDP 대비 국가자산총액(%) = 국가자산총액/GDP ×100

┤보기├
ㄱ. GDP가 높은 국가일수록 GDP 대비 국가자산총액이 작다.
ㄴ. A국의 GDP는 나머지 5개국 GDP의 합보다 크다.
ㄷ. 국가자산총액은 F국이 D국보다 크다.

① ㄱ   ② ㄴ   ③ ㄷ   ④ ㄱ, ㄴ   ⑤ ㄴ, ㄷ

05 다음 자료는 어느 지역의 대학, 공공연구소 및 민간연구소에 재직하고 있는 과학기술분야 박사학위 소지자를 대상으로 한 이직 경험 및 유형에 대한 설문조사 결과이다. 이 자료에 대한 해석 중 옳은 것만을 [보기]에서 모두 고르면?

[표 1] 현직장별 이직 경험 (단위: 명)

이직 경험		현직장 대학	공공연구소	민간연구소	합계
없음		135	242	15	392
있음	1회	89	27	26	142
	2회	13	6	6	25
	3회 이상	3	4	2	9
	소계	105	37	34	176
합계		240	279	49	568

[표 2] 이직 경험자의 이직 유형 (단위: 명)

이직 횟수	전직장 / 현직장	대학	공공연구소	민간연구소	합계
1회	대학	25	4	2	31
	공공연구소	33	10	22	65
	민간연구소	31	13	2	46
	소계	89	27	26	142
2회 이상		16	10	8	34
합계		105	37	34	176

─ 보기 ─

ㄱ. 1회 이직 경험자 중에서, 공공연구소에서 대학으로, 대학에서 대학으로, 민간연구소에서 공공연구소로 이직한 사람의 수가 절반을 차지하고 있다.

ㄴ. 현재 대학에서 재직하고 있는 응답자 중 적어도 $\frac{2}{3}$는 대학에서 직장생활을 시작했다.

ㄷ. 각 직장별 응답자 중 이직 경험이 없는 사람의 비율을 큰 순서부터 나열하면 대학, 민간연구소, 공공연구소이다.

① ㄱ　　　　② ㄴ　　　　③ ㄱ, ㄴ　　　　④ ㄴ, ㄷ　　　　⑤ ㄱ, ㄴ, ㄷ

정답 및 해설 P. 42~43

02

C H A P T E R

상황에서
공식을
끌어내는 유형

STEP 01 | 유형 분석

Main Type	Sub Type 1
방정식을 세우는 유형	주어진 공식을 뒤바꾸는 유형

★ Main Type | 방정식을 세우는 유형

주어진 조건에서 방정식을 바탕으로 공식을 세운 후 계산을 수행해서 선택지의 진위 여부를 가리는 유형의 문제로, 사실상 연립방정식 문제를 현실적으로 보이게 각색해서 냈다고도 생각할 수 있는 유형이다.

다음 [표]는 물품 A~E의 가격에 대한 자료이다. [조건]에 부합하는 (가), (나), (다)로 가능한 것은?

[표] 물품 A~E의 가격

(단위: 원/개)

물품	가격
A	24,000
B	(가)
C	(나)
D	(다)
E	16,000

┤조건├

○ '갑', '을', '병'의 배낭에 담긴 물품은 각각 다음과 같다.
  - 갑: B, C, D
  - 을: A, C
  - 병: B, D, E
○ 배낭에는 해당 물품이 한 개씩만 담겨있다.
○ 배낭에 담긴 물품 가격의 합이 높은 사람부터 순서대로 나열하면 '갑', '을', '병' 순이다.
○ '병'의 배낭에 담긴 물품 가격의 합은 44,000원이다.

	(가)	(나)	(다)
①	11,000	23,000	14,000
②	12,000	14,000	16,000
③	12,000	19,000	16,000
④	13,000	19,000	15,000
⑤	13,000	23,000	15,000

주어진 공식을 뒤바꾸는 유형

공식과 표를 주고 계산을 하는 유형 중, 주어진 공식을 살짝 바꿔야 하는 유형들이 있다. 보통은 두 개 공식을 이어 붙여서 새로운 공식을 만들거나, 기존 공식의 역수 같은 것들을 활용하여 새로운 공식을 만드는 유형들이다.

정답 및 해설 P. 43

다음 [표]와 같이 지하층이 없고 건물마다 각 층의 바닥 면적이 동일한 건물들이 완공되었다. 이 건물들 중에서 층수가 가장 높은 것은?

[표] 건물정보

건물명	건폐율(%)	대지 면적(m²)	연면적(m²)
A	50	300	600
B	60	300	1,080
C	60	200	720
D	50	200	800
E	40	250	1,000

※ 건폐율 $= \dfrac{건축\ 면적}{대지\ 면적} \times 100$

※ 건축 면적: 건물 1층의 바닥 면적

※ 연면적: 건물의 각 층 바닥 면적의 총합

① A   ② B   ③ C   ④ D   ⑤ E

SKILL ① 연립방정식 문제 풀기

연립방정식 문제는 사실 어렵지 않다. 미지수의 개수만큼의 방정식만 있으면 되기 때문이다. 그러니까 가장 중요한 것은 방정식을 찾아내는 것이다.

> 합하면 얼마, 곱하면 얼마 하는 식의 표현과 미지수가 등장하면 그건 연립방정식 문제다. '같다', '합해서 얼마다', '총합' 같은 표현에 유의해야 한다. 바로 이 부분이 등식이 되면서 방정식을 만들기 때문이다.

이 문제의 형식 역시 자원관리능력에서도 종종 출제되는 것으로, 현실적인 업무 상황을 주로 주게 된다.

정답 및 해설 P. 44

다음 [상황]을 근거로 판단할 때, 짜장면 1그릇의 가격은?

────────────| 상황 |────────────

○ A중식당의 각 테이블별 주문 내역과 그 총액은 아래 [표]와 같다.
○ 각 테이블에서는 음식을 주문 내역별로 1그릇씩 주문하였다.

[표] 테이블 총액

테이블	주문 내역	총액(원)
1	짜장면, 탕수육	17,000
2	짬뽕, 깐풍기	20,000
3	짜장면, 볶음밥	14,000
4	짬뽕, 탕수육	18,000
5	볶음밥, 깐풍기	21,000

① 4,000원   ② 5,000원   ③ 6,000원   ④ 7,000원   ⑤ 8,000원

SKILL ② 공식 바꾸기

선택지에서 주어진 수치를 도통 구할 수 없을 때에는 공식을 다르게 적용해서 접근해보는 문제다.

❶ 공식들을 연합하기
❷ 공식의 주체를 바꾸기

1 공식들을 연합하기

보통은 두 개 이상의 공식을 연립한다거나, 한 개의 공식이지만 문제의 주어진 조건을 연동해서 또 하나의 조건을 적용하는 식으로 접근한다. 주어진 조건에서 공식이 2개 이상이면 일단 이렇게 연립하는 선지가 나올 수 있다는 것을 인지하고, 보통 그런 선지는 제일 마지막에 푼다. 연립하다보니 시간이 오래 걸리기 때문인데, 다른 선지들을 풀 때 답이 안 나오면 남은 해당 선지가 답이니까 때로는 계산을 안 해도 될 때가 있다.

2 공식의 주체를 바꾸기

$A=\dfrac{C}{B}$라면 그걸 C의 입장에서 다시 서술해서 $C=A\times B$로 놓은 다음에 그것들을 적용해보는 식으로 문제를 푸는 유형이다. 이 경우는 식이 숨어 있는 것은 아니니 공식에 적힌 요소가 언급되면 분수를 변형시켜서 풀면 바로 나올 것이라고 생각하면 된다.

정답 및 해설 P. 44

다음 [표]는 18세기 중반 경기도 일부 지역의 인구 및 경지에 관한 자료이다. 이 [표]에 대한 설명으로 올바른 것은?

[표] 18세기 중반 경기도 일부 지역의 인구 및 경지 상황

구분	관할면적 (km²)	인구 (명)	경지면적 (ha)	경지밀도 (ha/km²)	한전비율 (%)	인구밀도 (명/km²)	경지면적당 인구밀도 (명/ha)
강화	291.5	33,911	3,515.2	12.1	41.5	116.3	9.6
양주	1,110.4	53,547	10,163.4	9.2	78.4	48.2	5.3
광주	888.5	55,218	6,075.9	6.8	69.2	62.1	9.1
양근	539.2	10,705	1,998.8	3.7	81.0	19.9	5.4
교하	144.7	9,070	1,948.6	13.5	36.8	62.7	4.7
금천	125.4	7,763	1,275.8	10.2	60.0	61.9	6.1
가평	713.3	6,907	585.1	0.8	91.2	9.7	11.8
경기도 (평균)	319.6	15,628	2,685.6	8.4	60.1	48.9	5.8

※ 1) 경지는 한전(旱田)과 수전(水田)으로 구성되며, 한전은 밭[田]을, 수전은 논[畓]을 의미함.
   2) 토지생산성(경지면적당 소출량)은 수전의 비율과 비례함.
   3) 모든 지역은 적정한 노동력을 확보하고 있는 것으로 가정함.

---

① 인구 대비 소출량은 교하가 금천보다 많다.

② 강화와 양주는 경지밀도와 수전비율이 경기도 평균을 상회한다.

③ 관할면적은 경지면적과는 비례하지만 경지밀도와는 반비례한다.

④ 가평은 타 지역에 비해 논의 비율이 높아 수리시설이 발달했을 가능성이 높다.

⑤ 인구수가 가장 많은 지역은 광주인 반면, 관할면적 1km²당 인구수가 가장 많은 곳은 교하이다.

STEP 03 Skill 연습

다음 주어진 조건들에서 [해석]이 ○인지 ×인지 아니면 '알 수 없는' 것인지 정확하게 구별해 보자.

01 다음 [표]는 '갑'국의 2013년 11월 군인 소속별 1인당 월지급액에 대한 자료이다.

[표] 2013년 11월 군인 소속별 1인당 월지급액
(단위: 원, %)

구분 \ 소속	육군	해군	공군	해병대
1인당 월지급액	105,000	120,000	125,000	100,000
군인수 비중	30	20	30	20

※ 1) '갑'국 군인의 소속은 육군, 해군, 공군, 해병대로만 구분됨.
　 2) 2013년 11월, 12월 '갑'국의 소속별 군인수는 변동 없음.

[해석]

ㄱ. 2013년 12월에 1인당 월지급액이 모두 동일한 액수만큼 증가한다면, 전월 대비 1인당 월지급액 증가율은 해병대가 가장 높다. (○, ×, 알 수 없다)

ㄴ. 2013년 12월에 1인당 월지급액이 해군 10%, 해병대 12% 증가한다면, 해군의 전월 대비 월지급액 증가분은 해병대의 전월 대비 월지급액 증가분과 같다. (○, ×, 알 수 없다)

ㄷ. 2013년 11월 '갑'국 전체 군인의 1인당 월지급액은 115,000원이다. (○, ×, 알 수 없다)

02 다음 [그래프]와 [표]는 전산장비(A~F) 연간유지비와 전산장비 가격 대비 연간유지비 비율을 나타낸 자료이다.

[그래프] 전산장비 연간유지비

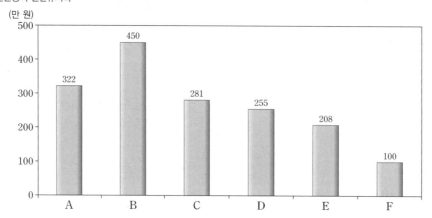

[표] 전산장비 가격 대비 연간유지비 비율 (단위: %)

전산장비	A	B	C	D	E	F
비율	8.0	7.5	7.0	5.0	4.0	3.0

[해석]
ㄱ. 가격이 가장 높은 전산장비는 A이다. (○, ×, 알 수 없다)
ㄴ. 가격이 가장 낮은 전산장비는 F이다. (○, ×, 알 수 없다)
ㄷ. C의 가격은 E의 가격보다 높다. (○, ×, 알 수 없다)

03 다음 [표]는 우리나라 대도시 인구와 화재 발생 건수의 관계를 정리한 것이다.

[표] 도시별 화재 발생 현황

구분	화재 건수(A)	비중(B)	인구수(C)	비중(D)	C/A
합계	14,795	100%	22,178,756	100%	1,499
서울	7,058	48%	9,853,972	44%	1,396
부산	2,190	15%	3,665,437	17%	1,674
대구	920	6%	2,463,990	11%	2,678
인천	1,681	11%	2,566,338	12%	1,527
광주	726	5%	1,350,948	6%	1,861
대전	1,060	7%	1,365,961	6%	1,289
울산	1,160	8%	912,110	4%	786

[해석]

ㄱ. 인구 대비 화재 건수가 7대 도시 평균보다 많은 도시는 서울, 대전, 울산이다. (○, ×, 알 수 없다)

ㄴ. 인구 대비 화재 건수가 가장 적은 도시는 울산이다. (○, ×, 알 수 없다)

ㄷ. 인구 대비로 볼 때 서울이 대전보다 화재가 더 많이 발생한다. (○, ×, 알 수 없다)

ㄹ. 인구가 차지하는 비중보다 화재 건수가 차지하는 비중이 더 높은 도시는 서울, 대전, 울산이다.
   (○, ×, 알 수 없다)

04 다음 [표]는 '갑'기업의 사채발행차금 상각 과정을 나타낸 것이다.

[표] 사채발행차금 상각 과정 (단위: 백만 원)

구분		연도 1차연도	2차연도	3차연도	4차연도
이자비용 (A) [= (전년도 E)×0.1]		—	900	( )	( )
액면이자 (B)		—	600	600	600
사채발행차금	상각액 (C) [= (당해연도 A) − (당해연도 B)]	—	300	( )	( )
	미상각잔액 (D) [= (전년도 D) − (당해연도 C)]	3,000	2,700	( )	( )
사채장부가액 (E) [= (전년도 E)+(당해연도 C)]		9,000	9,300	( )	9,993

※ 1차연도의 미상각잔액(3,000백만 원)과 사채장부가액(9,000백만 원)은 주어진 값임.

[해석]

ㄱ. 3차연도의 사채장부가액은 96억 원 이하이다. (○, ×, 알 수 없다)

ㄴ. 3차연도, 4차연도의 상각액은 전년도 대비 매년 증가한다. (○, ×, 알 수 없다)

ㄷ. 3차연도, 4차연도의 이자비용은 전년도 대비 매년 증가한다. (○, ×, 알 수 없다)

ㄹ. 3차연도, 4차연도의 미상각잔액은 전년도 대비 매년 감소한다. (○, ×, 알 수 없다)

ㅁ. 3차연도 대비 4차연도의 사채장부가액 증가액은 4차연도의 상각액과 일치한다. (○, ×, 알 수 없다)

정답 및 해설 P. 44~45

01 다음 [표]는 2016년 '갑'시 5개 구 주민의 돼지고기 소비량에 관한 자료이다. [조건]을 이용하여 변동계수가 3번째로 큰 구와 4번째로 큰 구를 바르게 나열한 것은?

[표] 5개 구 주민의 돼지고기 소비량 통계   (단위: kg)

구	평균 (1인당 소비량)	표준편차
A	( )	5.0
B	( )	4.0
C	30.0	6.0
D	12.0	4.0
E	( )	8.0

※ 변동계수(%) = $\dfrac{표준편차}{평균} \times 100$

┤조건├
○ A구의 1인당 소비량과 B구의 1인당 소비량을 합하면 C구의 1인당 소비량과 같다.
○ A구의 1인당 소비량과 D구의 1인당 소비량을 합하면 E구 1인당 소비량의 2배와 같다.
○ E구의 1인당 소비량은 B구의 1인당 소비량보다 6.0kg 더 많다.

	3번째	4번째
①	B	A
②	B	C
③	B	E
④	D	A
⑤	D	C

02 다음 [그래프]와 [표]는 어느 도시의 엥겔계수 및 슈바베계수 추이와 소비지출 현황을 나타낸 것이다. 빈칸 A~E에 들어갈 값으로 잘못 짝지어진 것은?

[그래프] 엥겔계수 및 슈바베계수 추이(2005~2011년)

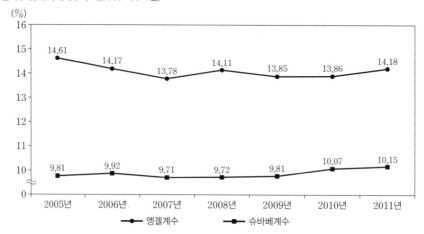

[표] 연도별 소비지출 현황(2008~2011년) (단위: 억 원, %p)

구분 / 연도	총소비지출	식료품·비주류 음료 소비지출	주거·수도·광열 소비지출	계수 차이
2008년	100,000	(A)	9,720	4.39
2009년	120,000	16,620	(B)	4.04
2010년	150,000	20,790	15,105	(C)
2011년	(D)	(E)	20,300	4.03

※ 1) 엥겔계수(%) = $\dfrac{\text{식료품·비주류음료 소비지출}}{\text{총소비지출}} \times 100$

2) 슈바베계수(%) = $\dfrac{\text{주거·수도·광열 소비지출}}{\text{총소비지출}} \times 100$

3) 계수 차이 = |엥겔계수 − 슈바베계수|

① A: 14,110   ② B: 11,772   ③ C: 3.79   ④ D: 200,000   ⑤ E: 27,720

03 두 개의 직육면체 건물이 아래와 같다고 할 때, (나)건물을 페인트칠 하는 작업에 필요한 페인트는 몇 통인가?(단, 사용되는 페인트 통의 용량은 동일하다.)

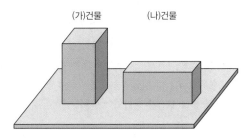

(가)건물　　　　(나)건물

○ (가)건물 밑면은 정사각형이며, 높이는 밑면 한 변 길이의 2배이다.
○ (나)건물은 (가)건물을 그대로 눕혀놓은 것이다.
○ 페인트는 (가)와 (나)건물 모두 각 건물의 옆면 4개와 윗면에 칠한다.
○ (가)건물을 페인트칠 하는 작업에는 36통의 페인트가 필요했다.

① 30통　　　　② 32통　　　　③ 36통　　　　④ 42통　　　　⑤ 45통

04 다음 글을 근거로 판단할 때, [보기]에서 옳은 것만을 모두 고르면?

> 전 세계 벼 재배면적의 90%가 아시아에 분포한다. 현재 벼를 재배하는 면적을 나라별로 보면, 인도가 4,300헥타르로 가장 넓고, 중국이 3,300헥타르로 그 다음을 잇고 있으며, 인도네시아, 방글라데시, 베트남, 타이, 미얀마, 일본의 순으로 이어지고 있다. A국은 일본 다음이다.
>
> 반면 쌀을 가장 많이 생산하고 있는 나라는 중국으로 전 세계 생산량의 30%를 차지하고 있으며, 그 다음이 20%를 생산하는 인도이다. 단위면적당 쌀 생산량을 보면 A국이 헥타르당 5.0톤으로 가장 많고 일본이 헥타르당 4.5톤이다. A국의 단위면적당 쌀 생산량은 인도의 3배에 달하는 수치로 현재 A국의 단위면적당 쌀 생산능력은 세계에서 제일 높다.

┤보기├

ㄱ. 중국의 단위면적당 쌀 생산량은 인도의 2배에 미치지 못한다.
ㄴ. 일본의 벼 재배면적이 A국보다 400헥타르가 크다면, 일본의 연간 쌀 생산량은 A국보다 많다.
ㄷ. 인도의 연간 쌀 생산량은 11,000톤 이상이다.

① ㄱ   ② ㄴ   ③ ㄷ   ④ ㄱ, ㄴ   ⑤ ㄴ, ㄷ

05 甲, 乙, 丙, 丁이 다음과 같은 경기를 하였을 때, 평균속력이 가장 빠른 사람부터 순서대로 나열한 것은?

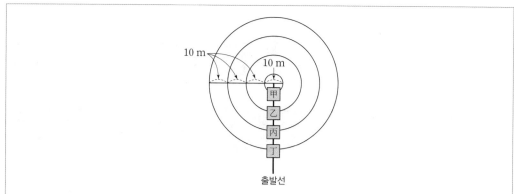

○ 甲, 乙, 丙, 丁은 동심원인 위의 그림과 같이 일직선상의 출발선에서 경기를 시작한다.
○ 甲, 乙, 丙, 丁은 위의 경기장에서 각자 자신에게 정해진 원 위를 10분 동안 걷는다.
○ 甲, 乙, 丙, 丁은 정해진 원 이외의 다른 원으로 넘어갈 수 없다.
○ 甲, 乙, 丙, 丁이 10분 동안에 각자 걸었던 거리는 다음과 같다.

甲	乙	丙	丁
7바퀴	5바퀴	3바퀴	1바퀴

① 乙, 丙, 甲, 丁   ② 丙, 乙, 丁, 甲   ③ 乙＝丙, 甲＝丁
④ 甲, 丁＝乙, 丙   ⑤ 甲, 丁, 乙, 丙

정답 및 해설 P. 45

수리를
활용하는 추리

유형 분석

Main Type	Sub Type 1	Sub Type 2
수리조건으로 매칭하기	승패찾기	평균 정하기 유형

★ Main Type   **수리조건으로 매칭하기**

추리는 정보와 정보를 합해서 새로운 정보를 만드는 것을 말한다. 그런데 추리의 재료가 되는 정보가 수치적인 형태가 되면 그것을 수리추리라고 부를 수 있다. 수치적인 정보를 바탕으로 추리하는 것이다. 자료해석에서는 대표적인 형태로 매칭시키기가 있다. A~E 같이 기호로 설정된 요소를 구체적으로 매칭시키는 유형이다.

다음 [표]는 2015년 9개 국가의 실질세부담률에 관한 자료이다. [표]와 [조건]에 근거하여 A~D에 해당하는 국가를 바르게 나열한 것은?

[표] 2015년 국가별 실질세부담률

구분 / 국가	독신 가구 실질세부담률(%)	2005년 대비 증감(%p)	전년 대비 증감(%p)	다자녀 가구 실질세부담률(%)	독신 가구와 다자녀 가구의 실질세부담률 차이(%p)
A	55.3	−0.20	−0.28	40.5	14.8
일본	32.2	4.49	0.26	26.8	5.4
B	39.0	−2.00	−1.27	38.1	0.9
C	42.1	5.26	0.86	30.7	11.4
한국	21.9	4.59	0.19	19.6	2.3
D	31.6	−0.23	0.05	18.8	12.8
멕시코	19.7	4.98	0.20	19.7	0.0
E	39.6	0.59	−1.16	33.8	5.8
덴마크	36.4	−2.36	0.21	26.0	10.4

─ 조건 ─

○ 2015년 독신 가구와 다자녀 가구의 실질세부담률 차이가 덴마크보다 큰 국가는 캐나다, 벨기에, 포르투갈이다.

○ 2015년 독신 가구 실질세부담률이 전년 대비 감소한 국가는 벨기에, 그리스, 스페인이다.

○ 스페인의 2015년 독신 가구 실질세부담률은 그리스의 2015년 독신 가구 실질세부담률보다 높다.

○ 2005년 대비 2015년 독신 가구 실질세부담률이 가장 큰 폭으로 증가한 국가는 포르투갈이다.

	A	B	C	D
①	벨기에	그리스	포르투갈	캐나다
②	벨기에	스페인	캐나다	포르투갈
③	벨기에	스페인	포르투갈	캐나다
④	캐나다	그리스	스페인	포르투갈
⑤	캐나다	스페인	포르투갈	벨기에

★ Sub Type 1 **승패찾기**

추리하기 형태 중에 자주 나오는 것이 바로 승패를 체크하는 유형이다. 한 팀이 승리하면 한 팀이 패배한다는 당연한 사실이 추리에서는 좋은 조건이 되기 때문인지 승패와 그에 따른 승점에 대한 문제들이 자주 나오는 편이다.

정답 및 해설 P. 46

다음 [표]는 5개 팀으로 구성된 '갑'국 프로야구 리그의 2016 시즌 팀별 상대전적을 시즌 종료 후 종합한 것이다. 이에 대한 설명으로 옳지 <u>않은</u> 것은?

[표] 2016 시즌 팀별 상대전적

팀 \ 상대팀	A	B	C	D	E
A	–	(가)	( )	( )	( )
B	6 – 10 – 0	–	( )	( )	( )
C	7 – 9 – 0	8 – 8 – 0	–	8 – 8 – 0	( )
D	6 – 9 – 1	8 – 8 – 0	8 – 8 – 0	–	( )
E	4 – 12 – 0	8 – 8 – 0	6 – 10 – 0	10 – 6 – 0	–

※ 1) 표 안의 수는 승리 – 패배 – 무승부의 순으로 표시됨.
　예를 들어, B팀의 A팀에 대한 전적(6 – 10 – 0)은 6승 10패 0무임.

2) 팀의 시즌 승률(%) = $\dfrac{\text{해당 팀의 시즌 승리 경기수}}{\text{해당 팀의 시즌 경기수}} \times 100$

① (가)에 들어갈 내용은 10 – 6 – 0이다.
② B팀의 시즌 승률은 50% 이하이다.
③ 시즌 승률이 50% 이상인 팀은 1팀이다.
④ C팀은 E팀을 상대로 승리한 경기가 패배한 경기보다 많다.
⑤ 시즌 전체 경기 결과 중 무승부는 1경기이다.

평균 정하기

평균은 실생활에서 자주 나오는 조건이다. 평균을 구하는 공식 역시 따로 소개할 필요가 없을 정도로 모두 알고 있기 때문에 이를 응용하는 문제 역시 내기 좋다. 새로운 개념을 알려줘야 하는 것이 아니기 때문이다. 평균에 대한 문제는 상당히 자주 나오는 편이라 확실하게 알아 놓는 것이 좋겠다.

정답 및 해설 P. 46

다음 [표 1]은 창의경진대회에 참가한 팀 A, B, C의 '팀 인원수' 및 '팀 평균점수'이며, [표 2]는 [표 1]에 기초하여 '팀 연합 인원수' 및 '팀 연합 평균점수'를 각각 산출한 자료이다. (가)와 (나)에 들어갈 값을 바르게 나열한 것은?

[표 1] 팀 인원수 및 팀 평균점수 (단위: 명, 점)

팀	A	B	C
인원수	( )	( )	( )
평균점수	40.0	60.0	90.0

※ 1) 각 참가자는 A, B, C팀 중 하나의 팀에만 속하고, 개인별로 점수를 획득함.

2) 팀 평균점수 $= \dfrac{\text{해당 팀 참가자 개인별 점수의 합}}{\text{해당 팀 참가자 인원수}}$

[표 2] 팀 연합 인원수 및 팀 연합 평균점수 (단위: 명, 점)

팀 연합	A+B	B+C	C+A
인원수	80	120	(가)
평균점수	52.5	77.5	(나)

※ 1) A+B는 A팀과 B팀, B+C는 B팀과 C팀, C+A는 C팀과 A팀의 인원을 합친 팀 연합임.

2) 팀 연합 평균점수 $= \dfrac{\text{해당 팀 참가자 개인별 점수의 합}}{\text{해당 팀 연합 참가자 인원수}}$

	(가)	(나)
①	90	72.5
②	90	75.0
③	100	72.5
④	100	75.0
⑤	110	72.5

 **순서를 편집해서 매칭시키기**

수리추리를 통한 매칭문제에서 선택지와 조건을 매칭시킬 때 중요한 것은 주어진 순서대로가 아니라, 적절하게 편집해서 순서를 바꿔야 한다는 것이다.

> 먼저 특정되는 것을 처리하고 선택지를 지워나간 후에 남은 것들 중에 한 번에 특정되는 순서를 찾아 차례로 지워나가는 식으로 푼다.

차례대로 하기보다는 고정된 것이 있다면 그런 것부터, 아니면 간단한 계산으로 나올만한 것들을 찾아서 먼저 매칭시킨 후, 주어진 선택지에서 아닌 것들을 지우고 남은 것들 중에 결정적으로 갈라지는 요소가 있으면 그런 것들 위주로 체크해서 하나라도 덜 계산을 하는 것이 중요한 Skill이 된다.

그러니까 조건에서 어떤 것이 빨리 특정될지 찾는 연습이 필요하다. 'A와 B를 합하면 C와 D를 합한 것보다 크다' 와 같은 진술보다는 'E는 F보다 크다'와 같은 진술이 빨리 찾는데 도움이 될 것이다. 물론 'G가 가장 크다'와 같은 진술은 바로 특정되니까 최고의 진술이 된다. 이런 형태들을 참고해서 빨리 찾아지는 조건을 먼저 적용하는 순서를 연습하는 것이다.

다음 [표]는 6개 기관(가~바)에서 제시한 2011년 경제 전망을 나타낸 자료이다. [보고서]의 설명을 바탕으로 [표]의 A~F에 해당하는 기관을 바르게 짝지은 것은?

[표] 기관별 2011년 경제 전망

(단위: %)

기관	경제 성장률	민간소비 증가율	설비투자 증가율	소비자물가 상승률	실업률
A	4.5	4.1	6.5	3.5	3.5
B	4.2	4.1	8.5	3.2	3.6
C	4.1	3.8	7.6	3.2	3.7
D	4.1	3.9	5.2	3.1	3.7
E	3.8	3.6	5.1	2.8	3.5
F	5.0	4.0	7.0	3.0	3.4

| 보고서 |

'가' 기관과 '나' 기관은 2011년 실업률을 동일하게 전망하였으나, '가' 기관이 '나' 기관보다 소비자물가 상승률을 높게 전망하였다. 한편, '마' 기관은 '나' 기관보다 민간소비 증가율이 0.5%p 더 높을 것으로 전망하였으며, '다' 기관은 경제 성장률을 6개 기관 중 가장 높게 전망하였다. 설비투자 증가율을 7% 이상으로 전망한 기관은 '다', '라', '마' 3개 기관이었다.

	A	B	C	D	E	F
①	가	라	마	나	바	다
②	가	마	다	라	나	바
③	가	마	라	바	나	다
④	다	라	나	가	바	마
⑤	마	라	가	나	바	다

SKILL ❷ 승패를 따지기

승패를 따지는 문제는 수리능력 뿐 아니라 자원관리 차원에서도 자주 나오는 문제다. 중요한 것은 한 쪽이 승리를 했다면 다른 쪽은 패배를 했다는 것이다. 무승부면 반드시 무승부를 한 다른 팀이 존재하기도 한다. 그러니까 항상 짝이 존재한다는 것이고, 합한 것들이 일정한 수치를 유지한다는 것이다.

축구대회에서 자주 나오는 승점제도 문제를 내기에 좋은 조건이다. 이기면 3점, 무승부는 1점, 지면 0점 같은 승점 부여는 수치를 더하고 빼는 것으로 또 매칭시킬 수 있는 여지가 생기기 때문이다.

문제의 세부적인 조건에 따라 조금씩 달라지긴 하지만 일반적으로 승, 패 문제는 다음과 같은 프로세스로 접근한다.

---

1) 전체적인 승과 패, 그리고 무승부의 경기 수를 맞춘다.
2) 득점과 실점도 계산해야 한다면 누군가의 득점은 누군가의 실점이 된다는 생각으로 역시 승과 패처럼 짝을 맞추어야 한다.
3) 승과 무승부의 개수에 따라 승점은 일정하니까 승, 패를 파악한 후에 승점에 대해 역산할 수 있다.

예를 들어보면 다음과 같은 문제를 보자. 짝을 맞추는 것만으로도 문제를 풀 수 있는 유형이다.

정답 및 해설 P. 46~47

다음 [표]는 어느 축구대회 1조에 속한 4개국(A~D)의 최종 성적을 정리한 자료이다. 이에 대한 설명 중 옳지 <u>않은</u> 것은?

[표] 1조의 최종 성적

구분	승	무	패	득점	실점	승점
A국	0	( )	2	1	4	1
B국	( )	1	( )	3	5	( )
C국	1	( )	1	3	( )	( )
D국	( )	1	0	4	0	( )

※ 1) 각 국가는 나머지 세 국가와 한 경기씩 총 세 경기를 하였음.
　 2) 국가별 승점=3×승리한 경기 수+1×무승부 경기 수+0×패배한 경기 수

① B국의 성적은 1승 1무 1패이다.
② 모든 국가는 각각 1무씩 거두었다.
③ D국은 2승을 거두었다.
④ C국의 실점은 2이다.
⑤ B국이 C국보다 승점이 더 높다.

 **SKILL ❸   평균의 문제**

평균을 따지는 문제는 자료해석에서 상당히 자주 나오는 유형의 문제다. 다음의 기법들이 평균 문제를 풀 때 주로 사용하는 기법들이다.

1) 개별 점수와 개체 수를 주면 전체 평균을 구할 수 있다.
2) 전체 평균이 나와 있으면 빠진 개별 점수나 개체 수를 구할 수 있다.
3) 평균에 개체 수를 곱하면 전체를 합한 총점이 나온다.
4) 최댓값, 최솟값이나 몇 점의 점수 차이 같은 진술들을 통해 몇 개 요소들을 특정할 수 있다.
5) 평균 외에 중앙값(가운데 위치한 값), 최빈값(가장 자주 나오는 값) 등의 보조적인 개념이 등장하기도 한다.
6) 문제에 예외적으로 등장하는 조건들도 있을 수 있으니 ※나 단서 조항을 잘 보자.

이런 방법들을 사용해서 평균, 총점, 개체 수 등을 구하는 문제들이다. 다음의 예를 보자.

정답 및 해설 P. 47

다음 [표]는 학생 A~F의 시험점수에 관한 자료이다. [표]와 [조건]을 이용하여 학생 A, B, C의 시험점수를 바르게 나열한 것은?

[표] 학생 A~F의 시험점수
(단위: 점)

학생	A	B	C	D	E	F
점수	( )	( )	( )	( )	9	9

┤조건├

○ 시험점수는 자연수이다.
○ 시험점수가 같은 학생은 A, E, F뿐이다.
○ 산술평균은 8.5점이다.
○ 최댓값은 10점이다.
○ 학생 D의 시험점수는 학생 C보다 4점 높다.

	A	B	C
①	8	9	5
②	8	10	4
③	9	8	6
④	9	10	5
⑤	9	10	6

다음 주어진 문제에서 어떤 선택지부터 적용해서 어떤 요소부터 수리추리를 적용할 것인지 순서를 정해보고, 문제의 답을 찾아보자.

01 다음 [표]는 2010년과 2011년 주요 화재장소별 화재건수를 나타낸 것이다. [보기]를 이용하여 A∼F를 구할 때 A, C, F에 해당하는 화재장소를 바르게 짝지은 것은?

[표] 주요 화재장소별 화재건수 (단위: 건)

구분	합계	A	B	C	D	E	F
2011년 8월	2,200	679	1,111	394	4	4	8
2010년 8월	2,535	785	1,265	471	1	7	6
2011년 1∼8월	24,879	7,140	11,355	3,699	24	49	2,612
2010년 1∼8월	23,447	6,664	10,864	4,206	21	75	1,617

┤보기├

○ 2011년 8월에 전년 동월 대비 화재건수가 증가한 화재장소는 위험물보관소와 임야이다.

○ 2011년 1∼8월 동안 화재건수가 많은 상위 두 곳은 사무실과 주택이다.

○ 2011년 1∼8월 동안 화재건수가 100건이 넘지 않는 화재장소는 위험물보관소와 선박이다.

○ 2011년 1∼8월 동안 주택과 차량에서 발생한 화재건수의 합은 사무실에서 발생한 화재건수보다 적다.

	A	C	F
①	사무실	선박	위험물보관소
②	사무실	차량	임야
③	주택	선박	임야
④	주택	선박	위험물보관소
⑤	주택	차량	임야

02 다음 [그래프]는 네 가지 자동차 모델의 2004년도 월별 판매량을 나타낸 것이다. [보기]의 설명을 통해 A, B, C, D에 해당하는 모델을 바르게 짝지은 것은?

[그래프] 2004년도 월별 자동차 판매량

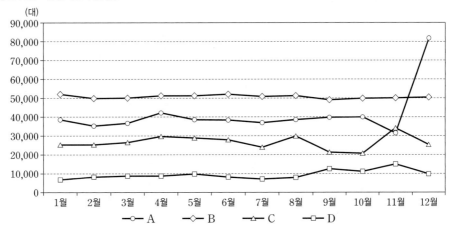

┤보기├

ㄱ. 11월에 '제브라'와 '마니타'는 전월보다 판매량이 증가하였다.

ㄴ. 12월 '그랑죠'의 판매량은 1월에 비하여 2배 이상이 되었다.

ㄷ. '오메가'는 다른 모델들에 비해 월별 판매량 변화가 비교적 작았다.

ㄹ. '마니타'는 1년 내내 '그랑죠'보다 월별 판매량이 적었다.

	A	B	C	D
①	그랑죠	오메가	제브라	마니타
②	그랑죠	오메가	마니타	제브라
③	오메가	그랑죠	마니타	제브라
④	오메가	그랑죠	제브라	마니타
⑤	제브라	마니타	오메가	그랑죠

03 다음 [그래프]는 남미, 인도, 중국, 중동 지역의 2010년 대비 2030년 부문별 석유수요의 증감규모를 예측한 자료이다. [보기]의 설명을 참고하여 A~D에 해당하는 지역을 바르게 나열한 것은?

[그래프] 2010년 대비 2030년 지역별, 부문별 석유수요의 증감규모

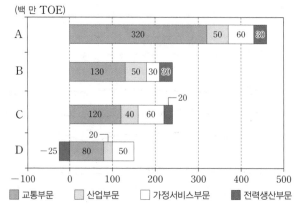

※ 주어진 네 부문 이외 석유수요의 증감은 없음.

┤보기├

○ 인도와 중동의 2010년 대비 2030년 전체 석유수요 증가규모는 동일하다.

○ 2010년 대비 2030년에 전체 석유수요 증가규모가 가장 큰 지역은 중국이다.

○ 2010년 대비 2030년에 전력생산부문의 석유수요 규모가 감소하는 지역은 남미이다.

○ 2010년 대비 2030년에 교통부문의 석유수요 증가규모가 해당 지역 전체 석유수요 증가규모의 50%인 지역은 중동이다.

	A	B	C	D
①	중국	인도	중동	남미
②	중국	중동	인도	남미
③	중국	인도	남미	중동
④	인도	중국	중동	남미
⑤	인도	중국	남미	중동

04 다음 [그래프]는 2011년 어느 회사 사원 A~C의 매출에 관한 자료이다. 2011년 4사분기의 매출액이 큰 사원부터 나열하면?

[그래프 1] 2011년 1사분기의 사원별 매출액

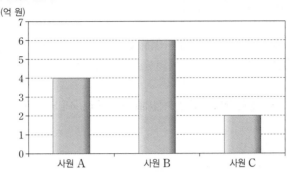

[그래프 2] 2011년 2~4사분기 사원별 매출액 증감계수

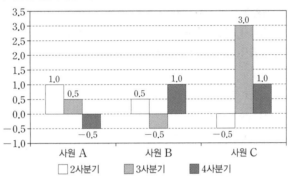

※ 해당 사분기 매출액 증감계수 = $\dfrac{\text{해당 사분기 매출액} - \text{직전 사분기 매출액}}{\text{직전 사분기 매출액}}$

① A, B, C   ② A, C, B   ③ B, A, C

④ B, C, A   ⑤ C, A, B

승, 패를 체크해서 짝을 맞추고, 승점을 부여해서 총점을 비교하는 형식의 문제들을 풀어보자. 이런 문제들은 순위별로 승점을 부여해서 전체 순위를 체크하는 문제로 확대 적용될 수 있다.

01 다음 [상황]에서 기존의 승점제와 새로운 승점제를 적용할 때, A팀의 순위로 옳게 짝지어진 것은?

┤상황├

○ 대회에 참가하는 팀은 총 13팀이다.

○ 각 팀은 다른 모든 팀과 한 번씩 경기를 한다.

○ A팀의 최종성적은 5승 7패이다.

○ A팀과의 경기를 제외한 12팀 간의 경기는 모두 무승부이다.

○ 기존의 승점제는 승리시 2점, 무승부시 1점, 패배시 0점을 부여한다.

○ 새로운 승점제는 승리시 3점, 무승부시 1점, 패배시 0점을 부여한다.

	기존의 승점제	새로운 승점제
①	8위	1위
②	8위	8위
③	13위	1위
④	13위	5위
⑤	13위	13위

02 다음 글을 근거로 판단할 때, [보기]에서 옳은 것만을 모두 고르면?

○○축구대회에는 모두 32개 팀이 참가하여 한 조에 4개 팀씩 8개 조로 나누어 경기를 한다. 각 조의 4개 팀이 서로 한 번씩 경기를 하여 승점−골득실차−다득점−승자승−추첨의 순서에 의해 각 조의 1, 2위 팀이 16강에 진출한다. 각 팀은 16강에 오르기까지 총 3번의 경기를 치르게 되며, 매 경기마다 승리한 팀은 승점 3점을 얻게 되고, 무승부를 기록한 팀은 승점 1점, 패배한 팀은 0점을 획득한다.

그 중 1조에 속한 A, B, C, D팀은 현재까지 각 2경기씩 치렀으며, 그 결과는 A:B=4:1, A:D=1:0, B:C=2:0, C:D=2:1이었다. 아래의 표는 그 결과를 정리한 것이다. 내일 각 팀은 16강에 오르기 위한 마지막 경기를 치르는데, A팀은 C팀과, B팀은 D팀과 경기를 갖는다.

[표] 마지막 경기를 남겨 놓은 각 팀의 전적

구분	승	무	패	득/실점	승점
A팀	2	0	0	5/1	6
B팀	1	0	1	3/4	3
C팀	1	0	1	2/3	3
D팀	0	0	2	1/3	0

┤보기├

ㄱ. A팀이 C팀과의 경기에서 이긴다면, A팀은 B팀과 D팀의 경기 결과에 상관없이 16강에 진출한다.

ㄴ. A팀이 C팀과 1:1로 비기고 B팀이 D팀과 0:0으로 비기면 A팀과 B팀이 16강에 진출한다.

ㄷ. C팀과 D팀이 함께 16강에 진출할 가능성은 전혀 없다.

ㄹ. D팀은 마지막 경기의 결과에 관계없이 16강에 진출할 수 없다.

① ㄱ, ㄴ   ② ㄱ, ㄹ   ③ ㄷ, ㄹ   ④ ㄱ, ㄴ, ㄷ   ⑤ ㄴ, ㄷ, ㄹ

03 A, B, C, D 네 팀이 참여하여 체육대회를 하고 있다. 다음 [순위 결정 기준]과 각 팀의 현재까지 득점 현황을 나타낸 [표]에 근거하여 판단할 때, 항상 옳은 추론만을 [보기]에서 모두 고르면?

[순위 결정 기준]

○ 각 종목의 1위에게는 4점, 2위에게는 3점, 3위에게는 2점, 4위에게는 1점을 준다.

○ 각 종목에서 획득한 점수를 합산한 총점이 높은 순으로 종합 순위를 결정한다.

○ 총점에서 동점이 나올 경우에는 1위를 한 종목이 많은 팀이 높은 순위를 차지한다.

− 만약 1위 종목의 수가 같은 경우에는 2위 종목이 많은 팀이 높은 순위를 차지한다.

− 만약 1위 종목의 수가 같고, 2위 종목의 수도 같은 경우에는 공동 순위로 결정한다.

[표] 득점 현황
(단위: 점)

종목명 ＼ 팀명	A	B	C	D
가	4	3	2	1
나	2	1	3	4
다	3	1	2	4
라	2	4	1	3
마	?	?	?	?
합계	?	?	?	?

※ 종목별 순위는 반드시 결정되고, 동순위는 나오지 않는다.

┤ 보기 ├

ㄱ. A팀이 종목 마에서 1위를 한다면 종합 순위 1위가 확정된다.

ㄴ. B팀이 종목 마에서 C팀에게 순위에서 뒤지면 종합 순위에서도 C팀에게 뒤지게 된다.

ㄷ. C팀은 종목 마의 결과와 관계없이 종합 순위에서 최하위가 확정되었다.

ㄹ. D팀이 종목 마에서 2위를 한다면 종합 순위 1위가 확정된다.

① ㄱ   ② ㄹ   ③ ㄱ, ㄴ   ④ ㄴ, ㄷ   ⑤ ㄷ, ㄹ

04 다음 [표]는 참가자 A~D의 회차별 가위·바위·보 게임 기록 및 판정이고, [그림]은 아래 [규칙]에 따른 5회차 게임 종료 후 A~D의 위치를 나타낸 것이다. 이때 (가), (나), (다)에 해당하는 것을 바르게 나열한 것은?

[표] 가위·바위·보 게임 기록 및 판정

참가자 \ 회차	1 기록	1 판정	2 기록	2 판정	3 기록	3 판정	4 기록	4 판정	5 기록	5 판정
A	가위	승	바위	승	보	승	바위	( )	보	( )
B	가위	승	(가)	( )	바위	패	가위	( )	보	( )
C	보	패	가위	패	바위	패	(나)	( )	보	( )
D	보	패	가위	패	바위	패	가위	( )	(다)	( )

[그림] 5회차 게임 종료 후 A~D의 위치

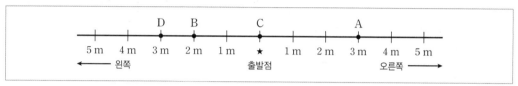

┤규칙├

○ A~D는 모두 출발점(★)에서 1회차 가위·바위·보 게임을 하고, 2회차부터는 직전 회차 게임 종료 후 각자의 위치에서 게임을 한다.

○ 각 회차의 판정에 따라 지거나 비기면 이동하지 않고, 가위로 이긴 사람은 왼쪽으로 3m, 바위로 이긴 사람은 오른쪽으로 1m, 보로 이긴 사람은 오른쪽으로 5m를 각각 이동하여 해당 회차 게임을 종료한다.

	(가)	(나)	(다)
①	가위	바위	보
②	가위	보	바위
③	바위	가위	보
④	바위	보	가위
⑤	보	바위	가위

다음에 주어진 평균문제들을 풀어보자. 평균에 대한 충분한 이해를 바탕으로 평균, 총합, 개체 수, 중앙 3합, 점수 차 등 여러 가지 수치들로 확대 적용하는 연습을 해보는 것이다.

[01~02] 사학자 A씨는 고려시대 문헌을 통하여 당시 상류층(왕족, 귀족, 승려) 남녀 각각 160명에 대한 자료를 분석하여 다음과 같은 [표]를 작성하였다. 이 [표]를 보고 물음에 답하시오.

[표] 고려시대 상류층의 혼인연령, 사망연령 및 자녀수

구분		평균 혼인연령(세)	평균 사망연령(세)	평균 자녀수(명)
승려(80명)	남(50명)	—	69	—
	여(30명)	—	71	—
왕족(40명)	남(30명)	19	42	10
	여(10명)	15	46	3
귀족(200명)	남(80명)	15	45	5
	여(120명)	20	56	6

※ 승려를 제외한 모든 남자는 혼인하였고 이혼하거나 사별한 사례는 없음.
※ 조사한 각 남녀끼리 혼인한 경우는 없음.

01 귀족의 평균 자녀수는?

① 5.1명   ② 5.3명   ③ 5.6명   ④ 5.7명   ⑤ 5.9명

02 이 [표]에 대한 진술 중 옳은 것만을 [보기]에서 모두 고른 것은?

┤보기├
ㄱ. 귀족 남자의 평균 혼인기간은 왕족 남자의 평균 혼인기간보다 길다.
ㄴ. 귀족의 평균 혼인연령은 왕족보다 높다.
ㄷ. 평균 사망연령의 남녀 간 차이는 승려가 귀족보다 작다.

① ㄱ   ② ㄷ   ③ ㄱ, ㄴ   ④ ㄱ, ㄷ   ⑤ ㄴ, ㄷ

03 다음 [표]는 어느 학급 전체 학생 55명의 체육점수 분포이다. 이에 대한 [보기]의 설명 중 옳은 것만을 모두 고르면?

[표] 체육점수 분포

점수(점)	1	2	3	4	5	6	7	8	9	10
학생 수(명)	1	0	5	10	23	10	5	0	1	0

※ 점수는 1점 단위로 1~10점까지 주어짐.

┤보기├

ㄱ. 전체 학생을 체육점수가 낮은 학생부터 나열하면 중앙에 위치한 학생의 점수는 5점이다.

ㄴ. 4~6점을 받은 학생 수는 전체 학생 수의 86% 이상이다.

ㄷ. 학급의 체육점수 산술평균은 전체 학생이 받은 체육점수 중 최고점과 최저점을 제외하고 구한 산술평균과 다르다.

ㄹ. 학급에서 가장 많은 학생이 받은 체육점수는 5점이다.

① ㄱ   ② ㄴ   ③ ㄱ, ㄹ   ④ ㄴ, ㄷ   ⑤ ㄱ, ㄷ, ㄹ

04 다음 [표]는 어느 해 주식 거래일 8일 동안 A사의 일별 주가와 [산식]을 활용한 5일 이동 평균을 나타낸 것이다. 이에 대한 [보기]의 설명 중 옳은 것만을 모두 고르면?

[표] 주식 거래일 8일 동안 A사의 일별 주가 추이 (단위: 원)

거래일	일별 주가	5일 이동 평균
1	7,550	–
2	7,590	–
3	7,620	–
4	7,720	–
5	7,780	7,652
6	7,820	7,706
7	7,830	( )
8	( )	7,790

┤산식├

$$5일\ 이동\ 평균 = \frac{해당\ 거래일\ 포함\ 최근\ 거래일\ 5일\ 동안의\ 일별\ 주가의\ 합}{5}$$

[예] $6거래일의\ 5일\ 이동\ 평균 = \frac{7,590 + 7,620 + 7,720 + 7,780 + 7,820}{5} = 7,706$

┤보기├

ㄱ. 일별 주가는 거래일마다 상승하였다.
ㄴ. 5거래일 이후 5일 이동 평균은 거래일마다 상승하였다.
ㄷ. 2거래일 이후 일별 주가가 직전 거래일 대비 가장 많이 상승한 날은 4거래일이다.
ㄹ. 5거래일 이후 해당 거래일의 일별 주가와 5일 이동 평균 간의 차이는 거래일마다 감소하였다.

① ㄱ, ㄴ   ② ㄴ, ㄷ   ③ ㄷ, ㄹ   ④ ㄱ, ㄴ, ㄷ   ⑤ ㄴ, ㄷ, ㄹ

정답 및 해설 P. 47~50

01 다음 [표]는 1991~2000년 5개국의 국가별 인구변동에 대한 자료이다. 이를 근거로 [보기]의 A~C에 해당하는 국가를 바르게 나열한 것은?

[표 1] 국가별 출생률 (단위: %)

연도 국가	1991년	1992년	1993년	1994년	1995년	1996년	1997년	1998년	1999년	2000년
아프가니스탄	48.3	50.7	52.6	53.2	51.6	50.8	48.9	47.1	49.7	41.8
아랍에미리트	49.8	47.5	43.6	38.6	33.0	30.5	29.5	27.9	21.0	18.7
보스니아 헤르체고비나	37.1	34.7	31.1	25.1	21.3	19.6	18.2	17.1	12.6	6.5
르완다	47.3	49.6	51.2	52.4	52.9	52.8	50.4	45.2	43.9	35.8
라이베리아	48.0	49.5	50.3	49.6	48.1	47.4	47.2	47.3	49.1	47.5

[표 2] 국가별 인구증가율 (단위: %)

연도 국가	1991년	1992년	1993년	1994년	1995년	1996년	1997년	1998년	1999년	2000년
아프가니스탄	16.6	20.3	22.7	25.2	25.6	26.8	25.9	24.4	28.0	23.8
아랍에미리트	27.0	26.8	26.3	26.3	23.1	23.1	25.5	25.1	18.3	16.1
보스니아 헤르체고비나	24.2	24.1	22.2	17.6	14.4	13.1	11.4	10.0	5.6	−9.0
르완다	24.0	27.3	29.8	31.6	32.4	32.6	31.7	27.8	−0.7	14.8
라이베리아	20.8	24.0	26.5	27.8	28.5	29.3	30.5	31.5	21.2	32.2

┤보기├

- A국은 인구증가율이 계속 감소하고 있다.
- B국은 1999년에 국가 중 출생률이 가장 높다.
- C국은 매년 출생률이 감소하고 있다.

	A	B	C
①	보스니아 헤르체고비나	라이베리아	아랍에미리트
②	보스니아 헤르체고비나	아프가니스탄	아랍에미리트
③	보스니아 헤르체고비나	아프가니스탄	르완다
④	아랍에미리트	라이베리아	아프가니스탄
⑤	아랍에미리트	라이베리아	르완다

02 다음 [규칙]을 근거로 판단할 때, [보기]에서 옳은 것만을 모두 고르면?

┤규칙├

○ △△배 씨름대회는 아래와 같은 대진표에 따라 진행되며, 11명의 참가자는 추첨을 통해 동일한 확률로 A부터 K까지의 자리 중에서 하나를 배정받아 대회에 참가한다.

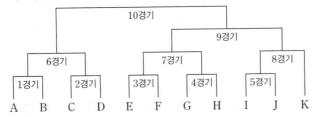

○ 대회는 첫째 날에 1경기부터 시작되어 10경기까지 순서대로 매일 하루에 한 경기씩 쉬는 날 없이 진행되며, 매 경기에서는 무승부 없이 승자와 패자가 가려진다.

○ 각 경기를 거듭할 때마다 패자는 제외시키면서 승자끼리 겨루어 최후에 남은 두 참가자 간에 우승을 가리는 승자 진출전 방식으로 대회를 진행한다.

┤보기├

ㄱ. 이틀 연속 경기를 하지 않으면서 최소한의 경기로 우승할 수 있는 자리는 총 5개이다.

ㄴ. 첫 번째 경기에 승리한 경우 두 번째 경기 전까지 3일 이상을 경기 없이 쉴 수 있는 자리에 배정될 확률은 50% 미만이다.

ㄷ. 총 4번의 경기를 치러야 우승할 수 있는 자리에 배정될 확률이 총 3번의 경기를 치르고 우승할 수 있는 자리에 배정될 확률보다 높다.

① ㄱ   ② ㄴ   ③ ㄷ   ④ ㄱ, ㄷ   ⑤ ㄴ, ㄷ

[03~04] 어느 기업에서 3명의 지원자(종현, 유호, 은진)에게 5명의 면접위원(A, B, C, D, E)이 평가점수와 순위를 부여하였다. 비율점수법과 순위점수법을 적용한 결과가 [표]와 같을 때, 이를 보고 물음에 답하시오.

[표 1] 비율점수법 적용 결과 (단위: 점)

면접위원 지원자	A	B	C	D	E	전체합	중앙3합
종현	7	8	6	6	1	28	19
유호	9	7	6	3	8	( )	( )
은진	5	8	7	2	6	( )	( )

※ 중앙3합은 5명의 면접위원이 부여한 점수 중 최곳값과 최젓값을 제외한 3명의 점수를 합한 값임.

[표 2] 순위점수법 적용 결과 (단위: 순위, 점)

면접위원 지원자	A	B	C	D	E	순위점수합
종현	2	1	2	1	3	( )
유호	1	3	3	2	1	( )
은진	3	2	1	3	2	( )

※ 순위점수는 1순위에 3점, 2순위에 2점, 3순위에 1점을 부여함.

03 순위점수합이 큰 순서로 나열한 것은?

① 종현 – 유호 – 은진　　　② 종현 – 은진 – 유호　　　③ 유호 – 은진 – 종현
④ 유호 – 종현 – 은진　　　⑤ 은진 – 종현 – 유호

04 [보기]의 진술 중 옳지 않은 것끼리 짝지어진 것은?

┤보기├

ㄱ. 비율점수법 중 중앙3합이 가장 큰 지원자는 순위점수합도 가장 크다.
ㄴ. 비율점수법 적용 결과에서 평가점수의 전체합과 중앙3합이 큰 값부터 등수를 정하면 지원자의 등수는 각각 같다.
ㄷ. 비율점수법 적용 결과에서 중앙3합이 높은 값부터 등수를 정하면 2등은 '유호'이다.

① ㄱ　　　② ㄴ　　　③ ㄱ, ㄴ　　　④ ㄴ, ㄷ　　　⑤ ㄱ, ㄴ, ㄷ

05 다음 [그래프]는 6가지 운동종목별 남자 및 여자 국가대표선수의 평균 연령과 평균 신장에 대한 자료이다. 이에 대한 [보기]의 설명 중 옳지 <u>않은</u> 것만을 모두 고르면?

[그래프 1] 남자 국가대표선수의 평균 연령과 평균 신장

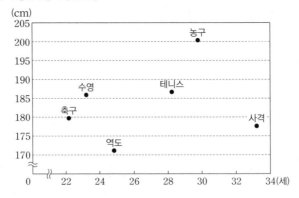

[그래프 2] 여자 국가대표선수의 평균 연령과 평균 신장

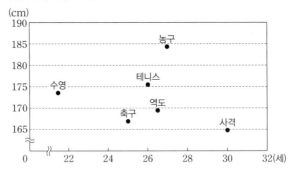

┤보기├

ㄱ. 평균 연령이 높은 순서대로 나열하면, 남자 국가대표 선수의 종목 순서와 여자 국가대표선수의 종목 순서는 동일하다.

ㄴ. 평균 신장이 큰 순서대로 나열하면, 남자 국가대표선수의 종목 순서와 여자 국가대표선수의 종목 순서는 동일하다.

ㄷ. 종목별로 볼 때, 남자 국가대표선수의 평균 연령은 해당 종목 여자 국가대표선수의 평균 연령보다 높다.

ㄹ. 종목별로 볼 때, 남자 국가대표선수의 평균 신장은 해당 종목 여자 국가대표선수의 평균 신장보다 크다.

① ㄱ, ㄴ ② ㄴ, ㄹ ③ ㄷ, ㄹ ④ ㄱ, ㄴ, ㄷ ⑤ ㄱ, ㄷ, ㄹ

정답 및 해설 P. 50

우리는 모두 별이고, 반짝일 권리가 있다.

– 마릴린 먼로

그래프 읽기:
복합자료해석

PART

CHAPTER
01

표+그래프 유형

STEP 01 유형 분석

Main Type	Sub Type 1	Sub Type 2
표 + 그래프 유형	표 ↔ 그래프 전환하기	보고서 작성 유형

★ Main Type **표 + 그래프 유형**

 복합자료해석이라는 말을 직관적으로 받아들일 때 나오는 유형이다. 말 그대로 여러 개의 자료가 쓰인 문제다. 표와 그래프가 쓰일 수도 있고, 표만 여러 개, 혹은 그래프만 여러 개 나올 수도 있다. 특별한 유형이라기보다는 지금까지 나온 표와 그래프가 같이 나온 유형일 뿐이니 당황할 것은 없다. 어디서 필요한 부분을 찾아야 할지 빨리 캐치하는 것이 중요하다.

정답 및 해설 P. 51

다음 [표]와 [그래프]는 A국 초·중·고등학생 평균 키 및 평균 체중과 비만에 대한 자료이다. 이에 대한 [보기]의 설명 중 옳은 것만을 모두 고르면?

[표 1] 학교급별 평균 키 및 평균 체중 현황 (단위: cm, kg)

학교급	성별	2017년		2016년		2015년		2014년		2013년	
		키	체중	키	체중	키	체중	키	체중	키	체중
초	남	152.1	48.2	151.4	46.8	151.4	46.8	150.4	46.0	150.0	44.7
	여	152.3	45.5	151.9	45.2	151.8	45.1	151.1	44.4	151.0	43.7

중	남	170.0	63.7	169.7	62.3	169.2	61.9	168.9	61.6	168.7	60.5
	여	159.8	54.4	159.8	54.3	159.8	54.1	159.5	53.6	160.0	52.9
고	남	173.5	70.0	173.5	69.4	173.5	68.5	173.7	68.3	174.0	68.2
	여	160.9	57.2	160.9	57.1	160.9	56.8	161.1	56.2	161.1	55.4

[표 2] 2017년 학교급별 비만학생 구성비 (단위: %)

구분 학교급	성별	비만 아닌 학생	비만학생			학생 비만율
			경도 비만	중등도 비만	고도 비만	
초	남	82.6	8.5	7.3	1.6	17.4
	여	88.3	6.5	4.4	0.8	11.7
중	남	81.5	9.0	7.5	2.0	18.5
	여	86.2	7.5	4.9	1.4	13.8
고	남	79.5	8.7	8.4	3.4	20.5
	여	81.2	8.6	7.5	2.7	18.8
전체		83.5	8.1	6.5	1.9	16.5

※ '학생 비만율'은 학생 중 비만학생(경도 비만 + 중등도 비만 + 고도 비만)의 구성비임.

[그래프] 연도별 초·중·고 전체의 비만학생 구성비

┤보기├

ㄱ. 중학교 여학생의 평균 키는 매년 증가하였다.

ㄴ. 초·중·고 전체의 '학생 비만율'은 매년 증가하였다.

ㄷ. 고등학교 남학생의 '학생 비만율'은 2013년이 2017년보다 작다.

ㄹ. 2017년 '학생 비만율'의 남녀 학생 간 차이는 중학생이 초등학생보다 작다.

① ㄱ, ㄴ 　② ㄴ, ㄷ 　③ ㄴ, ㄹ 　④ ㄷ, ㄹ 　⑤ ㄱ, ㄷ, ㄹ

표 ↔ 그래프 전환하기

표에서 그래프로 전환하거나 그 반대의 전환이 일어날 때, 수치가 잘못 적용되어서 그래프가 작성되는 형태의 문제다. 눈으로 보기에 그냥 틀린 수치를 찾는 문제는 비교적 쉬운 편에 속한다. 비중을 계산한다든가 증가율을 계산해서 수치를 찾아낸 후 그것의 그래프가 잘못되어 있는 것을 찾는 형태의 문제는 시간이 많이 걸릴 수밖에 없다.

정답 및 해설 P. 51

다음 [표]는 근무지 이동 전 '갑'회사의 근무 현황에 대한 자료이다. [표]와 [근무지 이동 지침]에 따라 이동한 후 근무지별 인원수로 가능한 것은?

[표] 근무지 이동 전 '갑'회사의 근무 현황 (단위: 명)

근무지	팀명	인원수
본관 1층	인사팀	10
	지원팀	16
	기획1팀	16
본관 2층	기획2팀	21
	영업1팀	27
본관 3층	영업2팀	30
	영업3팀	23
별관	–	0
전체		143

※ 1) '갑'회사의 근무지는 본관 1, 2, 3층과 별관만 있음.
　 2) 팀별 인원수의 변동은 없음.

-------| 근무지 이동 지침 |-------

○ 본관 내 이동은 없고, 인사팀은 이동하지 않음.
○ 팀별로 전원 이동하며, 본관에서 별관으로 2개 팀만 이동함.
○ 1개 층에서는 최대 1개 팀만 별관으로 이동할 수 있음.
○ 이동한 후 별관 인원수는 40명을 넘지 않도록 함.

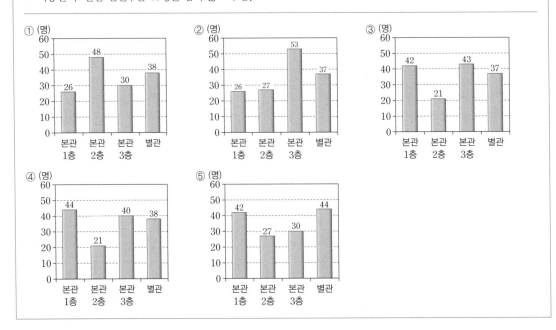

★ Sub Type 2 ｜ 보고서 작성 유형

보고서 작성할 때 자료를 쓴다든가, 반면 자료를 가지고 보고서를 작성하는 유형의 문제들이다. 자료의 제목이나 보고서에 쓰인 구절 등을 찾아내는 거시적인 형태의 문제도 있고, 계산을 통해 제대로 적용했나를 찾아내는 미시적인 형태의 문제도 있다.

정답 및 해설 P. 51

다음 [표]는 동일한 상품군을 판매하는 백화점과 TV홈쇼핑의 상품군별 2015년 판매 수수료율에 대한 자료이다. 이에 대한 [보고서]의 설명 중 옳은 것만을 모두 고르면?

[표 1] 백화점 판매 수수료율 순위 (단위: %)

판매 수수료율 상위 5개			판매 수수료율 하위 5개		
순위	상품군	판매 수수료율	순위	상품군	판매 수수료율
1	셔츠	33.9	1	디지털기기	11.0
2	레저용품	32.0	2	대형가전	14.4
3	잡화	31.8	3	소형가전	18.6
4	여성정장	31.7	4	문구	18.7
5	모피	31.1	5	신선식품	20.8

[표 2] TV홈쇼핑 판매 수수료율 순위 (단위: %)

판매 수수료율 상위 5개			판매 수수료율 하위 5개		
순위	상품군	판매 수수료율	순위	상품군	판매 수수료율
1	셔츠	42.0	1	여행패키지	8.4
2	여성캐주얼	39.7	2	디지털기기	21.9
3	진	37.8	3	유아용품	28.1
4	남성정장	37.4	4	건강용품	28.2
5	화장품	36.8	5	보석	28.7

―| 보고서 |―

백화점과 TV홈쇼핑의 전체 상품군별 판매 수수료율을 조사한 결과, ㉠ 백화점, TV홈쇼핑 모두 셔츠 상품군의 판매 수수료율이 전체 상품군 중 가장 높았다. 그리고 백화점, TV홈쇼핑 모두 상위 5개 상품군의 판매 수수료율이 30%를 넘어섰다. ㉡ 여성정장 상품군과 모피 상품군의 판매 수수료율은 TV홈쇼핑이 백화점보다 더 낮았으며, ㉢ 디지털기기 상품군의 판매 수수료율은 TV홈쇼핑이 백화점보다 더 높았다. ㉣ 여행패키지 상품군의 판매 수수료율은 백화점이 TV홈쇼핑의 2배 이상이었다.

① ㄱ, ㄴ　　　② ㄱ, ㄷ　　　③ ㄴ, ㄹ　　　④ ㄱ, ㄷ, ㄹ　　　⑤ ㄴ, ㄷ, ㄹ

1단계	2단계	3단계
표와 그래프가 복합적으로 나오면 유형 파악	단순 복합자료면 선택지에 언급한 수치를 어디서 찾는지 파악	그래프 전환이나 보고서 문제면 쉬운 순서로 매칭

1단계 | 표와 그래프가 복합적으로 나오면 그냥 자료가 여러 개 주어졌을 뿐인 단순 복합자료 형태의 문제가 있고, 표의 수치를 활용해서 그래프로 전환하는 유형의 문제, 그리고 보고서의 내용을 그래프에서 찾거나 보고서의 내용과 일치하는 그래프를 찾는 보고서 문제가 있다.

2단계 | 표와 그래프가 복합적으로 나오면 아무래도 그냥 단일자료보다는 복잡할 수밖에 없다. 그나마 단순 복합자료면 선택지에서 언급하는 수치들을 어떤 그래프나 표에서 찾는지 정확하게 연결만 하면 된다.

3단계 | 그래프 전환이나 보고서 문제는 단순하게 매칭해서 항목만 확인하는 쉬운 유형이 있는 반면, 계산해서 수치를 정확히 일치시켜야 하는 복잡한 유형이 있다. 하지만 막상 풀기까지 어떤 유형인지 모르니 단순 일치의 선택지부터 체크해서, 계산하는 선택지를 나중에 푸는 문제 풀이 순서의 편집이 필요하다.

 **그래프 전환**

그래프로 전환하는 문제에서 먼저 확인할 것은 주어진 수치가 그대로 적용되었나 하는 점이고, 그 다음에 확인할 것이 계산을 해서 찾아가는 수치다. 다음의 순서로 확인한다고 생각하면 된다.

❶ 항목이 맞는지
❷ 항목별 수치 적용이 제대로 되었는지
❸ 계산해서 나오는 수치가 제대로 적용되었는지 → 합이나 차
❹ 계산해서 나오는 수치가 제대로 적용되었는지 → 비중이나 증가감률

이 순서에 맞게 선택지를 체크한다. 계산도 이왕이면 간단한 합이나 차 같은 것부터 하고, 비중이나 증가감률처럼 나눗셈을 해야하는 것을 가장 나중으로 미룬다. 세부적인 수치로 들어가는 만큼 비중같은 분수 형태에서 어림산보다는 세밀하게 계산을 해야 할 때도 있다. 그러므로 이 형태의 계산을 가장 나중으로 미룰수록 좋다.

정답 및 해설 P. 51

다음 [표]는 2016년과 2017년 A~F 항공사의 공급석 및 탑승객 수를 나타낸 자료이다. [표]를 이용하여 작성한 그래프로 옳지 **않은** 것은?

[표] 항공사별 공급석 및 탑승객 수

(단위: 만 개, 만 명)

구분 연도 항공사	공급석 수		탑승객 수	
	2016년	2017년	2016년	2017년
A	260	360	220	300
B	20	110	10	70

C	240	300	210	250
D	490	660	410	580
E	450	570	380	480
F	250	390	200	320
전체	1,710	2,390	1,430	2,000

① 연도별 A~F 항공사 전체의 공급석 및 탑승객 수

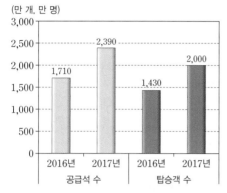

② 항공사별 탑승객 수

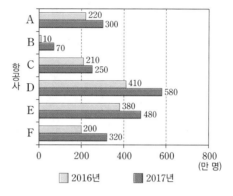

③ 2017년 탑승객 수의 항공사별 구성비

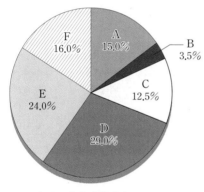

④ 2016년 대비 2017년 항공사별 공급석 수 증가량

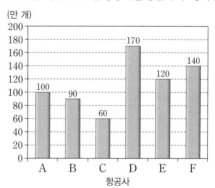

⑤ 2017년 항공사별 잔여석 수

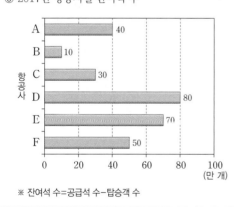

※ 잔여석 수=공급석 수-탑승객 수

SKILL ❷   보고서 연결

보고서와 연결 지을 때도 기본적으로 빨리 매칭이 되는 것부터 해결을 해서 시간을 단축시키려는 노력이 필요하다. 다음과 같은 순서로 살펴보면 좋다.

❶ 제목을 봐서 매칭이 되는지 확인
❷ 언급 자체가 없는 것은 아닌지 확인
❸ 계산이 맞는지 확인

보고서의 내용과 표의 제목을 매칭해서 일단 표나 그래프가 존재해야 한다. 매칭이 되는지 확인하는 것이 먼저다.

비슷하게 아예 보고서에 언급이 안 되는 자료에 대해 찾을 때도 있다. 매칭 되는 것이 없으면 보고서를 작성할 때 더 필요한 자료의 목록을 선정하는 문제로 나올 수도 있다.

매칭이 되는데도 답을 찾을 수 없으면 보고서의 내용과 실제 자료의 수치가 틀린 경우가 있다. 이런 경우는 가장 시간이 많이 걸리므로 순서를 제일 후로 미루는 것이 좋다.

정답 및 해설 P. 51

다음 [표]를 이용하여 [보고서]를 작성하였다. 제시된 [표] 이외에 [보고서]를 작성하기 위해 추가로 필요한 자료만을 [보기]에서 모두 고르면?

[표 1] 연도별 세수 상위 세무서 (단위: 억 원)

구분	1위		2위		3위	
	세무서	세수	세무서	세수	세무서	세수
2005년	남대문	70,314	울산	70,017	영등포	62,982
2006년	남대문	83,158	영등포	74,291	울산	62,414
2007년	남대문	105,637	영등포	104,562	울산	70,281
2008년	남대문	107,933	영등포	88,417	울산	70,332
2009년	남대문	104,169	영등포	86,193	울산	64,911

[표 2] 연도별 세수 하위 세무서 (단위: 억 원)

구분	1위		2위		3위	
	세무서	세수	세무서	세수	세무서	세수
2005년	영주	346	영덕	354	홍성	369
2006년	영주	343	영덕	385	홍성	477
2007년	영주	194	영덕	416	거창	549
2008년	영주	13	해남	136	영덕	429
2009년	해남	166	영덕	508	홍성	540

---| 보고서 |---

  2009년 세수 1위 세무서는 10조 4,169억 원(국세청 세입액의 약 7%)을 거두어 들인 남대문세무서이다. 한편, 2위와 3위는 각각 영등포세무서(8조 6,193억 원), 울산세무서(6조 4,911억 원)로 2006년 이후 순위변동이 없었다.

  2009년 세수 최하위 세무서는 해남세무서(166억 원)로 남대문세무서 세수 규모의 0.2%에도 못 미치는 수준인 것으로 나타났다. 서울지역에서는 도봉세무서의 세수 규모가 2,862억 원으로 가장 적은 것으로 나타났다.

  국세청 세입액은 1966년 국세청 개청 당시 700억 원에서 2009년 154조 3,305억 원으로 약 2,200배 증가하였으며, 전국 세무서 수는 1966년 77개에서 1997년 136개로 증가하였다가 2009년 107개로 감소하였다.

---| 보기 |---

ㄱ. 1966~2009년 연도별 국세청 세입액
ㄴ. 2009년 국세청 세입총액의 세원별 구성비
ㄷ. 2009년 서울 소재 세무서별 세수 규모
ㄹ. 1966~2009년 연도별 전국 세무서 수

① ㄱ, ㄴ   ② ㄱ, ㄹ   ③ ㄴ, ㄷ   ④ ㄱ, ㄷ, ㄹ   ⑤ ㄴ, ㄷ, ㄹ

표를 그래프로 전환하는 문제들에서 어떤 선택지부터 먼저 적용할 것인가를 설정하고, 문제를 풀어 보자.

01 다음 [표]는 2013~2016년 기관별 R&D 과제 건수와 비율에 관한 자료이다. [표]를 이용하여 작성한 그래프로 옳지 <u>않은</u> 것은?

[표] 2013~2016년 기관별 R&D 과제 건수와 비율 (단위: 건, %)

연도 구분 기관	2013년		2014년		2015년		2016년	
	과제 건수	비율	과제 건수	비율	과제 건수	비율	과제 건수	비율
기업	31	13.5	80	9.4	93	7.6	91	8.5
대학	47	20.4	423	49.7	626	51.4	526	49.3
정부	141	61.3	330	38.8	486	39.9	419	39.2
기타	11	4.8	18	2.1	13	1.1	32	3.0
전체	230	100.0	851	100.0	1,218	100.0	1,068	100.0

① 연도별 기업 및 대학 R&D 과제 건수

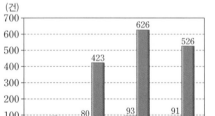

② 연도별 정부 및 전체 R&D 과제 건수

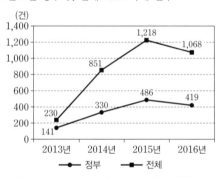

③ 2016년 기관별 R&D 과제 건수 구성비

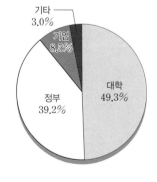

④ 전체 R&D 과제 건수의 전년 대비 증가율(2014~2016년)

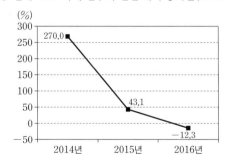

⑤ 연도별 기업 및 정부 R&D 과제 건수의 전년 대비 증가율(2014~2016년)

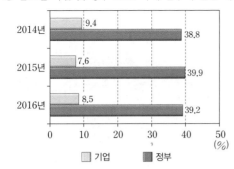

선택지 체크 순서

(   ) → (   ) → (   ) → (   ) → (   )

02 다음 [표]는 농산물 도매시장의 품목별 조사단위당 가격에 대한 자료이다. 이를 이용하여 작성한 그래프로 옳지 <u>않은</u> 것은?

[표] 품목별 조사단위당 가격 (단위: kg, 원)

구분	품목	조사단위	조사단위당 가격		
			금일	전일	전년 평균
곡물	쌀	20	52,500	52,500	47,500
	찹쌀	60	180,000	180,000	250,000
	검정쌀	30	120,000	120,000	106,500
	콩	60	624,000	624,000	660,000
	참깨	30	129,000	129,000	127,500
채소	오이	10	23,600	24,400	20,800
	부추	10	68,100	65,500	41,900
	토마토	10	34,100	33,100	20,800
	배추	10	9,500	9,200	6,200
	무	15	8,500	8,500	6,500
	고추	10	43,300	44,800	31,300

① 쌀, 찹쌀, 검정쌀의 조사단위당 가격

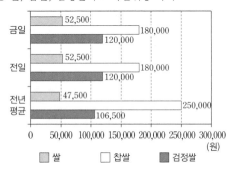

② 채소의 조사단위당 전일가격 대비 금일가격 등락액

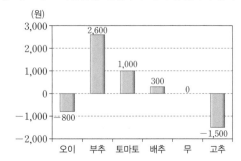

③ 채소 1kg당 금일가격

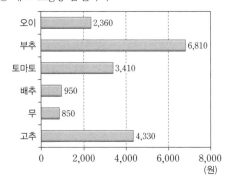

④ 곡물 1kg당 금일가격

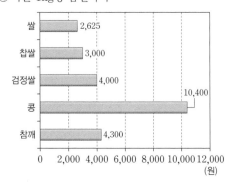

⑤ 채소의 조사단위당 전년 평균가격 대비 금일가격 비율

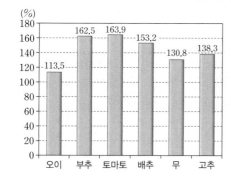

선택지 체크 순서

(　　　　) → (　　　　) → (　　　　) → (　　　　) → (　　　　)

03 다음 [표]는 2009~2014년 건설공사 공종별 수주액 현황을 나타낸 것이다. 이를 이용하여 작성한 그래프로 옳지 않은 것은?

[표] 건설공사 공종별 수주액 현황

(단위: 조 원, %)

구분 / 연도	전체	전년 대비 증감률	토목	전년 대비 증감률	건축	전년 대비 증감률	주거용	비주거용
2009년	118.7	−1.1	54.1	31.2	64.6	−18.1	39.1	25.5
2010년	103.2	−13.1	41.4	−23.5	61.8	−4.3	31.6	30.2
2011년	110.7	7.3	38.8	−6.3	71.9	16.3	38.7	33.2
2012년	99.8	−9.8	34.0	−12.4	65.8	−8.5	34.3	31.5
2013년	90.4	−9.4	29.9	−12.1	60.5	−8.1	29.3	31.2
2014년	107.4	18.8	32.7	9.4	74.7	23.5	41.1	33.6

① 건축 공종의 수주액

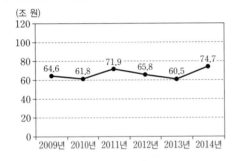

② 토목 공종의 수주액 및 전년 대비 증감률

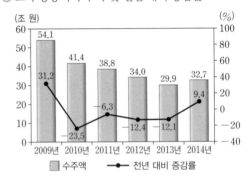

③ 건설공사 전체 수주액의 공종별 구성비

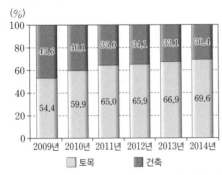

④ 건축 공종 중 주거용 및 비주거용 수주액

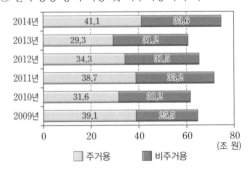

⑤ 건설공사 전체 및 건축 공종 수주액의 전년 대비 증감률

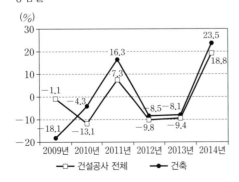

선택지 체크 순서

(   ) → (   ) → (   )
→ (   ) → (   )

04 다음 [표]는 2013년 수도권 3개 지역의 지역 간 화물 유동량에 대한 자료이다. 이를 이용하여 작성한 그래프로 옳지 <u>않은</u> 것은?

[표] 2013년 수도권 3개 지역 간 화물 유동량

(단위: 백만 톤)

출발 지역 \ 도착 지역	서울	인천	경기	합계
서울	59.6	8.5	0.6	68.7
인천	30.3	55.3	0.7	86.3
경기	78.4	23.0	3.2	104.6
합계	168.3	86.8	4.5	–

※ 수도권 외부와의 화물 이동은 고려하지 않음.

① 수도권 출발 지역별 경기 도착 화물 유동량

(단위: 백만 톤)

② 수도권 3개 지역별 도착 화물 유동량

(단위: 백만 톤)

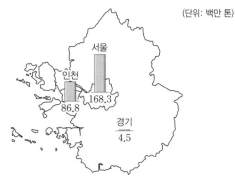

③ 수도권 3개 지역의 상호 간 화물 유동량

(단위: 백만 톤)

④ 수도권 3개 지역별 출발 화물 유동량

(단위: 백만 톤)

※ '상호 간 화물 유동량'은 두 지역 간 출발 화물 유동량과
도착 화물 유동량의 합임.

⑤ 인천 도착 화물 유동량의 수도권 출발 지역별 비중

(단위: %)

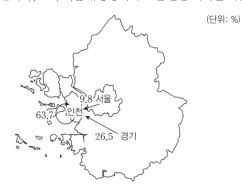

선택지 체크 순서

(　　　) → (　　　) → (　　　)
→ (　　　) → (　　　)

다음 보고서 전환문제를 풀어 보자. 보고서의 어떤 부분이 자료와 연결되는지 선으로 그어 매칭시켜 보면서 문제를 풀어 나간다.

01 다음은 2011~2014년 주택건설 인허가 실적에 대한 [보고서]이다. [보고서]의 내용을 작성하는 데 직접적인 근거로 활용되지 <u>않은</u> 자료는?

| 보고서 |

- ○ 2014년 주택건설 인허가 실적은 전국 51.5만 호(수도권 24.2만 호, 지방 27.3만 호)로 2013년(44.1만 호) 대비 16.8% 증가하였다. 이는 당초 계획(37.4만 호)에 비하여 증가한 것이지만, 2014년의 인허가 실적은 2011년 55.0만 호, 2012년 58.6만 호, 2013년 44.1만 호 등 3년 평균(2011~2013년, 52.6만 호)에 미치지 못하였다.
- ○ 2014년 아파트의 인허가 실적(34.8만 호)은 2013년 대비 24.7% 증가하였다. 아파트 외 주택의 인허가 실적(16.7만 호)은 2013년 대비 3.1% 증가하였으나, 2013년부터 도시형생활주택 인허가 실적이 감소하면서 3년 평균(2011~2013년, 18.9만 호) 대비 11.6% 감소하였다.
- ○ 2014년 공공부문의 인허가 실적(6.3만 호)은 일부 분양물량의 수급 조절에 따라 2013년 대비 21.3% 감소하였으며, 3년 평균(2011~2013년, 10.2만 호) 대비로는 38.2% 감소하였다. 민간부문(45.2만 호)은 2013년 대비 25.2% 증가하였으며, 3년 평균(2011~2013년, 42.4만 호) 대비 6.6% 증가하였다.
- ○ 2014년의 소형(60m² 이하), 중형(60m² 초과 85m² 이하), 대형(85m² 초과) 주택건설 인허가 실적은 2013년 대비 각각 1.2%, 36.4%, 4.9% 증가하였고, 2014년 85m² 이하 주택건설 인허가 실적의 비중은 2014년 전체 주택건설 인허가 실적의 약 83.5%였다.
---

① 지역별 주택건설 인허가 실적 및 증감률

(단위: 만 호, %)

구분	2013년	3년 평균 (2011~2013년)	2014년	전년 대비 증감률	3년 평균 대비 증감률
전국	44.1	52.6	51.5	16.8	−2.1
수도권	19.3	24.5	24.2	25.4	−1.2
지방	24.8	28.1	27.3	10.1	−2.8

② 2011~2013년 지역별 주택건설 인허가 실적

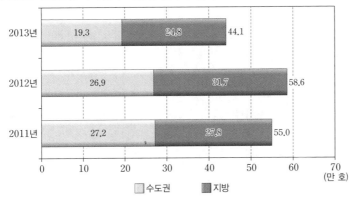

③ 공공임대주택 공급 실적 및 증감률

(단위: 만 호, %)

구분	2013년	3년 평균 (2011~2013년)	2014년	전년 대비 증감률	3년 평균 대비 증감률
영구·국민	2.7	2.3	2.6	−3.7	13.0
공공	3.1	2.9	3.6	16.1	24.1
매입·전세	3.8	3.4	3.4	−10.5	0.0

④ 유형별 주택건설 인허가 실적 및 증감률

(단위: 만 호, %)

구분	2013년	3년 평균 (2011~2013년)	2014년	전년 대비 증감률	3년 평균 대비 증감률
아파트	27.9	33.7	34.8	24.7	3.3
아파트 외	16.2	18.9	16.7	3.1	−11.6

⑤ 건설 주체별·규모별 주택건설 인허가 실적 및 증감률

(단위: 만 호, %)

구분		2013년	3년 평균 (2011~2013년)	2014년	전년 대비 증감률	3년 평균 대비 증감률
건설 주체	공공부문	8.0	10.2	6.3	−21.3	−38.2
	민간부문	36.1	42.4	45.2	25.2	6.6
규모	60m² 이하	17.3	21.3	17.5	1.2	17.8
	60m² 초과 85m² 이하	18.7	21.7	25.5	36.4	17.5
	85m² 초과	8.1	9.6	8.5	4.9	−11.5

02 다음은 세계 및 국내 드론 산업 현황에 관한 [보고서]이다. 이를 작성하기 위해 사용하지 <u>않은</u> 자료는?

┤보고서├

　세계의 드론 산업 시장은 주로 미국과 유럽을 중심으로 형성되어 왔으나, 2013년과 비교하여 2018년에는 유럽 시장보다 오히려 아시아·태평양 시장의 점유율이 더 높아졌다.

　2017년 국내 드론 활용 분야별 사업체 수를 살펴보면, 농업과 콘텐츠 제작 분야의 사업체 수가 전체의 80% 이상을 차지하였고, 사업체 수의 전년 대비 증가율에 있어서는 교육 분야가 농업과 콘텐츠 제작 분야보다 각각 높았다. 2017년 국내 드론 활용 산업의 주요 관리 항목을 2013년 대비 증가율이 높은 항목부터 순서대로 나열하면, 조종자격 취득자 수, 장치신고 대수, 드론 활용 사업체 수 순이다.

　우리나라는 성장 잠재력이 큰 드론 산업 육성을 위해 다양한 정책을 추진하고 있다. 특히 세계 최고 수준과의 기술 격차를 줄이기 위해 정부 R&D 예산 비중을 꾸준히 확대하고 있다. 2015~2017년 기술 분야별로 정부 R&D 예산 비중을 살펴보면, 기반기술과 응용서비스기술의 예산 비중의 합은 매년 65% 이상이다.

① 2016~2017년 국내 드론 활용 분야별 사업체 수 현황

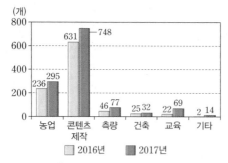

② 2013년과 2018년 세계 드론 시장 점유율 현황

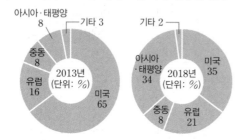

③ 2015~2017년 국내 드론 산업 관련 민간 R&D 기업규모별 투자 현황

(단위: 백만 원)

연도 구분	2015년	2016년	2017년
대기업	2,138	10,583	11,060
중견기업	4,122	3,769	1,280
중소기업	11,500	29,477	43,312

④ 2015~2017년 국내 드론 산업 관련 기술 분야별 정부 R&D 예산 비중 현황

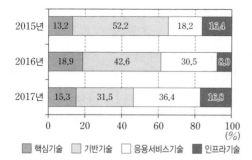

⑤ 2013~2017년 국내 드론 활용 산업의 주요 관리 항목별 현황

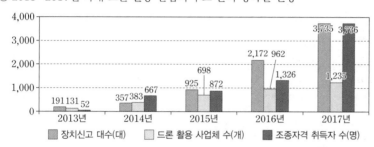

03 다음 [표]와 [그래프]를 이용하여 환경 R&D 예산 현황에 관한 [보고서]를 작성하였다. 제시된 [표]와 [그래프] 이외에 [보고서] 작성을 위하여 추가로 필요한 자료만을 [보기]에서 모두 고르면?

[표] 대한민국 정부 부처 전체 및 주요 부처별 환경 R&D 예산 현황 (단위: 억 원)

구분 연도	정부 부처 전체	A부처	B부처	C부처	D부처	E부처
2002년	61,417	14,338	18,431	1,734	1,189	1,049
2003년	65,154	16,170	17,510	1,963	1,318	1,074
2004년	70,827	19,851	25,730	1,949	1,544	1,301
2005년	77,996	24,484	28,550	2,856	1,663	1,365
2006년	89,096	27,245	31,584	3,934	1,877	1,469
2007년	97,629	30,838	32,350	4,277	1,805	1,663
2008년	108,423	34,970	35,927	4,730	2,265	1,840
2009년	123,437	39,117	41,053	5,603	2,773	1,969
2010년	137,014	43,871	44,385	5,750	3,085	2,142
2011년	148,902	47,497	45,269	6,161	3,371	2,355

[그래프] 2009년 OECD 주요 국가별 전체 예산 중 환경 R&D 예산의 비중

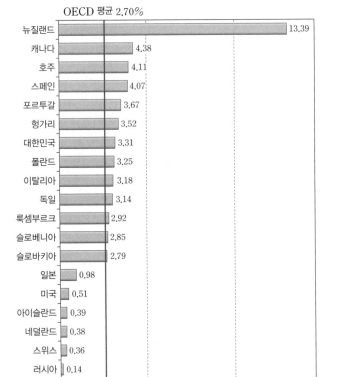

OECD 평균 2.70%

국가	비중
뉴질랜드	13.39
캐나다	4.38
호주	4.11
스페인	4.07
포르투갈	3.67
헝가리	3.52
대한민국	3.31
폴란드	3.25
이탈리아	3.18
독일	3.14
룩셈부르크	2.92
슬로베니아	2.85
슬로바키아	2.79
일본	0.98
미국	0.51
아이슬란드	0.39
네덜란드	0.38
스위스	0.36
러시아	0.14

┤ 보고서 ├

○ 환경에 대한 중요성이 강조됨에 따라 미국의 환경 R&D 예산은 2002년부터 2011년까지 증가 추세에 있음.

○ 대한민국의 2009년 전체 예산 중 환경 R&D 예산의 비중은 3.31%로 OECD 평균 2.70%에 비해 0.61%p 큼.

○ 미국의 2009년 전체 예산 중 환경 R&D 예산의 비중은 OECD 평균보다 작았지만, 2010년에는 환경 R&D 예산이 2009년 대비 30% 이상 증가하여 전체 예산 중 환경 R&D 예산의 비중이 커짐.

○ 2011년 대한민국 정부 부처 전체의 환경 R&D 예산은 약 14.9조 원 규모로 2002년 이후 연평균 10% 이상의 증가율을 보이고 있음.

○ 2011년 대한민국 E부처의 환경 R&D 예산은 정부 부처 전체 환경 R&D 예산의 1.6% 수준으로 정부 부처 중 8위에 해당함.

┤ 보기 ├

ㄱ. 2002년부터 2011년까지 미국의 전체 예산 및 환경 R&D 예산

ㄴ. 2002년부터 2011년까지 뉴질랜드의 부처별, 분야별 R&D 예산

ㄷ. 2011년 대한민국 모든 정부 부처의 부처별 환경 R&D 예산

ㄹ. 2010년 대한민국 모든 정부 부처 산하기관의 전체 R&D 예산

---

① ㄱ, ㄴ   ② ㄱ, ㄷ   ③ ㄴ, ㄹ   ④ ㄱ, ㄷ, ㄹ   ⑤ ㄴ, ㄷ, ㄹ

04 다음 [표]와 [그래프]는 2000~2010년 3개국(한국, 일본, 미국)의 3D 입체영상 및 CG 분야 특허출원에 관한 자료이다. 이를 바탕으로 작성된 [보고서]의 내용 중 옳은 것만을 모두 고르면?

[표] 2000~2010년 3개국 3D 입체영상 및 CG 분야 특허출원 현황 (단위: 건)

분야 국가	3D 입체영상	CG
한국	1,155	785
일본	3,620	2,380
미국	880	820
3개국 전체	5,655	3,985

[그래프 1] 연도별 3D 입체영상 분야 3개국 특허출원 추이

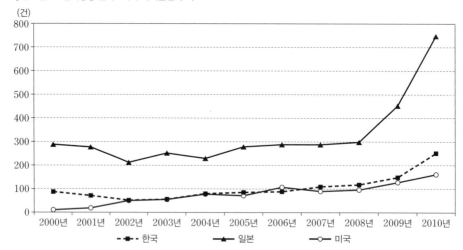

[그래프 2] 연도별 CG 분야 3개국 특허출원 추이

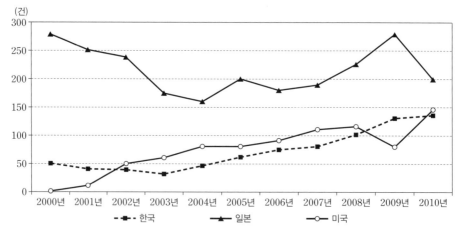

---| 보고서 |---

　　3D 입체영상 및 CG 분야에 대한 특허출원 경쟁은 한국, 일본, 미국을 중심으로 전개되고 있다. 일본이 기술 개발을 선도하고 있는 ㉠ 3D 입체영상 분야의 경우 2000~2010년 일본 특허출원 건수는 3개국 전체 특허출원 건수의 60% 이상을 차지하였다. 하지만 2006년 이후부터 한국에서 관련 기술에 대한 연구가 활발히 진행되어 특허출원 건수가 증가하고 있다. 그 결과 ㉡ 3D 입체영상 분야에서 2007~2010년 동안 한국 특허출원 건수는 매년 미국 특허출원 건수를 초과하였다.

　　CG 분야에서도, 2000~2010년 3개국 전체 특허출원 건수 대비 일본 특허출원 건수가 차지하는 비중이 가장 높았으며, 그 다음으로 미국, 한국 순으로 나타났다. 이를 연도별로 살펴보면 ㉢ 2003년 이후 CG 분야에서 한국 특허출원 건수는 매년 미국 특허출원 건수보다 적지만, 관련 기술의 특허출원이 매년 증가하는 추세를 보이고 있다. 한편, ㉣ 2000~2010년 동안 한국과 일본의 CG 분야 특허출원 건수의 차이는 2010년에 가장 작았다.

① ㄱ, ㄴ　　　② ㄱ, ㄷ　　　③ ㄷ, ㄹ　　　④ ㄱ, ㄴ, ㄹ　　　⑤ ㄴ, ㄷ, ㄹ

정답 및 해설 P. 52~53

01 다음 [표]와 [그래프]는 A~E국의 국민부담률, 재정적자 비율 및 잠재적부담률과 공채의존도를 나타낸 자료이다. 이에 대한 [보기]의 설명 중 옳은 것만을 모두 고르면?

[표] 국민부담률, 재정적자 비율 및 잠재적부담률 (단위: %)

구분 \ 국가	A	B	C	D	E
국민부담률	38.9	34.7	49.3	( )	62.4
사회보장부담률	( )	8.6	10.8	22.9	24.6
조세부담률	23.0	26.1	( )	29.1	37.8
재정적자 비율	8.8	9.9	6.7	1.1	5.1
잠재적부담률	47.7	( )	56.0	53.1	( )

※ 1) 국민부담률(%)=사회보장부담률+조세부담률
   2) 잠재적부담률(%)=국민부담률+재정적자 비율

[그래프] 국가별 공채의존도

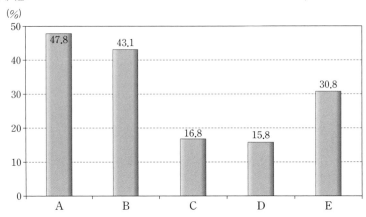

─┤ 보기 ├─

ㄱ. 잠재적부담률이 가장 높은 국가의 조세부담률이 가장 높다.
ㄴ. 공채의존도가 가장 낮은 국가의 국민부담률이 두 번째로 높다.
ㄷ. 사회보장부담률이 가장 높은 국가의 공채의존도가 가장 높다.
ㄹ. 잠재적부담률이 가장 낮은 국가는 B이다.

① ㄱ, ㄴ   ② ㄱ, ㄷ   ③ ㄴ, ㄷ   ④ ㄴ, ㄹ   ⑤ ㄷ, ㄹ

02 다음 [그래프]는 2013년 전국 지역별, 월별 영상회의 개최실적에 관한 자료이다. 이에 대한 설명으로 옳지 않은 것은?

[그래프 1] 전국 지역별 영상회의 개최건수

(단위: 건)

합계: 1,082건

[그래프 2] 전국 월별 영상회의 개최건수

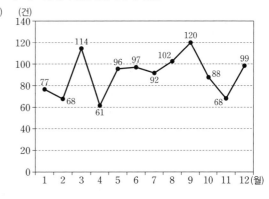

① 전국 월별 영상회의 개최건수의 전월 대비 증가율은 5월이 가장 높다.

② 전국 월별 영상회의 개최건수를 분기별로 비교하면 3/4분기에 가장 많다.

③ 영상회의 개최건수가 가장 많은 지역은 전남이다.

④ 인천과 충남이 모든 영상회의를 9월에 개최했다면 9월에 영상회의를 개최한 지역은 모두 3개이다.

⑤ 강원, 전북, 전남의 영상회의 개최건수의 합은 전국 영상회의 개최건수의 50% 이상이다.

03 다음 [보고서]는 자동차 오염물질 및 배출가스 관리여건에 관한 것이다. [보고서]를 작성하는 데 활용되지 <u>않은</u> 자료는?

┤보고서├

우리나라는 국토면적에 비해 자동차 수가 많아 자동차 배기오염물질 관리에 많은 어려움이 있다. 국내 자동차 등록대수는 매년 꾸준히 증가하여 2008년 1,732만 대를 넘어섰다. 운송수단별 수송분담률에서도 자동차가 차지하는 비중은 2008년 75% 이상이다. 한편 2008년 자동차 1대당 인구는 2.9명으로 미국에 비해 2배 이상이다.

국내 자동차 등록현황을 사용 연료별로 살펴보면 휘발유 차량이 가장 많고 다음으로 경유, LPG 차량 순이다. 최근 국내 휘발유 가격 대비 경유 가격이 상승하였다. 그 여파로 국내에서 경유 차량의 신규 등록이 휘발유 차량에 비해 줄어드는 추세를 보이고 있다. 이런 추세는 OECD 선진국에서 경유 차량이 일반화되는 현상과 대비된다.

자동차 등록대수의 빠른 증가는 대기오염은 물론이고 지구온난화를 야기하는 자동차 배기가스 배출량에 큰 영향을 미치고 있다. 2007년 기준으로 국내 대기오염물질 배출량 중 자동차 배기가스가 차지하는 비중은 일산화탄소(CO) 67.5%, 질소산화물(NOx) 41.7%, 미세먼지(PM10) 23.5%이다. 특히 질소산화물은 태양광선에 의해 광화학반응을 일으켜 오존을 발생시키고 호흡기질환 등을 유발하므로 이에 대한 저감 대책이 필요하다.

① 연도별 국내 자동차 등록현황

(단위: 천 대)

연도	2002년	2003년	2004년	2005년	2006년	2007년	2008년
등록대수	14,586	14,934	15,397	15,895	16,428	16,794	17,325

② 2007년 국내 주요 대기오염물질 배출량

(단위: 천 톤)

구분	배출량	자동차 배기가스(비중)
일산화탄소(CO)	809	546(67.5%)
질소산화물(NOx)	1,188	495(41.7%)
이산화황(SO$_2$)	403	1(0.2%)
미세먼지(PM10)	98	23(23.5%)
휘발성유기화합물(VOCs)	875	95(10.9%)
암모니아(NH3)	309	10(3.2%)
합계	3,682	1,170(31.8%)

③ 2008년 국내 운송수단별 수송분담률

(단위: 백만 명, %)

구분	자동차	지하철	철도	항공	해운	합계
수송인구	9,798	2,142	1,020	16	14	12,990
수송분담률	75.4	16.5	7.9	0.1	0.1	100.0

④ 2008년 OECD 국가의 자동차 연료별 상대가격(휘발유 기준)

구분	휘발유	경유	LPG
OECD 회원국 전체	100	86	45
OECD 선진국	100	85	42
OECD 비선진국	100	87	54
OECD 산유국	100	86	50
OECD 비산유국	100	85	31

⑤ 2008년 국가별 자동차 1대당 인구

(단위: 명)

국가	한국	일본	미국	독일	프랑스
자동차 1대당 인구	2.9	1.7	1.2	1.9	1.7

04 다음 [표]는 4개 국가의 여성과 남성의 흡연율과 기대수명에 대한 자료이다. 이를 이용하여 작성한 그래프로 옳지 <u>않은</u> 것은?

[표 1] 여성과 남성의 흡연율 (단위: %)

연도	1980년		1990년		2000년		2010년	
성별 국가	여성	남성	여성	남성	여성	남성	여성	남성
덴마크	44.0	57.0	42.0	47.0	29.0	33.5	20.0	20.0
일본	14.4	54.3	9.7	53.1	11.5	47.4	8.4	32.2
영국	37.0	42.0	30.0	31.0	26.0	28.0	20.7	22.3
미국	29.3	37.4	22.8	28.4	17.3	21.2	13.6	16.7

[표 2] 여성과 남성의 기대수명 (단위: 세)

연도	1980년		1990년		2000년		2010년	
성별 국가	여성	남성	여성	남성	여성	남성	여성	남성
덴마크	77.3	71.2	77.8	72.0	79.2	74.5	81.4	77.2
일본	78.8	73.3	81.9	75.9	84.6	77.7	86.4	79.6
영국	76.2	70.2	78.5	72.9	80.3	75.5	82.6	78.6
미국	77.4	70.0	78.8	71.8	79.3	74.1	81.1	76.2

① 국가별 여성의 흡연율

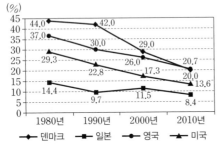

② 국가별 여성과 남성의 흡연율 차이

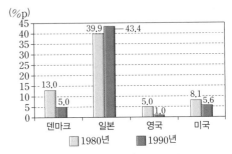

③ 국가별 흡연율

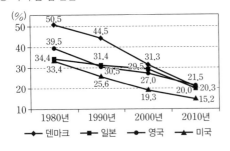

④ 국가별 여성과 남성의 기대수명 차이

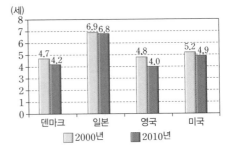

⑤ 일본 남성과 미국 남성의 흡연율과 기대수명

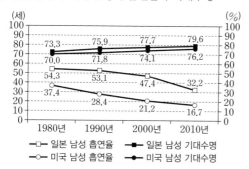

05 다음 [표]는 2013년 '갑'국의 수도권 집중 현황에 관한 자료이다. [보고서]의 내용 중 [표]의 자료에서 도출할 수 있는 것은?

[표] 수도권 집중 현황

구분		전국(A)	수도권(B)	$\frac{B}{A} \times 100$
인구 및 주택	인구(천 명)	50,034	24,472	48.9
	주택 수(천 호)	17,672	8,173	46.2
산업	지역총생산액(십억 원)	856,192	408,592	47.7
	제조업체 수(개)	119,181	67,799	56.9
	서비스업체 수(개)	765,817	370,015	48.3
금융	금융예금액(십억 원)	592,721	407,361	68.7
	금융대출액(십억 원)	699,430	469,374	67.1
기능	4년제 대학 수(개)	175	68	38.9
	공공기관 수(개)	409	345	84.4
	의료기관 수(개)	54,728	26,999	49.3

┤보고서├

○ 전국 대비 수도권 인구 비중은 48.9%이다. ㉠ 수도권 인구밀도는 전국 인구밀도의 2배 이상이고, ㉡ 수도권 1인당 주택면적은 전국 1인당 주택면적보다 작다.

○ 산업측면에서 ㉢ 수도권 제조업과 서비스업 생산액이 전국 제조업과 서비스업 생산액에서 차지하는 비중은 각각 50% 이상이다.

○ 수도권 금융예금액은 전국 금융예금액의 65% 이상을 차지하고, ㉣ 수도권 1인당 금융대출액은 전국 1인당 금융대출액보다 많다.

○ 전국 대비 수도권의 의료기관 수 비중은 49.3%이고 공공기관 수 비중은 84.4%이다. ㉤ 4년제 대학 재학생 수는 수도권이 비수도권보다 적다.

① ㄱ   ② ㄴ   ③ ㄷ   ④ ㄹ   ⑤ ㅁ

정답 및 해설 P. 53

삶의 순간순간이
아름다운 마무리이며
새로운 시작이어야 한다.

– 법정 스님

IT자격증 단기 합격!
에듀윌 EXIT 시리즈

컴퓨터활용능력

- **필기 초단기끝장(1/2급)**
  문제은행 최적화, 이론은 가볍게 기출은 무한반복!

- **필기 기본서(1/2급)**
  기초부터 제대로, 한권으로 한번에 합격!

- **실기 기본서(1/2급)**
  출제패턴 집중훈련으로 한번에 확실한 합격!

GTQ

- **GTQ 포토샵 1급 ver.CC**
  노베이스 포토샵 합격 A to Z

ITQ

- **ITQ 엑셀/파워포인트/한글 ver.2016**
  독학러도 초단기 A등급 보장!

- **ITQ OA Master ver.2016**
  한번에 확실하게 OA Master 합격!

정보처리기사/기능사

- **필기 / 실기 기본서(기사)**
  한번에 확실하게 기초부터 합격까지 4주완성!

- **실기 기출동형 총정리 모의고사(기사)**
  싱크로율 100% 모의고사로 실력진단+개념총정리!

- **필기 한권끝장(기능사)**
  기출 기반 이론&문제 반복학습으로 초단기 합격!

120만 권 판매 돌파!
36개월 베스트셀러 1위 교재

최신 기출 경향을 완벽 분석한 교재로 가장 빠른 합격!
합격의 차이를 직접 경험해 보세요

2주끝장

판서와 싱크 100% 강의로
2주만에 합격

기본서

첫 한능검 응시생을 위한
확실한 개념완성

10+4회분 기출700제

합격 필수 분량
기출 14회분, 700제 수록

1주끝장

최빈출 50개 주제로
1주만에 초단기 합격 완성

초등 한국사

비주얼씽킹을 통해
쉽고 재미있게 배우는 한국사

최신판

에듀윌
공기업
NCS, 59초의 기술
수리능력

정답과 해설

eduwill

최신판

에듀윌
공기업
NCS, 59초의 기술
수리능력

에듀윌
공기업
NCS, 59초의 기술
수리능력

정답 및 해설

STEP 01
P.42~43
유형 분석

★ Main Type 방정식 세우기

정답 | ④

해설 |

$2x+6=3x-3$

$x=9$

학교의 수는 9개인데, 이력서의 수는 $2x+6$이기 때문에 이력서는 총 24장이다.

★ Sub Type 1 점수 계산 문제

정답 | ④

해설 |

$x=$닭의 마릿수, $y=$돼지의 마릿수

$$\begin{cases} x+y=12 \\ 2x+4y=40 \end{cases}$$

$x=4, y=8$

그러므로 $y-x=4$

★ Sub Type 2 나이 계산 문제

정답 | ④

해설 |

시한이의 나이를 x, 할아버지의 나이를 y라고 놓자.

$$\begin{cases} y=10x \\ y+10=5(x+10) \end{cases}$$

연립방정식을 계산하면 시한이의 나이 x는 8세, 할아버지의 나이 y는 80세이다.

앞으로 5년 후니까 시한이의 나이는 13세가 된다.

STEP 02
P.45~51
Skill 연습

 SKILL ① 방정식 세우기

❶ 부등식의 개념일 때

정답 | ④

해설 |

60만 원/1day 단가의 광고 제작기간이 x일이라고 하면, 30만 원/1day 단가의 광고 제작기간은 $(15-x)$일이 된다.

$60x+30(15-x)\leq810$

$x\leq12$

❷ '적어도' 조건이 붙어 있는 진술일 때

정답 | ④

해설 |

4명보다 적게 배치되니까, 1명, 2명, 3명이 배치되는 경우를 생각할 수 있다.

1명이 배치되는 경우: $5x+3=7x-6$

2명이 배치되는 경우: $5x+3=7x-5$

3명이 배치되는 경우: $5x+3=7x-4$

각각의 경우 x는 4.5, 4, 3.5가 가능하다. 그러니까 이 경우 4개의 TF가 가능하다. TF가 4개일 때는 참여인원이 총 23명이 된다.

 SKILL ② 연립방정식 세우기

❶ 부정방정식

정답 | ⑤

해설 |

네 팀이 총점으로 볼 때 같은 점수를 가졌다고 했으므로 우선 주어진 선수들의 점수 총합을 구한다. $5\times2+4\times3+3\times5+2\times5+1\times5=52$. 이 점수를 4로 나누면 13이 된다. 즉 한 팀 선수의 총합은 13점이 된다. 이것을 토대로 [조건]에 맞춰 주어진 점수들을 나열해 보면 다음과 같다.

㉮ 5-4-2-1-1

㉯ 4-3-3-2-1

㉰ 4-3-3-2-1

㉱ 5-3-2-2-1

그러므로 ⑤번에서 팀 내에 같은 실력을 가진 선수들이 있는 팀은 네 팀이다.

② 요금 계산 문제

정답 | ②

해설 |

6월 한 달 사용한 물의 양은 23m³이고 상수도 요금은 26,400원이므로

$x+13y=26,400$ …… ㉠

7월 한 달간 사용한 물의 양은 45m³이고 상수도 요금은 63,400원이므로

$x+20y+15\times2y=63,400$

$x+50y=63,400$ …… ㉡

따라서 ㉠, ㉡을 연립하면

$x=13,400$, $y=1,000$

즉, 8월 한 달 동안 사용한 상수도 요금은

$x+20y+25\times2y=x+70y$이므로

$13,400+70\times1,000=83,400$(원)이다.

 SKILL ❸ 나이 계산 문제의 함정

① +, − 조건을 주는 유형

정답 | ④

해설 |

이런 식으로 연립방정식을 세워도 된다.

$y-3=7(x-3)$

$y+2=5(x+2)$

이때 계산하면

$x=13$

$y=73$

내년 은정이의 나이를 물어보니까 14세이다.

계산을 조금 더 편하게 하려면 다음과 같은 식으로 세워도 된다.

$y=7x$

$y+5=5(x+5)$

계산하면

$x=10$

$y=70$

그런데 기준으로 잡은 시점은 3년 전에다가 물어보는 시점은 내년의 나이니까 이 시점에서 4년이 지난 시점이다. 그래서 은정이의 나이는 14세가 된다.

② 부모님 나이의 합

정답 | ③

해설 |

5년 전 시한이 아버지의 나이=x

5년 전 시한이 어머니의 나이=y

5년 전 시한이의 나이=z

$x+y=6z$ …… ①

그런데 지금은 각각의 나이에 5를 더해야 한다.

$(x+5)+(y+5)=5(z+5)$

$x+y=5z+15$ …… ②

①−②를 하면

$z=15$가 된다.

그렇다면 ①에서 두 분 부모님의 나이의 합은 90세가 됨을 알 수 있다. 그런데 x와 y는 5년 전 나이이므로 내년 나이를 구하기 위해서는 각자 나이에 +6을 해야 한다. 그러니까 결과적으로는 $x+y$에 12를 더하는 것과 같다.

따라서 답은 90+12세로 102세다.

문제

01

정답 | ④

해설 |

$\dfrac{x}{6}+\dfrac{x}{12}+\dfrac{x}{7}+5+\dfrac{x}{2}+4=x$

$\dfrac{75}{84}x=x-9$

$9=\dfrac{9}{84}x$

$x=84$

02

정답 | ②

해설 |

세 수를 $x-2$, x, $x+2$라고 놓는다.

이 세 수를 제곱하고 더하면, $(x^2-4x+4)+(x^2)+(x^2+4x+4)=3x^2+8$이 된다.

이 수가 440이니까, 계산하면 x는 12다. 이에 따라 세 수는 10, 12, 14가 되며, 세 수의 합은 36이다.

03

정답 | ④

해설 |

이들을 그대로 기호화해서 표현하면

C=A+4

A+B+C=68×3=204

이때 B는 70이므로 A+C=204−70=134로 고쳐 쓸 수 있다.

결국 다음 두 식의 연립방정식을 푸는 문제가 된다.

A−C=−4

A+C=134

그러면 A=65, C=69점이 된다.

04

정답 | ①

해설 |

x=A가 이긴 횟수

y=B가 이긴 횟수

$x+y=30$

$2y-x=12$

계산하면 $y=14$, $x=16$이 된다. A가 이긴 횟수는 16번이다.

문제

01

정답 | ②

해설 |

공식

A=2B

A−8=6(B−8)

B=10, A=20이 되므로 A+B=30이다.

02

정답 | ④

해설 |

공식

$x-y=29$

$(x+10)=2(y+10)-1$

현재 아버지의 나이를 x, 딸의 나이를 y라 하면, $x-y=29$이고, $(x+10)=2(y+10)-1$이다. 연립하여 풀면 $x=49$, $y=20$이다.

03

정답 | ②

해설 |

공식

$x=y+2$

$x^2=3y^2-2$

경수의 나이를 x라고 하고, 경진이의 나이를 y라 두자. 그러면 주어진 문제를 통해 $x=y+2$, $x^2=3y^2-2$의 두 식을 세울 수 있다. 연립하여 풀어 $(y+2)^2=3y^2-2$를 정리하면 $y^2-2y-3=(y-3)(y+1)=0$이 되고 $y=3$ 또는 $y=-1$이 된다. 나이는 양수이므로 $y=3$이고 $x=y+2$이므로 $x=5$이다.

04

정답 | ③

해설 |

아버지의 나이를 x

한님이의 나이를 y

그러면 할아버지의 나이는 $x+27$

$x-27=y+6$

$(x+27)+5=5(y+5)+8$

계산하면 $y=8$이고, $x=41$이 된다. 합은 49가 된다.

STEP 03   P.52~54

실전 문제

01	①	02	①	03	①	04	②	05	⑤
06	②	07	①	08	②	09	⑤	10	③

01

정답 | ①

해설 |

$x+y=29$ …… ①

$2x+3y=73$ …… ②

②−2×①: $y=15$

$y=15$개, 그러므로 $x=14$개

02

정답 | ①

해설 |

꿩을 x라 놓고, 토끼를 y라 놓으면,

$x+y=35$ …… ①

$2x+4y=94$ …… ②

이 두 식을 연립하여 풀면 ②−2×①: $2y=24$

$y=12$마리, 그러므로 $x=23$마리

03

정답 | ①

해설 |

축구공의 값을 x라 놓고, 농구공의 값을 y라 놓으면,

$6x+8y=260,000$

$5x=2y$

이 두 개의 연립방정식을 풀면

$26x=260,000$이 되면서 $x=10,000$원이라는 것을 알 수 있다.

04

정답 | ②

해설 |

$x+y=21$

$200x+500y=9,300$

$y=17$, $x=4$

05

정답 | ⑤

해설 |

팥빙수를 만드는 개수를 x, 과일빙수를 만드는 개수를 y라 하자. 팥빙수를 만들 때 필요한 재료의 양은 팥이 $4x$이고, 과일이 $3x$이다. 과일빙수를 만들 때 필요한 재료의 양은 팥이 $2y$이고, 과일이 $5y$이다. $4x+2y=220$이고 $3x+5y=305$이므로 연립해서 풀면 $x=35$, $y=40$이다. 따라서 두 값의 차이는 $40-35=5$이다.

06

정답 | ②

해설 |

연속한 세 짝수를 $x-2$, x, $x+2$라 하자. $(x+2)^2=x^2+(x-2)^2$이므로 $x=0$ 또는 8이다. $x=0$일 때, 세 수의 곱은 자연수가 아니므로 $x=8$이다.

07

정답 | ①

해설 |

$\dfrac{x-2}{3}>1$, $\dfrac{1}{2}x+1\geq\dfrac{2}{3}x$

$5<x\leq6$이므로 x의 개수는 1개이다.

08

정답 | ②

해설 |

소희: $x+21$

보현: x

$x(x+21)=196$

$x^2+21x-196=0$

$(x+28)(x-7)=0$

$x=-28$, $x=7$이며, 생일은 양수여야 하므로 $x=7$이다.

09

정답 | ⑤

해설 |

2013년에 나온 핸드폰의 종수를 x라고 놓고, 매년 증가하는 핸드폰이 종수를 y라고 놓는다. 그러면 2017년의 핸드폰 종수는 $x+4y$가 된다.

똑같은 식으로 2014년은 $x+y$개고, 2018년은 $x+5y$개가 된다. 이것을 연립방정식으로 만들면

$2x+4y=30$

$2x+6y=36$

$y=3$, $x=9$가 된다.

2020년은 $x+7y$가 되므로, 30종이 출시된다.

10

정답 | ③

해설 |

일단 72km/h일 때 평균제동거리는 36m이다.

여기에 공주거리를 생각하면 1시간은 초로 치면 3,600초가 되고, 72km는 m로 환산하면 72,000m가 된다. 1초에 20m를 간 셈이다.

평균정지거리=제동거리+공주거리=36+20=56이 된다.

CHAPTER 02

비의 개념 장착하기

STEP 01 P.55~56

유형 분석

★ Main Type 비의 개념 문제

정답 | ④

해설 |

A의 양을 x, B의 양을 y라 하자.

A의 금의 양은 $\dfrac{3}{4}x$이고, A의 구리의 양은 $\dfrac{1}{4}x$이다.

B의 금의 양은 $\dfrac{2}{5}y$이고, B의 구리의 양은 $\dfrac{3}{5}y$이다.

새로 만들어진 합금에서 금의 양은 $\dfrac{3}{5}\times350=210$g이다.

새로 만들어진 합금에서 구리의 양은 $\dfrac{2}{5}\times350=140$g이다.

그렇다면 금의 양은 $\dfrac{3}{4}x+\dfrac{2}{5}y=210$

구리의 양은 $\dfrac{1}{4}x+\dfrac{3}{5}y=140$

$x=200$g, $y=150$g

따라서 필요한 A는 200g이 된다.

★ Sub Type 1 비례식 문제

정답 | ②

해설 |

레모네이드 600g의 칼로리는 $25+386=411$kcal이므로 레모네이드 200g의 칼로리는 $\dfrac{411}{3}=137$kcal이다.

★ Sub Type 2 증가감소에 대한 문제

정답 | ②

해설 |

작년 엔터테인먼트 사업 매출액: x

작년 에듀 사업 매출액: $500-x$

작년 총매출액: 500억

올해 엔터테인먼트 사업 매출액: $x \times 0.8$

올해 에듀 사업 매출액: $(500-x) \times 1.15$

올해 총매출액: $500 \times 0.94 = 470$

$(x \times 0.8) + (500-x) \times 1.15 = 470$억

$105 = 0.35x$

$x = 300$

올해 엔터테인먼트 매출액은 $x \times 0.80$이므로 240억이 된다.

★ Sub Type 3 │ 가격 계산

정답 │ ④

해설 │

제품의 원가가 x라고 하면, 정가는 $1.2x$가 된다.

이것을 15% 할인해 판매하는 것이 판매가니까, 판매가는 $0.85 \times (1.2x)$가 된다.

그러니까 $1.02x$인데 이것을 50개 판 돈이 127,500원이니까

$x = \dfrac{127,500}{51}$

$x = 2,500$

STEP 02

P.57~62

Skill 연습

SKILL ❶ │ 비의 방정식 세우기

정답 │ ②

해설 │

두 형제의 합한 잔고 총액을 x라고 놓으면 A의 잔고는 $\dfrac{10}{16}x$가 되고, B는 $\dfrac{6}{16}x$가 된다.

A가 쓰고 6일 후에 남은 돈은 $\dfrac{5}{8}x - 1,800$이 되고,

B가 쓰고 6일 후에 남은 돈은 $\dfrac{3}{8}x - 1,200$이 된다.

이것이 2배 차이니까 방정식화하면 다음과 같다.

$\dfrac{5}{8}x - 1,800 = 2\left(\dfrac{3}{8}x - 1,200\right)$

이것을 풀면 $x = 4,800$이 된다. x는 원래 있던 통장잔고이므로 여기에 A가 6일 동안 쓴 돈 1,800원과 B가 6일 동안 쓴 돈 1,200원을 빼주면 6일 후 두 형제 잔고의 합은 1,800원이 된다는 것을 알 수 있다.

SKILL ❷ │ 표현에 따라 % 붙이기

정답 │ ①

해설 │

작년 남자 사원 수 x명

여자 y명

$\begin{cases} x+y=a+b \\ 1.1x+0.85y=b \end{cases}$

이 두 방정식을 연립하여 계산하면 $x = \dfrac{3}{5}b - \dfrac{17}{5}a$이다.

SKILL ❸ │ 다양한 가격

정답 │ ④

해설 │

원가 x

정가 $1.4x$

할인된 값 1.4×0.8

$1.4x \times 0.8 - x \geq 7,200$

$x \geq 60,000$

문제

01

정답 │ ⑤

해설 │

지난 달 마스카라의 판매량은 x

지난 달 립스틱의 판매량은 y

그리고 마스카라의 늘어난 양과 립스틱의 줄어든 양이 같다.

이번 달 마스카라의 늘어난 양은 $0.06x$

이번 달 립스틱의 줄어든 양은 $0.12y$

$x+y=600$

$0.06x = 0.12y \rightarrow 0.06x - 0.12y = 0$

계산하면 x는 400, y는 200개다. 이번 달 마스카라는 $400 \times 1.06 = 424$개가 판매되었다.

02

정답 │ ①

해설 │

남자를 A, 여자를 B로 놓는다.

$\begin{cases} A+B=45 \\ 0.75A+0.84B=45 \times 0.8=36 \end{cases}$

연립해서 계산하면 A=20, B=25가 된다.

남자 중 지역인재를 찾는 것이기 때문에 $20 \times 0.75 = 15$명이 된다.

03

정답 | ③

해설 |

저번 주에 수리능력에 들인 시간을 A, 문제해결능력에 들인 시간을 B라고 놓자.

A가 18% 늘어나고, B가 22% 늘어나서, 결과적으로 전체적으로는 20% 늘어났다는 표현을 $0.18A+0.22B=0.2(A+B)$로 할 수 있다.

그리고 전체적으로 20% 늘어난 시간의 양은 12시간이다. $1.2(A+B)=12$로 표현할 수 있다. 이 두 식을 연립하면 된다.

$$\begin{cases} 0.18A+0.22B=0.2(A+B) \\ 1.2(A+B)=12 \end{cases}$$

연립하여 풀면 A=5, B=5시간이다.

수리능력은 5시간, 그러니까 300분이었는데, 18% 시간을 늘렸기 때문에 $300\times0.18=54$분만큼 늘어났다. 원래 5시간이었으니 5시간 54분이다.

04

정답 | ④

해설 |

2차 필기에 통과한 사람은 50명인데, 남자와 여자의 비가 3:7이니까, 2차 필기에 통과한 남자는 15명, 여자는 35명이라는 것을 알 수 있다.

2차에 불합격한 남자 : 2차에 불합격한 여자
=(1차 합격 남자−2차 합격 남자) : (1차 합격 여자−2차 합격 여자)

그래서 다음과 같은 식이 성립한다.

$21:23=\dfrac{4}{9}x-15:\dfrac{5}{9}x-35$

이때 x를 계산하면 2700이 된다.

문제

01

정답 | ①

해설 |

정상가가 x라면 첫 번째 할인가는 $0.8x$가 된다. 여기에 다시 30% 할인을 하니 할인한 가격은 $0.7\times(0.8x)=0.56x$가 된다.

정상가의 56%를 받는 것이니까, 44% 할인한 셈이 된다.

02

정답 | ②

해설 |

오르기 전 B주식의 주당 가격을 b라 하면 A주식의 주당 가격은 2b이므로 A, B주식의 오른 후의 주당 가격은 각각 $1.3\times2b$, $1.2b$이다. 따라서 오른 후의 주식의 총가격은

$5\times1.3\times2b+5\times1.2b=19b=19,000$ 따라서 b=1,000

03

정답 | ②

해설 |

할인하기 전 아이스아메리카노의 가격을 A라고 하고, 마카롱의 가격을 B라고 한다.

할인하는 양은 각각 0.3A, 0.15B가 된다.

$$\begin{cases} A+B=5,800 \\ 0.3A+0.15B=1,470 \end{cases}$$

A=4,000, B=1,800이 된다.

아이스아메리카노의 할인한 후의 가격은 $4,000\times0.7=2,800$원이 된다.

04

정답 | ③

해설 |

한 프로그램의 원가는 x

또 한 프로그램의 원가를 y로 놓는다.

두 프로그램의 최종 가격은 각각 $1.3x\times0.9$와 $1.2y\times0.9$가 된다.

$x+y=4,200$

$1.3x\times0.9+1.2y\times0.9=4,200+570$

연립하여 계산하면 x는 2,600, y는 1,600이 된다. 원가 차이는 1,000만 원이다.

STEP 03

P.63~65

실전 문제

| 01 ③ | 02 ⑤ | 03 ③ | 04 ② | 05 ③ |
| 06 ① | 07 ① | 08 ① | 09 ② | 10 ④ |

01

정답 | ③

해설 |

1차 불량품 판정 확률: a

2차 정품 판정 확률: (1−b)

1차 검사에서 불량품 판정을 받았지만, 2차 검사에서 정품 판정을 받을 확률 $=a\times(1-b)$

02

정답 | ⑤

해설 |

1월의 전기요금을 $5x$라 하면, 6월의 전기요금은 $2x$이고 $5x-6:2x=3:2$에서 x는 3이므로 1월의 전기요금은 $5x=150$이다.

03

정답 | ③

해설 |

3명이 전체의 30%라면 전체는 10명이다.

그렇다면 취업 스터디 모임의 인원수는 남자는 6명, 여자는 4명이 된다.

남자 6명 중 취업한 남자는 3명이니까, 취업하지 못한 남자도 3명이므로 $\frac{3}{6} \times 100$(%)=50%다.

04

정답 | ②

해설 |

총거리는 180km

사용한 연료는 갈 때 $\frac{90km}{15km/L}$=6L, 올 때 $\frac{90km}{10km/L}$=9L

그러므로 총 15L를 사용

평균 연비는 $\frac{총거리}{사용연료}$=$\frac{180km}{15L}$=12km/L

05

정답 | ③

해설 |

현재의 총소비지출을 A, 식품비를 B라고 하면

B/A×100=30

그러니까 B/A=0.3

8년 후의 총소비지출은 $A(1.07)^8$=1.7A

8년 후의 식품비는 $B(1.04)^8$=1.37B

따라서 8년 후의 엥겔지수는

$\{B(1.04)^8/A(1.07)^8\} \times 100$=0.3×(1.37/1.7)×100≒24%

06

정답 | ①

해설 |

A=1.2B

C=0.8A=0.96B

D=1.1C=1.056B

B를 기준으로 할 때, A가 가장 빠르므로 같은 시간 동안 A가 가장 긴 거리를 달릴 수 있다.

07

정답 | ①

해설 |

정사각형 한 변의 길이를 x라 한다. 이때 정사각형의 넓이는 x^2이다.

각 변을 60% 증가시키면 가로, 세로가 각각 $1.6x$가 된다.

그런데 이 중 절반을 잘라내니, 가로가 $0.8x$가 된다.

그렇다면 직사각형의 가로는 $0.8x$, 세로는 $1.6x$가 되니 넓이는

$1.28x^2$이 된다. 따라서 처음 정사각형에 비해 28% 증가하였다.

08

정답 | ①

해설 |

원가는 500원

정가는 1.2×500=600원

할인가는 0.6×600=360원

시한이가 판 연필의 판매액은 총 600×40+360×60=24,000+21,600=45,600원이고, 시한이가 구입한 연필의 구매액은 총 50,000원이니 50,000-45,600=4,400원 손해인 셈이다.

09

정답 | ②

해설 |

ㄱ. (×) 투자계획 W는 연이율 8%로 은행 예금보다 이자율이 높다.

ㄴ. (○) 투자계획 Z는 연이율 20%로 은행 예금보다 이자율이 높다.

10

정답 | ④

해설 |

A은행에 10만 원을 2년 6개월간 예금하였을 때 이자가

116,000-100,000=16,000

1년간 예금하였을 때의 이자는

16,000÷2.5=6,400

이율은 $\frac{6,400}{100,000}$=0.0640이므로

A은행의 연이율은 6.4%이다.

각 은행의 원리합계를 구해보면 다음과 같다. (300만 원을 1년 3개월간 예치)

원리합계=(원금)×{1+(이율)×(기간)}이므로

A은행 $3,000,000 \times (1+0.064 \times 1\frac{3}{12})$

　　　　=3,000,000×1.08

　　　　=3,240,000(원)

B은행 $3,000,000 \times (1+0.06 \times 1\frac{3}{12})$

　　　　=3,000,000×1.075

　　　　=3,225,000(원)이다.

따라서 A은행에 예금하는 것이 3,240,000(원)-3,225,000(원)=15,000(원) 더 이익이다.

CHAPTER 03

소금물 문제

STEP 01 P.66~67
유형 분석

★ Main Type 단순 농도 계산

정답 | ④

해설 |

$$\frac{소금}{(소금+물)}\times100=20, \quad \frac{x}{(x+100)}=\frac{1}{5}, \quad x=25g$$

★ Sub Type 1 물 첨가와 증발

정답 | ③

해설 |

(5%의 식염수에 들어 있는 소금의 양)=(물을 첨가해서 만든, 3% 의 식염수에 들어 있는 소금의 양)

$$\frac{5\times150}{100}=\frac{3\times(150+x)}{100}$$

$$750=450+3x$$

$$x=100g$$

★ Sub Type 2 소금 첨가

정답 | ③

해설 |

$$\frac{3\times200}{100}+x=\frac{10\times(200+x)}{100}$$

$$600+100x=2000+10x$$

$$90x=1400$$

$$x≒15.6g$$

★ Sub Type 3 소금물 첨가

정답 | ④

해설 |

$$\frac{3\times200}{100}+\frac{7\times x}{100}=\frac{6\times(200+x)}{100}$$

$$600+7x=1,200+6x$$

$$x=600g$$

STEP 02 P.69~71
Skill 연습

 SKILL ① 소금물 문제의 간단한 유형화

정답 | ②

해설 |

$$\frac{5\times200}{100}+\frac{10\times300}{100}+x=\frac{20\times(500+x)}{100}$$

$$80x=6,000$$

$$x=75g$$

 SKILL ② 비례를 생각해서 암산으로 구하기

정답 | ②

해설 |

$$\frac{5}{100}\times200+\frac{10}{100}\times x=\frac{8}{100}\times(200+x)$$

$$\frac{2}{100}\times x=16-10=6$$

$$x=300$$

이것을 비례식으로 풀어보면 다음과 같다.

5는 8로부터 3만큼 8은 10으로부터 2만큼 떨어져 있다.

따라서 5% : 10% 소금물은 2 : 3이다. 5%의 소금물이 200g이니 까 10%는 300g을 넣어주면 8% 소금물을 만들 수 있는 것이다.

문제

01

정답 | ④

해설 |

1 : 2 · 200 : (100)

정식풀이

$$\frac{200\times5}{100}+\frac{x\times8}{100}=\frac{6}{100}\times(x+200)$$

$$1,000+8x=1,200+6x$$

$$2x=200$$

$$x=100$$

02

정답 | ①

해설 |

$1:4 \rightarrow 100:(25)$

정식풀이

$$\frac{2\times100}{100}+\frac{7\times x}{100}=\frac{3\times(100+x)}{100}$$

$x=25$

03

정답 | ①

해설 |

$2:2 \rightarrow (100):100$

정식풀이

$$\frac{10\times100}{100}+\frac{6\times x}{100}=\frac{8\times(100+x)}{100}$$

$1,000+6x=800+8x$

$2x=200$

$x=100$g

04

정답 | ②

해설 |

$1:2$의 비율로 합쳐지는데 합하면 300이 된다면 100g과 200g의 두 뭉치가 된다는 뜻이다.

정식풀이

$$\frac{5(300-x)}{100}+\frac{8x}{100}=\frac{6\times300}{100}$$

$x=100$g

P.72~73

실전 문제

01	②	02	③	03	①	04	①	05	①
06	③	07	②	08	③	09	③	10	④

01

정답 | ②

해설 |

물을 xg을 넣는다면

$$\frac{6}{100}\times500=\frac{4}{100}(500+x)$$

$3,000=2,000+4x$

$x=250$g

02

정답 | ③

해설 |

300g의 $5\% \rightarrow \dfrac{5}{100}\times300=15$g(설탕)

따라서 $\dfrac{15(\text{g})}{300-y(\text{g})}=0.1$

$15=30-0.1y$

$0.1y=15$

따라서 $y=150$g

03

정답 | ①

해설 |

(9%의 소금물에 들어 있는 소금의 양)=(물을 첨가하여 만든, 6%의 소금물에 들어 있는 소금의 양)

$$\frac{9\times300}{100}=\frac{6\times(300+x)}{100}$$

$450=300+x$

$x=150$g

04

정답 | ①

해설 |

무게가 같으니까, 두 설탕물의 무게를 각각 x라고 놓으면, 다음과 같은 식이 형성된다.

$$\frac{5\times(x-100)}{100}+\frac{3\times x}{100}=\frac{3.5\times(2x-100)}{100}$$

$x=150$g이 된다.

원래 150g이 있던 데서, 100g을 덜어냈으니 남은 양은 50g이다.

05

정답 | ①

해설 |

주어진 소금물을 모두 사용하였기 때문에 $p_3\%$ 소금물의 양은 $(A+B)$g이란 것을 알 수 있다. 섞기 전과 후의 소금의 총량은 같으므로 다음과 같은 식이 성립한다.

$$\frac{p_1}{100}A+\frac{p_2}{100}B=\frac{p_3}{100}(A+B)$$

이 식을 p_3에 관해 정리하면

$\dfrac{p_1A+p_2B}{A+B}$가 나온다.

06

정답 | ③

해설 |

$$\frac{30\times300}{100}=\frac{x\times(300-100)}{100}$$

$9,000=200x,\ x=\dfrac{90}{2}=45$

10   정답 및 해설

07

정답 | ②

해설 |

덜어낸 소금물의 양을 xg이라고 한다. 그러면 $(500-x)$가 12%의 소금물과 섞이는 5% 소금물의 양이다. 이것과 12%의 소금물을 섞은 양이 700g이 되는 것이다.

$$\frac{5(500-x)}{100} + \frac{12(700-500+x)}{100} = \frac{8\times700}{100}$$

$x=100$g

08

정답 | ③

해설 |

$$\frac{10\times100}{100} + \frac{30\times300}{100} = \frac{x\times400}{100}$$

$1,000 + 9,000 = 400x$

$x=25$%

09

정답 | ③

해설 |

$$\frac{10\times(200-x)}{100} + x = \frac{19\times200}{100}$$

$2000 - 10x + 100x = 3,800$

$90x = 1,800$

$x=20$g

10

정답 | ④

해설 |

소금물 A를 x%

소금물 B를 y%라고 놓는다.

다음 두 개의 연립방정식이 나온다.

$$\frac{x\times200}{100} + \frac{y\times300}{100} = \frac{8\times500}{100}$$

$$\frac{x\times300}{100} + \frac{y\times200}{100} = \frac{10\times500}{100}$$

$x=14$%

$y=4$%

따라서 소금물 A이 농두는 14%이다.

★ Main Type 구간별로 속도가 변속되는 문제

정답 | ④

해설 |

내려온 거리가 x라면, 올라간 거리는 $6-x$다.

올라가는 데 걸린 시간은 $\frac{6-x}{3}$

내려오는 데 걸린 시간은 $\frac{x}{5}$

등산하는 데 걸린 시간은 총 1시간 40분이니까 $\frac{100}{60}$이 된다.

이것을 공식으로 연결하면

$$\frac{6-x}{3} + \frac{x}{5} = \frac{5}{3}$$

$5(6-x) + 3x = 25$

$x=\frac{5}{2}$

그러므로 2.5km가 내려온 거리다.

★ Sub Type 1 '만나다 - 마주보고 만나기' 유형

정답 | ③

해설 |

시간이 같다.

$$\frac{S_1}{v_1} = \frac{S_2}{v_2}$$

$$\frac{x}{10} = \frac{150-x}{5}$$

$x=100$km

10km/s로 달리는 소행성은 100km를 날아가게 된다. 그러므로 충돌은 $\frac{100}{10}$인 10초 후에 일어나게 된다.

★ Sub Type 2 '만나다 - 뒤따라 잡아 만나기' 유형

정답 | ③

해설 |

B가 A를 따라잡기 위해서 B는 같은 시간에 A보다 1km를 더 걸어야 한다. B의 속도는 A보다 시간당 2km 빠르기 때문에 필요한 시간은 0.5시간=30분이다.

★ Sub Type 3 | 왕복 유형

정답 | ④

해설 |

$$\frac{S}{v_1}+\frac{S}{v_2}=t_{total}$$

$$\frac{S}{6}+\frac{S}{4}=1,\ 2S+3S=12,\ 5S=12,\ S=\frac{12}{5}$$

$$\frac{\frac{12}{5}}{6}=\frac{12}{30},\ 그러니까\ \frac{24}{60}인\ 셈이니까,\ 24분이다.$$

★ Sub Type 4 | 강물 유형

정답 | ②

해설 |

내려갈 때는

$$t=2=\frac{S}{v}=\frac{48}{v_s+v_r}$$

올라올 때는

$$t=3=\frac{S}{v}=\frac{48}{v_s-v_r}$$

$$2v_s+2v_r=48\ \cdots\cdots\ ①$$

$$3v_s-3v_r=48\ \cdots\cdots\ ②$$

(3×①)+(2×②)하고 계산하면

$$12v_s=240,\ v_s=20$$

그렇다면 유속은 ①에 v_s를 넣어 구할 수 있다.

$$2v_r=8,\ v_r=4km/h$$

STEP 02   P.78~79

Skill 연습

문제

01

정답 | ③

해설 |

예정시간을 x라 하면, 다음과 같은 두 식이 성립한다.

$$x-\frac{t}{60}=\frac{L}{v_1},\ x+\frac{t}{60}=\frac{L}{v_2}$$ 이 두식을 연립하여 x에 관해 정리하면

$$\frac{L(v_1+v_2)}{2v_1v_2}$$

02

정답 | ①

해설 |

시간=$\frac{거리}{속력}$ 이므로 거리를 x라고 할 때, $\frac{x}{v_1}+\frac{x}{v_2}=\frac{t}{60}$이다.

x에 대한 방정식을 정리하면 $\frac{tv_1v_2}{60(v_1+v_2)}$가 나온다.

03

정답 | ④

해설 |

평균 속력=$\frac{이동\ 거리}{걸린\ 시간}$ 이다. 걸린 시간은 $t_1+t_2+t_3$이고, 거리=속력×시간이므로 이동 거리=$v_1t_1+v_2t_2+v_3t_3$이다.

∴ 평균 속력=$\frac{v_1t_1+v_2t_2+v_3t_3}{t_1+t_2+t_3}$

04

정답 | ④

해설 |

거리를 l이라 하고, A가 걸린 시간을 t_A라 하면,

$$t_A=\frac{l}{2}\times(\frac{1}{v_1})+\frac{l}{2}\times(\frac{1}{v_2})$$

따라서 A의 평균 속력 V_A는

$$V_A=\frac{l}{t_A}=\frac{l}{\frac{l}{2v_1}+\frac{l}{2v_2}}=\frac{2v_1v_2}{v_1+v_2}$$

또 B의 평균 속력 V_B는 $V_B=\frac{1}{2}(v_1+v_2)$

STEP 03   P.80~81

실전 문제

| 01 | ④ | 02 | ④ | 03 | ① | 04 | ② | 05 | ① |
| 06 | ② | 07 | ③ | 08 | ④ | 09 | ③ | 10 | ③ |

01

정답 | ④

해설 |

철수와 영수, 영희가 걸은 거리는 같다. 그런데 시간상의 선후가 제시되었으니, $t=\frac{S}{v}$라는 식을 써서, 시간을 기준으로 놓고, S가 고정된 식을 만든다.

먼저 영희와 철수의 관계를 활용해 식을 만들면, 철수가 10분 일찍 도착했으니, 4km/h로 걷는 철수가 걸린 시간에 10분을 더하면 영희가 걸린 시간과 같다. 그래서 S를 구한다.

$$t=(\frac{S}{4}+\frac{1}{6})=(\frac{S}{3}),\ \frac{6S+4}{24}=\frac{S}{3},\ S=2km$$

영수는 철수가 도착하고 5분 후에 도착한 셈이니, 다음과 같이 식을 만들 수 있다.

$$(\frac{2}{4}+\frac{1}{12})=\frac{2}{v},\ v=\frac{24}{7}km/h$$

02

정답 | ④

해설 |

$$v_1 = \frac{S_1}{t_1} = \frac{200}{2} = 100\text{km/h}$$

$$v_2 = \frac{120}{1} = 120\text{km/h}$$

$$v_3 = \frac{80}{1} = 80\text{km/h}$$

세 속력의 평균은 100km/h가 된다.

03

정답 | ①

해설 |

뗏목의 속도를 v_s, 강의 유속을 v_r이라 하자.

$$v_s + v_r = \frac{20}{2} = 10 \ \cdots\cdots \ ①$$

$$v_s - v_r = \frac{20}{4} = 5 \ \cdots\cdots \ ②$$

①+② 하면 $2v_s = 15$, $v_s = 7.5\text{km/h}$

그렇다면 ①에 이 수치를 넣어보면 $v_r = 2.5\text{km/h}$가 된다.

04

정답 | ②

해설 |

노홍철의 차가 60km/h의 속력으로 5분 먼저 갔으니 유재석의 차가 출발하기 전에 간 거리는 $60 \times \frac{1}{12} = 5\text{km}$가 된다.

유재석의 차가 노홍철의 차를 따라잡기까지 노홍철의 차가 간 거리를 $x$km라 하면 유재석의 차가 간 거리는 $(x+5)$km가 된다.

추월하면 만나게 되니, 결국 시간이 같다. 이를 식으로 나타내면 다음과 같다.

$$\frac{x}{60} = \frac{5+x}{80}$$

이때 x는 15km가 된다.

시간은 $t = \frac{15}{60} = \frac{1}{4}$h로, 분으로 치면 15분이 된다.

05

정답 | ①

해설 |

$$\frac{x}{4} = \frac{(36-x)}{5}$$

$$5x = 144 - 4x$$

$$x = 16$$

A가 간 거리가 16km이고, 그렇다면 B는 36-16km인 20km를 갔으며 B가 A보다 더 간 거리는 4km가 된다.

06

정답 | ②

해설 |

80m 가는데 B초 걸렸으므로 열차의 속도는 80m/B초=80/B

등속운동을 한다고 볼 때 다리의 길이(거리)=A×80/B=80A/B (m)이다.

07

정답 | ③

해설 |

$$t = \frac{S}{v_1} + \frac{S}{v_2}$$

$$\frac{9}{2} = \frac{12}{6+x} + \frac{12}{6-x}$$

$$9(6^2 - x^2) = 24(6-x) + 24(6+x)$$

$$108 - 3x^2 = 48 + 48 = 96$$

$$x = \pm 2$$

속도를 찾는 문제이므로 −를 빼고 보면 x는 2km이다.

08

정답 | ④

해설 |

전체 걸린 시간은 2시간이다. 그런데 왕복이므로 이 경우 S_1과 S_2가 같다.

$$t_{total} = \frac{S_1}{v_1} + \frac{S_2}{v_2} = \frac{S}{30} + \frac{S}{20} = 2$$

$$2S + 3S = 120$$

$$S = 24$$

09

정답 | ③

해설 |

두 거울이 만날 때까지 전체 걸린 시간은 $\frac{50}{(2+3)}$이다. 10초가 걸렸다.

움직인 거리는 $S = v \times t$이므로 $10^8 \times 100$이 되니까 정답은 10^9m이다.

10

정답 | ③

해설 |

$$\frac{8}{v-2} + \frac{8}{v+2} = \frac{5}{3}$$

$$24(v+2) + 24(v-2) = 5(v^2 - 4)$$

$$5v^2 - 48v - 20 = 0$$

인수분해하면, $(5v+2)(v-10) = 0$이 되기 때문에

v는 $-\frac{2}{5}$나 10이 된다. 속력이므로 −가 올 수 없어 배의 속력은 10km/h다.

그런데 올라갈 때는 10−2가 되고, 내려올 때는 10+2가 되기 때문에 속력의 비는 2:3이 된다.

CHAPTER 01
주기를 구하는 문제

STEP 01
P.86~87
유형 분석

★ Main Type   열차나 버스 간격 문제

정답 | ③

해설 |

6=2×3이고 8=2^3이므로

최소공배수는 $2^3 \times 3$=24분이 된다.

1시부터 4시까지는 총 180분이 주어진다. 7번째는 168분, 8번째는 192분이 되니까 7번까지 볼 수 있다.

★ Sub Type 1   톱니바퀴 문제

정답 | ①

해설 |

12=$2^2 \times 3$, 18=2×3^2, 24=$2^3 \times 3$

최소공배수는 $2^3 \times 3^2$=72가 된다.

이때 가장 큰 톱니바퀴 기준으로는 $\dfrac{2^3 \times 3^2}{2^3 \times 3}$=3으로 3회전을 하게 된다.

★ Sub Type 2   최대공약수를 활용한 도형 문제

정답 | ③

해설 |

20=$2^2 \times 5$

8=2^3

최대공약수는 2^2이 된다. 따라서 한 변이 4cm짜리인 타일을 사용하면 된다.

STEP 02
P.88~90
Skill 연습

 SKILL ❶   **최대공약수와 최소공배수 구하기**

정답 | ①

해설 |

60=$2^2 \times 3 \times 5$이므로 두 수는 $2^2 \times 3$=12와 3×5=150이다. 따라서 합은 27이 된다.

문제

구분	제시된 수	인수분해	제시된 수의 최소공배수와 최대공약수
1	24	$2^3 \times 3$	최소공배수: $2^3 \times 3^2$=72
	36	$2^2 \times 3^2$	최대공약수: $2^2 \times 3$=12
2	54	2×3^3	최소공배수: $2^3 \times 3^3 \times 7$=1,512
	56	$2^3 \times 7$	최대공약수: 2
3	45	$3^2 \times 5$	최소공배수: $2^3 \times 3^2 \times 5$=360
	120	$2^3 \times 3 \times 5$	최대공약수: 3×5=15
4	52	$2^2 \times 13$	최소공배수: $2^4 \times 7 \times 13$=1,456
	112	$2^4 \times 7$	최대공약수: 2^2=4
5	18	2×3^2	최소공배수: $2^3 \times 3^2 \times 5 \times 13$=4,680
	26	2×13	최대공약수: 2
	40	$2^3 \times 5$	
6	20	$2^2 \times 5$	최소공배수: $2^2 \times 3^2 \times 5 \times 7$=1,260
	35	5×7	최대공약수: 5
	90	$2 \times 3^2 \times 5$	
7	22	2×11	최소공배수: $2 \times 3 \times 7 \times 11 \times 17$=7,854
	34	2×17	최대공약수: 2
	42	$2 \times 3 \times 7$	
8	25	5^2	최소공배수: $2^2 \times 3 \times 5^2$=300
	100	$2^2 \times 5^2$	최대공약수: 5^2=25
	150	$2 \times 3 \times 5^2$	
9	24	$2^3 \times 3$	최소공배수: $2^3 \times 3^2 \times 5 \times 7$=2,520
	36	$2^2 \times 3^2$	최대공약수: 2×3=6
	42	$2 \times 3 \times 7$	
	60	$2^2 \times 3 \times 5$	
10	18	2×3^2	최소공배수: $2^3 \times 3^2 \times 5$=360
	30	$2 \times 3 \times 5$	최대공약수: 2×3=6
	60	$2^2 \times 3 \times 5$	
	120	$2^3 \times 3 \times 5$	

실전 문제

01	④	02	②	03	①	04	③	05	③
06	④	07	③	08	③	09	③	10	③

01

정답 | ④

해설 |

$27=3^3$

$24=2^3\times3$

최소공배수는 $2^3\times3^3$이므로

작은 톱니로 나눠주면 3^2만 남아서 9바퀴가 된다.

02

정답 | ②

해설 |

$12=2^2\times3$

$16=2^4$

$24=2^3\times3$

최소공배수는 $2^4\times3$. 따라서 480이 된다.

그러니까 톱니바퀴 C는 두 바퀴 돌면 된다.

03

정답 | ①

해설 |

$A=2\times3\times5$

$B=?$

최대공약수$=2\times3$

최소공배수$=x$

$\dfrac{x}{2\times3\times5}=4$, 그러면 $x=2^3\times3\times5$가 최소공배수가 된다.

최대공약수 $G=2\times3$

최소공배수 $abG=2^3\times3\times5$

이때 $aG=2\times3\times5$

그렇다면 $bG=2^3\times3=24$가 된다.

04

정답 | ③

해설 |

$6=2\times3$

$8=2^3$

최소공배수는 $2^3\times3=24$

24분마다 겹친다. 그런데 1시부터 5시까지는 총 240분이다. 그러니까 총 10번 겹치게 된다.

05

정답 | ③

해설 |

최대공약수$=5$

최소공배수$=2^2\times3\times5$

$A=2^2\times5=20$

$B=3\times5=15$

두 수의 합은 35가 된다.

두 수를 5와 60으로 가정해도 성립하나, 선택지에는 65가 없어서 제외된다.

06

정답 | ④

해설 |

$540=2^2\times3^3\times5$

$680=2^3\times5\times17$

최대공약수는 $2^2\times5=200$이다.

그러니까 540인 가로를 채우기 위해서는 20cm짜리가 27개가 필요.

680인 세로를 채우기 위해서는 20cm짜리가 34개가 필요.

그러니까 곱하면 $27\times34=918$개

07

정답 | ③

해설 |

3, 2, 5의 최소공배수인 30이 정육면체 한 변의 길이다.

그러니까 면의 넓이는 $30\times30=900cm^2$가 된다.

08

정답 | ③

해설 |

최소공배수의 개념을 이해하고 있는가를 묻는 문제이다. 배차 간격이 15분, 9분, 12분이기 때문에 180분 후에 동시 출발이 이뤄진다. 문제에서는 9시에 동시 출발을 했으니, 다음 번에는 12시에 동시 출발을 하는 것이며, 업무처리가 시간이 10분이면 된다고 했기 때문에 정답은 ③이 된다.

09

정답 | ③

해설 |

4와 5의 최소공배수는 20인데, 20분을 주기로 해서 5대가 출차되고, 8대가 입차되니까, 결과적으로는 3대씩 늘어나는 셈이다. 13시 10분 84대에서 100분 후인 14시 50분에 15대가 차게 된다. 그러면 99대가 되는데, 여기서 4분 후인 54분에 1대가 출차해서 98대가 되지만, 그로부터 1분 후인 14시 55분에 2대가 들어와서 100대가 차게 된다.

10

정답 | ③

해설 |

$15=3×5$

$18=2×3^2$

$12=2^2×3$

최소공배수 $=2^2×3^2×5=180$

그러니까 180분마다 세 차가 동시에 출발하게 된다. 그렇다면 10시에 떠난 차가 동시에 떠나는 다음 시간은 13시가 된다. 그리고 전체 걸리는 시간을 종합하면 55분이 걸린다. 그러니까 13시에 출발하는 편에 맞추려면 12시 5분에는 회사에서 떠나야 한다. 지금 시각은 11시 10분이니까, 55분 후에는 출발해야 한다.

CHAPTER 02

일계산 문제

STEP 01　　　　　　　　　　　　　　　　P.94~95

유형 분석

★ Main Type   개별적인 일에서 집단적인 일

정답 | ③

해설 |

A가 혼자서 1시간에 할 수 있는 일의 양은 $\frac{1}{5}$이다.

B가 혼자서 1시간에 할 수 있는 일의 양은 $\frac{1}{10}$이다.

둘이서 동시에 일을 하게 되면 1시간에 $(\frac{1}{5}+\frac{1}{10})=\frac{3}{10}$만큼 하게 된다.

이 얘기는 20분에 $\frac{1}{10}$만큼 일을 한다는 이야기니까, 일을 완수하려면 총 200분이 걸린다는 말이다. 그러니까 3시간에다가 20분이 더 필요하다. 그래서 3시간 20분이 걸린다.

★ Sub Type 1   집단적인 일에서 개별적인 일

정답 | ③

해설 |

$8x+8y=1$

$5x+14y=1$

$y=\frac{1}{24}$, $x=\frac{1}{12}$

A 혼자서 6일 동안 하면 $\frac{6}{12}$이 된다. $\frac{1}{2}$이 되는 만큼, B는 $\frac{1}{2}$을 하면 된다.

$\frac{a}{24}=\frac{1}{2}$로 $a=12$가 된다. 그러니까 B에게는 12일이 필요하다.

★ Sub Type 2   개별적인 일에서 '개별+집단' 복합으로

정답 | ③

해설 |

$A=\frac{1}{6}$, $B=\frac{1}{12}$

$x×\frac{1}{6}+(5-x)×(\frac{1}{6}+\frac{1}{12})=1$

$x=3$

★ Sub Type 3   개별적인 일에서 '개별+개별' 바통터치로

정답 | ⑤

해설 |

전체 일의 양을 1로 놓고, B가 일한 날을 x, A가 일한 양을 y로 놓는다. 그러면

$8=x+y$

이때 B가 하루에 할 수 있는 일의 양은 1/120이고, A가 하루에 할 수 있는 일의 양은 1/40이다.

그러면 $\frac{x}{12}+\frac{y}{4}=1$이 된다.

연립하여 풀면 $x=6$, $y=2$가 된다.

STEP 02　　　　　　　　　　　　　　　　P.97~98

Skill 연습

정답 | ④

해설 |

$4x+5y=100$

$5x+4y=89$

$x=5$, $y=16$이 된다. 그러니까 1시간 동안에 두 관을 통해 채운 물의 양은 이 두 수의 합인 21이 된다.

문제

01

정답 | ⑤

해설 |

유형: <u>Type (1)</u>

개개인이 한 시간에 할 수 있는 일의 양은 민경 $=\frac{1}{3}$, 상훈 $=\frac{1}{4}$, 소용 $=\frac{1}{12}$이 된다.

이들이 한꺼번에 일을 하게 되면 1시간에 $(\frac{1}{3}+\frac{1}{4}+\frac{1}{12})=\frac{2}{3}$만큼의 일을 할 수 있다.

그러면 걸리는 시간은 $\frac{3}{2}$시간이므로 1시간 30분이 된다.

02

정답 | ②

해설 |

유형: Type (2)

전체 일의 양을 1로 놓는다.

A, B, C가 하루에 할 수 있는 일의 양을 x, y, z라 하면

$5x+5y+5z=1$

A, B가 같이하면 10일에 끝내기 때문에

$10x+10y=1$

B, C가 같이하면 6일에 끝내기 때문에

$6y+6z=1$

$x=1/30$, $y=1/15$, $z=1/10$

03

정답 | ④

해설 |

유형: Type (3)

해야 할 일의 총량을 1이라 하면, 형이 한 시간당 하는 일의 양은 $\frac{1}{10}$, 동생이 한 시간당 하는 일의 양은 $\frac{1}{40}$이 된다.

$(\frac{1}{10}+\frac{1}{40})x+\frac{5}{10}=1$ $\therefore x=4$

04

정답 | ④

해설 |

유형: Type (3)

$5A=1$, $10B=1$

$A+B=(\frac{1}{5}+\frac{1}{10})=\frac{3}{10}$

식은

$x(A+B)+(6-x)B=1$

$x\times\frac{3}{10}+(6-x)\times\frac{1}{10}=1$

따라서 x는 2일이다. 여기서 x는 A와 B가 동시에 일을 한 날을 의미하니까, A가 쉰 날은 6일 중에 동시에 일을 한 2일을 뺀 4일이 된다.

01	③	02	③	03	③	04	②	05	②
06	④	07	②	08	⑤	09	⑤	10	⑤

01

정답 | ③

해설 |

전체 물의 양이 1이면 A관으로 1분 동안 채울 수 있는 물의 양은 각각 $\frac{1}{10}$이 된다. B관까지 동시에 틀게 되면 1분 동안 채울 수 있는 물의 양은 $\frac{1}{10}+\frac{1}{x}=\frac{1}{6}$이 될 것이다. 계산하면 $60=4x$가 되면서 x는 15가 된다. B관 하나만으로 물을 채우게 되면 15분이 걸린다.

02

정답 | ③

해설 |

시간당 채울 수 있는 물의 양은 A관으로는 $\frac{1}{6}$, B관으로는 $\frac{1}{4}$, C관으로는 $\frac{1}{3}$이다.

세 관이 동시에 개방되므로 시간당 차는 물의 양은 $\frac{1}{6}+\frac{1}{4}+\frac{1}{3}$ $=\frac{3}{4}$이 된다.

20분당 $\frac{1}{4}$ 꼴이 되므로, 수영장을 가득 채우려면 총 1시간 20분이 소요된다.

03

정답 | ③

해설 |

$6x+6y=1$

$4x+7y=1$

$y=\frac{1}{9}$, $x=\frac{1}{18}$

A 혼자서 8일 동안 하면 $\frac{8}{18}$이 된다. $\frac{4}{9}$가 되는 만큼, B는 $\frac{5}{9}$를 하면 된다.

$\frac{a}{9}=\frac{5}{9}$로 $a=5$가 된다. 그러니까 B에게는 5일이 필요하다.

04

정답 | ②

해설 |

갑이 1시간에 하는 일은 $\frac{1}{4}$, 을이 1시간에 하는 일은 $\frac{1}{6}$이다.

갑과 을이 한꺼번에 일을 하면 20% 정도 향상이 되니까, 1시간에 할 수 있는 일은 1.2를 곱한 것과 마찬가지가 된다.

갑이 1시간에 하는 일은 $\frac{1}{4} \times \frac{12}{10} = \frac{3}{10}$, 을이 1시간에 하는 일은 $\frac{1}{6} \times \frac{12}{10} = \frac{2}{10}$가 된다.

그러니까 갑과 을이 1시간에 하는 일은 $\frac{3}{10} + \frac{2}{10} = \frac{5}{10}$가 된다.

결국 2시간이면 일을 완성할 수 있다.

05

정답 | ②

해설 |

$A+B=2,400$

$A=2B$

$3B=2,400$, $B=800$

$A=1,600$

총 2,400짜리 일을 B만 사용하면 3시간이 걸린다.

A만 사용하면 0.5배가 되니까, 총 1시간 30분이 걸린다.

06

정답 | ④

해설 |

$4A+4B=1$

$6B+6C=1$

$3A+3B+3C=1$

$A=1/6$, $B=1/12$, $C=1/12$

C 혼자서 하면 12일이 걸린다.

07

정답 | ②

해설 |

전체 일의 양을 1로 놓고, 나연이가 일한 날을 x, 가현이가 일한 날을 y로 놓는다. 그러면

$9=x+y$

이때 나연이가 하루에 할 수 있는 일의 양은 1/15이고, 가현이가 하루에 할 수 있는 일의 양은 1/5이다.

그러면 $\frac{x}{15} + \frac{y}{5} = 1$이 된다.

연립하여 풀면 $x=6$, $y=3$이 된다.

08

정답 | ⑤

해설 |

$4A+2B=1$

$2A+3B=1$

연립해서 계산해 보면 $A=\frac{1}{8}$, $B=\frac{1}{4}$이 된다. A관으로만 채우면 8시간이 걸린다.

09

정답 | ⑤

해설 |

A생산라인만을 이용하면 시간당 25개를 만들고 B생산라인만을 이용하면 시간당 50개를 만든다. 그리고 두 라인을 모두 이용하는 경우에는 시간당 30+60=90개를 생산한다. 불량률을 고려한 정상제품 생산량은 A생산라인 20개/시간, B생산라인 45개/시간이 되고 두 라인을 모두 이용하는 경우에는 78개/시간이 된다. 따라서 A라인을 우선 32시간 가동하면 640개의 정상제품을 만들고 두 생산라인을 모두 가동하여 남은 9,360개의 정상제품을 생산하면 되므로 120시간이 소요된다.

여기에 A기계만 가동한 32시간이 합산돼서 총 152시간이 걸린다는 것을 알 수 있다.

10

정답 | ⑤

해설 |

인형을 완성하기까지 걸리는 일의 양을 1로 두자. A가 혼자 인형을 완성하는 데 걸리는 시간을 t_1이라고 하였고 B가 혼자 인형을 완성하는 데 걸리는 시간을 t_2라 하였기 때문에 $\frac{1}{t_1} + 2(\frac{1}{t_1} + \frac{1}{t_2}) + \frac{1}{t_2} = 1$이다. 이를 정리하면 $3(\frac{1}{t_1} + \frac{1}{t_2}) = 1$이다. A와 B가 함께 일을 하여 인형을 완성하는 데에 걸리는 시간은 3일, 즉 $\frac{t_1 t_2}{t_1 + t_2}$이다.

★ Main Type   순열 문제

정답 | ⑤

해설 |

$_{20}P_2 = 20 \times 19$

380가지 경우다.

★ Sub Type 1   조합 문제

정답 | ①

해설 |

$_{20}C_2 = \dfrac{20 \times 19}{2} = 190$

★ Sub Type 2   배열 문제

정답 | ③

해설 |

6개의 문자열이니까, 6!이 되는데, 이 중에 T가 2개씩 겹치니까, 2!개로 나눠주면 된다. 그래서 식은

$\dfrac{6!}{2!}$이 된다. 360가지

★ Sub Type 3   조건에 따라 경우를 따지는 문제

정답 | ③

해설 |

안경만 사용하는 경우 3개

가발만 사용하는 경우 2개

안경과 가발을 조합하면 2×3=6개

총 11가지의 변장 방법이 나온다.

문제

01

정답 | ④

해설 |

a	b	c
1	1	6
1	2	5
1	3	4
1	4	3
1	5	2
1	6	1
2	1	3
2	2	2
2	3	1

총 9가지가 된다.

02

정답 | ①

해설 |

모두 1칸씩	1	1	1	1	1
1칸이 3번, 2칸이 1번	1	1	1	2	
	1	1	2	1	
	1	2	1	1	
	2	1	1	1	
1칸이 1번, 2칸이 2번	1	2	2		
	2	1	2		
	2	2	1		

03

정답 | ③

해설 |

은지를 기준으로 삼아보면, 은지는 10일이 넘을 수는 없다. 10일만 되어도, 은수와 은찬은 각 1일씩인데, 연차의 수는 모두 다르기 때문이다. 따라서 은지의 연차는 9일 이하가 된다. 그리고 은지의 연차가 4일이 되면, 은지가 가장 많은 연차일 수가 없게 된다. 따라서 은지의 연차는 최소 5일이다. 은지가 5일이라면 은수와 은찬이 4일과 3일을 나눠 가지면 되기 때문이다. 따라서 은지는 5~9일까지 경우가 갈리게 되고, 이때 은수와 은찬이의 분포는 다음과 같다.

은지의 연차 일수에 따른 분류	(은수, 은찬)의 분포
9일	(2일, 1일) / (1일, 2일)
8일	(3일, 1일) / (1일, 3일)

7일	(2일, 3일) / (3일, 2일) / (1일, 4일) / (4일, 1일)
6일	(2일, 4일) / (4일, 2일) / (1일, 5일) / (5일, 1일)
5일	(3일, 4일) / (4일, 3일)

04

정답 | ①

해설 |

경우 1) 1-2 / 3-4 / 5-6

2) 1-2 / 3-6 / 4-5

경우 3) 2-3 / 4-5 / 1-6

4) 2-3 / 1-4 / 5-6

경우 5) 3-4 / 1-6 / 2-5

6) 3-4 / 1-2 / 5-6

그런데 이때 1)과 6)이 겹친다. 이후로 기준을 잡는 것은 모두 겹치기 때문에 총 5가지의 경우가 존재하게 된다.

문제

01

정답 및 해설 |

유형: 조합

공식: $_5C_2 \times _6C_3 = \dfrac{5 \times 4}{2} \times \dfrac{6 \times 5 \times 4}{3 \times 2}$

정답: 200가지

02

정답 및 해설 |

유형: 배열

공식: $\dfrac{6!}{4! \times 2!}$

정답: 15가지

03

정답 및 해설 |

유형: 순열

공식: $_{10}P_4 = 10 \times 9 \times 8 \times 7$이다.

정답: 5,040가지

04

정답 및 해설 |

유형: 순열

공식: $_8P_5 = 8 \times 7 \times 6 \times 5 \times 4$

정답: 6,720가지

05

정답 및 해설 |

유형: 조합

공식: $_5C_1 \times _5C_1 = 5 \times 5$

정답: 25가지

06

정답 및 해설 |

유형: 조합

공식: 남자가 3명일 때: $_5C_3 \times _5C_1 = \dfrac{5 \times 4 \times 3}{3 \times 2} \times 5 = 50$

남자가 4명일 때: $_5C_4 = \dfrac{5 \times 4 \times 3 \times 2}{4 \times 3 \times 2} = 5$

정답: 55가지

07

정답 및 해설 |

유형: 순열

공식: $_6P_3 = 6 \times 5 \times 4$

정답: 120가지

08

정답 및 해설 |

유형: 배열

공식: S, I, HA, N이라는 4가지 알파벳이 쓰이는 것과 마찬가지다. 이 4가지를 일렬로 배열할 경우의 수는 4가지이다. 중복되는 글자가 없으니 그냥 4!하면 된다. 단 HA와 AH라는 두 가지 경우가 있을 수 있으니 여기에 2배를 곱하면 된다. 4!×2가 된다.

정답: 48가지

09

정답 및 해설 |

유형: 조합

공식: B, C, D, E 중 세 점을 고르면 삼각형을 만들 수 없다. 그러니까 삼각형을 만들기 위해서는 일단 A는 반드시 선택되어야 하고, 나머지 B, C, D, E 중에 2개를 고르는 작업이다. 그러니까 3개 중에 1개는 A니까, 4명 중에 나머지 2자리를 채워 넣는 경우를 생각하면 된다.

$_4C_2 = \dfrac{4 \times 3}{2} = 6$

정답: 6개

10

정답 및 해설 |

유형: 조합

공식: $_3C_1 \times _5C_1 = 3 \times 5$

정답: 15가지

11

정답 및 해설 |

유형: 조합

공식: $_8C_2 = \dfrac{8 \times 7}{2}$

정답: 28번

STEP 03

P.111~113

실전 문제

01	③	02	①	03	④	04	④	05	②
06	③	07	④	08	④	09	②	10	④

01

정답 | ③

해설 |

L과 N이 고정되어 있으면 결국 EESIHA의 여섯 자가 움직이는 것인데, 이 중에 E가 두 개로 겹친다. 그러니까

$\dfrac{6!}{2} = 360$가지가 된다.

02

정답 | ①

해설 |

여자가 한 명도 포함되지 않을 경우의 수를 전체 경우의 수에서 빼면 된다. 여자가 한 명도 뽑히지 않는다는 것은 4명이 전부 남자 중에서 뽑혔다는 말이다.

$_8C_4 - _5C_4 = \dfrac{8 \times 7 \times 6 \times 5}{4 \times 3 \times 2 \times 1} - \dfrac{5 \times 4 \times 3 \times 2}{4 \times 3 \times 2 \times 1} = 70 - 5 = 65$

03

정답 | ④

해설 |

구분	(1,1,4) 조합			(1,2,3) 조합						(2,2,2) 조합
첫 번째	4	1	1	3	3	2	2	1	1	2
두 번째	1	4	1	2	1	1	3	2	3	2
세 번째	1	1	4	1	2	3	1	3	2	2

04

정답 | ④

해설 |

여학생 3명이 한 블록이 된다고 치면, 그냥 4명이 일렬로 서는 경우의 수가 된다. 4!이다.

여기에 여학생들끼리도 서로 순서가 다를 수 있으므로, 3!개를 곱한다.

$4! \times 3! = 144$

05

정답 | ②

해설 |

순열인가 조합인가 하는 문제인데, 14와 41은 차이가 있으므로, 순서가 중요한 순열이다. 전체 9개 숫자 중에 2개를 뽑아 순서대로 짜 맞추는 것이므로, $_9P_2$가 된다.

$\dfrac{9!}{(9-2)!} = \dfrac{9 \times 8 \times 7 \times \cdots \times 1}{7 \times \cdots \times 1} = 9 \times 8 = 72$

총 72가지가 된다.

06

정답 | ③

해설 |

동전을 5번 던진다고 할 때 그 중에 2번이 앞면이면 5개의 요소 중에 순서에 상관 없이 2개를 선택하는 것과 마찬가지다. 그러므로 $_5C_2$가 된다. $\dfrac{5 \times 4}{2 \times 1} = 10$가지.

07

정답 | ④

해설 |

작년도 우승팀인 총무부의 위치는 A로 정해진다. 그리고 총무부가 있는 쪽의 B, C에 나머지 5부서 중에 2개의 부서가 들어오게 되는데 이때 B와 C의 순서는 상관 없으므로 $_5C_2$가 된다. 그리고 D, E에 들어갈 2개 부서를 정하면 $_3C_2$이며, F는 나머지 부서로 정해진다.

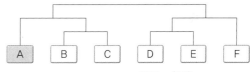

식으로 표현하면 $_5C_2 \times _3C_2$가 된다. $\dfrac{5 \times 4}{2} \times \dfrac{3 \times 2}{2} = 30$가지

08

정답 | ④

해설 |

보이그룹의 순서가 겹치지 않게 하려면 걸그룹 3팀의 사이사이에 있어야 한다. 걸그룹 3팀을 A, B, C라 놓으면 보이그룹은 다음과 같이 4자리에 들어갈 수 있다.

( ) A ( ) B ( ) C ( )

그러면 보이그룹은 4자리에 2개가 들어가므로 $_4P_2$가 된다.

그리고 A, B, C같은 경우는 걸그룹들 순서가 바뀔 수 있으므로 3!이 된다.

최종적으로 $_4P_2 \times 3! = 4 \times 3 \times 3 \times 2 = 72$가지

09

정답 | ②

해설 |

2명씩 짝을 지어 악수하는데, 참가자들 모두가 각각 한 번씩 악수를 한 것이니까, 총 n명 중에 2명씩 뽑는 경우의 수가 된다.

$_nC_2=15$

$\dfrac{_nP_2}{2}=15$, $_nP_2=30$

n=6이 된다. 6명이 참석했다.

10

정답 | ④

해설 |

20개의 서로 다른 좌석 중에 3개를 선택하는 것이다.

$_{20}C_3=\dfrac{20\times19\times18}{3\times2}$

여기에 3명을 앉히게 되므로 이 3명이 의자에 앉는 순서에 따라 3!이 된다.

결과적으로 $_{20}C_3\times3!=6,840$가지

STEP 01   P.114~116

유형 분석

★ Main Type   경우의 수를 따지고 확률을 구하는 문제

정답 | ③

해설 |

홀, 홀, 홀 – 홀

홀, 홀, 짝 – 짝

홀, 짝, 홀 – 짝

짝, 홀, 홀 – 짝

홀, 짝, 짝 – 홀

짝, 홀, 짝 – 홀

짝, 짝, 홀 – 홀

짝, 짝, 짝 – 짝

따라서 $\dfrac{4}{8}=\dfrac{1}{2}$ 이다.

★ Sub Type 1   구슬이나 사람을 뽑을 때 순열, 조합을 이용한 확률 문제

정답 | ①

해설 |

$_4C_2\times_3C_2$가 빨간 구슬 2개, 파란 구슬 2개를 뽑을 확률이다. 이것을 전체 경우의 수인 $_7C_4$로 나눠주면 된다.

$$\dfrac{\dfrac{4\times3}{2}\times\dfrac{3\times2}{2}}{\dfrac{7\times6\times5\times4}{4\times3\times2}}=\dfrac{18}{35}$$

★ Sub Type 2   확률의 덧셈 법칙을 활용한 문제

정답 | ②

해설 |

(4, 1), (2, 2)의 두 가지 경우다.

(4, 1)이 나올 확률은 $\dfrac{1}{6}\times\dfrac{1}{6}=\dfrac{1}{36}$

(2, 2)가 나올 확률도 $\dfrac{1}{6}\times\dfrac{1}{6}=\dfrac{1}{36}$

그러니까 두 개 중에 하나만 나와도 되니까, $\dfrac{1}{36}+\dfrac{1}{36}=\dfrac{1}{18}$이 된다.

★ Sub Type 3   확률의 곱셈 법칙을 활용한 문제

정답 | ④

해설 |

5번째까지는 2~6이 나온 것이고, 마지막에 가서야 1이 나온 것이다.

횟수	1	2	3	4	5	6
확률	$\dfrac{5}{6}$	$\dfrac{5}{6}$	$\dfrac{5}{6}$	$\dfrac{5}{6}$	$\dfrac{5}{6}$	$\dfrac{1}{6}$

이 사건들이 동시에 일어나야 하니까 곱셈 법칙을 적용한다. 이것들을 모두 곱하면 6번째에 처음으로 '1'이 나올 확률을 구할 수 있다.

★ Sub Type 4   확률의 덧셈과 곱셈 법칙을 활용하는 문제

정답 | ③

해설 |

A팀은 앞으로 1승만 더하면 되는데, 그 경우의 수는 다음과 같이 3가지 경우가 있다. 개개 경우의 확률을 구하기 위해 곱셈 법칙을 적용한다.

구분	5회		6회		7회		확률
경우 1	○	1/2					1/2
경우 2	×	1/2	○	1/2			1/4
경우 3	×	1/2	×	1/2	○	1/2	1/8

이 경우 중에 하나라도 일어나게 되면 결국 A가 우승하게 되는 것이니까, 최종 확률은 주어진 개개의 확률을 다 더한다. 덧셈 법칙이 적용된다. $\dfrac{7}{8}$이 된다.

Skill 연습

 SKILL ❶   확률의 기본개념

정답 | ④

해설 |

2개 숫자 합이 5되는 경우의 수는

(1, 4), (2, 3), (3, 2), (4, 1)로 4가지 경우가 있고,

주사위 던져서 두 가지 숫자가 나오는 경우의 수는 6×6=36가지. 따라서 $\frac{4}{36}=\frac{1}{9}$ 이 된다.

 SKILL ❷   독립사건과 종속사건의 구분

정답 | ②

해설 |

비복원추출이므로 갑이 뽑은 제비가 무엇인가에 따라 을의 확률이 달라지는 종속사건이 된다. 두 가지 경우가 나온다. 갑이 당첨되고, 을이 당첨되는 경우와 갑이 당첨되지 않고 을이 당첨되는 경우 이 두 경우를 더하면 된다.

갑		을		
○	$\frac{3}{10}$	○	$\frac{2}{9}$	$\frac{6}{90}$
×	$\frac{7}{10}$	○	$\frac{3}{9}$	$\frac{21}{90}$

이 두 확률을 합하면 을이 당첨 제비를 뽑을 확률이 된다.

$\frac{6}{90}+\frac{21}{90}=\frac{27}{90}=\frac{3}{10}=0.3$

문제

01

정답 | ③

해설 |

합쳐 봐야 12이기 때문에 5의 배수가 되려면 5, 10밖에 없다.

구분	합이 5				합이 10		
주사위 1	1	2	3	4	4	5	6
주사위 2	4	3	2	1	6	5	4

7가지 경우인데, 경우의 수는 총 360이니까, $\frac{7}{36}$ 이 된다.

02

정답 | ②

해설 |

두 가지 경우가 있다. (앞, 앞, 앞), (뒤, 앞, 앞)

전체는 8가지이니, $\frac{1}{4}$ 이 된다.

03

정답 | ①

해설 |

색깔별로 하나씩 뽑는 경우에서 빨간 구슬을 뽑는 경우는 $_5C_1$개, 파란 구슬은 $_4C_1$개, 노란 구슬은 $_3C_1$개가 된다. 전체 경우는 총 12개 중에 3개를 뽑는 것이다.

확률은 $\frac{_5C_1\times_4C_1\times_3C_1}{_{12}C_3}$ 이 된다. 그래서 정답은 $\frac{3}{11}$ 이다.

04

정답 | ②

해설 |

공 네 개를 동시에 꺼내는 경우의 수 $_8C_4=70$

공의 색깔이 모두 다른 경우의 수 $_3C_1\times_1C_1\times_2C_1\times_2C_1=12$

$\frac{12}{70}=\frac{6}{35}$

문제

01

정답 | ③

해설 |

덧셈 법칙

10 − (4,6), (5,5), (6,4)

11 − (5,6), (6,5)

12 − (6,6)

총 6가지 경우가 있다.

전체 경우의 수는 36가지이므로 확률은 $\frac{6}{36}=\frac{1}{6}$ 이 된다.

02

정답 | ①

해설 |

곱셈 법칙

가위바위보를 할 때 A의 입장에서 이길 확률은 1/3, 질 확률도 1/3, 그리고 비길 확률이 1/30다. 그러니까 이길 확률은 1/30이고, 이기지 못할 확률은 2/3라고 할 수 있다.

첫 번째, 두 번째 시행에서 이기지 못하고, 세 번째 가서야 이긴다면

$\frac{2}{3}\times\frac{2}{3}\times\frac{1}{3}=\frac{4}{27}$

03

정답 | ②

해설 |

덧셈+곱셈 법칙

경우의 수를 생각해보면

구분	3	4	5	확률
경우 1	×3/4	○ 2/5	○ 3/10	18/200
경우 2	○ 1/4	×3/5	○ 3/10	9/200
경우 3	○ 1/4	○ 2/5	×7/10	14/200
경우 4	○ 1/4	○ 2/5	○ 3/10	6/200

경우 1~경우 4를 다 더하면, 47/2000이 된다. 약 1/40이 된다.

따라서 $\frac{1}{4} \times 100 = 25\%$이다.

04

정답 | ①

해설 |

곱셈 법칙

A, B 두 사람이 과녁을 명중시키지 못할 확률이 각각 $\frac{1}{8}$, $\frac{1}{9}$이므로 두 사람 모두 명중시키지 못할 확률은 곱셈 정리에 의해 $\frac{1}{8} \times \frac{1}{9} = \frac{1}{72}$이다.

STEP 03　　　　　　　　　　　　　P.121~123

실전 문제

01	④	02	①	03	①	04	①	05	①
06	④	07	④	08	④	09	⑤	10	③

01

정답 | ④

해설 |

앞에 세 개 뽑힌 것이 모두 하얀 공이고, 4번째에야 빨간 공이 나온 것이다. 이 경우 조합을 쓸 수는 없는 게, 다시 공을 집어 넣어 버리니, 앞 사건과 연관이 없는 독립사건이 된다.

처음 시도에서 15개 중에 10개인 하얀 공이 나온 셈이니 $\frac{10}{15}$ $= \frac{2}{3}$이다. 이게 3번 반복되니까, 일단 $\left(\frac{2}{3}\right)^3$에다가 마지막에는 15개 중에 5개인 빨간 공을 뽑았으니 $\frac{5}{15}$를 곱해 준다.

최종 공식은 $= \left(\frac{2}{3}\right)^3 \times \frac{1}{3} = \frac{2^3}{3^4}$

02

정답 | ①

해설 |

구분	오늘	내일	모레	
경우 1	○	○ 2/10	○ 2/10	4/100
경우 2			×8/10	16/100
경우 3	○	×8/10	○ 4/10	32/100
경우 4			×6/10	48/100

그런데 모레 술자리가 있을 확률은 $\frac{4}{100} + \frac{32}{100}$로 $\frac{9}{25}$가 된다.

03

정답 | ①

해설 |

모두 다 다른 색일 경우의 수는, 각 색깔에서 한 개씩 구슬을 뽑은 것이니까, $_4C_1 \times _3C_1 \times _2C_1$이 된다.

그것을 전체 경우의 수인 $_9C_3$으로 나누면 된다.

$$\frac{4 \times 3 \times 2}{\frac{9 \times 8 \times 7}{3 \times 2}} = \frac{2}{7}$$

04

정답 | ①

해설 |

B상자에서 꺼낸 공이 빨간 공일 확률은 A상자에서 꺼낸 공의 영향을 받는다. 꺼낸 순서대로 (빨간 공, 빨간 공), (흰 공, 빨간 공)일 확률을 더해야 B상자에서 빨간 공이 나올 확률이 된다.

B상자에서 꺼낸 공이 빨간 공일 확률 $= \left(\frac{3}{7} \times \frac{3}{8}\right) + \left(\frac{4}{7} \times \frac{2}{8}\right) = \frac{17}{56}$.

이 중 A상자에서 꺼낸 공이 흰 공이었을 확률은 $\left(\frac{4}{7} \times \frac{2}{8}\right) = \frac{8}{56}$이므로, (흰 공, 빨간 공)의 순서로 공을 꺼낼 확률은

$$\frac{\frac{8}{56}}{\frac{17}{56}} = \frac{8}{17}.$$

05

정답 | ①

해설 |

두 주사위를 던져서 나온 합이 홀수일 확률은 첫 번째 주사위(1, 1, 1, 1, 2, 2)가 홀수가 나오고 두 번째 주사위(3, 3, 4, 4, 4, 5)가 짝수가 나올 확률인 $\frac{4}{6} \times \frac{3}{6} = \frac{1}{3}$과 첫 번째 주사위(1, 1, 1, 1, 2, 2)가 짝수가 나오고 두 번째 주사위(3, 3, 4, 4, 4, 5)가 홀수가 나올 확률인 $\frac{2}{6} \times \frac{3}{6} = \frac{1}{6}$을 더한 값이다. 그러므로 주사위를 던져서 나온 수의 합이 홀수일 확률은 $\frac{1}{3} + \frac{1}{6} = \frac{1}{2}$이다.

06

정답 | ④

해설 |

여사건을 이용하여 확률을 구해 보자. 즉, 적어도 1개가 불량품일 확률을 구하려면, 전체 확률 1에서 모두 정상일 확률을 빼면 된다. 3개를 선택했을 때 모두 정상일 확률 $= \frac{12 \times 11 \times 10}{15 \times 14 \times 13} = \frac{44}{91}$.

그러므로 적어도 1개가 불량품일 확률은 $1 - \frac{44}{91} = \frac{47}{91}$

07

정답 | ④

해설 |

순서를 생각하지 않고 뽑을 때는 조합을 쓴다.

$$\frac{_3C_1 \times _5C_1}{_8C_2} = \frac{3 \times 5}{\frac{8 \times 7}{2 \times 1}} = \frac{15}{28}$$

08

정답 | ④

해설 |

60명에서 2명을 선택하는 방법: $_{60}C_2$

27명 중 1명을 뽑을 경우: $_{27}C_1$

15명 중 1명을 뽑을 경우: $_{15}C_1$

그러므로 확률은 다음과 같다.

$$\frac{_{27}C_1 \times _{15}C_1}{_{60}C_2} = \frac{27 \times 15 \times 2}{60 \times 59}$$

09

정답 | ⑤

해설 |

한 발을 명중시킬 확률 (첫 번째를 명중)=3/4×1/4×1/4=3/64

한 발을 명중시킬 확률 (두 번째를 명중)=1/4×3/4×1/4=3/64

한 발을 명중시킬 확률 (세 번째를 명중)=1/4×1/4×3/4=3/64

두 발을 명중시킬 확률 (첫 번째와 두 번째)=3/4×3/4×1/4 =9/64

두 발을 명중시킬 확률 (첫 번째와 세 번째)=3/4×1/4×3/4 =9/64

두 발을 명중시킬 확률 (두 번째와 세 번째)=1/4×3/4×3/4 =9/64

세 발을 명중시킬 확률=3/4×3/4×3/4=27/64

다 더하면 $\frac{63}{64}$ 이 된다. 하지만 이렇게 푸는 방법보다는 보통은 여사건을 이용한 방법이 더 이용된다.

10

정답 | ③

해설 |

순서대로 달리는 차량 중 A가 간격 조정을 했을 시 차량 B는 ⅰ) 조정을 할 수도, ⅱ) 하지 않을 수도 있다.

ⅰ) 차량 B가 간격 조정을 할 경우

앞 차인 A가 간격 조정을 했으므로 차량 B가 간격 조정을 할 확률은 $\frac{2}{5}$ 이고,

앞 차인 B가 간격 조정을 했으므로 차량 C가 간격 조정을 할 확률도 $\frac{2}{5}$ 이다.

따라서 A, B, C가 모두 간격 조정을 할 확률은 $\frac{2}{5} \times \frac{2}{5} = \frac{4}{25}$ 이다.

ⅱ) 차량 B가 간격 조정을 하지 않을 경우

앞 차인 A가 조정을 했으므로 차량 B가 간격 조정을 하지 않을 확률은 $1 - \frac{2}{5} = \frac{3}{5}$ 이다.

앞 차인 B가 간격 조정을 하지 않았으므로 차량 C가 간격 조정을 할 확률은 $1 - \frac{1}{3} = \frac{2}{3}$ 이다.

따라서 B가 간격 조정을 하지 않았을 때 C가 간격 조정을 할 확률은 $\frac{3}{5} \times \frac{2}{3} = \frac{2}{5}$ 이다.

그러므로 C가 간격 조정을 할 확률은 $\frac{4}{25} + \frac{10}{25} = \frac{14}{25}$ 이다.

PART 5 표 읽기: 수치 읽기

CHAPTER 01
표 찾기

STEP 01
P.171~173

유형 분석

★ Main Type 표 찾아 수치 읽거나 비교하기

정답 | ②

해설 |

ㄱ. (○) 습도가 70%일 때 연간소비전력량을 보면 A는 790, B는 810, C는 800, D는 880, E는 920으로 A의 연간소비전력량이 가장 적다.

ㄴ. (×) 습도 60%일 때는 D–E–B–C–A의 순서고, 습도 70%일 때는 E–D–B–C–A의 순서로 동일하지 않다.

ㄷ. (○) 습도 40%일 때 제습기 E의 연간소비전력량은 660이고, 습도 50%일 때 제습기 B의 연간소비전력량은 640이다.

ㄹ. (×) E의 경우 40%일 때는 660인데 이 수치의 1.5배는 990이므로 80%의 970보다 더 크다. 다시 말하면 80%일 때의 970은 1.5배까지는 안 된다는 말이다.

★ Sub Type 1 수치변화 추적하기

정답 | ④

해설 |

2000년 대비 2016년 합계 출산율 변화율은 아래와 같이 구한다.

(2016년 합계 출산율 – 2000년 합계 출산율)/2000년 합계 출산율×100

변화율이 가장 적은 지역은 부산이다.

① 서울 2011년 감소, 경기 2011년 변동 없음 등 많은 반례가 존재한다.

② ①번의 이유로 비추어볼 때, 모든 지역의 합계 출산율 변화는 같은 증감방향을 갖지 않는다.

③ 제주가 아닌 전남이 가장 높다.

⑤ 제주도는 합계 출산율이 작년과 동일하다.

★ Sub Type 2 Text와 표를 비교하기

정답 | ③

해설 |

보고서에 연구개발비 증가율 이야기는 나오지만 GDP 증가율에 대한 이야기는 없다. 따라서 ㄱ은 필요 없는 자료다. 그리고 연구개발비 증가율은 2015년에서 2016년 갈 때를 이야기하기 때문

에 ㄹ의 2014~2015년의 자료 역시 필요 없다.

ㄴ은 "A~D국 모두 2015년에 비하여 2016년 연구개발비가 증가하였지만, A국은 약 3% 증가에 불과하여 A~D국 평균 증가율인 6% 수준에도 미치지 못했다." 구절 때문에 2015년의 자료가 필요하다.

ㄷ은 "특히, 2016년에 A국은 정부연구개발비 대비 민간연구개발비 비율이 가장 작다. 이는 2014~2016년 동안, A국 민간연구개발에 대한 정부의 지원금액이 매년 감소한 데 따른 것으로 분석된다."라는 구절 때문에 필요하다.

STEP 02
P.175~176

문제 해결방법

자료에서 제일 먼저 봐야 할 부분은 제목

정답 | ②

ㄱ. (○) 합해서 62%이므로 맞는 설명이다.

ㄴ. (×) 35%이긴 하지만 자산의 35%가 들어간 것이므로 일부 부자가 돈을 많이 예금한 경우 국민의 1/3이 되리라는 보장은 없다. 그러니까 10%만이 예금을 하는데, 그 액수의 비율이 35%일 수도 있는 것이다.

ㄷ. (×) 이 선택지는 '알 수 없다'도 아니고 틀린 선택지다. 왜냐하면 이 자료는 금융자산에 관한 것이기 때문에 부동산은 포함되지 않는다.

ㄹ. (○) 100%를 기준으로 봤을 때 11%와 9%이므로 맞는 설명이다.

표의 종류에 따라 자주 나오는 선택지

정답 | ⑤

해설 |

1933년 미곡과 맥류 재배면적의 합은 1,118+963=2,081인데, 곡물전체 재배면적은 2,714니까 $\frac{2,081}{2,714} \times 100 ≒ 76.7\%$가 된다. 70% 이상이다.

① 1931~1932년에 미곡은 감소했고, 두류는 증가했다.

② 1932~1934년까지 서류가 두류보다 생산량이 많다.

③ 1934년에는 잡곡이 2080이고, 서류는 138로 두 배까지는 안 된다.

④ 미곡은 $\frac{18,585}{1,164} \fallingdotseq 15.97$인데, 다른 곡물 중에서는 서류가 가장 크니까 비교하면 서류는 $\frac{2,612}{138} \fallingdotseq 18.9$로 서류가 더 크다.

STEP 03   P.177~179

Skill 연습

1. 자료의 제목: 연령대별 기혼 비취업여성 현황
2. 자료의 제목: 개인정보에 대한 분쟁사건의 접수유형 구성비
3. 자료의 제목: 통근 소요시간에 따른 A~E 지역의 지역별 통근자 수 분포
4. 자료의 제목: 창업교육 이수 여부에 따른 기간별 생존비율

STEP 04   P.180~185

실전 문제

| 01 | ⑤ | 02 | ④ | 03 | ② | 04 | ② | 05 | ⑤ |

01

정답 | ⑤

해설 |

ㄱ. (×) G가 '종합품질점수' 13점으로 가장 높다.

ㄴ. (×) 소매가격이 가장 낮은 것은 H인데 '종합품질점수'는 11점으로, 9점인 F보다 점수가 높다.

ㄷ. (○) 갑은 '통화 성능' 평가점수의 총합이 4점, 을은 3점, 병은 5점이다. 어차피 평균은 일률적으로 3으로 나누게 되니, 굳이 평균을 구하지 않고 총점만으로도 비교가능하다. 병의 평균이 가장 높다.

ㄹ. (○) '멀티미디어'의 경우는 I가 2점인 것을 제외하면 다 3점을 받았다. 총점이 26점으로 다른 요소들은 2점짜리나 1점짜리가 꽤 섞여 있어 모두 이보다 낮다는 것을 알 수 있다. 화질은 24점, 내비게이션은 22점, 배터리수명은 18점, 통화 성능은 12점이다.

02

정답 | ④

해설 |

ㄱ. (×) 7월 8일의 경우에는 비가 예고되었지만, 실제는 해가 났다.

ㄴ. (○) B는 7일이 일치하는데 비해서, A는 6일, C는 5일, D는 4일, E는 3일이다.

ㄷ. (○) 7월 2일에는 단 하나도 맞지 않는다. 따라서 이것보다 더 적은 날은 존재할 수 없다.

03

정답 | ②

해설 |

10월에 개봉된 영화는 착한도시와 썬더맨, 동래산성인데 이 중 썬더맨이 국외제작 영화다.

① 흥행순위 1~20위 내의 영화 중 한 편의 영화도 개봉되지 않았던 달은 2월이고, 이때 국내제작영화 관객 수는 8,900천 명이고, 국외제작영화 관객 수는 6,282천 명이다.

③ [표 2]의 수치를 비교해 보면 개봉편 수로 봤을 때는 국외제작영화 개봉편 수는 국내제작영화 개봉편 수보다 매달 많다는 것을 확인할 수 있다.

④ 국외제작영화 관객 수가 가장 많았던 달은 7월인데, 7월에 개봉한 영화 중 흥행순위 1~20위 내에 든 국외제작영화 개봉작은 거미인간과 슈퍼카인드다.

⑤ 버스운전자의 관객 수는 12,100천 명으로 전체 113,905천 명 중에 10.6%로 10% 이상이 된다.

04

정답 | ②

해설 |

수도권인 서울, 인천·경기의 단속 건수 합은 1,021건이다. 전체 1,764건 중 반 이상이다.

① 대마 단속 전체 건수는 167건, 마약 단속 전체 건수는 65건으로 3배까지는 안 된다.

③ 강원, 충북, 제주 세 곳이다.

④ 대구·경북 지역은 138건, 광주·전남 지역은 38건으로 4배는 안 된다.

⑤ 강원 지역은 향정신성의약품 단속 건수가 35건으로 대마 단속 13건의 3배까지는 안 된다.

05

정답 | ⑤

해설 |

ㄱ. (×) 실업자 훈련인원은 2007년에서 2008년 사이만 하향세고 나머지는 모두 증가, 실업자 훈련지원금은 2007년과 2008년 사이뿐 아니라, 2009년에서 2010년도도 감소하기 때문에 정확히 일치하는 것은 아니다.

ㄴ. (○) 훈련지원금 총액은 2009년에 1조 256억 원을 기록했다.

ㄷ. (×) 2006년 대비 2010년 실업자 훈련인원의 증가율은 $\frac{304-102}{102} \times 100 = 198\%$이고, 실업자 훈련지원금 증가율은 $\frac{4,362-3,236}{3,236} \times 100 \fallingdotseq 35\%$ 정도로 6배가 채 안 된다.

ㄹ. (○) 훈련인원은 눈에 띄게 차이 난다. 매년 실업자가 재직자보다 적다.

ㅁ. (○) 1인당 훈련지원금이므로 훈련지원금을 해당 인원으로 나누면 되는데, 훈련지원금이 실업자나 재직자가 아주 큰 차

이는 안 나는데, 훈련인원은 아주 큰 차이가 나므로 언뜻 봐도 실업자의 1인당 지원금이 훨씬 많다.

★ **Main Type**   사칙연산을 활용한 해석

정답 | ①

해설 |

ㄱ. (○) A지역 인구 중 도망노비를 제외한 사노비가 차지하는 비율은 조사연도 중 1720년이 40−11.5=28.5%로 다른 해들의 20% 초반대에 비해서 가장 높다.

ㄴ. (○) 1774년이 3,189×0.348≒1,109명 정도고, 1720년이 2,228×0.4≒891명이라서 1774년이 더 많다.

ㄷ. (×) A지역 사노비 중 외거노비가 차지하는 비율은 1720년이 $\frac{10}{40}$=0.250이고, 1762년이 $\frac{8.5}{31.7}$≒0.27로 1762년이 조금 더 높다.

ㄹ. (×) 1762년서부터는 오히려 비율이 증가하고 있다.

★ **Sub Type 1**   표에서 [ ]을 채우고 접근하기

정답 | ②

해설 |

ㄱ. (○) 합을 더해 보면 다음과 같다.

[표 1] 조선전기 홍수재해 발생건수

월 분류기간	1월	2월	3월	4월	5월	6월
1392~1450년	0	0	0	0	4	12
1451~1500년	0	0	0	0	1	3
1501~1550년	0	0	0	0	5	7
합계	0	0	0	0	(10)	22

월 분류기간	7월	8월	9월	10월	11월	12월	합계
1392~1450년	8	3	0	0	0	0	27
1451~1500년	4	0	0	0	0	0	(8)
1501~1550년	9	15	1	0	0	0	(37)
합계	21	(18)	1	0	0	0	(72)

ㄴ. (×) 9월에도 한 건이 발생했다.

ㄷ. (○) 전체 79건 중에 2~7월의 가뭄재해 발생건수는 73건이다. 92%가 조금 넘는다.

[표 2] 조선전기 가뭄재해 발생건수

월 분류기간	1월	2월	3월	4월	5월	6월
1392~1450년	0	1	1	5	9	8
1451~1500년	0	0	0	5	2	5
1501~1550년	0	0	0	4	7	7
합계	0	1	1	(14)	18	(20)

월 분류기간	7월	8월	9월	10월	11월	12월	합계
1392~1450년	9	2	1	0	0	1	37
1451~1500년	4	1	0	0	0	0	17
1501~1550년	6	1	0	0	0	0	(25)
합계	19	4	1	0	0	1	(79)

ㄹ. (×) 6월의 경우는 홍수가 22건이고 가뭄이 20건으로 홍수가 더 많다. 7월 역시 가뭄은 19건인데 홍수는 21건이다.

★ **Sub Type 2**   찾기와 계산이 섞여서 제시되는 유형

정답 | ⑤

해설 |

① 쌍계사, 천은사, 보리암의 3곳이다.

② 2006년에는 화엄사와 법주사가 2,200원으로 가장 높다. 2008년에는 불국사와 석굴암이 4,000원으로 가장 높다. 서로 다르다.

③ 매년 상승한 곳은 한 곳도 없다.

④ 신흥사는 계속 받고 있다.

⑤ 화엄사와 연곡사가 증가했는데

화엄사의 증가율은 $\frac{3,000-2,200}{2,200}=\frac{8}{22}$≒0.36,

연곡사의 증가율은 $\frac{2,000-1,600}{1,600}=\frac{1}{4}$=0.25로 화엄사의 증가율이 가장 높다.

 SKILL ②   [ ]을 먼저 채우지 말기

정답 | ⑤

해설 |

2010년 동남권의 단위 재배면적당 마늘 생산량은 $\frac{60,000}{4,000}$이다.

2011년 동남권의 단위 재배면적당 마늘 생산량은 $\frac{x}{5,000}$가 된다. 이때의 x를 구하면 75,000톤이 된다.

① 그래프에서 네모로 표시된 꺾은선그래프를 따라 읽으면 된다. 2009년은 79,812였는데, 2010년에는 60,000이 되어서 감소하였다.

② 단위 재배면적당 양파 생산량은 $\frac{\text{양파 생산량}}{\text{양파 재배면적}}$으로 나타낸다. 구체적 수치는 다음과 같다. 2006($\frac{169,434}{2,747}$≒61.68), 2007($\frac{208,626}{2,961}$≒70.46), 2008($\frac{199,684}{2,864}$≒69.72), 2009($\frac{274,336}{3,289}$≒83.41), 2010($\frac{309,538}{4,500}$≒68.79) 그래프를 육안으로 봐도 2010년은 2009년에 비해 꺾은선그래프와 막대그래프의 차이가 크게 나타나 비교적 쉽게 알 수 있다.

③ 2010년 그래프에서 보면 양파 재배면적의 소계는 4,500이라는 것을 알 수 있다. 그러면 울산의 양파 재배면적이 줄었다는 것을 확인할 수 있다.

재배작물	지역	연도	
		2010년	2011년
양파	부산	56	40
	울산	(344)	(160)
	경남	4,100	4,900
	소계	(4,500)	5,100

④ 그래프의 막대그래프를 보면 2010년은 막대그래프의 높이가 그 전년도와 다르게 역전되어 있다는 것을 알 수 있다.

SKILL ❸

계산 문제와 찾기 문제의 선택지 풀이 순서 정하기

정답 | ③

해설 |

증가율이 2월($\frac{1,100-600}{600}$)에는 83.33%가 되고, 3월에는 ($\frac{2,400-1,100}{1,100}$)으로 118.18%가 되어서 3월에 가장 증가율이 크다.

① 학생의 신고는 전체의 28%이고 학부모는 55%다. 2배가 되려면 이 비중도 2배가 되어야 한다. 그런데 2배는 조금 안되니까, 건수도 2배 이상이 되지는 않는다.

② 비는 줄지만, 전체 건수가 늘기 때문에 계산해 보면 양은 계속 늘어나고 있다.

1월	2월	3월	4월
600×0.55 =330	1,100×0.46 =506	2,400×0.41 =984	3,600×0.32 =1,152

④ 1월은 600건 중에 28%로 168건이고, 4월은 3,600건 중에 59%로 2,124건이다. 10%가 안 된다.

⑤ 학교폭력 발생 건수는 사실 정확히 알 수 없고, 위의 자료는 학생폭력 신고 건수에 대한 자료다.

STEP 03 P.194~197

Skill 연습

01

정답 | ⑤

해설 |

선택지 접근의 순서는

(⑤) → (④) → (③) → (②) → (①)

이 문제는 기본적으로 다 계산을 해야 한다. 시간이 걸리는 문제이기 때문에 보통 이런 문제의 답은 뒤쪽에 많이 있는 편이다. 그렇다면 ⑤번부터 해야 하고, 만약 ①번부터 체크할 사람이라도 다른 계산보다 ①번 계산이 하나하나 다 계산해야 해서 시간이 많이 걸리는 편이니, ①번은 빼 놓고 ②번부터 해야 한다. 그러다 보면 ⑤번이 답이 되니 제일 시간이 많이 걸리는 ①번 계산을 안 할 수 있다.

① 2018년 '팀 선수 평균 연봉'은 D팀이 5억으로 가장 많다.

테니스 팀	선수 인원수	총 연봉	선수평균연봉
A	5	15	15/5 = 3
B	10	25	25/10 = 2.5
C	8	24	24/8 = 3
D	6	30	30/6 = 5
E	6	24	24/6 = 4

② C는 전년에 비해 33.3% 늘어서 8명이므로 전년에는 6명이었다는 것을 알 수 있다. 6 → 8명이 되면서 $\frac{8-6}{6}=\frac{1}{3}$이 된 것이다. D는 50% 늘어서 6명이 된 것이니 전년에는 4명이었다. $\frac{6-4}{4}=\frac{1}{2}$이 된 것이다. 따라서 C팀과 D팀 모두 전년 대비 증가한 인원수가 2명으로 동일하다.

③ 전년에 비해 25% 늘어서 2018년 A팀의 인원이 5명이 된 것이니까 2017년 A팀의 인원은 4명이었고, 총연봉은 50% 늘어서 15억이 된 것이니 2017년에는 10억이었다. 그러면 10/4 =2.5억이 선수 평균이었는데, 2018년에는 3억이 되었으니 증가한 것이다.

④ B팀의 경우 2018년 선수 인원수도 다른 팀보다 많고 증가율도 높다. 100% 증가해서 10명이 되었으니 원래 5명에서 5명이 더 늘어난 것이나. 그리고 연봉 역시 150% 증가해서 25억이 된 것이니 10억에서 15억이 증가한 셈이다.

⑤ 2017년 총연봉은 A팀은 50% 증가해서 2018년 15억이 된 것이니 2017년에는 10억이었다. E팀은 50% 증가해서 24억이 되었으니 원래는 16억이었다. 그러면 E팀이 2017년 총연봉은 더 많다.

02

정답 | ⑤

해설 |

선택지 접근의 순서는

(⑤) → (④) → (③) → (②) → (①)

⑤번을 하기 위해서는 ㉠ 부분을 먼저 채워 넣어야 한다.

구분	단체장	의원	주민	합계
2010년	527	( )	23	924
2011년	( )	486	35	1,149
2012년	751	626	38	(㉠)
2013년	828	804	51	1,683
2014년	905	865	( )	1,824
전체	3,639	3,155	202	( )

㉠을 계산하면 751＋626＋38＝1,415인데, 이를 바탕으로 ⑤번을 먼저 체크하게 된다. 2014년 조례발의 건수는 모두 합한 1,824건이고, 2012년에는 1,415건이다. 약 1.3배 정도다. 이 문제는 ⑤번이 답이다. 그렇다면 다른 ( )들은 계산할 필요도 없게 된다.

( )안을 다 채워 보면 다음과 같다.

구분	단체장	의원	주민	합계
2010년	527	(374)	23	924
2011년	(628)	486	35	1,149
2012년	751	626	38	(1,415)
2013년	828	804	51	1,683
2014년	905	865	(55)	1,824
전체	3,639	3,155	202	(6,996)

① $\frac{751}{1,415} \times 100 ≒ 53.07\%$. 50% 이상이다.

② 2011년 단체장발의 건수는 628건이고, 2013년 의원발의 건수는 804건이다.

③ 2014년이 55건으로 매년 증가했다.

④ 2014년 의원발의 건수는 865건으로 2010년과 2011년을 합한 의원발의 건수인 374＋486＝860건보다 많다.

03

정답 | ③

해설 |

선택지 접근의 순서는

(ㄷ) → (ㄴ) → (ㄱ)

선택지 구성의 Skill을 생각해보면 이 문제의 답은 ①번 아니면 ③번이 될 가능성이 많다. 그래서 일단 ㄷ을 먼저 체크해 본다. 시간이 없으면 ㄷ에 따라서 ①번, ③번 중에서 결정하면 될 것이고, 시간이 되면 다른 것도 확실하게 체크해 보면 된다. 어차피 ㄱ부터 ㄷ까지 3개를 하나, ㄷ부터 ㄱ으로 3개를 체크하나 똑같다. 그런데 ㄷ부터 하게 되면 정답의 범위가 좁혀지면 시간이 없고 급하면 바로 넘어갈 여지가 있으므로 ㄷ부터 체크하는 것이 좋다.

그리고 정답을 좁힌 상태에서 다른 선택지를 확인했을 때 예상하는 정답과 같다면 일종의 검증까지 하는 차원이 되는 것이기 때문에 보다 더 정답에 대한 확신이 들 수 있다. ㄷ을 체크하려면 갑과 병의 교정점수만 알면 된다. 교정점수는 '병'이 8로 '갑'의 6보다 크다. 그렇다면 ㄷ은 맞는 진술이므로 답이 ③이 될 확률이 많다.

나머지를 채워 보자.

응시자 면접관	갑	을	병	정	범위
A	7	8	8	6	2
B	4	6	8	10	(6)
C	5	9	8	8	(4)
D	6	10	9	7	4
E	9	7	6	5	4
중앙값	(6)	(8)	8	(7)	–
교정점수	(6)	8	(8)	7	–

ㄱ. (○) 면접관 중 범위가 가장 큰 면접관은 6인 B이다.

ㄴ. (×) 응시자 중 중앙값이 가장 작은 응시자는 6인 '갑'이다.

ㄷ. (○) 교정점수는 '병'이 8로 '갑'의 6보다 크다.

04

정답 | ②

해설 |

선택지 접근의 순서는

(ㄴ) → (ㄷ) → (ㄹ) → (ㄱ)

ㄴ 같은 경우는 단순히 수치만 비교하면 되니까 가장 간단하게 체크할 수 있다. 그리고 ㄷ이나 ㄹ은 증가율이어서 원래는 $\frac{B-A}{A}$ 의 형식으로 계산을 해야 하는데, 보통 이렇게 비교 체크할 때는 몇 배가 되는지를 보면 간단하게 풀린다. ㄷ의 경우 2002년은 그 전 해에 비해 2배가 올랐으므로, 다른 연도에서 2배 이상 되는지를 찾는 식으로 접근한다. ㄹ도 마찬가지로 다른 것에 비해서 세대갈등이 2배가 안 된다는 것을 알 수 있기 때문에 간단하게 풀릴 수 있다.

ㄱ. (○) 2001~2002년, 2007년~2013년으로 9번 있었다.

연도	부정적 키워드			긍정적 키워드			전체
	세대 갈등	세대 격차	총합	세대 소통	세대 통합	총합	
2000년	575	260	835	164	638	802	1,637
2001년	520	209	729	109	648	757	1,486
2002년	912	469	1,381	218	1,448	1,666	3,047
2003년	1,419	431	1,850	264	1,363	1,627	3,477
2004년	1,539	505	2,044	262	1,105	1,367	3,411
2005년	1,196	549	1,745	413	1,247	1,660	3,405
2006년	940	494	1,434	423	990	1,413	2,847
2007년	1,094	631	1,725	628	1,964	2,592	4,317
2008년	1,726	803	2,529	1,637	2,542	4,179	6,708

2009년	2,036	866	2,902	1,854	2,843	4,697	7,599
2010년	2,668	1,150	3,818	3,573	4,140	7,713	11,531
2011년	2,816	1,279	4,095	3,772	4,008	7,780	11,875
2012년	3,603	1,903	5,506	4,263	8,468	12,731	18,237
2013년	3,542	1,173	4,715	3,809	4,424	8,233	12,948

ㄴ. (×) 2013년에 전년 4,263에서 3,809로 감소했다.

ㄷ. (○) 2002년 증가율은 $\dfrac{3,047-1,486}{1,486} \times 100$으로, 105% 가량 된다. 2배가 조금 넘은 것이다. 이후로 2배에 가까운 증가를 보인 연도가 없으므로 맞는 진술이 된다.

ㄹ. (×) 2002년에 전년 대비 검색 건수 증가율이 가장 낮은 키워드는 '세대갈등'이다.

연도	부정적 키워드		긍정적 키워드	
	세대갈등	세대격차	세대소통	세대통합
2001년	520	209	109	648
2002년	912	469	218	1,448
증가율	75.38%	124.4%	100%	123.46%

STEP 04   P.198~201
실전 문제

01	⑤	02	③	03	④	04	④	05	③

01
정답 | ⑤

해설 |

① 국제적 감각의 경우 대학 졸업생은 0.9 차이, 산업체 고용주의 경우 1.2 차이로 가장 차이가 크다.

② 실험능력이 4.1로 가장 높다.

③ 기본지식이 4.2로 가장 높다.

④ 시사지식이 2.6으로 가장 낮다.

⑤ 실무능력은 4.1과 3.6으로 0.5 차이가 난다. 그런데 직업윤리는 4.0과 3.1로 0.9 차이가 난다.

02
정답 | ③

해설 |

2010년 A 성씨의 동 지역 인구는 556명이고 면 지역 인구는 53명으로 10배 이상이 된다는 것을 알 수 있다.

① 2010년 A 성씨의 전체 가구는 228로 1980년이 800이니까, 3배는 조금 안 된다.

② 2010년 도 단위의 소계는 105로 경기를 제외한 나머지를 빼보면 105-7-2-6-4-4-6-8-4=64가 되고, 1980년에는 소계 35-1-1-1-1=31이 되어서 약 2배 정도 차이가 난다.

④ 전북, 경북, 경남, 제주의 경우 정확히 수치가 나와 있지는 않지만, 도 단위 전체의 소계는 1400이고 경기가 124, 충남이 5이므로 나머지는 한 곳에 몰리더라도 11을 넘을 수 없다. 부산이 12니까 적어도 전북, 경북, 경남, 제주가 부산보다 많지 않음은 확실하다. 그렇다면 부산보다 많은 곳은 서울과 경기, 인천으로 3곳이다.

⑤ 서울은 122에서 183으로 61만큼 증가했다. 그런데 경기의 경우 124에서 216으로 92정도 증가했으므로 서울보다 증가폭이 크다.

03
정답 | ④

해설 |

정책\심사위원	A	B	C	D	총점
가	● 1	● 1	◑ 0.5	○ 0	2.5
나	● 1	● 1	◑ 0.5	● 1	3.5
다	◑ 0.5	○ 0	● 1	◑ 0.5	2.0
라	(○) 0	● 1	◑ 0.5	(○) 0	1.5
마	● 1	(●) 1	◑ 0.5	◑ 0.5	3.5
바	◑ 0.5	◑ 0.5	◑ 0.5	● 1	2.5
사	◑ 0.5	◑ 0.5	◑ 0.5	● 1	2.5
아	◑ 0.5	◑ 0.5	● 1	(○) 0	2.0
자	◑ 0.5	◑ 0.5	(●) 1	● 1	3.0
차	(○) 0	● 1	◑ 0.5	○ 0	1.5
평균(점)	0.55	0.70	0.70	0.50	

04
정답 | ④

해설 |

2014년에서 2015년도가 될 때는 SOC 투자규모는 하락하는 데 비해서, 총지출 대비 SOC 투자규모 비중은 상승한다.

① 100:6.9=x:23.1 / 계산해 보면 x=334.78 정도가 나와서 300조 원 이상이라는 것을 알 수 있다.

② $\dfrac{25.4-20.5}{20.5} \times 100(\%) = \dfrac{4.9}{20.5} \times 100(\%) = 23.9\%$로 증가율은 30% 이하다.

③ 2017년에는 전년에 비해 5.3% 감소했고 2015년은 1.2%, 2016년에는 2.8% 감소했다.

⑤ 2017년의 'SOC 투자규모'의 전년 대비 감소율은 $\dfrac{23.1-24.4}{24.4} \times 100 = -5.3\%$이다. 이것이 2018년에도 동일하다면 $\dfrac{x-23.1}{23.1} \times 100 = -5.3\%$가 된다. 이때 x를 계산해 보면 약 21.88로 20조 원 이상이다.

05

정답 | ③

해설 |

이 문제는 ③번이 가장 시간이 많이 걸리는 문제이므로 이 ③번을 넘기는 것이 나을 수도 있다. 다른 선택지를 비교해 보니 다 틀리니까 ③번으로 찾아가자는 말이다.

① A국의 메달 수는 루지 6개, 봅슬레이 4개, 스켈레톤 1개로 총합은 11개이다. 반면 C국이 크로스컨트리 종목에서 획득한 메달은 14개로 이것에 비하면 적다.

② A국의 금메달 수는 16개이고, C국의 동메달 수는 11개다.

③

국가 메달 종목	A국			B국			총합
	금	은	동	금	은	동	
노르딕복합	3	1	1				5
루지	3	1	2		1		7
바이애슬론	3	1	3				7
봅슬레이	3	1				1	5
쇼트트랙					1		1
스노보드		1		4	2	1	9
스켈레톤		1					1
스키점프	1	3					4
스피드스케이팅						1	1
아이스하키		1		1			2
알파인스키				1	1	1	3
컬링				1			1
크로스컨트리				1			1
프리스타일스키				1	2	1	4
피겨스케이팅	1					2	3

15개 종목 중 스노보드가 9개로 가장 많다.

④ A는 9종목, B는 11종목, C는 8종목, D는 9종목에서 메달을 획득했다. 메달을 획득한 종목의 수가 가장 많은 국가는 B국이다.

⑤ 획득한 은메달 수가 많은 국가부터 순서대로 나열하면 C, A, (B=D)국 순이다.

수치 읽기 문제의 전통적인 함정 유형들

STEP 01

P.203~204

유형 분석

★ Main Type 비와 양의 차이

정답 | ③

해설 |

① 부인의 의견만 나타났기 때문에 남성의 의견은 알 수 없다.

② 위의 표는 비중을 나타내고 있기 때문에 수의 감소는 알 수 없다. 44.9%에서 37.9%로 비중은 감소했지만, 인구가 두 배가 되었다면 수적으로는 오히려 증가를 한 셈이기 때문이다.

③ 47.1%에서 51%로 비율은 증가했다.

④ 수에 대해서는 알 수 없다.

⑤ 가사분담에 대한 의견에 대한 설문조사 결과인데, 이것이 곧 남녀평등 의식에 대한 요구라고 말하는 것은 오버하는 추론이 된다.

★ Sub Type 1 추론을 활용하는 자료해석 문제

정답 | ⑤

해설 |

① 2002년에는 3,319이고 2012년에는 6,171로 2배는 안 된다.

② 미국인 증가율 $= \dfrac{662-459}{459} = \dfrac{203}{459} = 0.44$로 약 44%이다.

말레이시아인 증가율 $= \dfrac{156-83}{83} = \dfrac{73}{83} = 0.88$로 약 88%이다.

③ 2002년 중국인 비중 $= \dfrac{539,000}{5,347,468} \times 100 = 10\%$

2012년 중국인 비중 $= \dfrac{2,220,000}{9,794,796} \times 100 = 23\%$

④ 캐나다 1개국이다.

⑤ 2012년에는 10위인 124,000명인데 2002년에는 순위에 없다. 그런데 2002에 10위인 캐나다가 67,000명이니까, 인도네시아가 이것보다 많이 오지는 않았다는 뜻이다. 이 차가 딱 57,000명이므로 55,000명 이상 증가하였다는 진술은 참이 된다.

문제 해결방법

 SKILL ❶   비와 양의 차이

정답 | ②

해설 |

ㄱ. (○) 100이 넘으면 전년에 비해 올라간 것이고 100 이하로 떨어지면 전년에 비해 전세가격이 떨어진 것이다. 모두 100이 넘으므로 전년에 비해 올라간 것이다.

ㄴ. (×) 제시된 지수는 전년에 비해 올라간 비율이기 때문에 액수의 상승폭은 알 수 없다.

ㄷ. (○) 부족이라고 생각한 사람이 충분보다 적으면 100 이하로 떨어져야 한다. 하지만 모두 100 이상이라는 말은 부족이라고 생각하는 사람이 충분보다 많다는 얘기다.

ㄹ. (×) 101.3이라는 지수는 부족−충분의 값이 1.30이 나왔다는 말인데, 그렇다면 반드시 부족이 60% 이상일 필요는 없다. 적당의 비율도 있기 때문에 구체적 수치는 알 수 없다.

 SKILL ❷   자료해석에도 추론이?

정답 | ①

해설 |

① [표 1]에서 1~5위까지 공항을 세보면 348,622로 353,272와는 4,650 정도 차이가 난다. 그런데 공항 하나로 4,650이 되면 순위가 5위에 올라가게 되므로 나머지 공항 중에 큰 것은 5위인 3,567 이하이다. 그러니까 공항이 두 개는 더 필요하다.

② 국제선 18,643을 세 배 하면 55,929로 국내선의 56,309에는 약간 못 미친다. 1/3 이상은 아니다.

③ 운항횟수 증가율이 아니라, 운항 횟수가 증가한 것을 찾는 것이다. 그런데 MA공항의 경우 운항횟수를 알 수 없기 때문에 알 수 없다.

④ 상위 5개의 합은 153,168이다. 167,040과 비교하면 92% 정도라는 것을 알 수 있다.

⑤ KP나 TG도 속한다.

Skill 연습

01

정답 및 해설 |

ㄱ. (×) 1980년에 아내 기준 20~24세 청소년 혼인 구성비가 증가하고 있다.

ㄴ. (○) [표]에서 확인 가능하다.

ㄷ. (알 수 없다) 남편 기준 20~24세 청소년 혼인 구성비를 보면, 2000년에 2배 정도 크게 감소한 것은 맞지만, 해당 연도의 전체 청소년 혼인 건수를 모르니까 청소년 혼인 건수가 감소한 것인지는 알 수 없다.

ㄹ. (×) 1970년에 아내 기준 15~19세 청소년 혼인 구성비는 20.9%이고 2000년 2.5%이므로 20%p 이상 감소하지 않았다.

02

정답 및 해설 |

ㄱ. (알 수 없다) 65세 이상 인구가 가장 많이 속해 있는 세대형태가 3세대 이상 가구인 것뿐, 3세대 이상 가구가 전체 세대구성 형태에서 가장 큰 비중을 차지하는 것은 아니다.

ㄴ. (○) [표]에서 볼 때 2010년의 1인 가구 비중은 16.2%로 2000년 8.9%에 비해 2배 가까이 늘었다.

ㄷ. (알 수 없다) 23.4와 23.9는 수치면에서는 거의 변화가 없으나, 이는 비율을 의미하는 수치이고, 65세 이상 인구의 총수가 제시되어 있지 않으므로 가구 수의 변화는 판단 불가능하다.

03

정답 및 해설 |

ㄱ. (알 수 없다) 각 광물 수출량 및 가격이 주어져 있지 않아 판단 불가능하다.

ㄴ. (알 수 없다) 미국의 다이아몬드 총수입량 및 다른 국가들의 남아프리카공화국으로부터의 다이아몬드 수입량에 대한 자료가 필요하다.

ㄷ. (○) 전 세계 생산의 55%이므로, 맞는 말이다.

ㄹ. (알 수 없다) 미국의 수입의존도는 미국의 크롬 수입 중 남아프리카공화국으로부터의 수입이 42%라는 것이다.

ㅁ. (알 수 없다) 수입의존도만 같다. 따라서 미국의 망간 총수입량과 우라늄 총수입량이 같아야 가능하다. 현재로서는 알 수 없는 사실이다.

04

정답 및 해설 |

ㄱ. (○) C에 의한 사고는 [표]에서 지속적으로 증가. 인구 10만 명당 사망자 수의 절대적인 차이 또한 10 정도로 가장 크다.

ㄴ. (알 수 없다) 사망자 수를 나타낸 것이지 교통사고 건수에 대해서는 알 수 없다.

ㄷ. (○) 2001년에 비해서 2010년 증가한 것은 C, D, E, F이다.

ㄹ. (×) C의 경우 24.4로 24.3인 A보다 수치가 높다.

| 01 | ① | 02 | ⑤ | 03 | ④ | 04 | ③ | 05 | ① |

01

정답 | ①

해설 |

ㄱ. (○) [표 1]에서 보면 연령별로 정치권이 압도적인 비중인 것을 확인할 수 있다.

ㄴ. (○) [표 2]에서 20, 30대는 정경유착이 부패의 원인으로서 가장 큰 비중을 차지하고 있다.

ㄷ. (×) 연령별로 몇 명인지가 제시되어 있지 않기 때문에 저임금문제가 부패의 원인이라고 생각하는 사람의 정확한 수를 알 수가 없다.

ㄹ. (×) 연령별 인원을 모르기 때문에 이렇게 비교할 수가 없다.

02

정답 | ⑤

해설 |

ㄱ. (○) 특별시·광역시 평균은 845,199이고 9개 도 평균은 338,017이므로 맞는 진술이다.

ㄴ. (○) 대형점이 200,377이고 소형점이 224,676이므로 맞는 진술이다.

ㄷ. (×) 각주에서 매출액은 1인당 매출액에 인구수를 곱해야 얻을 수 있으므로 인구수를 안다고 해도 9개도 각각의 1인당 매출액 모르면 매출액 계산이 불가능하다.

ㄹ. (×) 9개 도 평균 대형점 매출액이 소형점 매출액보다 더 크다.

03

정답 | ④

해설 |

ㄱ. (○) 지분율 상위 4개 회원국은 중국, 인도, 러시아, 독일이다. 이들의 투표권 비율의 합은 26.06+7.51+5.93+4.15= 43.65%로 40% 이상이다.

ㄴ. (○) 인도의 경우 8.52-7.51=1.01 차이가 난다. 하지만 다른 나라들은 1 차이가 채 나지 않는다.

ㄷ. (×) 전체 지분율은 70.87이다. 이때 B지역의 지분율의 합은 21.02가 된다. A지역의 합은 49.85라는 말이다. 그러므로 3배 차이까지는 나지 않는다.

ㄹ. (○) 독일과 프랑스의 지분율의 합은 8.01이 된다. 160억 달러가 되면 8%니까 이것보다 조금 더 많다.

04

정답 | ③

해설 |

ㄱ. (×) 설문에서는 인구 백만 명당 연구 개발 인력의 수만 주어져 있고 국가별 인구수는 나와 있지 않으므로 알 수 없다.

ㄴ. (×) 2015년의 경우만 보아도 C국의 연구 개발 인력이 D국보다 많은 반면 첨단기술 수출액은 더 적다.

ㄷ. (○) [표]를 통해 확인할 수 있다.

ㄹ. (×) A, C국의 경우 2016년보다 2017년에 첨단 기술 수출액은 감소했다.

ㅁ. (○) B국의 첨단 기술 수출액이 약 1.9배 증가했고 A국은 약 1.5배 정도 증가한 것으로 보아 맞는 선지이다.

05

정답 | ①

해설 |

ㄱ. (○) 2012년 도시폐기물량은 미국이 12,730이고 일본은 2,53으로 4배 이상이 된다.

ㄴ. (×) 2011년 러시아의 폐기물량지수는 3,87이다. 공식을 변형해 보면 다음과 같다.

해당 연도 해당 국가 도시폐기물량=도시폐기물량지수×해당 연도 한국의 도시폐기물량

러시아를 적용하면 2011년 러시아 도시폐기물량=3,87×1,786 ≒6,912로, 8,000만 톤은 안 된다.

ㄷ. (○) 2009년 스페인의 도시폐기물량=1.33×1,901≒2,528인데, 2012년에는 스페인이 아예 순위권에 없어서 수치를 알 수 없다. 단 10위인 이탈리아에 비해 높을 수는 없다. 그렇다면 이탈리아 수치와 비교해 보면 1.4×1,788≒2,503으로 스페인이 이것보다는 낮다는 것을 추론할 수 있다. 그렇다면 2009년에 비해 감소한 것을 확인할 수 있다.

ㄹ. (×) 기준이 되는 한국의 도시폐기물량은 같은 연도에서 동일하므로 영국과 터키의 도시폐기물량은 도시폐기물량지수를 통해 비교할 수 있다. 2012년에는 터키가 영국보다 많다.

PART 6 그래프 읽기: 추세 읽기

CHAPTER 01
그래프 의미 파악하기

STEP 01   P.223~225
유형 분석

★ Main Type 일반적인 그래프 읽기

정답 | ④

해설 |

감면율이 그래프라서 알아채기 쉬우니 감면율의 차이가 가장 큰 해를 보면 2013년이라는 것을 알 수 있다. 이때 징수액의 차이는 192−52=140이 되는데 2016년 216−62=154가 되니까 2013년의 차이가 가장 클 수는 없다.

① [표]에서 감면액별로 비교해 보면 확인할 수 있다.

② [그래프]의 꺾은선그래프가 감면율인데, 매해 지방세가 국세 위쪽에 위치한다.

③ 2008년 대비 2016년 국세의 징수액 증가율은 138에서 216이 되었으니 $\frac{216-138}{138}$이 되어서 약 57% 정도가 되고, 지방세의 증가율은 41에서 62가 되었으니 $\frac{62-41}{41}$로 51% 정도가 된다. 국세가 지방세보다 높다.

⑤ 2014년 33−15=18, 2015년 34−14=20, 2016년 33−11=22로 매해 증가한다.

★ Sub Type 1 특수한 그래프 읽기

정답 | ④

해설 |

미국이 4대 분야에서 획득한 점수의 합은 1.9+5.0+4.3+4.2=15.4이고, 프랑스가 4대 분야에서 획득한 점수의 합은 2.8+3.4+3.7+5.0=14.9다.

① 기술력 분야에서는 프랑스가 5.0으로 가장 높다.

② 성장성 분야에서 점수가 가장 높은 국가는 한국인데, 시장지배력 분야에서는 미국이다.

③ 브랜드파워 분야에서 미국이 4.3, 일본이 1.1로 그 차이는 3.2가 된다. 3 이상이다.

⑤ 시장지배력 분야의 점수는 일본이 1.7로 프랑스의 3.4보다 낮다.

★ Sub Type 2 낯선 그래프의 규칙 익혀 적용하기

정답 | ②

해설 |

약수와 배수인데, 가장 많은 배수를 가지는 수가 2가 된다. 따라서 2가 가장 많이 연결이 되는 원 안에 들어가야 한다. 그러면 4와 8의 관계를 생각해 보면 '가'에 8이 들어감을 알 수 있다. '나'는 6이 된다.

그리고 어떤 배수도 가지지 않는 수는 7이므로 7이 따로 떨어진 '다'에 들어가야 한다.

그래서 합하면 8+6+7=21이 된다.

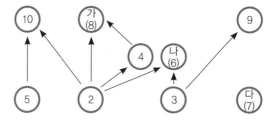

STEP 02   P.227~230
문제 해결방법

SKILL ❶   자료해석 4대 그래프 익히기

정답 | ②

해설 |

[표]는 10만 명당 암 발생률이다. 즉 이 수치는 비중이기 때문에, 정확한 수치를 말해줄 수는 없다. ②번 같은 경우는 '발생자 수'라고 표현했기 때문에 틀렸다. 10만 명당 발생자 수만 알 수 있을 뿐 전체 인구를 모르기 때문에 정확한 발생자 수를 알 수 없다. 다른 보기는 모두 발생률을 나타내기 때문에 가능하다.

SKILL ❷   자주 나오는 특수그래프의 종류

정답 | ②

해설 |

ㄱ. (×) 가격적정성에서 민간업체는 4.7 정도로 농협의 3.6 정도보다 앞서 있다. 반면 품질에서는 농협이 4.7 정도로 민간업체 3.8 정도보다 앞서 있다.

ㄴ. (○) 영역별로 3점 이하인 업체를 찾아서 지우면 된다. [그래프 1]에서는 개인납품업자와 할인점이 제외되고, [그래프 2]

에서는 할인점, 개인납품업자, 도매시장이 제외된다. 공급업체 유형이 7개인데, 3개가 제외되니까 4개가 3점 이상의 평가를 받은 셈이다.

ㄷ. (×) 농협은 가격적정성만 빼고 나머지 세 속성에서 모두 1등을 차지하고 있다.

ㄹ. (○) 할인점이 공급력 속성에서 2.1점 정도로 가장 낮다.

ㅁ. (×) 가격적정성에서는 할인점이 개인납품업자보다 낮고, 공급력 속성에서도 할인점이 개인납품업자보다 낮다. 위생안전성 속성에서는 도매시장이 개인납품업자보다 낮다.

STEP 03　　　　　　　　　　　P.231~234
Skill 연습

01
정답 |
5) 일정 척도에서 위치를 나타내는 점그래프
표의 제목: A국의 세계시장 수출점유율 상위 10개 산업

02
정답 |
2) 막대그래프
표의 제목: 스마트폰 선택 시 고려 요소

03
정답 |
1) 꺾은선그래프
2) 막대그래프
표의 제목: 2010~2014년 연간 사교육비 및 전체 학생수

04
정답 |
1) 꺾은선그래프
표의 제목: 전체 고용률과 장년층 고용률 추이(2000~2014년)

05
정답 |
4) 비중 막대그래프
표의 제목: 장년층 재취업 전후 직종 구성비(2013년)

06
정답 |
4) 비중 막대그래프
표의 제목: A군의 조사시기별 가구 구성비

07
정답 |
2) 막대그래프
표의 제목: 권역별 전국 대비 면적, 인구, 산업 생산액 비중 현황

08
정답 |
3) 원그래프
표의 제목: 금융기관 A와 B의 개인신용등급별 햇살론 보증잔액 구성비

STEP 04　　　　　　　　　　　P.235~239
실전 문제

| 01 | ① | 02 | ① | 03 | ③ | 04 | ⑤ | 05 | ③ |

01
정답 | ①
해설 |
ㄱ. (○) 가로축에 제시된 수치가 그냥 지니계수가 아니라 (1-지니계수)라는 사실에 유의해야 한다. 그러니까 지니계수가 0.3 이하라는 말은 가로축에서는 0.7 이상이 될 때를 나타낸다. 1990~1997년의 지니계수는 0.3 이하이므로 평균값은 0.3이 안 될 것이라고 생각할 수 있다.

ㄴ. (×) 1988~1992년 동안 전년 대비 경제 성장률이 전년에 비해 감소한 연도는 88~89, 91~92의 두 구간이다. 그런데 88~89 구간에서는 소득분배가 악화되었지만, 91~92 기간에는 오히려 소득분배가 개선되었다.

ㄷ. (×) 1987년이 더 높다.

ㄹ. (○) 경제성장률은 엄청난 차이를 보이며 성장했지만, 소득분배는 악화되었다.

ㅁ. (×) 92~93 같은 경우는 평균 이하이고, 소득분배는 88~89, 93~94, 95~96 같은 기간에는 악화된 것으로 나타난다.

02
정답 | ①
해설 |
ㄱ. (○) 한국씨티은행의 총자산은 700 정도 되고, 국민은행은 2,700 정도 된다. 그런데 직원 수는 3,000명과 18,000명이므로 $\frac{700}{3,000} > \frac{2,700}{18,000}$ 이 된다. 한국씨티은행이 더 많다.

ㄴ. (○) 외환은행은 $\frac{9}{1,000}$ 정도이고, 하나은행은 $\frac{2}{1,500}$ 이다. 한국씨티은행은 $\frac{3}{700}$ 정도라서, 하나은행이 이것보다 낮고,

국민은행은 $\dfrac{6.5}{2,700}$ 정도로 외환은행은 이것보다 높다.

ㄷ. (×) 1인당 당기순이익은 $\dfrac{당기순이익}{직원\ 수}$ 으로 계산한다. 이때 당기순이익이 많고 직원 수가 적을수록 이 수치는 높아진다. 그런데 [그래프]에서 보면 외환은행은 신한은행보다 직원 수가 적다. 반면, 당기순이익은 많다. 그러니까 외환은행이 1인당 당기순이익이 더 높다.

ㄹ. (×) 가장 많은 은행은 10이 조금 안 되는 우리은행이 맞지만, 가장 적은 은행은 3인 한국씨티은행이 아니라 2인 하나은행이다.

03

정답 | ③

해설 |

ㄱ. (×) 경쟁력지수는 강점이라고 평가한 응답자의 백분율에서 약점이라고 평가한 응답자의 백분율을 뺀 값이므로 틀린 진술이다.

ㄴ. (○) 각 경쟁력지수의 격차가 없을 때는 기울기가 1인 45도 선상이므로 이 선을 기준으로 가장 거리가 먼 가격이 지수 간 차이가 가장 큰 것이다. 따라서 맞는 진술이다.

ㄷ. (×) 제품 다양성의 경우 국내 수출기업의 평가가 더 낮다. (45도 선을 기준으로 오른쪽에 위치)

ㄹ. (○) 디자인과 가격은 45도 선을 기준으로 오른쪽에 위치하였으므로 맞는 진술이다.

ㅁ. (×) 국내 수출기업이 약점(−)이라고 평가하는 반면 해외 바이어는 강점(+)이라고 평가한 것은 4사분면에 위치한 디자인과 가격이다.

04

정답 | ⑤

해설 |

대각선 밑으로 내려가 있는 제품 유형이 수요예측치가 실제수요보다 큰 경우라 할 수 있다.

① 오차가 가장 큰 것이 가운데 대각선에서 직선거리로 가장 멀리 떨어진 G이다.

② 실제수요와 수요예측지 오차는 비례 관계를 갖지 않는다.

③ 수요예측치가 가장 큰 제품은 J인데, 실제수요는 I, G, H가 더 크다.

④ 실제수요가 3,000개를 초과한 제품은 E, F, G, H, I, J로 6개이다. 3,000개가 안 되는 것이 A, B, C, D 4개이므로 실제수요 3,000개를 초과한 제품유형은 전체의 50% 이상이다.

05

정답 | ③

해설 |

ㄱ. (×) A, C국의 도시상수접근율은 하락하고 있다.

ㄴ. (○) 2015년 D국의 인구증가율은 2.0에서 2.5 사이로, A, B, C국보다 높은 수치를 나타낸다.

ㄷ. (○) C국은 0.2 정도 차이인데, D국은 2 이상 차이가 난다.

ㄹ. (×) 인구증가율이 가장 높은 국가는 D국이지만 농촌상수접근율은 가장 낮으므로 틀린 지문

CHAPTER 02

그래프에서 알 수 있는 수치적 정보로 해석하기

STEP 01   P.241~243

유형 분석

★ Main Type 그래프에서 찾아내는 계산정보로 해석하기

정답 | ①

해설 |

2016년 투자액의 전년 대비 증가율은 $\dfrac{390-250}{250}\times100(\%)=56\%$ 인 데 비해서, 2015년 투자액의 전년 대비 증가율은 $\dfrac{250-70}{70}\times100(\%)≒257\%$로 훨씬 높다.

② 2017년이 $\dfrac{63-60}{60}\times100(\%)=5\%$로 가장 낮다.

③ 2012년과 2015년 투자건수의 합은 8+25=330이고, 2017년 투자건수는 630이다.

④ 투자액이 가장 큰 연도는 2016년으로 390억 원에 달한다.

⑤ 꺾은선그래프로 표현된 투자건수는 매년 늘어나고 있다.

★ Sub Type 1 그래프와 표의 콜라보로 찾아내는 계산정보로 해석하기

정답 | ①

해설 |

ㄱ. (○) '팽이' 1kg의 도매가의 세 배가 '느타리' 1kg의 도매가보다 낮다면 이 진술이 성립한다. 1분기 1,886×3=5,658로 5,779보다는 낮다. 2분기는 1,727×3=5,181로 6,752보다 낮고, 3분기는 1,798×3=5,394로 7,505보다 낮다. 4분기는 2,116×3=6,348로 7,088보다는 낮다.

ㄴ. (○) 2016년 3,136인데 [그래프]에서 보면 전년에 비해 −373이니까 2015년에는 3,509였다는 것을 알 수 있다. 2분기는 3,080−42=3,038, 3분기는 3,080−60=3,020, 4분기는 3,516−389=3,127로 모두 3,000이 넘는다.

ㄷ. (×) 2015년 4분기 '새송이'의 소매를 구하려면 2016년 4분기의 5,363에서 전년 동분기 등락액인 45를 빼주면 된다.

5,363−45=5,318인데 2016년 1분기 '새송이'의 소매가는 5,233보다 높다. 따라서 하락한 것이 된다.

ㄹ. (×) 1분기만 해도 소매가는 9,393이고 도매가의 1.5배는 5,779×1.5 ≒8,669로 1.5배 이상이다.

★ Sub Type 2 그래프에서 잘 나오는 함정의 유형들

정답 | ⑤

해설 |

① 전년 대비 성장이 40.7%니까, 전년보다 더 커진 것이 맞다.

② 전년 대비 성장률이니까 이런 진술이 맞다.

③ 48.1%의 수치를 그대로 읽으면 된다.

④ 사실 2014년까지 규모 자체는 계속 성장하는 것이 맞다.

⑤ 규모자체는 32.5%로 커지고, 16.7%로 커진 것이다.

STEP 02　　　　　　　　　　P.245~248

문제 해결방법

SKILL ❶

그래프 문제에서 계산은 비중 아니면 변화율

정답 | ⑤

해설 |

ㄱ. (○) 2008년 이후 전체교통사고 발생건수는 220, 214, 213으로 계속 감소하는 추세다.

ㄴ. (×) $\frac{30-25}{25}×100=20\%$

ㄷ. (○) 전체교통사고를 분모로 놓고, 음주교통사고를 분자로 놓으면 2010년이 분모가 가장 적고, 분자가 두 번째로 높다. 2007년과 비교해도 2010년도의 비가 더 크다.

ㄹ. (○) 4사분기와 비교해 10.1, 9.4까지 같지만, 다른 하나가 각각 8.5, 7.90이므로 3사분기가 가장 높다.

SKILL ❷

그래프 계산에는 공식이 주어지는 경우가 많다

정답 | ⑤

해설 |

ㄱ. (×) 기업 A는 에너지원단위가 2014년에서 2015년으로 갈 때 증가하였다.

ㄴ. (○) 에너지소비량=에너지원단위×매출액이 된다. 2014년: 100×0.25=25, 2015년: 300×0.3=90, 2016년: 400×0.25=100, 2017년: 700×0.2=140으로 기업 A의 에너지소비량은 매년 증가하였다.

ㄷ. (○) 기업 A의 2016년 에너지소비량은 1000이고, 기업 B는

800×0.15=1200이 된다.

SKILL ❸　　　비주얼의 함정

정답 | ⑤

해설 |

① 2010년 B국 25~29세 인구는 570만에서 580만 정도이고, 40대 인구는 40~44세가 약 450만, 45~49세가 약 360만이므로 합하면 810만 정도가 된다. 40대 인구는 두 구간을 합해서 계산해야 한다는 것에 주의해야 한다.

② A국은 한 4만 명 정도 되고, B국은 20만 명 정도 된다. 가로축의 단위가 다르다는 것에 주의해야 한다.

③ 2000년엔 8~9만 정도 되는데, 2010년이 되면 5만이 약간 넘는 수준으로 감소한다.

④ 20~34세 사이의 대학 이상 인구가 급격히 증가한 것을 확인할 수 있다.

⑤ A국은 25만이 넘었다가 20만이 약간 넘는 수준으로, B국은 580~590만 정도 수준이었다가 550만이 약간 넘는 수준으로 모두 감소했다.

STEP 03　　　　　　　　　　P.249~252

Skill 연습

01

정답 및 해설 |

월간생산량이 가장 많은 사원: E

월간생산량이 가장 적은 사원: C

A사원은 15, B사원은 A사원과 합하여 2로 나누면 14가 되는 것이므로 B사원은 13이 된다.

C사원은 36=15+13−x가 된다. 8.

D사원은 평균이 같으므로 12.

E사원은 65=15+13+8+12+y. 그러므로 17이다.

02

정답 및 해설 |

ㄱ. 1인당 의료비지출액이 가장 많은 국가는 A로 3,500달러이고, 가장 적은 국가인 J는 1인당 의료비지출액이 250달러 정도다. 약 3,250달러

ㄴ. 1인당 GDP가 가장 높은 국가인 E의 1인당 의료비지출액은 1,700달러 정도고, 가장 낮은 국가인 J는 250달러 정도다. 약 1,450달러

ㄷ. A, B, C, E, F가 상위 5개국이 되고, 이들의 1인당 의료비지출액 합은 대략 3,500+2,700+2,500+1,700+1,250 정도로 대략 11,650 정도.

ㄹ. 하위 5개 국가인 D, G, H, I, J는 1,700+700+500+400+ 250 정도로 대략 3,550 정도다.

03

정답 및 해설 |

ㄱ. 그래프에서 보면 2015년 3월의 식량 가격지수는 173.80이고, 2014년 3월의 식량 가격지수는 213.80이다. $\frac{173.8-213.8}{213.8}$ ×100(%)=-18.7% 정도로 19%가량 하락한 것이다.

ㄴ. 낙농품은 268.5에서 184.9로 떨어지는데, 제일 근접하게 많이 떨어지는 것이 설탕 정도로 254에서 187.9로 떨어진다. 낙농품의 하락 폭이 제일 크다.

ㄷ. [표]에서 육류 가격지수는 2014년 8월에 212.0까지 상승했다가 그 후로 계속 떨어지는 것을 확인할 수 있다.

ㄹ. 모든 품목의 기준이 100이므로 숫자를 그대로 읽을 수 있다. 유지류가 151.7로 51.7%만 상승해서 가장 낮은 상승률을 기록했다.

04

정답 및 해설 |

ㄱ. 정당 D의 전국 지방의회 의석점유율은 2010년= $\frac{39}{616}$ × 100(%)≒6.3%

ㄴ. 정당 D의 전국 지방의회 의석점유율은 2014년= $\frac{61}{669}$ × 100(%)≒9.1%

ㄷ. [표]가 전국 지방의회 의석수고, [그래프]는 수도권 의석이니까 이 수치를 빼면 비수도권 의석수가 나온다. 정당 A=252 -63=189석

ㄹ. 정당 B=318-166=152석

ㅁ. B의 2010년 수도권 지방의회 의석점유율 $=\frac{159}{37+159+11+2}$×100(%)≒76.1%

ㅂ. B의 2014년 수도권 지방의회 의석점유율= $\frac{166}{63+166+4+5}$ ×100(%)≒69.7%

STEP 04   P 253~257

실전 문제

| 01 ③ | 02 ② | 03 ⑤ | 04 ② | 05 ④ |

01

정답 | ③

해설 |

전체를 100명으로 놓고 표로 나타낸다.

비만이 있는 남성은 38명이고 이 중 성인병이 있는 사람은 14명

14/38은 약 37%

구분	성인병 ○	성인병 ×
비만 ○	14	24
비만 ×	6	56

02

정답 | ②

해설 |

ㄱ. (○) A은행은 2.9%이고 B은행은 6.1%이므로 맞는 진술이다.

ㄴ. (×) A은행의 총자산 대비 비이자수익 비율은 총자산대비 영업수익 비율에서 총자산대비 이자수익비율을 뺀 값이 된다. $\frac{영업수익}{총자산}-\frac{이자수익}{총자산}$ 이므로 통분된 효과로 생각하면 결국 $\frac{영업수익-이자수익}{총자산}$ 이 되는 것이다. 그래서 A은행은 5.2- 2.9=2.30이 되고, 평균은 7.2-5.2=2가 된다. A은행이 시중은행 평균보다 더 크다.

ㄷ. (×) 2005년은 $\frac{99.2-89.2}{89.2}$×100≒11.2%, 2006년은 $\frac{111.1-99.2}{99.2}$×100≒12.0%, 2007년은 $\frac{123.6-111.1}{111.1}$ × 100≒11.3%, 2008년은 $\frac{133.4-123.6}{123.6}$×100≒7.9%. 따라서 매년 10%를 넘지는 못한다.

ㄹ. (○) 55.3-51.1=4.2%p 차이로 맞는 진술이다.

03

정답 | ⑤

※의 단서에 유의하여야 하며, 0으로 수렴할수록 생산성이 높다는 점을 상기하자.

① A국은 B국보다 자본생산성도 높고, 노동생산성도 높으므로 A국이 B국보다 생산성이 높다.

② Y축에서 A국이 C국보다 0에 가까이 수렴하므로 자본생산성이 높다.

③ X축에서 가장 큰 값을 가진 E국이 노동생산성이 가장 낮다.

④ B국은 노동생산성이 높고, C국은 자본생산성이 좋으나 어느 국가가 모두 높다고 말하기 힘들다.

⑤ 생산성이 높기 위해서는 자본생산성과 노동생산성이 모두 높아야 하므로 E국가가 자본생산성과 노동생산성이 가장 낮지만, A는 노동생산성만이 가장 높고 D국가가 자본생산성만이 가장 높으므로 생산성이 가장 높은 국가는 일 수 없다.

04

정답 | ②

매출액= $\frac{연구개발투자규모}{연구개발투자율}=\frac{부가가치}{부가가치율}$ 이므로

부가가치= $\frac{연구개발투자규모×부가가치율}{연구개발투자율}$ 이다.

ㄱ. (○) A산업 부가가치= $\frac{520×0.20}{0.02}$ 이므로 5,200

B산업 부가가치$=\dfrac{1,040\times0.40}{0.04}$이므로 10,400,

따라서 B산업의 부가가치가 더 크다.

ㄴ. (×) C산업 연구개발투자율$=\dfrac{2}{100}=\dfrac{282}{\text{매출액}}$이므로 매출액은 14,100

D산업 연구개발투자율$=\dfrac{2}{100}=\dfrac{141}{\text{매출액}}$이므로 매출액은 7,050

따라서 C산업이 매출이 더 큰 것은 맞다. 하지만 부가가치는 여기에다 C는 0.3을, D는 0.6을 곱하기 때문에 결국 같아진다.

ㄷ. (○) E산업의 부가가치$=\dfrac{408\times0.50}{0.04}=5,100$

F산업의 부가가치$=\dfrac{102\times0.50}{0.01}=5,100$으로 동일하다.

ㄹ. (×) C산업 연구개발투자규모가 520으로 증가하면 부가가치는 $\dfrac{520\times0.30}{0.02}=7,800$으로 A산업보다 높아진다.

05

정답 | ④

해설 |

① 인구증가율은 항상 +이다.
② A와 B의 인구증가율 차이가 가장 큰 해는 그래프에서 가장 큰 폭을 보이는 해이므로 맞는 지문이다.
③ 2000년과 2002년의 격차가 가장 큰 B이다.
④ 도시별 인구증가율만 나타나 있으므로 인구수의 순위는 알 수 없다.
⑤ 2001년부터 매년 A의 인구증가율이 가장 위쪽에 위치한다.

PART 7 자료계산

CHAPTER 01
공식이 주어지고 계산하는 유형

STEP 01
P.263~265

유형 분석

★ Main Type 자료와 공식이 주어지고 찾아내는 유형

정답 | ①

해설 |

ㄱ. (○) 2013년 한국은 2,015−3,232=−1,217이고, 중국은 5,954−9,172=−3,218, 일본은 2,089−4,760=−2,671로 모두 적자다.

ㄴ. (×) 한국의 원자재 수출액 증가율은 $\frac{2,015-578}{578}\times100\fallingdotseq$ 249%, 소비재는 $\frac{138-117}{117}\times100\fallingdotseq18\%$, 자본재는 $\frac{3,444-1,028}{1,028}\times100\fallingdotseq235\%$라 소비재의 경우 50%가 넘지 않았다.

ㄷ. (×) 무역특화지수의 값을 구해 비교하라는 것인데, 일본이 한국보다 낮다.

일본의 무역특화지수는 $\frac{4,541-2,209}{4,541+2,209}=\frac{2,332}{6,750}\fallingdotseq0.345$

한국의 무역특화지수는 $\frac{3,444-1,549}{3,444+1,549}=\frac{1,895}{4,993}\fallingdotseq0.380$

★ Sub Type 1 SSKK 유형

정답 | ②

해설 |

특허출원 수수료의 감면율을 고려하면 감면되기 전 특허출원 수수료는 사례 A가 70,000원, 사례 B가 $\frac{45,000}{0.5}$=90,000원, 사례 C가 $\frac{27,000}{0.3}$=90,000원이다.

이때 기본료를 a, 면당 추가료를 x, 청구항당 심사청구료를 y라고 하면

A: 70,000=a+20x+2y

B: 90,000=a+20x+3y

C: 90,000=a+40x+2y

B식에서 A식을 빼면, y=20,000

C식에서 A식을 빼면 20x=20,000이므로 x=1,000이다.

★ Sub Type 2 공식이 없더라도 계산을 통해 자료해석을 하는 유형

정답 | ④

해설 |

ㄱ. (○) 독립에 무조건 찬성하는 사람의 비율은 27.4%이고 통일에 무조건 찬성하는 사람의 비율은 20.5%이다.

ㄴ. (×) 독립에 찬성하거나 통일에 찬성하는 사람의 비율은 둘 다 반대하는 비율인 4.5%를 100%에서 빼면 된다.

ㄷ. (○) 통일에 찬성하는 사람의 비율은 전체의 68.5%이고 이 중 독립에 반대하는 사람의 비율은 (8.5+13.6)/68.5×100 ≒32.3%이며, 독립에 찬성하는 사람의 비율은 100−32.3= 67.7%이다.

ㄹ. (○) 독립에 반대하고 통일에 찬성하는 사람의 비율은 8.5 +13.6=22.1%이다.

STEP 02
P.266~267

문제 해결방법

SKILL ❶

SSKK형은 자료를 테이블로 활용하는 경우가 많음

정답 | ④

해설 |

ㄱ. (×) A → $\frac{28,800}{24,000}$=1.2 / B → $\frac{25,000}{25,000}$=1

C → $\frac{25,200}{24,000}$=1.05 / D → $\frac{27,500}{25,000}$=1.1

A>D>C>B

ㄴ. (○) 2015년 A → $\frac{38,016}{34,560}$=1.1 / 2015년 B → $\frac{28,875}{26,250}$=1.1

ㄷ. (○) 일단 2013년에는 3등급이었고, 2014년에는 $\frac{27,720}{25,200}$ =1.1이므로 2등급, 2015년에는 $\frac{33,264}{27,720}$=1.2로 1등급이다.

ㄹ. (×) 2013년에는 2등급이고, 2014년에는 그대로니까 4등급, 2015년에는 $\frac{30,250}{27,500}$=1.1로 2등급이다. 3등급을 받은 적은 없다.

상식을 활용해서 문제를 풀 수 있는 여지

정답 | ④

해설 |

20대는 구매할 사람이 가격을 중시하고, 30대 역시 그렇다. 40대나 50대, 60대 이상 모두를 봐도 구매할 사람이 가격을 중시하고 있으므로 반대로 서술되어 있다.

① 구매한 사람이나 구매할 사람이나 모두 디자인을 중시한다고 답한 사람이 많다.

② 20대에서 40대까지는 비교적 잘 맞다가 50대부터 조금 수치가 떨어지는 것 같지만 자세히 보면 조사 대상수가 100명, 200명, 300명으로 차이가 많이 난다. 따라서 비율적으로 보면 나이가 들면서 내구성을 중시하는 경향이 나타나는 것이 맞다.

③ 구매한 사람은 200명이고 총 324명이 결과의 합계이므로 124명이 두 가지 이상을 대답한 셈이다. 따라서 62%가 맞다.

⑤ 20대는 총 200명 중에 86명이고 50대는 400명 중에 104명이다. 각 비율은 0.43과 0.26이므로 20대에서 더 높은 비율을 보인다.

STEP 03　　　　　　　　　　　　　　　P.268~270

Skill 연습

01

정답 및 해설 |

ㄱ. 2,000원, 가장 적은 비용으로 22시간의 게임을 즐기려면, 10시간 짜리를 2개 구입하고 3시간 짜리 하나를 구입하면 되므로 19,000원. 25시간의 게임은 10시간 짜리 2개와 5시간 짜리 1개를 구입하면 되므로 21,000원이다. 따라서 추가금액은 2,000원이다.

ㄴ. 35시간, 타임쿠폰의 경우 35시간의 게임은 10시간 짜리 3개와 5시간 짜리 하나를 구입하여 29,000원이 최소의 비용이며 36시간을 즐기려면 5시간 짜리 하나를 3시간 짜리 2개로 대체하므로 1,000원이 더 든다. 이때 정액제 1개월의 가격은 29,700원으로 30,000원보다 적으므로 35시간을 초과할 때부터 정액제가 유리하다.

02

정답 및 해설 |

ㄱ. $6=\dfrac{50\times12}{x-25,000}\times100$, 이 경우 x는 35,0000이 된다.

ㄴ. $\dfrac{60\times12}{42,000-30,000}\times100=6\%$

ㄷ. $3=\dfrac{70\times12}{60,000-x}\times100$, 이 경우 x는 32,0000이 된다.

ㄹ. $12=\dfrac{x\times12}{58,000-53,000}\times100$, 이 경우 x는 500이다.

03

정답 및 해설 |

ㄱ. 생태와 환경

소비와 경제: $\dfrac{450}{30}\times\dfrac{8}{40}=3$

확률과 통계: $\dfrac{330}{30}\times\dfrac{8}{40}=2.2$

생태와 환경: $\dfrac{220}{20}\times\dfrac{4}{40}=1.1$

ㄴ. 5개

소비와 경제의 이용률 100%시 소요교실수는 30이고, 이용률은 70%가 넘지 않도록 해야 하므로 $\dfrac{3}{70}\times100 \fallingdotseq 4.30$이다. 그러니까 최소한 5개가 필요하다.

04

정답 및 해설 |

ㄱ. 강사 E는 수강생 만족도가 3.2점으로 동결 대상이다. 그대로 48,000원이다.

ㄴ. 2017년 시급은 강사 D는 5% 인상인데, 6만 원이 넘으므로 그냥 6만 원이 된다.

ㄷ. 둘 다 5% 올리므로 강사 A는 57,750원이 되고, 강사 B는 47,250원으로 10,500원 차이가 난다.

ㄹ. 52,000원에서 54,600원으로 5% 올랐으니, 만족도는 4.0점 이상 4.5점 미만이 될 것이다.

STEP 04　　　　　　　　　　　　　　　P.271~275

실전 문제

01 ⑤	02 ③	03 ②	04 ②	05 ③

01

정답 | ⑤

해설 |

① 신체질량지수에 의한 비만도를 구하면 $\dfrac{86.7}{(1.7)^2}=30$이므로 25를 넘는 값. 따라서 비만으로 측정됨 → 위암 발생률보다 대장암 발생률이 높으므로 맞는 지문

② 16.7kg을 감량하면 70kg이고 70/289를 계산하면 70이 289의 1/4에 약간 못 미치는 값이므로 과체중으로 측정됨 → 식도암 발생률은 12.7%로 맞는 지문

③ [표 1]에서 저체중과 비만의 대장암 발생률을 비교한다.

④ [표 2]와 [표 3]에서 확인 가능

⑤ ④의 값을 계산하면 약 137.6으로 병적비만으로 측정됨

02

정답 | ③

해설 |

ㄱ. (×) 여성은 9,000, 남성은 17,000이 되면 평균소득 격차지수는 $\frac{9}{17}≒0.53$이 되고 대학진학률 격차지수는 1이니까 이것의 산술평균은 0.77로 0.8은 넘지 않는다.

ㄴ. (×) B국의 여성 대학진학률이 85%가 되면 격차지수가 1이 넘기 때문에 1)번 단서조항에 의해 1로 간주한다. 그러면 간이 성평등지수는 평균소득 격차지수와의 산술평균인 0.8이 된다. 0.82인 C국이 더 높다.

ㄷ. (○) D국의 여성 대학진학률이 4%p 상승하면 대학진학률 격차지수가 1이 되면서 평균소득 격차지수 0.7과의 산술평균이 0.85가 된다. 즉, D국의 '간이 성평등지수'는 0.80 이상이라는 말이다.

03

정답 | ②

해설 |

1순위는 4점+3.3점
2순위는 3점+3.3점
3순위는 4점+1.7점
4순위는 3점+1.7점

04

정답 | ②

해설 |

ㄱ. (×) C국은 B국에 비해 GDP와 GDP 대비 국가자산총액 모두 낮다.

ㄴ. (○) A국은 18,562십억 달러인데, 다른 5개국 GDP의 합은 14,767십억 달러이다.

ㄷ. (×) D국의 국가자산총액$=\frac{522×2,650}{100}=13,833$(십억 달러)

F국의 국가자산총액$=\frac{828×1,404}{100}≒11,625$(십억 달러)

05

정답 | ③

해설 |

ㄱ. (○) 1회 이직 경험자의 전체 소계는 142명이고, 공공연구소에서 대학으로 간 사람은 33명, 대학에서 대학으로 간 사람은 25명, 민간연구소에서 공공연구소로 간 사람은 13명이므로 합계는 71명이다. 따라서 절반을 차지한다.

ㄴ. (○) 현재 대학 재직 중인 응답자는 총 240명. 이중 이직 경험이 없는 대학 재직자는 135명이고 대학에서 대학으로 이직한 1회 이직자 수가 25명이므로 적어도 160명은 대학에서 직장생활을 시작한 사람이다.

ㄷ. (×) 대학의 경우 $\frac{135}{240}$, 공공연구소의 경우 $\frac{242}{279}$, 민간연구소의 경우 $\frac{15}{49}$이므로, 순서대로 나열하면 공공연구소가 거의 1에 가까워 1위이고 대학이 $\frac{1}{2}$에 가까우므로 2위, 민간연구소의 경우 $\frac{1}{3}$보다 작으므로 3위이다.

CHAPTER 02
상황에서 공식을 끌어내는 유형

STEP 01 P.277~278
유형 분석

★ Main Type 방정식을 세우는 유형

정답 | ⑤

해설 |

갑: (가)+(나)+(다)
을: 24,000+(나)
병: (가)+(다)+16,000=44,000

병을 보면 (가)+(다)=28,000이 된다. 그러면 우선 ①번이 지워진다.

갑은 (나)+28,000이다.

갑>을>병이므로 (나)+28,000>(나)+24,000>44,000이 된다. 그러면 (나)는 20,000원 이상이다. ⑤번만 가능하다.

★ Sub Type 1 주어진 공식을 뒤바꾸는 유형

정답 | ⑤

해설 |

건물마다 각 층 바닥 면적이 동일하고 지하층이 없으므로, 건물의 층수는 $\frac{연면적}{건축 면적}$이다.

또한, 건축 면적은 $\frac{(건폐율×대지 면적)}{100}$이라고 했으므로 층수$=\frac{연면적×100}{(건폐율×대지 면적)}$이 된다.

건물명	건폐율(%)	대지 면적 (m²)	연면적(m²)	건축 면적 (m²)	층수
A	50	300	600	150	4
B	60	300	1,080	180	6
C	60	200	720	120	6
D	50	200	800	100	8
E	40	250	1,000	100	10

층수가 가장 높은 것은 E가 된다.

문제 해결방법

SKILL ❶   연립방정식 문제 풀기

정답 | ③

해설 |

짜장면=A, 탕수육=B, 짬뽕=C, 깐풍기=D, 볶음밥=E

천 원 단위는 생략하고 계산해보면

A+B=17

C+D=20

A+E=14

B+C=18

D+E=21

이 연립방정식을 풀면 A=6, B=11, C=7, D=13, E=8이 나온다.

SKILL ❷   공식 바꾸기

정답 | ①

해설 |

① 인구 대비 소출량은 (소출량/경지면적)×(경지면적/인구)이므로, 토지생산성에서 경지면적당 인구밀도를 나누어 구할 수 있다. 또한, 토지생산성은 수전의 비율(=1−한전의 비율)로 비교할 수 있다. 교하의 경우 63.2/4.7이고 금천은 40/6.1이므로, 교하의 인구 대비 소출량이 더 많다.

② 강화와 양주는 경지밀도가 경기도 평균을 상회하지만, 수전비율의 경우 강화는 평균 이상이고 양주는 평균 이하이므로 틀린 지문이다.

③ 광주와 가평의 관할면적과 경지면적 등을 통해 보면 틀린 지문이다.

④ 가평은 수전의 비율이 매우 낮고 한전의 비율이 매우 높아 논의 비율이 낮다.

⑤ 인구수가 가장 많은 지역은 광주이지만, 관할면적당 인구수가 가장 많은 곳은 강화이다.

Skill 연습

01

정답 및 해설 |

ㄱ. (○) 분모가 되는 11월의 월지급액이 가장 낮으므로, 동일하게 증가했다면 증가율은 해병대가 가장 높다.

ㄴ. (○) 해군 10%면 12,000원이고, 해병대 12% 역시 12,000원이다.

ㄷ. (×) 105,000×0.3+120,000×0.2+125,000×0.3+100,000×0.2=31,500+24,000+37,500+20,000=113,000원이다.

02

정답 및 해설 |

ㄱ. (×) 전산장비 가격 대비 연간유지비 비율과 전산장비 연간 유지비를 알고 있으니 결국, 전산장비 가격은 $\frac{\text{연간유지비}}{\text{연간유지비 비율}}$×100이 된다. A의 경우 $\frac{322}{8.0}$×1000이지만, B의 경우 $\frac{450}{7.5}$×100으로 A보다 훨씬 높다.

ㄴ. (○) F는 $\frac{100}{3.0}$×100으로 다른 것에 비해 낮다.

ㄷ. (×) C의 가격은 $\frac{281}{7.0}$×1000이고, E의 가격은 $\frac{208}{4.0}$×1000이다. E가 높다.

03

정답 및 해설 |

인구 대비 화재 건수는 C/A의 역수이므로, 이 값이 작을 때 인구 대비 화재 건수가 높음을 의미

ㄱ. (○) 7대 도시의 인구 대비 화재 건수의 평균은 7대 도시의 합계의 C/A의 역수이므로 서울, 대전, 울산은 인구 대비 화재 건수가 7대 도시 평균보다 많은 도시이므로 맞는 지문

ㄴ. (×) 인구 대비 화재 건수가 가장 적은 도시는 C/A의 값이 가장 큰 대구

ㄷ. (×) 인구 대비 화재 건수는 서울보다 대전이 더 많다. 따라서 틀린 지문

ㄹ. (○) B와 D를 비교했을 때 B의 값이 더 높은 도시는 서울, 대전, 울산이므로 맞는 지문

04

정답 및 해설 |

구분	연도	1차연도	2차연도	3차연도	4차연도
	이자비용 (A) [= (전년도 E)×0.1]	–	900	(930)	(963)
	액면이자 (B)	–	600	600	600
사채 발행 차금	상각액 (C) [= (당해연도 A) − (당해연도 B)]	–	300	(330)	(363)
	미상각잔액 (D) [= (전년도 D) − (당해연도 C)]	3,000	2,700	(2,370)	(2,007)

사채장부가액 (E) [= (전년도 E) + (당해연도 C)]	9,000	9,300	(9,630)	9,993

ㄱ. (×) 3차연도의 사채장부가액은 96억 3천만 원으로 96억 원을 넘는다.

ㄴ. (○) 3억, 3억 3천, 3억 6천 3백으로 매년 상승한다.

ㄷ. (○) 9억, 9억 3천, 9억 6억 3백으로 매년 상승한다.

ㄹ. (○) 27억, 23억 7천, 20억 7천으로 매년 감소한다.

ㅁ. (○) 사채장부가액 (E)[=(전년도 E)+(당해연도 C)]이니까, 당해연도 C인 상각액과 차액이 일치할 수밖에 없다.

STEP 04

실전 문제

P.285~289

01	④	02	⑤	03	②	04	④	05	③

01

정답 | ④

해설 |

조건을 기호로 나타내면 다음과 같다.

A+B=30

A+12=2E

E=B+6

이를 풀면, 각각 A=20, B=10, E=16이 나온다.

구분	평균 (1인당 소비량)	표준편차	변동계수	순위
A	20	5.0	25%	4
B	10	4.0	40%	2
C	30	6.0	20%	5
D	12	4.0	33%	3
E	16	8.0	50%	1

02

정답 | ⑤

해설 |

$E=\dfrac{14.18\times200,000}{100}=28,360$

① $A=\dfrac{14.11\times100,000}{100}=14,110$

② $B=\dfrac{9.81\times120,000}{100}=11,772$

③ $C=13.86-10.07=3.79$

④ $D=\dfrac{20,300}{10.15}\times100=200,000$

03

정답 | ②

해설 |

(가) 건물 밑면의 한 변의 길이를 x라고 하면, 높이는 $2x$이다. 페인트를 칠해야 하는 면은 넓은 면 4개와 좁은 면 1개가 되니까, $(2x^2)\times4+x^2=36$인 셈이다. $9x^2=36$이니까, 이 경우 $x=2$가 된다.

(나) 건물의 경우 넓은 면 3개와 좁은 면 2개를 칠해야하므로 $(2x^2)\times3+2x^2$이 된다. 다 합하면 $8x^2$이 되고, $x=2$를 대입하면 총 32통이 필요하다는 결론이다.

04

정답 | ④

해설 |

ㄱ. (○) 단위면적당 생산량×면적=생산량

그러니까 중국은 $x\times3,300=30\%$, 인도는 $y\times4,300=20\%$ 계산해보면 중국의 단위면적당 생산량은 인도의 2배에 미치지 못한다는 것을 알 수 있다.

ㄴ. (○) x를 A국의 쌀 재배면적이라고 놓는다.

그러면 A국의 쌀 생산량은 $5\times x$가 되고, 일본의 쌀 생산량은 $4.5\times(x+400)$이 된다.

만약 A국의 쌀 생산량이 일본보다 많다면 $5\times x>4.5\times(x+400)$이 되어야 한다.

$0.5x>1,800$이 되고, $x>3,600$이 된다. 중국이 3,300으로 2위인데, 이렇게 되면 A국의 쌀 재배면적은 중국보다 넓어야 하므로 A국이 세계 2위가 되어야 한다.

하지만 그렇지 않으므로 $5\times x<4.5\times(x+400)$, 즉 일본의 재배면적이 A국보다 넓다는 것을 뜻한다.

ㄷ. (×) 헥타르당 생산량이 인도는 A국의 1/30이다. A국 같은 경우 5톤이니까, 인도는 $\dfrac{5}{3}$가 된다. 이것을 재배면적인 4,300에 곱해주면 약 7,167로 11,000톤이 안 된다.

05

정답 | ③

해설 |

$v=\dfrac{S}{t}$인데, 지금 시간은 일정하다. 그리고 거리는 원의 둘레를 구하는 공식 $2\pi r$에 회전수를 곱하면 구할 수 있다. 반지름 r은 최초 5m에 10m를 더하는 식으로 늘려나간다.

$甲=\dfrac{2\pi\times5\times7}{t}$, $乙=\dfrac{2\pi\times15\times5}{t}$, $丙=\dfrac{2\pi\times25\times3}{t}$,

$丁=\dfrac{2\pi\times35\times1}{t}$

그래서 甲과 丁이 같고, 乙과 丙이 같다는 것을 알 수 있다.

CHAPTER 03
수리를 활용하는 추리

STEP 01

P.291~293

유형 분석

★ Main Type 수리조건으로 매칭하기

정답 | ①

해설 |

"2015년 독신 가구와 다자녀 가구의 실질세부담률 차이가 덴마크보다 큰 국가는 캐나다, 벨기에, 포르투갈이다." → 덴마크의 10.4보다 큰 곳은 A, C, D다.

"2015년 독신 가구 실질세부담률이 전년 대비 감소한 국가는 벨기에, 그리스, 스페인이다." → 전년에 비해 감소한 국가는 A, B, E다.

여기서 A가 겹치므로 A가 벨기에라는 것을 알 수 있다.

"2005년 대비 2015년 독신 가구 실질세부담률이 가장 큰 폭으로 증가한 국가는 포르투갈이다." → 가장 큰 폭으로 증가한 것은 5.26인 C다. 그러므로 C가 포르투갈이라는 것을 알 수 있다.

결국 ①번 아니면 ③번인데, B가 그리스냐 스페인이냐의 문제가 된다. 나머지가 E가 될 것이다.

"스페인의 2015년 독신 가구 실질세부담률은 그리스의 2015년 독신 가구 실질세부담률보다 높다." → B는 39.0, E는 39.6이니까 그리스보다 높은 스페인은 E가 되고, B는 그리스가 된다.

★ Sub Type 1 승패찾기

정답 | ③

해설 |

( )는 거울처럼 반영되기 때문에 쉽게 알 수 있다. 단, 이때 승과 패의 위치가 바뀐다.

팀 \ 상대팀	A	B	C	D	E
A	–	(가: 10-6-0)	(9-7-0)	(9-6-1)	(12-4-0)
B	6-10-0	–	(8-8-0)	(8-8-0)	(8-8-0)
C	7-9-0	8-8-0	–	8-8-0	(10-6-0)
D	6-9-1	8-8-0	8-8-0	–	(6-10-0)
E	4-12-0	8-8-0	6-10-0	10-6-0	–

64게임 중에 전체 승이 32승 이상이어야 승률 50% 이상이다. A팀은 40승, B팀은 30승, C팀은 33승, D팀은 28승, E팀은 28승이다. A와 C 두 팀이 50% 승률 이상이다.

① B팀의 A팀에 대한 승패는 6-10-0을 참고하면 (가)에 들어갈 내용은 10-6-00이 된다.

② B팀의 시즌 승은 총 30승인데 전체 게임수는 64게임이니까, 47% 정도의 승률이다.

④ 10승 6패로 승리한 경기가 더 많다.

⑤ A와 D팀 사이에 발생한 1경기이다.

★ Sub Type 2 평균 정하기

정답 | ④

해설 |

A와 B의 평균점수 합은 52.5니까 인원수별로 A의 비중 생각해 이를 x라 가정하고 평균을 계산해보면 $A×x+B×(1-x)=52.5$가 된다. A와 B의 평균을 각각 넣으면 다음과 같다.

$40×x+60×(1-x)=52.5$

따라서 $x=0.375$가 된다. A는 $80×0.375=30$, 그러면 B=500이 되고, C=700이 된다. (가)는 C+A니까 1000이다.

(나)는 $40×0.3+90×0.7=75$가 된다.

STEP 02

P.295~297

문제 해결방법

 SKILL ❶ 순서를 편집해서 매칭시키기

정답 | ③

해설 |

'다'기관은 경제 성장률이 가장 높은 곳이니까 F와 연결된다. F가 '다'인 곳은 ①, ③, ⑤번이다. '마'는 '나'에 비해 민간소비 증가율이 0.5%p만큼 높은데, 민간소비 증가율이 0.5%p 차이가 나는 것은 A, B의 4.1%와 E의 3.6%가 된다. 그러니까 '나'가 E가 된다. ②, ③번이 가능하다. 그렇다면 공통 요소인 ③번이 답이 된다. ('가'기관은 실업률에 대해 '나'와 동일한 전망을 했으므로 3.5인 A가 된다. 그렇다면 '마'는 B라는 말이 된다.)

 SKILL ❷ 승패를 따지기

정답 | ⑤

해설 |

우선 A국의 승점은 1점이므로 1무가 한 번 있어야 한다. 그러면 A, B, D국이 1무가 한 번씩 있는 셈이므로 짝수가 되어야 하니까, C국도 1무가 있다는 것을 알 수 있다. C의 승점이 4점이라는 것도 알 수 있다.

구분	승	무	패	득점	실점	승점
A국	0	(1)	2	1	4	1
B국	( )	1	( )	3	5	( )
C국	1	(1)	1	3	( )	(4)
D국	( )	1	0	4	0	( )

D국은 패가 없다. 모두 3전씩은 기록하고 있으므로 D국은 2승을 하고 있다는 것을 알 수 있다. 그리고 전체 승과 패를 합하면 4승 4패로 같아야 하기 때문에, B국의 전적을 생각해보면 1승 1무 1 패라는 것을 알 수 있다.

구분	승	무	패	득점	실점	승점
A국	0	(1)	2	1	4	1
B국	(1)	1	(1)	3	5	( )
C국	1	(1)	1	3	( )	(4)
D국	(2)	1	0	4	0	( )

득점을 다 합한 것이 실점의 합과 같게 된다. 득점을 다 합하면 11점이고, 그러면 실점의 합 역시 11점이어야 하니까, C의 실점 은 2가 된다. 이때 승점은 B는 4점, D는 7점이다.

구분	승	무	패	득점	실점	승점
A국	0	(1)	2	1	4	1
B국	(1)	1	(1)	3	5	(4)
C국	1	(1)	1	3	(2)	(4)
D국	(2)	1	0	4	0	(7)

SKILL ❸ 평균의 문제

정답 | ③

해설 |

시험점수가 같은 학생은 A, E, F니까, A 역시 9점이다.

학생	A	B	C	D	E	F
점수	9	( )	( )	( )	9	9

최댓값이 10점이니까, B, C, D가운데 한 명이 10점이다. 그러면 네 명이 37점이 된다. 그런데 평균이 8.5점이기 때문에 여섯 명 의 합은 51점이 나와야 한다. 따라서 10점을 제외한 두 명의 점 수 합이 14점이 되어야 한다.

이때 학생 D의 시험점수가 학생 C보다 4점 높으므로 될 수 있는 시험점수는 B: 8점, C: 6점, D: 10점이다.

STEP 03

Skill 연습 ❶

P.298~301

01

정답 | ⑤

해설 |

○ 2011년 8월에 전년 동월 대비 화재건수가 증가한 화재장소는 위험물보관소와 임야이다. → D, F

○ 2011년 1~8월 동안 화재건수가 많은 상위 두 곳은 사무실과 주택이다. → B, A

○ 2011년 1~8월 동안 화재건수가 100건이 넘지 않는 화재장

소는 위험물보관소와 선박이다. → D, E

○ 2011년 1~8월 동안 주택과 차량에서 발생한 화재건수의 합 은 사무실에서 발생한 화재건수보다 적다.

이 중에서도 네 번째 조건을 보면, 사무실이 주택보다 많은 것을 알 수 있는데 두 번째 조건을 생각하면, B (사무실)＞A (주택)이 된다는 것을 알 수 있다. ①, ②번은 지워진다.

첫 번째 조건과 세 번째 조건에서 위험물보관소가 둘 다 나온다 는 것을 알 수 있고 여기에 해당하는 것은 공통으로 나오는 D라 는 것을 알 수 있다. 그러니까 F는 임야, 선박은 E가 된다.

그러면 나머지 하나인 C가 차량이 된다.

02

정답 | ①

해설 |

ㄱ. 11월에 전월보다 판매량이 증가한 '제브라', '마니타'는 B, C, D 중 하나이다.

ㄴ. 1월보다 12월에 판매량이 2배 이상이 된 '그랑죠'는 A이다.

ㄷ. 판매량 변화가 적은 '오메가'는 B이다.

ㄹ. 1년 내내 '그랑죠'보다 판매량이 적은 '마니타'는 D이다.

03

정답 | ①

해설 |

특징적인 것부터 먼저 찾는다. 마지막 조건에서 "교통부문의 석 유수요 증가규모가 해당 지역 전체 석유수요 증가규모의 50%인 지역은 중동"이라고 했는데, 교통이 막대그래프의 절반인 지역 이 C이므로 C가 중동이다. 그러므로 ①번과 ④번 가운데 있다.

첫 번째 조건이 인도와 중동은 석유수요 증가규모가 동일하다고 했는데, 막대그래프의 크기가 같은 것은 B와 C이다. 그런데 C는 중동이므로 B가 인도가 된다. 그래서 정답이 ①번이 된다.

04

정답 | ④

해설 |

증감계수에 100%를 곱하면 그대로 증감률이니까, 가령 증감계수 가 1이라고 하면 그건 100% 증가했다는 말이다. 원래 수치에 2 배를 하면 된다. 해당 분기 바로 앞 분기의 수치가 기준이 되어서 계속 증감률로 곱해나가며 4사분기의 매출액에 다다르게 된다.

구분	1사분기	2사분기	3사분기		4사분기	
A	4	100%	8	50%	12	−50%	6
B	6	50%	9	−50%	4.5	100%	9
C	2	−50%	1	300%	4	100%	8

Skill 연습 ❷

01

정답 | ③

해설 |

5승 7패인 A팀과의 경기 빼고 모두 무승부라는 것은 '1승 11무' 팀 7개와 '11무 1패'팀 5개가 있다는 말이 된다.

이 경우 기존 승점제로는 1승 11무=13점, 11무 1패=11점, A팀 =10점이 되기 때문에 A팀은 꼴찌가 된다.

새로운 승점제로는 1승 11무=14점, 11무 1패=11점, A팀=15 점이 되기 때문에 1등이 된다.

02

정답 | ④

해설 |

ㄱ. (○) A팀은 3승이 되므로, 무조건 1등이 된다.

ㄴ. (○) A팀은 일단 진출하고, B와 C의 문제인데 똑같이 1승 1무 1패가 되고, 득/실점도 3/4가 된다. "승점−골득실차−다득 점−승자승"의 원칙인데 다득점도 같으니 결국 승자승 원칙 에 따라, 이전 경기결과인 B:C=2:0에 따라, B가 16강에 오 르게 된다.

ㄷ. (○) C팀이 A팀은 이긴다 해도 C와 A가 2승 1패로 동률이 되 어서 이 두 팀이 16강에 나가게 된다. C팀과 D팀과 함께 나 가는 방법은 없다.

ㄹ. (×) D팀이 만약 마지막 경기에 이기고 A팀이 이기면 B, C, D 가 모두 1승 2패로 동률이 되면서 골득실차를 따지게 된다. 아직 포기하기에는 이르다.

03

정답 | ②

해설 |

ㄱ. (×) 만약 A가 1위, D가 2위를 하면 총점이 15점으로 동점이 되는데, 1위의 수도 2회로 같지만, 2위의 수가 D가 2회로 A 보다 많아서 D가 최종우승 할 가능성도 생긴다.

종목명＼팀명	A	B	C	D
가	4	3	2	1
나	2	1	3	4
다	3	1	2	4
라	2	4	1	3
마	4	?	?	3
합계	15	?	?	15

ㄴ. (×) B팀이 2위를 하고 C팀이 1위를 하면 총점이 같아지는데, 이때 1위한 횟수도 같지만 2위를 한 횟수가 B가 더 많기 때

문에 최종순위는 B가 C보다 앞서게 된다.

종목명＼팀명	A	B	C	D
가	4	3	2	1
나	2	1	3	4
다	3	1	2	4
라	2	4	1	3
마	?	3	4	?
합계	?	12	12	?

ㄷ. (×) 가령 C팀이 종목 마에서 1위를 하고 B가 3위 이하를 하 게 되면 C보다 순위가 뒤지게 된다. A가 최하위가 되면 A역 시 C와 공동순위가 된다.

종목명＼팀명	A	B	C	D
가	4	3	2	1
나	2	1	3	4
다	3	1	2	4
라	2	4	1	3
마	1	2	4	3
합계	12	11	12	?

ㄹ. (○) D팀이 종목 마에서 2위를 하면 총점은 15점이 되는데, A 가 4점을 획득하면 동점인 15점이 된다. 이때 1위한 횟수는 같지만 2위한 횟수는 D가 많으므로 D팀의 최종 우승이 확정 된다.

종목명＼팀명	A	B	C	D
가	4	3	2	1
나	2	1	3	4
다	3	1	2	4
라	2	4	1	3
마	4	?	?	3
합계	15	?	?	15

04

정답 | ④

해설 |

1:1로 게임을 하는 것이 아니라, 4명이 같이 게임을 하기 때문에 3회전처럼 한 명만 이기고, 세 명이 지는 일이 발생할 수 있다는 전제를 알고 시작해야 한다.

A가 현위치에 있기 위해서는 4, 5회차에는 패나 무를 기록해야 한다.

그리고 B가 현위치에 있으려면 1회차에 가위로 이겼기 때문에 왼쪽 3m 지점에 갔다가 바위로 이겨서 오른쪽으로 1m 이동해야 한다. 그런데 3회차에서는 바위를 내서 패했고, 4, 5회차에는 바 위를 낸 적이 없기 때문에, 2회차에서 바위를 내서 이겨야 한다. 정답은 ③, ④번 사이에 있다.

회차	1		2		3		4		5	
구분 참가자	기록	판정	기록	판정	기록	판정	기록	판정	기록	판정
A	가위	승	바위	승	보	승	바위	패 or 무	보	패 or 무
B	가위	승	바위	승	바위	패	가위	패 or 무	보	패 or 무
C	보	패	가위	패	바위	패	(나)	( )	보	( )
D	보	패	가위	패	바위	패	가위	( )	(다)	( )

4회차에서 가위를 내면 패나 무를 기록하고, 5회차에서 보를 내면 역시 패나 무를 기록하기 때문에 이를 반영해서 생각한다.

회차	1		2		3		4		5	
구분 참가자	기록	판정	기록	판정	기록	판정	기록	판정	기록	판정
A	가위	승	바위	승	보	승	바위	패 or 무	보	패 or 무
B	가위	승	바위	승	바위	패	가위	패 or 무	보	패 or 무
C	보	패	가위	패	바위	패	(나)	( )	보	패 or 무
D	보	패	가위	패	바위	패	가위	패 or 무	(다)	( )

그런데 D같은 경우는 1~4회차까지 패 아니면 무라서 움직이지 못하는데, 위치를 보면 가위로 이겨서 3m 왼쪽으로 가 있다는 것을 알 수 있다. 그렇다면 5회차 (다)에서 가위를 내어 승리했다는 것을 알 수 있다.

C는 전혀 움직이지 않는다. 그러니 4회차 역시 패나 무인데, 4회차 전체적으로 보면 바위, 가위들도 모두 패나 무여야 한다. 그래서 (나)가 보가 되어서 전체적으로 무승부가 되어야 이 같은 조건이 성립할 수 있다는 것을 알 수 있다.

회차	1		2		3		4		5	
구분 참가자	기록	판정	기록	판정	기록	판정	기록	판정	기록	판정
A	가위	승	바위	승	보	승	바위	무	보	패
B	가위	승	바위	승	바위	패	가위	무	보	패
C	보	패	가위	패	바위	패	보	무	보	패
D	보	패	가위	패	바위	패	가위	무	가위	승

Skill 연습 ❸

01

정답 | ③

해설 |

귀족의 평균 자녀수

$$= \frac{귀족자녀수}{귀족전체수} = \frac{(남\ 80명 \times 5) + (여\ 120명 \times 6)}{귀족\ 200명} = 5.6명$$

02

정답 | ④

해설 |

ㄱ. (○) 귀족남자의 평균 혼인기간 45−15=30, 왕족남자의 평균 혼인기간 42−19=23으로 길다.

ㄴ. (×) 왕족의 평균 혼인연령은 $\frac{(19 \times 30 + 15 \times 10)}{40} = 18$세이고

귀족의 평균 혼인연령은 $\frac{(15 \times 80 + 20 \times 120)}{200} = 18$세로 평균 혼인연령은 같다.

ㄷ. (○) 사망연령의 남녀 차는 승려 71−69=2, 귀족 56−45=11로 작다.

03

정답 | ③

해설 |

ㄱ. (○) 그래프를 그리면 5점을 기준으로 거의 좌우대칭이 되는 모습이라, 5점이 중앙에 있다는 것을 알 수 있다.

ㄴ. (×) 4점 10명, 5점 23명, 6점 10명이니까 합하면 43명이다.

$\frac{43}{55} \times 100 ≒ 78.18\%$.

ㄷ. (×) 5점을 기준으로 점수 분포가 좌우대칭이므로 산술평균은 5점이다. 최댓값이 9고 최솟값이 1인데, 이 둘을 제외해도 좌우대칭은 유지되므로 평균 5점도 그대로 유지된다.

ㄹ. (○) 최빈값이라 하는데, 가장 많은 빈도의 표본이 나온 값이다. 23명이 기록한 5점이다.

04

정답 | ⑤

해설 |

7거래일의 평균은 $\frac{7,620 + 7,720 + 7,780 + 7,820 + 7,830}{5} = 7,754$ 가 된다.

8거래일의 일별주가는 $\frac{7,720 + 7,780 + 7,820 + 7,830 + x}{5} = 7,790$ 이니까, x를 구하면 7,800이 된다.

ㄱ. (×) 8거래일에는 하강하고 있다.

ㄴ. (○) 매일 상승하고 있다.

ㄷ. (○) 4거래일은 3거래일과 100원 차이가 나는데, 그렇게 큰 폭으로 차이가 나는 날은 더 이상 없다.

ㄹ. (○) 5거래일은 7,780−7,652=128, 6거래일은 7,820−7,706 =114, 7거래일은 7,830−7,754=76, 8거래일은 7,800− 7,790=10으로 매일 감소했다.

STEP 04 P.309~312

실전 문제

01	②	02	③	03	①	04	⑤	05	④

01

정답 | ②

해설 |

인구증가율이 계속 감소한 나라는 [표 2]에서 찾아보면 보스니아 헤르체고비나 밖에 없다. A에는 보스니아 헤르체고비나가 들어간다.

1999년 출생률이 가장 높은 나라는 [표 1]에서 49.7%인 아프가니스탄이다. B에 들어간다.

1991년 이후 출생률은 [표 1]에 나와 있는데, 르완다와 라이베리아는 91년에서 92년에 이미 출생률이 증가했다. 매년 감소한 나라는 아랍에미리트이다.

02

정답 | ③

해설 |

ㄱ. (×) 최소한의 경기로 우승할 수 있는 자리는 A, B, C, D로 3번 이기면 우승이다. K역시 3번 이기면 우승이지만, 이 경우는 이틀 연속 경기를 해야 하기 때문에 제외된다. 그래서 5자리가 아니라, 4자리다.

ㄴ. (×) A, B는 1경기 다음에 6경기니까, 4일을 쉬고 경기에 나서게 된다. C, D는 3일을 쉬고 경기에 나선다. E, F는 3일을 쉬고 경기에 나서는 것이고, G, H, I, J는 2일을 쉬고 경기에 나선다. 6명이 해당이 되니까 50% 이상이다.

ㄷ. (○) E, F, G, H, I, J 6명이 4번의 경기를 치러야 우승하고, A, B, C, D, K 5명이 3번의 경기로 우승할 수 있다.

03

정답 | ①

해설 |

면접위원 지원자	A	B	C	D	E	순위점수합
종현	2	3	2	3	1	(11)
유호	3	1	1	2	3	(10)

은진	1	2	3	1	2	(9)

04

정답 | ⑤

해설 |

면접위원 지원자	A	B	C	D	E	전체 합	중앙3 합
종현	7	8	6	6	1	28	19
유호	9	7	6	3	8	(33)	(21)
은진	5	8	7	2	6	(28)	(18)

ㄱ. (×) 비율점수법 중 중앙3합이 가장 큰 지원자는 유호지만 순위점수합은 종현이 가장 크다.

ㄴ. (×) 비율점수법 적용 결과에서 평가점수의 전체합이 큰 순서부터 순위를 정하면 유호−종현과 은진이 2등으로 동률이다. 반면 중앙3합이 큰 값부터 등수를 정하면 유호−종현−은진이 된다.

ㄷ. (×) 비율점수법 적용 결과에서 중앙3합이 높은 값부터 등수를 정하면 2등은 종현이다.

05

정답 | ④

해설 |

ㄱ. (×) 남자 국가대표 선수: 사격>농구>테니스>역도>수영>축구, 여자 국가대표 선수: 사격>농구>역도>테니스>축구>수영

ㄴ. (×) 남자 국가대표 선수: 농구>테니스>수영>축구>사격>역도, 여자 국가대표 선수: 농구>테니스>수영>역도>축구>사격

ㄷ. (×) 다른 종목은 그래프에서 바로 비교하면 남자들의 평균 연령이 높은 것은 확인할 수 있다. 다만 역도에서는 여자가 26.5세 정도인 반면, 남자는 25세가 좀 안되게 나와서 역도는 여자가 평균연령이 높다. 축구 역시 여자가 25세 정도인 반면, 남자는 22세 정도로 여자 평균 연령이 높다.

ㄹ. (○) 다른 종목은 남자의 키가 훨씬 큰데 역도에서는 거의 비슷하다. 남자가 171~172 정도이고, 여자가 169.5 정도 되는데, 그럼에도 남자가 조금 더 크다. 전반적으로 모든 종목에서 남자의 평균 신장이 더 크다.

PART 8 그래프 읽기: 복합자료해석

CHAPTER 01
표+그래프 유형

STEP 01
P.316~319

유형 분석

★ Main Type | 표 + 그래프 유형

정답 | ③

해설 |

ㄱ. (×) 2013년 160.0에 비해 2017년에는 159.8로 오히려 줄어들었다.

ㄴ. (○) 그래프에서 비만 아님이 85.3에서 85.2, 85.0, 84.4, 83.5로 계속 줄어든다는 것은 반대편의 초중고 전체의 '학생 비만율'은 매년 증가한다는 말이 된다.

ㄷ. (×) 학생 비만율은 2017년만 나와 있어서 2013년의 비교자료가 없어서 알 수 없다.

ㄹ. (○) 초등학생은 17.4-11.7=5.7이고, 중학생은 18.5-13.8=4.7이다.

★ Sub Type 1 | 표 ↔ 그래프 전환하기

정답 | ②

해설 |

1층에서 16명이 빠지고, 2층에서 21명이 빠져서 별관에 37명이 온 것이어서, 산술적으로 가능하다.

① 1층에서는 16명이 빠졌고, 3층에서 23명이 빠진 것이다. 그러면 별관에는 39명이 와야 하는데 38명이므로 잘못되었다.

③ 본관 2층에 21명이 남았으므로 27명인 영업1팀이 별관으로 이동한 것인데 본관 3층에 10명인 팀은 없으므로 틀린 선지이디.

④ 1층에 합해서 44명이 남을 수가 없다.

⑤ 이동 후 별관 인원수가 40명이 넘을 수 없는데, 44명이기 때문에 잘못된 이동이다.

★ Sub Type 2 | 보고서 작성 유형

정답 | ④

해설 |

㉠ (○) 백화점은 33.9로 1위, TV홈쇼핑은 42.0으로 역시 1위다.

㉡ (×) 여성정장과 모피 상품은 백화점의 경우 각각 31.7과 31.1로 제시되어 있지만, TV홈쇼핑의 경우에는 제시되어 있지 않

다. 만약 둘 중 하나라도 35% 정도로 6~7위를 차지했다면 반드시 TV홈쇼핑보다 백화점이 더 높다고는 말할 수 없다.

㉢ (○) 백화점은 11.0, TV홈쇼핑은 21.9로 TV홈쇼핑이 월등하게 높다.

㉣ (○) TV홈쇼핑은 8.4다. 백화점 같은 경우 명시되어 있지는 않지만 하위 5개 중 마지막인 신선식품이 20.8이니까, 하위 안에 못 들어간 여행패키지 상품의 경우 20.8보다는 높다는 것을 알 수 있다. 그러므로 2배 이상이라는 말은 사실이다.

STEP 02
P.320~323

문제 해결방법

정답 | ⑤

해설 |

⑤번에 주어진 표는 2017년 잔여석 수가 아니라, 2016년 잔여석 수에 해당한다.

정답 | ④

해설 |

ㄱ. (○) 1966~2009년 연도별 국세청 세입액: "국세청 세입액은 1966년 국세청 개청 당시 700억 원에서 2009년 154조 3,305억 원으로 약 2,200배 증가"에 대한 근거 자료가 필요하다.

ㄴ. (×) 2009년 국세청 세입총액의 세원별 구성비: [보고서]에서 관련 내용을 찾을 수 없으므로 필요한 자료로 볼 수 없다.

ㄷ. (○) 2009년 서울 소재 세무서별 세수 규모: "서울지역에서는 도봉세무서의 세수 규모가 2,862억 원으로 가장 적은 것으로 나타났다."에 대합 근거 자료가 필요하다.

ㄹ. (○) 1966~2009년 연도별 전국 세무서 수: "전국 세무서 수는 1966년 77개에서 1997년 136개로 증가하였다가 2009년 107개로 감소하였다."에 대한 근거 자료가 필요하다.

Skill 연습 ❶

01

정답 | ⑤

해설 |

선택지 체크 순서: ① → ② → ③ → ④ → ⑤

간단하게 체크할 수 있는 ①, ②, ③번을 먼저 체크해서 맞는 것을 확인한다.

④ 230 → 851: 270%, 851 → 1,218: 43.1%, 1,218 → 1,068: −12.3%로 체크할 수 있다.

⑤ 기업은 31 → 80: 158.1%, 80 → 93: 16.3%, 93 → 91: −2.2% 정부는 141 → 330: 134%, 330 → 486: 47.3%, 486 → 419: −13.8%

02

정답 | ③

해설 |

선택지 체크 순서: ① → ③ → ④ → ② → ⑤

무의 조사단위는 10이 아니라 15다. 따라서 ③번 그래프에서 850이 아니라 567이 되어야 한다.

03

정답 | ③

해설 |

선택지 체크 순서: ① → ② → ④ → ⑤ → ③

각 항목의 수치를 그대로 적용하는 문제다. 다만 ③번의 경우는 비율에 대한 계산이 필요하다. 토목을 기준으로 2009년에는 $\frac{54.1}{118.7} \times 100 ≒ 45.6$, 2010년에는 $\frac{41.4}{103.2} \times 100 ≒ 40.1$ 하는 식으로 계산해 간다. 그런데 얼핏 봐도 2010년에는 비중이 줄었는데 그래프 상으로는 오히려 반대로 나타나고 있다. 토목과 건축의 수치가 바뀐 듯하다.

04

정답 | ①

해설 |

선택지 체크 순서: ① → ② → ④ → ③ → ⑤

①번에 잘못 제시된 숫자는 표의 행과 열을 바꿔 읽은 결과다. 그러니까 서울에서 경기는 0.6, 인천에서 경기는 0.7, 경기에서 경기는 3.2가 되어야 한다.

Skill 연습 ❷

01

정답 | ③

해설 |

공공임대주택에 대한 언급자체가 없다.

① 보고서의 첫 번째 부분과 연결된다.
② 보고서의 첫 번째 부분과 연결된다.
④ 보고서의 두 번째 부분과 연결된다.
⑤ 보고서의 세 번째와 네 번째 부분과 연결된다.

02

정답 | ③

해설 |

주어진 [보고서]에서 국내 드론 산업 관련 민간 R&D 기업규모별 투자 현황이 언급된 부분은 없다.

① "2017년 국내 드론 활용 분야별 사업체 수를 살펴보면, 농업과 콘텐츠 제작 분야의 사업체 수가 전체의 80% 이상을 차지하였고," 부분에 활용된다.

② "세계의 드론 산업 시장은 주로 미국과 유럽을 중심으로 형성되어 왔으나, 2013년과 비교하여 2018년에는 유럽 시장보다 오히려 아시아 · 태평양 시장의 점유율이 더 높아졌다." 부분에 활용된다.

④ "2015~2017년 기술 분야별로 정부 R&D 예산 비중을 살펴보면, 기반기술과 응용서비스기술의 예산 비중의 합은 매년 65% 이상이다." 부분에 활용된다.

⑤ "2017년 국내 드론 활용 산업의 주요 관리 항목을 2013년 대비 증가율이 높은 항목부터 순서대로 나열하면, 조종자격 취득자 수, 장치신고 대수, 드론 활용 사업체 수 순이다." 부분에 활용된다.

03

정답 | ②

해설 |

○ 환경에 대한 중요성이 강조됨에 따라 미국의 환경 R&D 예산은 2002년부터 2011년까지 증가 추세에 있음. → ㄱ이 필요하다.

○ 대한민국의 2009년 전체 예산 중 환경 R&D 예산의 비중은 3.31%로 OECD 평균 2.70%에 비해 0.61%p 큼. → [그래프]에서 알 수 있다.

○ 미국의 2009년 전체 예산 중 환경 R&D 예산의 비중은 OECD 평균보다 작았지만, 2010년에는 환경 R&D 예산이 2009년 대비 30% 이상 증가하여 전체 예산 중 환경 R&D 예산의 비중이 커짐. → ㄱ이 필요하다.

○ 2011년 대한민국 정부 부처 전체의 환경 R&D 예산은 약 14.9조 원 규모로 2002년 이후 연평균 10% 이상의 증가율을 보이고 있음. → [표]에서 알 수 있다.

○ 2011년 대한민국 E부처의 환경 R&D 예산은 정부 부처 전체 환경 R&D 예산의 1.6% 수준으로 정부 부처 중 8위에 해당함. → ㄷ이 필요하다.

04

정답 | ④

해설 |

ㄱ. (○) $\frac{3,620}{5,655} \times 100 ≒ 64\%$

ㄴ. (○) 2007년 이후부터는 맞는 진술이다.

ㄷ. (×) 2009년의 경우는 한국의 건수가 미국보다 많다.

ㄹ. (○) 꺾은선그래프의 폭 차이가 가장 적은 연도가 2010년도이다.

STEP 04　　　　　　　　　　　　　P.338~343

실전 문제

01	④	02	①	03	④	04	③	05	④

01

정답 | ④

해설 |

일단 빈칸을 다 채우고 시작해야 한다. 각 값은 A=38.9−23.0=(15.9), B=34.7+9.9=(44.6), C=49.3−10.8=(38.5), D=22.9+29.1=(52), E=62.4+5.1=(67.5)

ㄱ. (×) 잠재적부담률이 가장 높은 나라는 E다. 조세부담률은 C가 가장 높다.

ㄴ. (○) 공채의존도가 가장 낮은 국가는 D다. D의 국민부담률은 두 번째로 높다.

ㄷ. (×) 사회보장부담률이 가장 높은 국가는 E다. 하지만 공채의존도가 가장 높은 국가는 A다.

ㄹ. (○) 잠재적부담률은 E가 가장 높고 B가 가장 낮다.

02

정답 | ①

해설 |

3월이 가장 높다. 3월: $\frac{46}{68} ≒ 0.68$, 5월: $\frac{35}{61} ≒ 0.57$

② 7월 92, 8월 102, 9월 120으로 가장 높다.

③ 442건으로 가장 많다.

④ 인천 54, 충남 65로 합하면 119건인데, 9월에는 총 120건이다. 1건이 다른 지역에서 개최된 것이므로 결국 세 지역에서

개최된 것이다.

⑤ 강원 76, 전북 93, 전남 442를 합하면 611로, 전국 1,082건에 비하면 56% 정도다.

03

정답 | ④

해설 |

"최근 국내 휘발유 가격 대비 경유 가격"에 대한 이야기는 나왔지만, OECD 국가의 연료별 가격에 대한 이야기는 언급되지 않았다.

① "국내 자동차 등록대수는 매년 꾸준히 증가하여 2008년 1,732만 대를 넘어섰다."에 대한 근거 자료로 활용되었다.

② "2007년 기준으로 국내 대기오염물질 배출량 중 자동차 배기가스가 차지하는 비중은 일산화탄소(CO) 67.5%, 질소산화물(NO_x) 41.7%, 미세먼지(PM10) 23.5%이다."에 대한 근거 자료로 활용되었다.

③ "운송수단별 수송분담률에서도 자동차가 차지하는 비중은 2008년 75% 이상이다."에 대한 근거 자료로 활용되었다.

⑤ "한편 2008년 자동차 1대당 인구는 2.9명으로 미국에 비해 2배 이상이다."에 대한 근거 자료로 활용되었다.

04

정답 | ③

해설 |

[표 1]과 [표 2]는 남성과 여성의 흡연율과 기대수명에 대한 자료다. 그래서 남성과 여성에 대한 분리 통계에 대해서는 구할 수 있는데, ③번처럼 국가 전체적으로는 자료가 없는 셈이다. 남성과 여성의 인구에 대한 비중을 알 수 없기 때문에, 남성 평균과 여성 평균을 다시 평균 내는 것이 국가의 평균이 되는 것이 아니다.

05

정답 | ④

해설 |

㉠ 인구밀도가 계산되려면 땅 면적이 있어야 하는데, 그런 통계가 없다.

㉡ 1인당 주택 수라는 통계는 나올 수 있지만, 면적에 대한 통계는 알 수 없다.

㉢ 제조업체 수와 서비스업체 수가 나와 있지만, 각각의 생산액에 대한 통계는 없다.

㉣ 전국의 인구와 대출액, 수도권의 인구와 대출액이 나와 있기 때문에 이 부분에 대한 통계를 구할 수 있다. 수도권의 경우 $\frac{469,374}{24,472}$이고, 전국의 경우 $\frac{699,430}{50,034}$이다.

㉤ 4년제 대학 수는 나와 있지만 재학생 수는 알 수 없다.

MEMO

NCS, 59초의 기술: 수리능력

발 행 일	2024년 1월 7일 초판
편 저 자	이시한
펴 낸 이	양형남
펴 낸 곳	(주)에듀윌
등록번호	제25100-2002-000052호
주 소	08378 서울특별시 구로구 디지털로34길 55
	코오롱싸이언스밸리 2차 3층

www.eduwill.net

대표전화 1600-6700

여러분의 작은 소리
에듀윌은 크게 듣겠습니다.

본 교재에 대한 여러분의 목소리를 들려주세요.
공부하시면서 어려웠던 점, 궁금한 점,
칭찬하고 싶은 점, 개선할 점, 어떤 것이라도 좋습니다.

에듀윌은 여러분께서 나누어 주신 의견을
통해 끊임없이 발전하고 있습니다.

에듀윌 도서몰 book.eduwill.net
• 부가학습자료 및 정오표: 에듀윌 도서몰 → 도서자료실
• 교재 문의: 에듀윌 도서몰 → 문의하기 → 교재(내용, 출간) / 주문 및 배송